의료관광 프로모션

본 과제(결과물)는 교육과학기술부의 재원으로 한국연구재단의 지원을 받아 수행된 광역경제권 선도산업 인재양성사업의 연구 결과입니다.

의료관광 프로모션

전호성

小花

머리말

경영학의 여러 분야들 중에서 마케팅만큼 다양한 관점에서 정의되고 사용되고 있는 분야는 없는 것 같다. 가장 흔하게 관찰되는 것은 영업 활동과 마케팅 활동을 동일시하는 시각일 것이다. 이러한 결과는 마케팅이 일반인들에게 소개되면서 이 용어를 사용하는 학자들의 의도에 따라 여러 가지 관점에서 정의되었기 때문이라고 생각한다. 그리고 저자 역시 이러한 범주에서 벗어나지 못하고 있다. 저자는 마케터가 하는 일 중에서 상품을 기획하는 일이 가장 중요하다고 생각하고 있다. 따라서 고객의 욕구를 파악하고 경쟁자와 차별화가 가능한 상품을 기획할 수 있는 역량을, 마케터에게 요구되는 가장 핵심적인 역량으로 보고 있다.

따라서 저자는 고객이 원하는 상품을 만든 후에 소비자와 공급자 사이에 존재하는 정보의 갭을 최소화하기 위한 마케터의 역할이라는 시각에서 의료관광 프로모션을 소개하였다. 의료서비스는 일반 상품과는 달리 지각된 리스크가 큰 상품이기 때문에 이러한 정보의 갭을 해결해 주는 것은 마케터에게 상당히 중요한 과제가 되기 때문이다. 예를 들어 특정 병원이 어떤 분야에서 전문성을 갖고 있는지에 대해 병원을 자주 이용한 사람과 그렇지 않은 사람들 사이에 정보의 격차가 발생하는 것은 자연스런 현상이다. 특히 외국인 환자들은 국내 환자들과는 달리 우리나라의 의료기관들을 정확하게 파악하기 힘들 것이다. 따라서 의료관광산업에서는 프로모션 활동의 결과에 따라 마케터가 기획한 상품의 성공 여부가 결정된다고 보아도 과언이 아닐 것이다.

최근 고객과의 쌍방향 커뮤니케이션이 가능해짐에 따라 소비자와 공급자 사이에 존재하는 정보의 갭을 극복하기 위한 마케터의 노력이 더 큰 의미를 갖게 되었다. 과거에는 공급자가 일방적으로 정보를 제공하는 형태였으나 최근에는 고객의 요구에 따라 맞춤 정보를 제공해 줄 수 있게 되었다. 따라서 프로모션은 소비자들이 궁금해 하는 정보를 필요할 때 제공하고 이를 통해 호의적인 태도를 이끌어 내어 우리 상품을 선택하게 만드는 일련의 마케팅 활동이라고 정의할 수 있다. 특히 의료관광 상품은 프로모션 활동을 수행하더라도 소비자들이 상품을 재고로 보유하기 힘들고 또 이를 통해 비수기에 발생하는 수요 공급의 불일치 문제도 해소할 수 있기 때문에 프로모션의 활용성은 매우 높다고 볼 수 있다. 이러한 시각에서 저자는 이 책의 내용들이 독자들로 하여금 의료관광산업에서 프로모션의 역할을 이해하는 데 도움이 될 수 있기를 희망한다.

일반적으로 의료관광산업은 의료서비스와 관광 활동이 결합된 형태의 서비스 산업을 의미한다. 현재 우리나라 의료관광산업의 규모는 비교적 작지만 견실한 성장세를 보여 주고 있다. 앞으로 한국의 의료관광 상품이 소비자에게 줄 수 있는 가치 제안을 보다 명확하게 할 수 있다면 많은 외국인 환자들을 유치할 수 있을 것이다. 다만 의료관광산업을 육성하기 위해서는 산업의 근간이 되는 전문 인력의 육성과 비즈니스의 토대가 되는 법적, 제도적 요소들이 잘 정비될 수 있어야 한다. 이러한 점에서 정부나 관련 기관들의 적극적인 노력이 요구된다. 한국은 상대적으로 다른 산업에 비해 의료서비스 산업의 비중이 크지 않다. 이는 역설적으로 한국의 의료관광산업이 정부의 정책적 노력 여부에 따라 큰 성장 잠재력을 보유한 산업이 될 수 있다는 점을 시사한다. 서비스 분야의 경쟁력을 키워 국가 경제의 대외의존도를 줄이고 내수 기반을 강화하고자 하는 정부의 정책적 방향을 고려할 때 의료관광산업의 성장은 이러한 국가적 목표를 실천할 수 있는 좋은 대안이 될 수 있을 것이다. 그리고 의료관광산업이 성장하기 위해서는 우리만의 강점을 기반으로 차별화가 가능한 상품들을 지속적으로 개발하고 이를 효과적으로 알리는 데 관련 업계를 포함하여 범정부적인 노력이 필요할 것이다. 저자는 이 책의 내용이 이러한 역할을 수행하는 데 조그만 기여를 했으면 하는 희망을 갖는다.

마지막으로 자료를 정리하는 데 도움을 준 한현구 학생과 책을 쓰는 동안 저자에게 늘 힘이 되어 준 아내와 딸에게도 감사의 마음을 전한다.

2011년 3월

전호성

차례

I. 의료관광산업의 소개

1. 의료관광산업의 의미

의료관광산업

- 의료관광산업은 의료서비스와 휴양, 레저 문화 활동 등 관광 활동이 결합된 새로운 형태의 서비스 산업
- 사용자는 의료와 관광이라는 두 가지 목적을 동시에 이루고자 하지만 실제는 의료서비스에 비중을 둔 치료 목적의 관광 형태로 해석할 수 있음
- 의료관광산업은 의료서비스 비용이 상대적으로 저렴하고 선진국 수준의 의료서비스 수준과 휴양시설을 갖춘 아시아, 동유럽, 중남미 지역의 관광지에서 활성화되어 있음

일반적으로 의료관광산업이란 의료서비스와 휴양, 레저, 문화 활동 등 관광 활동이 결합된 새로운 형태의 서비스 산업을 의미한다. 의료관광산업은 의료서비스 비용이 상대적으로 저렴한 동남아시아, 동부 유럽, 중남미, 아시아권에서 활성화되고 있는데 소비자들은 이러한 지역의 의료서비스 비용이 상대적으로 저렴하기 때문에 진료와 관광이라는 두 가지의 목적을 갖고 방문한다고 생각할 수 있다. 새로운 산업이 형성되기 위해서는 먼저 수요자 측면에서 고객들의 명확한 욕구가 존재해야 하고 동시에 이러한 욕구를 해결할

수 있는 구매력이 있어야 한다. 그리고 이러한 조건을 가진 소비자들의 규모가 어느 정도 존재해야 산업이 형성될 수 있는 일차적인 조건을 갖추었다고 할 수 있다. 반면 공급자 측면에서는 앞서 언급한 고객의 욕구를 해결할 수 있는 상품을 계획하고 이를 소비자들에게 전달할 수 있는 시스템이 구축되어 있어야 한다. 특히 서비스의 경우에는 사람을 통해 상품이 제공되므로 이러한 서비스 상품의 계획과 전달에 필요한 인력을 양성할 수 있는 인프라의 존재 여부가 매우 중요하다.

특히 의료관광산업처럼 서비스 상품을 제공하는 산업에서 마케팅은 고객이 원하는 제품과 서비스를 명확하게 이해하고 이를 고객이 원하는 시점과 장소에서 전달하는 것을 의미하므로 일반 제품에 비해 마케팅의 역할은 산업의 성장 여부를 결정할 수 있을 만큼 중요한 역할을 담당한다고 볼 수 있다. 의료산업에서 상품을 기획하고 전달하는 핵심적인 역할은 의사나 간호사들이 담당하지만 의료관광산업은 의료서비스와 관광 활동이 결합된 새로운 서비스 산업을 의미하기 때문에 소비자 또는 환자들이 입국에서부터 출국까지 어떠한 경험을 쌓고 돌아가게 할 것인지를 기획하고 이를 실행하는 마케터들의 역할이 상당히 중요하다. 따라서 의료관광산업이 성장하기 위해서는 환자들이 의료서비스 이외에도 먹을거리, 볼거리, 숙소 등을 만족스럽게 생각해야 하며 마케터들은 환자들의 욕구를 반영할 수 있는 서비스를 지속적으로 개발할 수 있어야 한다. 또한 정부에서는 이러한 역할을 수행할 수 있는 핵심 인력들을 양성하는 데 지속적인 투자를 아끼지 않아야 할 것이다.

2. 의료관광의 중요성

의료관광의 중요성

- 차세대 신성장 동력산업의 가능성
- 내수 산업 기반의 확대를 통한 일자리의 창출

초창기 의료관광은 의료비가 비싼 중동, 유럽, 미국, 캐나다의 환자들이 휴양을 목적으로 상대적으로 의료비가 저렴하고 자연환경이 좋은 동남아 국가들을 많이 찾는 모습으로 나타났다. 그러나 여행을 즐기면서도 우수한 의료서비스를 받고자 하는 소비자들이 증가하면서 최근에는 의료관광 상품의 내용이 지방흡입, 건강검진, 성형, 치아교정, 라식 등 가벼운 의료서비스 상품으로부터 골수 이식, 심장 이식, 관절 이식 등 중증 치료 상품까지 다양한 형태로 나타나고 있다. 또한 환자들이 의료서비스를 받은 후 일정 기간 동안 휴양을 목적으로 특정 지역에서 거주하면서 동시에 관광을 경험할 수 있도록 상품의 내용이 진화하고 있다.

최근 우리나라도 의료관광산업이 성장세를 보이고 있다. 우리나라는 의료서비스의 품질 측면에서 의료관광 목적지로서의 경쟁력을 갖추고 있다고 판단되므로 의료관광의 수요에 걸맞은 시장이 형성되어 갈 것으로 보인다. 이는 제조업 분야의 세계적 경쟁력에 비해 상대적으로 취약한 서비스 분야의 경쟁력을 강화해 줄 수 있을 것이다. 특히 의료관광 상품의 소비자들은 의료서비스 외에도 쇼핑이나 관광지를 추가로 방문하게 되므로 의료관광산업은 국가 신성장 동력으로서 가능성이 매우 높다.

따라서 최근 대학병원을 비롯한 대형 병원들은 의료관광 상품 개발에 적극적인 태도를 보이고 있다. 일부 중소형 병원들은 이미 일본이나 중국으로 진출하여 명성을 쌓아가고 있다. 이러한 의료관광산업의 성장은 새로운 전문 인력들을 필요로 할 것으로 예상되므로 이는 일자리 창출의 기회도 제공해 줄 것이다. 다만 일자리 창출에 따른 기회를 극대화하기 위해서는 의료관광과 관련된 전문 인력의 양성 및 교육 프로그램이 시급하다고 할 수 있다. 동남아 국가의 사례를 참고하면 이들 국가들은 의료와 관광을 접목한 융복합산업을 통해 고용창출과 관광수익이라는 두 가지 목표를 동시에 달성하고 있다. 그러므로 우리나라도 서비스 산업의 육성을 통해 수익창출과 고용창출이라는 두 마리 토끼를 잡기 위해서는 의료관광산업의 육성이 필요하고, 또한 이 산업의 경쟁력을 강화하기 위한 제도적 뒷받침이 필요하다고 할 수 있다.

1) 의료관광산업의 규모 및 성장률

2009년 한국은행 자료에 따르면 우리나라 의료관광산업의 시장규모는 2008년을 기준으로 할 때 약 700억 원 내외로 비교적 작은 규모이지만 견실한 성장세를 보여 주고 있다. 우리나라보다 먼저 의료관광산업을 육성한 싱가포르와 태국의 사례를 참고하면 이 산업의 성장 가능성은 상당히 큰 것으로 생각된다. 현재 우리나라는 의료관광을 위해 방문하는 외국인 수가 한 해에 4만 명 수준에 불과하지만 태국은 2005년에만 무려 100만 명의 외국인 환자를 유치하여 연간 11억 달러(약 1조 3천억 원)의 부가가치를 창출하였다. 2005년 태국의 GDP가 2,300억 달러 규모이므로 이러한 규모는 의료관광산업이 태국의

의료관광산업의 규모 및 성장률

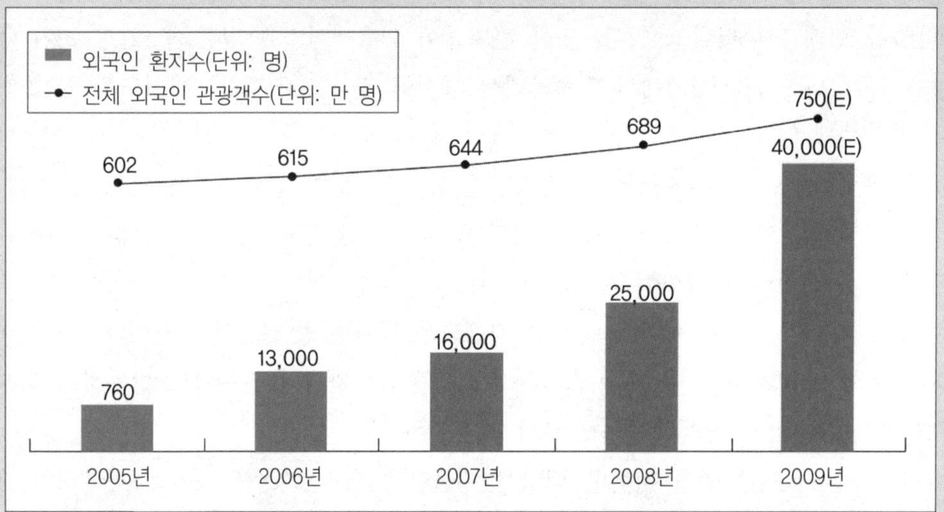

자료: 박기용, 이데일리 투자 NEWS, 2009년 2월 23일

GDP 대비 약 0.5%를 차지하는 거대 산업으로 성장하였음을 설명하고 있다. 또한 싱가포르는 2005년을 기준으로 할 때 35만 명의 해외 환자를 유치하여 연간 9억 달러(약 1조 1천억 원)의 부가가치를 창출하였는데 특히 싱가포르는 유치 환자수가 적었음에도 창출한 부가가치가 태국과 비슷한 것으로 나타났다. 이러한 결과들은 같은 의료관광산업이라 하더라도 태국은 관광 중심의 상품에 주력한 반면 싱가포르는 의료 중심의 상품에 주력함으로써 방문객 1인당 부가가치가 훨씬 더 높았음을 추론할 수 있다.

우리나라는 경쟁국에 비해 의료관광산업이 아직 걸음마 단계에 있지만 한국의 의료관광 상품이 소비자에게 줄 수 있는 가치 제안을 보다 명확하게 한다면 외국인 환자들을 유치할 수 있는 가능성은 높다고 생각한다. 다만 의료관광산업을 육성하기 위해서는 이러한 산업의 근간이 되는 전문 인력의 육성과 비즈니스의 토대가 되는 법적, 제도적 요소들이 정비되어야 하는데 이러한 점에서 정부나 관련 기관들의 적극적인 노력이 요구된다고 하겠다. 또한 관련 업계의 종사자들도 일회성 방문 프로그램이 아니라 고객과의 관계 구축을 통해 지속적인 재방문을 유도할 수 있는 다양한 프로그램을 개발할 필요가 있다.

2) 한국 의료서비스 산업의 규모

의료서비스 산업의 규모 비교(2008년 기준, GDP 대비 비중)

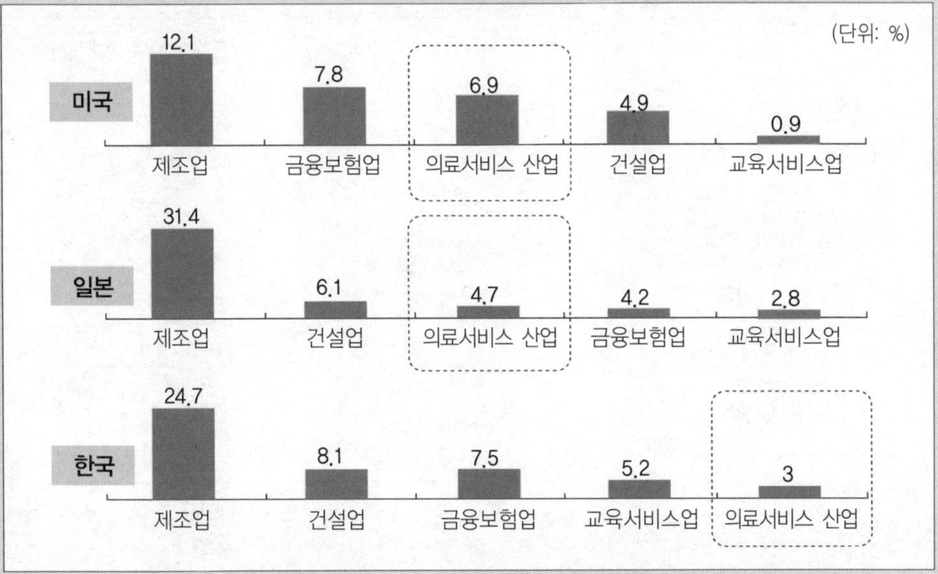

자료: US Census Bureou, 일본 경제산업성, 한국 통계청

한국의 의료서비스 산업은 미국과 일본에 비해 그 규모가 작은 편이다. 2008년 통계를 살펴보면 미국은 전체 산업에서 의료서비스가 차지하고 있는 비중이 금융보험업 다음으로 나타나고 있다. 이를 금액으로 환산하면 약 871조 원으로 전체 미국 GDP의 6.9%를 차지하고 있다. 일본의 의료서비스 산업은 미국보다 적은 378조 원에 달하여 전체 일본 GDP 대비 4.7%를 차지하고 있다. 반면 우리나라는 의료서비스 산업의 규모가 약 26조 원밖에 되지 않으며 한국 GDP 대비 3%에 불과한 실정이다.

업종별로 비교해 보더라도 미국에서 의료서비스 산업은 금융산업 이상으로 많은 부가가치를 창출하고 있는 반면 한국은 상대적으로 다른 산업에 비해 의료서비스 산업의 비중이 크지 않다. 이는 역설적으로 한국의 의료서비스 산업이 정부의 정책적 노력 여부에 따라 큰 성장 잠재력을 보유할 수 있는 산업일 수 있다는 점을 시사하고 있다. 서비스 분야의 경쟁력을 키워 국가 경제의 대외의존도를 줄이고 내수 기반을 강화하고자 하는 정부의 정책적 방향을 고려할 때 의료관광산업의 성장은 이러한 국가적 목표를 실현할 수 있는 좋은 대안이 될 수 있을 것이다.

3) 한국의 GDP 규모 및 대외의존도

주요 국가별 GDP 수출액, 비중

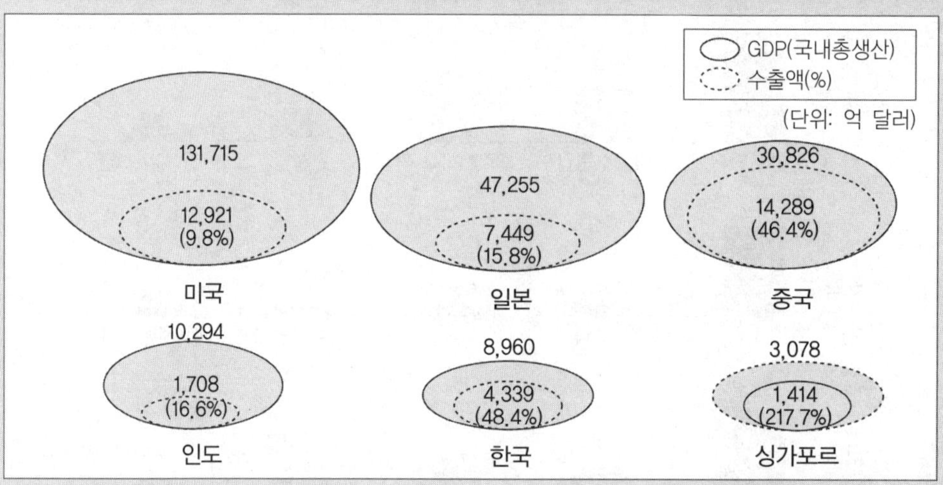

자료: 글로벌 인사이트, 2008년 실적 기준

기획재정부의 2008년도 자료에 따르면 한국 경제의 무역의존도가 92.3%로 처음으로 90%대를 넘어선 것으로 나타났다. 이는 2007년에 80%대였던 점을 감안하면 불과 1년 만에 경제 위기 속에서 무역의존도의 심화와 내수부문의 취약성이 더욱 커졌음을 보여준다. 위의 그림 자료를 살펴보면 미국은 전체 GDP에서 수출액이 차지하는 비중이 9.8%에 불과하다. 이는 미국 전체 경제에서 내수 부분이 차지하는 비중이 90% 이상이므로 환율과 같은 대외 경제 환경의 변화가 미국 경제에 미치는 영향이 제한적임을 나타내고 있다. 또한 일본의 경우도 전체 경제 규모에서 수출이 차지하는 비중은 15.8%에 불과해 일본의 경제에서 수출이 차지하는 비중이 생각보다 크지 않다. 반면 한국은 전체 경제에서 수출이 차지하는 비중이 48.4%에 달해 글로벌 경제 위기나 환율 변동 같은 대외 경제 변수의 변화가 국가 경제에 미치는 영향이 상대적으로 크다는 것을 알 수 있다. 특히 수입 부분까지 포함할 경우 국가 경제의 대부분이 대외 부분에 의존하게 되므로 이는 국가 경제를 운영하는 정부의 입장에서도 상당한 부담일 수밖에 없다. 그리고 이러한 요인은 2008년 세계적인 금융 위기가 왔을 때 대외적인 변수로 인해 내수기반이 강한 일본과는 달리 한국은 GDP가 감소하는 결과를 초래하기도 하였다.

따라서 이러한 경제 구조의 문제는 정부로 하여금 상대적으로 취약한 내수 부분의 균형 있는 성장을 이끌고자 하는 전략적인 목표를 갖게 하였으며 이러한 관점에서 의료관광산업은 정부가 목표하고 있는 내수 부분의 성장을 구현할 수 있는 현실적 목표로서의 가치가 높다고 하겠다. 다만 우리나라는 현재 의료관광산업이 형성되는 도입 단계에 있고 의료관광산업을 국가의 성장산업으로 선택하고 이를 육성한 싱가포르 등에 비해 후발주자라고 할 수 있으므로 이들 국가들이 경험한 시행착오들을 최소화하고 우리만의 강점을 보다 극대화할 수 있는 상품을 개발하는 데 관련 업계를 포함하여 범정부적 노력이 필요할 것이다.

3. 의료관광 상품의 구성요소

의료관광 상품의 구성요소

- 의료서비스 상품(진단, 치료 등)
- 관광서비스 상품(관광 목적지, 휴양 프로그램)
- 지원서비스(입국, 마케팅, 보험, 보호자 숙박 등)

의료관광 상품의 구성요소에는 의료서비스 상품, 관광서비스 상품, 지원서비스가 있다. 싱가포르와 태국의 사례에서 볼 수 있듯이 이들 나라들은 기본적인 지원서비스를 기반으로 각각 의료서비스 분야와 관광서비스 분야에 특화된 의료관광 상품을 운영하고 있는 것으로 판단된다. 태국의 경우 의료서비스는 주로 경증 치료 분야에 특화하고 이를 토대로 휴양서비스 상품을 핵심적으로 운영하고 있다. 또한 의료서비스의 비용을 상대적으로 저렴하게 운영함으로써 환자가 의료보험의 경제적 지원을 받지 못하더라도 이에 대한 부담을 최소화할 수 있도록 하였다. 참고로 태국을 방문한 사람들이 건강검진을 받을 경우에는 미국의 60% 수준에서 그리고 치과 검진을 받을 경우에는 70%의 비용으로 의료서비스를 받을 수 있다. 또한 많은 영리병원들은 대도시보다는 휴양지 인근에 병원을 설립하여 치료와 휴양이라는 두 가지 목적을 달성할 수 있도록 병원의 입지를 결정하고 있다. 특히 태국은 전통 마사지 같은 휴양 상품을 의료 상품과 연계하여 운영하고 있으며 정부 차원에서는 내무부 이민국 직원을 병원에 파견하여 병원에서 비자발급 업무를 대행해 주고 있다. 또한 병원은 병원 내에 환자의 보호자를 위한 아파트를 제공해서 보호자들이 불편함 없이 환자 간병에 전념할 수 있도록 배려하고 있다. 그 밖에 환자들이 외국의 민간

보험에 가입한 경우에는 직접 민간보험사를 대상으로 진료비를 청구함으로써 환자들의 불편을 최소화하도록 노력하고 있다. 예를 들어 태국의 범룽랏병원은 무려 14개 언어로 된 인터넷 홈페이지를 구축하여 운영하고 있다.

싱가포르와 태국이 보여 준 사례들은 앞으로 한국이 추구해야 할 의료관광 상품의 차별화 방향과 한국이 강화해야 할 핵심 역량에 대한 바로미터가 될 수 있다. 정책적인 측면에서 정부가 산업의 성장 목표와 이를 구현할 수 있는 기반들을 조성하고 업계 종사자들이 자기만의 경쟁력을 강화하기 위한 노력들을 수행한다면 한국의 특징을 반영할 수 있는 의료관광 상품들이 많이 등장할 수 있을 것이다. 특히 현대 의학과 한의학을 결합한 패키지 상품들은 한국만이 주장할 수 있는 차별적 요소일 것이다.

4. 한국의 의료관광 발전 가능성

1) 경쟁력 있는 의료서비스 분야

경쟁력 있는 의료서비스 분야

- 국내 의료서비스 품질 수준
  - 미국 대비 76%, 일본 대비 85%, 유럽 대비 87%
- 경쟁력이 있는 분야
  - 안과, 피부과, 성형외과, 치과 등 비보험 급여 비중이 높은 분야
  - 진단방사선과, 진단검사의학과 등 진료 지원 분야
- 가격 경쟁력
  - 수술비는 미국 대비 1/10, 일본 대비 1/5 수준
  - 검사비는 미국 대비 1/3~1/20, 일본 대비 1/2~1/5 수준

자료: 한국보건산업진흥회, 보건의료서비스산업 육성을 위한 해외유치 활성화 방안, 2006.

마케팅에서 전략의 방향을 선택할 때 크게 원가 우위 전략과 차별화 우위 전략으로 구분할 수 있다. 우리나라가 원가 우위 전략을 선택하기에는 의료서비스의 가격이 동남아 국가에 비해 경쟁력을 갖추고 있지 못하므로 차별화 우위 전략을 이들 국가와 경쟁하기 위한 핵심 수단으로 선택하는 것이 바람직할 것이다. 차별화 우위 전략은 경쟁자들과는 다른 가치를 소비자들에게 제공해 줌으로써 소비자들의 만족을 지향하는 전략을 의미

한다. 우리나라 의료관광산업을 발전시키고자 할 때 가장 중요한 과제는 다른 의료관광 목적지와 차별화가 가능하고 우리나라의 특성에 맞춘 상품을 개발하는 것이라고 할 수 있다. 따라서 의료관광 마케터는 해외 소비자들이 가치 있게 생각하는 것이 무엇인지를 파악하고 그에 맞는 상품을 개발하기 위해 노력해야 한다. 그리고 이렇게 하기 위해서는 먼저 내부의 핵심 역량을 파악하고 이를 통해 상품의 내용과 고객의 욕구를 연결하는 노력이 필요할 것이다. 한국의 의료인들을 대상으로 조사한 결과에 따르면 우리나라의 의료기술 수준은 미국의 80% 수준이며 싱가포르, 태국보다는 확실히 앞서 있다는 평가를 받고 있다. 특히 비보험 급여의 비중이 높은 안과, 피부과, 성형외과, 치과 등은 의료인들 스스로도 대외경쟁력을 확보하고 있다고 생각하고 있다. 정부도 의료서비스 영역 중 대외 경쟁력이 있다고 판단되는 분야에 대해서는 집중적인 투자를 진행하여 이러한 분야에 특화된 의료 인력과 지원 인력 양성에 노력해야 할 것이다. 또한 진단방사선과, 진단검사의학과 같은 진료 지원 분야에서도 가격 경쟁력을 키우기 위한 정부의 제도적 지원 및 민간업계의 노력이 필요할 것이다. 참고로 재미동포를 대상으로 한국에서 치료를 희망하는 분야를 조사한 결과 미용성형, 치아미백 및 치아교정 등의 순서로 나타났는데 이는 의료 전문가들이 경쟁력을 갖추고 있다고 생각한 분야와 비슷한 결과를 보이고 있다.

2) 정부의 제도적 기반 조성 노력

정부의 제도적 기반 조성 노력

- 국내 의료법의 개정(2009년 1월)
  - 외국인 환자에 대한 유인, 알선 행위를 허용
- 규제 위주 정부 정책 기조의 완화
  - 의료관광 비자(Medical Visa) 제도 검토
  - 의료관광 전문 에이전시 및 전문 인력 육성(예: 닥스투어, M & A)
  - 의료관광 원스톱 서비스센터 개설 검토(예: Singapore Medicine)
  - 의료관광 전문 단지 조성

정부도 최근 들어 의료관광산업의 발전을 위한 제도적 기반을 조성하고 있다. 2009년 외국인 환자에 대한 유인 및 알선 행위를 허용하는 내용을 추가하여 국내 의료법을 개정하였고, 의료관광 전문 에이전시 및 전문 인력을 육성하기 위한 제도적 지원을 강화하고 있으며 제주도에 의료관광 전문단지의 조성을 검토하고 있다. 따라서 보다 적극적인 해외 환자의 유치를 위해서는 태국처럼 환자 및 보호자의 장기 체류가 가능한 의료관광 비자의 도입과 싱가포르의 싱가포르 메디슨(Singapore Medicine)처럼 의료관광 원스톱(One-stop) 센터와 같은 범정부적 기관의 설립이 필요하다. 최근 정부도 한국관광공사와 인천공항 내에 의료관광 원스톱 서비스센터를 설립하여 한국을 방문한 환자들에게 의료관광 정보를 제공해 주는 서비스를 신설하였지만 실질적인 역할을 수행하기 위해서는 한국보다는 의료관광의 주요 수요국이라고 생각되는 일본이나 중국의 주요 도시에 이러한 센터를 설립하고 프로그램을 운영하는 것이 중요할 것이다. 실질적인 정보가 필요한 사람들은 의료관광을 목적으로 한국을 방문한 사람들이 아니라 현지에서 의료관광 상품의 선택을 고려하고 있는 사람들이기 때문이다. 따라서 현지에서 이들에게 필요한 정보를 제공해 주는 것이 보다 중요할 수 있다. 지방자치단체 중에서는 제주도가 의료관광을 핵심 성장 동력으로 삼고 이를 실천하기 위해 노력하고 있다. 제주도는 지리적 조건과 청정 환경을 활용하여 주거, 레저, 의료 기능이 통합된 휴양형 주거시설을 계획하고 있는데 이 또한 의료관광의 수요를 이끌어 내기 위한 정부 차원의 상품개발 지원 활동이라고 볼 수 있다.

그러나 장기적으로 의료관광산업의 성장을 유도하기 위해서는 제도적 기반이나 시설 조성과 같은 노력 이외에도 전문 에이전시의 육성이나 인력 양성을 위한 노력이 필요할 것이다. 이러한 전문 인력들이 양성되어야 새로운 일자리를 창출할 수 있고 또한 한국의 특성을 반영할 수 있는 다양한 의료관광 상품들을 개발할 수 있는 토대를 구축할 수 있기 때문이다. 이를 위해서는 의료관광 분야에 역량을 갖춘 사람들을 배출하기 위한 전문 자격증 제도의 도입도 검토할 필요가 있다.

5. 한국의 의료관광 사례

한국의 의료관광 사례

- 우리들병원의 국제환자센터
- 청심국제병원의 '분만패키지 프로그램'
- 울산의 초락당한의원
- 서울성모병원의 국제진료센터

자료: http://www.csmc.or.kr/
http://www.wooridul.co.kr/Userglobal/wipc.jsp

한국의 의료관광 사례를 살펴보면 먼저 척추 수술 분야에 특화된 우리들병원의 국제환자센터를 들 수 있다. 우리들병원 국제환제센터는 2006년 557명을 시작으로 2008년까지 총 56개국으로부터 1,017명의 외국인 환자를 유치하였으며 외국인 방문자의 비중은 2008년 기준으로 보았을 때 미국, 중국, 캐나다 순으로 나타나고 있다. 두 번째는 청심국제병원의 분만 패키지 프로그램이다. 이 프로그램은 산부인과에 특화된 프로그램으로 방문객의 약 90%가량이 일본인이기 때문에 일본인 환자만 담당하는 전속 코디네이터를 두고 환자의 입원 수속부터 퇴원 시 병원비 정산까지 포함한 패키지 상품을 제공하고 있다. 또한 청심국제병원은 일본식 분만을 환자들에게 제공하고 출산 전, 후의 모든 서비스를 제공하고 있다. 세 번째로 울산 초락당한의원을 들 수 있다. 초락당한의원은 한방의료를 바탕으로 한 한방헬스투어 전문 의료기관으로서 포지셔닝하고 있다. 초락당한의원은 휴양과 치료를 병행함으로써 환자들에게 의식주, 의료, 휴식 등 모든 것을 한자리에서 체험할 수 있게 도와주고 있다. 마지막으로 러시아에 특화된 의료관광 프로그램을 운영하고 있는 서울성모병원의 국제진료센터를 들 수 있다.

서울성모병원의 국제진료센터는 2005년 6월 러시아에서 서울성모병원을 방문하는 의료관광에서 시작되었는데 2008년 10월에는 몽골까지 의료관광서비스가 확대되었고 2008년 12월부터는 러시아 주정부 지원으로 의료관광서비스가 진행되고 있다. 국내에 거주하는 러시아 고객들을 위해 제공되는 서비스로는 온라인으로 제공되는 간단한 상담과 문진서비스가 있다. 이 서비스를 통해 국내 거주 러시아인들은 물론 우즈베키스탄, 우크라이나, 카자흐스탄 등에 거주하는 환자들까지 각 대사관의 도움으로 빠른 진료 프로세스를 제공받을 수 있고 귀국한 후에는 러시아와 카자흐스탄 내에 있는 병원에서 추가로 진료서비스를 제공받을 수 있다. 국제진료센터의 운영 방안은 외국인 환자가 내원할 경우 해당 진료과로 이동하는 것이 아니라 1차 문진을 한 후 해당 진료과의 교수를 국제진료센터에서 직접 만나게 하는 것이다. 이를 통해 환자는 빠른 진료서비스 외에도 필요시 처치, 투약 등을 한자리에서 제공받을 수 있다. 이 시스템의 가장 큰 장점은 환자를 대상으로 한 원스톱(One-stop) 진료서비스를 제공함으로써 비용은 물론 시간과 편리성 측면에서 환자를 만족시켜 줄 수 있다는 점이다.

6. 외국의 의료관광 사례

외국의 의료관광 사례

• 싱가포르의 래플즈병원
• 태국의 범룽랏병원
• 인도의 아폴로병원

자료: http://www.rafflesmedicalgroup.com/hospital/
http://www.bumrungrad.com/

해외의 의료관광 사례를 살펴보면 먼저 싱가포르의 래플즈(Raffles)병원을 들 수 있다. 이 병원은 해외 환자 전용 서비스센터를 통해 진료예약, 항공권 구입, 숙박 및 관광, 공항 픽업, 통역 등 외국인 환자에게 필요한 제반 서비스를 제공하고 있으며 외국인 환자들을 위한 도움요원을 상시 배치하고 있다. 특히 래플즈병원은 주식시장에 상장되고 외부의 자본을 투자받아 운영하는 대표적인 영리 병원 중 하나이다.

두 번째는 태국의 범룽랏(Bumrungrad)병원이 있다. 아시아 최초로 JCI(Joint Commission International)로부터 인증을 받았으며 2003년에만 30만 명의 외국인 환자를 유치하였다. 다른 외국 병원에 비해 저렴한 가격경쟁력이 최고의 강점이며 다양한 의료패키지 상품을 제공하고 있다. 주요 고객은 태국의 부유층과 외국인이며 제3자 진료비를 인정하며 60여 종의 해외의료보험을 취급하고 있다. 그 밖에 병원비, 의사 진료비 그리고 보호자를 위한 아파트 렌트비를 포함한 다양한 패키지 상품을 운영하고 있다.

인도 의료관광의 선두 병원인 델리 아폴로병원은 2001년부터 3년 동안 약 6만 명(전체 환자의 9%)의 외국인 환자를 유치하였다. 델리 아폴로병원은 미국의 존스홉킨스병원과 연계하여 JCI의 인증을 받은 병원이기도 하다. 1983년 작은 개인의원으로 시작한 아폴로병원은 현재 37개 병원에 6,400개 이상의 병상을 갖춘 기업형 병원으로 성장하였다. 아시아에서도 몇 손가락에 꼽히는 병원 체인이 됐음은 물론이다. 특히 이 병원에서는 자료처리사 수백 명이 야간 근무를 하면서 미국 병원과 보험사를 위해 계산서 작성과 발송 그리고 보험 민원 처리서비스를 제공해 주고 있다. 또한 아폴로병원의 실험실에서는 화이자와 릴리＆코 등 미국 유명 제약사들의 임상시험도 함께 이루어지고 있다. 현재 인도에서는 아폴로병원과 같은 기업형 병원들이 병상을 늘리고 새 의료장비를 도입하는 것뿐만 아니라 현대식 원거리 통신망을 구축하는 등 의료서비스가 제공되는 의료시스템 전반을 동시에 개혁하고 있다. 이들 병원들은 외국인 환자를 유치하기 위해 런던과 두바이 같은 도시에 사무소를 운영하고 있다.

이러한 해외 병원들의 사례를 살펴보면 몇 가지 공통점이 있는데 그것은 이들 병원들이 의료서비스 품질과 관련하여 세계적인 공신력을 확보하고 있으며 또한 방문한 환자들을 대상으로 의료서비스 이외에 체류 및 비용 지불 문제까지 해결해 주기 위한 다양한 부대 서비스를 동시에 제공해 주고 있다는 점이다. 이는 의료관광이 단순한 의료서비스만으로 구성되어 있지 않다는 점을 시사하고 있다.

〈한국의 의료관광 사례: BK동양성형외과〉

① BK동양성형외과

BK동양성형외과는 2007년 7월에 BK성형외과와 동양성형외과가 합병하여 탄생하였다. 국내 최대 규모의 성형외과 전문병원인 BK동양은 건물 전체를 성형 전문병원으로 리모델링하고 외국인 성형 환자들을 유치하고 있다. 2008년에는 총 800여 명 환자가 다녀갔다고 이 병원 관계자는 밝히고 있다. 합병으로 인하여 성형 부위별로 진료 팀을 구성하는 전문화된 시스템을 구축하였으며 마취과 전문의가 상주하여 마취 과정에서 발생할 수 있는 의료사고를 미연에 방지할 수 있도록 하였다. BK동양은 외국인 환자들을 위하여 영어, 일본어 그리고 중국어로 병원을 안내하는 홈페이지를 운영하고 있으며 해외로부터 예약, 상담뿐만 아니라 호텔 예약, 공항에서의 픽업서비스까지 다양한 부대 서비스를 제공하고 있다.

② BK동양성형외과의 진료 상품 특징

BK동양의 의료서비스는 환자가 성형 수술을 받은 후 14일 동안 사후관리서비스를 받게 하고 있다. 지방 흡입이나 가슴 수술 등 사후관리가 필요한 환자들에게 식이처방이나 운동처방 같은 관리를 진행하여 환자를 안정적으로 관리하는 방식이다. BK동양은 사후관리 프로그램인 핸들링 관리와 식이관리 시뮬레이션을 통해 환자들이 지각하는 의료서비스의 품질을 높이고 고객 만족도를 강화할 수 있었다. 또한 고운세상피부과나 예치과처럼 중국의 루이리 병원그룹과 합작 병원을 설립해 한국에서 장기간 체류하지 못하는 중국인을 대상으로 수술 후 중국에서 사후관리 프로세스를 받을 수 있게 하는 시스템을 구축하였다. 이를 통해 의료서비스의 시너지 효과를 기대할 수 있고 고객들에게 안정된 느낌을 줌으로써 BK동양을 방문한 외국 환자들의 고객만족을 증가시킬 수 있었다. 또한 BK동양은 진료 상품 외에도 차별화된 서비스를 강조하고 있다. 공항 픽업서비스를 시작으로 환자들이 병실에 있는 것을 불편해 할 경우 별도의 호텔을 예약해 주고 있으며 환자마다 전담 통역사를 붙여 쾌적한 진료 환경을 제공해 주고 있다. 또한 병원이 지리적으로 강남 일대와 가까우므로 외국어 홈페이지를 통해 여행과 쇼핑을 동시에 즐길 수 있는 관광 상품까지 제공해 주고 있다.

③ BK동양성형외과의 프로모션 활동

BK동양성형외과 관계자들은 TV 프로그램에 출연하여 병원에 대한 인지도를 높이고 있는데 2007 아시아 태평양 슈퍼 모델 선발대회 한국 대표로 심사를 맡은 홍성범 대표 의사가 대표적인 사례이다. 현재 해외에서 상당한 인지도를 확보한 BK동양은 한국과 중국에서 한중 성형외과학회를 개최하고 있으며 중국에서의 성형외과 교육과 싱가포르 현지 상담 등 활발한 해외 활동까지 수행하고 있다. 현재 중국에는 난징과 청두 등에 모두 4개의 BK동양성형외과가 있으며 싱가포르에 분원을 오픈할 계획을 갖고 있다.

자료: www.medikorea.com

참고문헌

경태수(2010), BK동양성형외과, 한림대학교.

박기용(2009), 의료관광 여행업계 새 먹거리 될까?, 이데일리 투자 뉴스.

유지윤(2006), 관광산업 복융합화 촉진방안, 한국문화관광정책연구원.

이윤태(2006), 보건의료서비스산업 육성을 위한 해외유치 활성화 방안, 한국보건산업진흥원.

전창배(2006), 제주특별자치도 보건의료발전을 위한 경쟁국의 의료제도 및 지원실태조사, 건강보험연구원.

Kotler, Philip(2000), *Marketing Management*, Prentice-Hall.

Porter, Michael E.(1980), *Competitive Strategy: Techniques for Analyzing Industries and Competitors*, Free Press.

II. 의료관광산업의 주요 이슈

1. 의료관광산업의 정책 이슈

의료관광산업의 정책 이슈

- 의료시장 진입 규제 측면: 비영리 법인만 병원 설립 가능
- 병원의 운영 규제 측면: 당연 지정제의 운영 및 마케팅 활동 규제
- 의료시장의 대외 개방 측면: 외국인 의사의 의료 행위 불인정
- 관련 산업 인력 양성 측면: 의료서비스 관련 면허의 제한적 운영
- 기타 이슈: 병원 M&A 허용 및 의료채권의 발행, 의료분쟁 조정법의 법제화

현재 의료관광산업이 직면하고 있는 정책적 이슈들을 살펴보면 다음과 같이 정리할 수 있다. 먼저 의료서비스 시장의 공급 측면에서 의사 자격이 있는 사람들만 병원을 설립하고 운영할 수 있게 함으로써 제도적인 진입 장벽이 존재하고 있다. 둘째, 의료서비스 시장의 경우 정부가 건강보험을 통해 의료서비스의 가격을 통제하고 있다. 이는 현재 우리나라의 의료서비스가 가격 경쟁력을 확보할 수 있는 토대라고 볼 수 있다. 셋째, 2009년 1월 의료법의 개정으로 외국인 환자를 대상으로 한 유인 및 알선 행위는 허용되고 있지만 내국인을 대상으로 한 병원의 마케팅을 엄격히 규제하고 있다. 특히 우리나라

는 영리 병원을 허용하고 있지 않으므로 영리를 목적으로 환자를 유인하고 알선하는 행위는 금지하고 있다. 넷째, 의료서비스를 제공하는 인력들을 면허를 통해 정부가 엄격히 관리하고 있어 의료 관련 인력의 수급을 정부가 조절하고 있다. 이러한 점들은 의료관광산업 발전이 토대가 되는 의료산업에 대한 정부의 정책적 입장이 의료서비스의 공공성 확보라는 측면에서 접근하고 있다는 점을 시사하고 있다.

반면 의료관광산업을 우리보다 먼저 시작한 싱가포르는 인구가 적으므로 외국인 환자를 유치하여 내수기반을 확대하고자 의료관광산업을 국가의 성장 동력으로 삼고 의료산업의 국제적 경쟁력을 강화하는 방향으로 정책을 운영하고 있다. 싱가포르는 먼저 싱가포르 매디슨이란 범정부적 기관을 싱가포르 관광청과 경제개발위원회, 무역개발국 3개 기관이 공동으로 설립하여 의료산업에 관한 정책수립을 하거나 관련 규제를 입안하고 있다. 또한 의료서비스의 인건비 상승을 억제하고자 특정 국가에서 취득한 의사 면허들을 인정해 주고 있으며 병원 운영에 대한 일반인들의 투자를 이끌어 내기 위해 영리 병원을 허용해 주고 있다. 영리 병원의 운영에 있어서도 그룹 공제(Group Relief)란 제도를 운영하여 동일 법인에 소속된 병원들끼리는 손실과 이익을 상쇄하여 발생한 이익에만 세금을 부여하는 조세 인센티브 제도도 운영하고 있다. 싱가포르의 또 다른 특징은 공공 의료기관을 두 권역으로 나누어 경쟁을 유도하고 성과를 평가하여 차등 지원함으로써 병원의 효율성을 증대시키는 정책을 사용하고 있다는 점이다. 싱가포르의 이러한 정책들은 병원들 사이에 경쟁을 유도하고 병원 스스로의 경영적 의사결정을 인정해 줌으로써 병원들이 자생적 경쟁력을 갖추도록 유도하고 있다. 다만 이러한 정책 방향들이 의료기관 본연의 공공성이라고 하는 목표와 어떻게 조화를 이루게 할 것인가는 앞으로 싱가포르 의료기관과 정부가 같이 노력해야 할 과제라고 할 수 있다.

2. 영리 병원의 허용

2) 외국의 영리 병원 현황

의료관광산업의 활성화와 관련하여 가장 뜨거운 논쟁이 되고 있는 것은 영리 병원의 허용 문제이다. 여기서 영리 병원이란 투자 개방형 의료법인을 의미하는데 외부의 투자를 받아 운영하고 확장할 수 있는 병원이라고 생각할 수 있다. 외국의 경우 국가의 의료정책에 따라 영리 병원을 허용하기도 하고 우리나라처럼 비영리 병원만 허용하기도 한다.

〈표 II-1〉 주요 국가들의 영리 병원 비중

보건의료체계 유형	국가	공공 병원	비영리 병원	영리 병원
사회보험 중심	벨기에	60%	40%	0%
	네덜란드	0%	100%	0%
	영국, 스웨덴	공공 병원 형태가 절대 다수		1~2%
	오스트리아	69%	26%	5%
	독일	55%	38%	7%
혼합형	싱가포르	70%	16%	14%
	태국	79%		21%
민간보험 중심	미국	22%	60%	18%

자료: 고은지, 해외 사례로 본 영리법인 병원 도입 방안, LG경제연구소, 2007

〈표 II-1〉을 참고하면 상당수 국가들이 영리 병원을 허용해 주고 있지 않지만 싱가포르, 태국, 미국은 영리 병원을 허용해 주고 있다. 싱가포르는 1980년부터 영리 병원을 허용하고 있는데 의료관광산업이 활성화되어 있는 싱가포르와 태국에서 현재 외국인 환자를 유치하는 대부분의 병원은 이러한 영리 병원이다. 영리 병원은 일반 기업처럼 상장될 수 있고 주식거래가 법적으로 가능하다. 현재 싱가포르 정부는 영리 병원들이 외국인들만을 상대로 수지를 맞출 수 없기 때문에 영리 병원에서의 내국인 진료를 허용하고 있다. 반면 영리 병원에서 제공되는 의료서비스의 품질에 대해서는 엄격한 규제를 적용하고 있다. 태국의 영리 병원들은 스스로 진료수가를 결정할 수 있기 때문에 낮은 노동비, 높은 기술력을 바탕으로 가격 경쟁력을 유지하고 있다. 다만 태국 정부는 영리 병원의 소유를 내국인에게 한정하고 있으며 영리 병원에 대해서는 공공 병원에 없는 각종 세금을 부담시키고 있다. 결국 싱가포르와 태국의 사례에서 확인하였듯이 영리 병원의 허용과 관련되어 가장 큰 이슈가 되는 것은 영리 병원이 의료서비스가 갖고 있는 공공성이라는 가치와 충돌할 때 국가가 어떠한 정책적 수단을 활용하여 이를 조정할 것인가 하는 것에 관한 공감대의 형성이라고 할 수 있겠다.

2) 영리 병원의 허용과 관련된 국내 이슈

영리 병원의 허용과 관련된 국내 이슈

- 한국의 경우 아직 영리 병원은 없음
- 현재 인천 송도와 제주도에 영리 병원을 세우는 것에 찬반 양론이 있음

〈찬성〉	〈반대〉
• 의료서비스 경쟁력 강화 • 관련 생산, 고용 증대 • 의료서비스 수지의 적자 해소 및 해외 환자 유치를 통한 국부 창출	• 의료비 상승 • 이용 환자의 양극화 및 건강보험 체계의 붕괴 • 상술의 잣대로 환자를 치료하게 되어 결국 양질의 의료서비스가 힘들어짐

현재 우리나라는 영리 병원을 허용하는 것에 대해 찬반론이 크게 대두하고 있다. 영리 병원을 찬성하는 입장은 영리 병원이 허용됨으로써 의료서비스의 경쟁력이 강화되며, 이로 인해 일자리가 창출되고, 해외 환자의 유치를 통한 국부의 창출이 가능하다고 주장하고 있다. 반면 반대하는 사람들은 영리 병원의 허용으로 인해 전반적인 의료비가 상승하고 이로 인해 건강보험료도 올라갈 수 있다고 주장하고 있다. 특히 이들은 건강보험료가 상승할 경우 사회적 약자들에 대한 의료서비스가 제한되고 이로 인해 정부의 건강보험체계가 무너질 수 있다고 우려하고 있다. 현재 우리나라 정부는 건강보험 당연지정제를 유지하는 조건 하에 영리 병원을 도입하는 방향으로 정책적 논의가 이루어지고 있는 상황이다.

여기서 건강보험 당연지정제란 우리나라에서 의료서비스를 제공하고 있는 모든 병원들은 건강보험에 해당되는 질환에 대해 건강보험 기준에 따라 진료하고 건강보험에서 정해진 수가에 따라 환자 및 공단에 진료비를 청구하도록 지정되어 있는 제도이다. 만약 건강보험 당연지정제가 폐지되면 병원은 건강보험 지정 여부를 자율적으로 선택할 수 있게 되고 의료수가를 병원이 자체적으로 정해서 환자에게 청구할 수 있게 된다. 만약 영리 병원에게 당연지정제를 유예할 경우 영리 병원들은 입맛에 맞는 환자만을 선택하여 진료할 가능성이 높다. 그러나 당연지정제를 유지한다 하더라도 병원이 환자의 접근성이 떨어지는 데 위치하거나 병원 내에서 일반 환자를 대상으로 눈에 보이지 않는 진입장벽을 형성할 경우에는 이를 정부가 현실적으로 규제할 방법이 없어서 정책의 실효성에 대

해서는 많은 전문가들이 의구심을 갖는 것도 현실이다. 다만 향후 의료관광산업의 성장과 국가 건강보험체계의 유지라고 하는 두 가지의 정책적 목표를 달성하기 위해서는 정부와 관련 단체들이 지혜를 모아 해결책을 찾는 노력이 필요하겠다.

3. 의료관광산업의 프로모션

의료관광산업의 프로모션

- 의료관광이 급부상하면서 각국 정부의 프로모션 활동이 많아지고 있는데 특히 정부차원의 홍보 및 마케팅 노력이 중심이 되고 있음
- 의료관광 유치의 주요 요소는 대상국이 의료서비스의 허브라는 신뢰감을 줄 수 있어야 하며 동시에 언어 장벽이 없고 가격 경쟁력이 있어야 함
- 이때 정부기관 및 의료서비스 제공자, 여행 상품 개발자, 금융기관과의 파트너십이 중요함
- 한국의 경우 2009년 1월 의료법의 개정으로 외국인 환자를 대상으로 한 마케팅 활동이 가능해진 상황임

최근 의료관광이 급부상하면서 각국의 프로모션 활동들이 늘어나고 있고 특히 정부차원의 홍보 및 마케팅 노력이 중심이 되고 있다. 의료관광산업이 발전하기 위해서는 해당 국가가 의료서비스의 허브라는 신뢰감을 줄 수 있어야 하며 동시에 언어 장벽이 없고 가격 경쟁력이 있어야 한다. 따라서 정부기관 및 의료서비스 제공자, 여행 상품 개발자, 금융기관 사이의 파트너십이 중요하다. 우리나라의 경우 2009년 1월 의료법의 개정으로 외국인 환자를 대상으로 마케팅 활동이 가능해진 상황이다.

외국의 프로모션 사례를 살펴보면 싱가포르는 항공사 및 여행사, 종합병원을 하나로 묶는 전략적 파트너십 프로그램을 바탕으로 세계적 수준의 의료관광 패키지를 적극적으로 프로모션하고 있다. 태국 정부는 병원들의 국내 광고 및 프로모션 활동을 허락함으로써 병원 및 여행사가 의료관광 패키지를 출시하고 이를 홍보할 수 있는 토대를 구축해 주고 있다. 현재 태국을 방문하는 주요 의료 관광객은 중동 지역에서 오고 있는데 북미나 일본의 방문객들도 증가하고 있다. 특히 일본 환자들은 저렴한 치과 진료를 목적으로 태국을 방문하고 있는 것으로 나타났으며 북미 지역 환자들은 심장 수술, 무릎관절 및 전립선 수술 등의 목적으로 태국을 찾고 있다.

2012년 해외 환자 10만 명 유치를 목표로 하고 있는 우리나라는 의료관광에 관한 모든 것을 한곳에서 해결할 수 있는 의료관광 원스톱(One-stop) 서비스센터를 인천공항과 한국관광공사에 설치하고 이를 통해 관광객들에게 출입국절차는 물론 병원 예약과 안내, 관광지 정보까지 한꺼번에 제공해 주고 있다. 또 여기에 관광안내 전화와 연계한 의료관광안내 콜센터를 운영함으로써 의료관광 코디네이터 네트워크를 구축하고 의료관광을 원하는 외국인과 국내 에이전시 그리고 의료기관을 이어주는 다리의 역할도 수행해 줄 수 있을 것으로 기대하고 있다. 프로모션 활동의 본질은 소비자와 공급자 사이에 존재하는 정보의 갭을 최소화하는 데 있다. 그리고 이를 통해 소비자들의 올바른 선택을 유도하는 것이 목표라고 할 수 있다. 우리나라는 아직 의료관광산업이 태동기에 있으므로 초기 프로모션 활동의 중심은 의료관광 목적지로서 한국이 갖고 있는 장점을 홍보하고 한국의 의료서비스에 대한 신뢰를 구축하는 것이 중요할 것이다.

4. 의료관광산업의 기타 이슈

1) 의료관광산업의 운영 주체 측면

의료관광산업의 운영 주체 측면

- 에이전시의 활용(통합 vs. 개별)
- 의료관광산업 참여자들의 역할 정립(병원, 정부, 에이전시)
- 의료관광산업의 발전을 이끄는 중심 축(정부 중심 vs. 민간 중심)

의료관광산업은 의료와 관광이 혼합된 산업으로 그만큼 이슈도 많고 과제도 많은 것이 현실이다. 먼저 의료관광산업을 발전시키고자 할 때 서비스의 핵심 내용을 치료에 중심을 둘 것인지 아니면 관광에 중심을 둘 것인지에 대한 정책적인 결정이 필요할 수 있다. 예를 들어 치료 중심의 의료관광산업을 육성하고 있는 아시아 국가로는 싱가포르를 들 수 있고, 관광 중심의 의료관광산업을 육성하고 있는 아시아 국가로는 태국을 들 수 있다. 만약 우리나라가 의료관광산업의 차별화 방향을 모색한다면 의료서비스에 상대적 경쟁력이 있다고 판단되므로 치료를 중심으로 한 의료관광산업을 육성하는 것이 바람직할 수 있다.

향후 의료관광산업 발전의 핵심적인 역할을 수행할 것으로 예상되는 기관 중 하나가 전문 에이전시이다. 여기서 이슈가 되는 것은 향후 에이전시의 운영 방향을 통합 에이전시 체제로 발전시켜 나갈 것인가 아니면 개별 에이전시 체제로 발전시켜 나갈 것인가에 대한 결정이다. 만약 개별 에이전시 체제로 간다면 해외 에이전시의 역할은 얼마나 많은 외국 환자들을 유치할 수 있을 것인가가 과제가 될 것이고 국내 에이전시는 국내에 입국한 외국인 환자들의 핸들링, 즉 환자가 얼마나 불편 없이 진료를 받을 수 있도록 지원해 줄 수 있느냐 하는 것이 과제가 될 것이다. 이런 측면에서 고객을 모집하는 데 시간이 많이 걸리고, 고객과의 커뮤니케이션 과정에서 문제가 발생할 가능성이 높으며 문제가 발생했을 때 책임 소재가 불분명한 개별 에이전시 모델은 한계가 있을 수 있다. 따라서 최근에는 개별 에이전시의 대안으로 통합 에이전시의 모델이 떠오르고 있다. 통합 에이전시는 해외 에이전시와 국내 에이전시를 한 개의 법인이 통합 운영함으로써 서비스 전달의 효율성을 기할 수 있고 외국인 환자가 한국에 들어와서 치료한 후 의료분쟁이나 각종 문제가 생겼을 경우 이에 보다 쉽게 대처할 수 있는 장점이 있다. 에이전시는 의료관광산업에 있어 상품의 개발이나 정보의 전달에 있어 중요한 역할을 담당하게 되므로 의료관광산업의 활성화를 위해서는 한국적 상황에 맞는 표준 비즈니스 모델을 구축하는 것이 매우 중요한 과제라고 할 수 있다.

마지막으로 향후 의료관광산업의 정책적 목표를 누가 이끌고 갈 것인가 하는 문제도 있다. 초기에는 정부가 제도적 기반의 조성을 포함하여 산업의 여건을 만드는 데 주력하는 것이 바람직하지만 장기적으로는 민간을 중심으로 성장 모델을 만들어 가는 것이 경쟁력 확보에 바람직할 것이다. 특히 초기에는 정부가 필요한 인력양성을 위한 제도적 지원에 주력하는 것이 매우 중요하다. 그 밖에도 의료서비스를 제공하는 병원들의 준비사항, 의료관광산업 및 분쟁해결과 관련된 법률의 미흡도 이슈가 될 수 있을 것이다.

2) 의료분쟁의 해결 측면

의료사고 및 분쟁의 처리(사법적 vs. 비사법적)

- 미국: 민사소송제도, 민간보험에 의한 보상
- 영국: 과실행위소송(정부예산으로 지불)
- 일본: 민사소송제도(의사회에서 접수해서 분쟁해결)
- 태국: 정부에 민원접수, 민사소송제도

의료관광산업은 의료서비스라고 하는 상품을 포함하고 있어 의료사고 및 분쟁이 많이 발생한다. 의료 행위의 특성상 신체에 의료도구를 적용하거나 약을 투약하기 때문이다. 또한 의료 행위 자체가 전문성이 있고, 환자마다 신체적 특이성이 있기 때문에 똑같은 치료를 하더라도 그 결과는 달라질 수 있다. 이러한 부분들을 환자들이 잘 이해하지 못하거나 치료 후 만족할 만한 결과가 나오지 않은 경우에는 의사와 환자 사이에 의료분쟁이 발생할 수 있다. 의료분쟁은 해마다 증가하고 있는데 소비자들의 의식이나 지식의 수준이 높아지고 과거처럼 의사들의 권위적인 대응이 힘들어짐에 따라 의료 관련 분쟁이 일어날 가능성은 향후 더욱 높아질 것으로 예상된다.

일반적으로 의료 분쟁의 해결 방법은 사법적인 해결과 비사법적인 해결로 나눌 수 있다. 사법적인 해결 방법으로 형사소송, 민사소송, 민사조정이 있고 비사법적인 해결 방법은 합의, 또는 중재나 조정이 있다. 사법적이든 비사법적이든 소비자와 공급자 간의 의견차이가 존재하기 때문에 이것을 중재하기란 매우 어려울 수밖에 없다. 외국의 의료분쟁 해결 사례를 살펴보면 미국은 과실 책임에 의한 민사조정제도와 민간보험에 의한 보상을 근본으로 하고 있다. 이때 발행하는 비용에 대한 부담은 의사들이 내는 보험료에 의존하고 있다. 영국은 과실 행위 소송제도를 운영하고 있는데 이는 미국과 비슷하다. 다만 특징적인 것은 국가 시스템에 의한 의료공급체계이기 때문에 과실에 의한 보상금이 대부분 정부예산으로 지불된다는 점이다. 일본은 의사회가 상당히 활성화되어 있다. 의료사고가 발생했을 경우 지역 의사회에서 접수를 받고 조사도 진행하여 분쟁을 해결하며 지역 의사회에서 해결되지 못한 사건은 일본 중앙 의사회에서 해결하기도 한다. 실제 미국에서는 분쟁이 발생하면 비용이 많이 들기 때문에 환자들이 소송을 제기했다 하더라도 소송 중간에 비용 문제 때문에 포기하는 경우가 많다. 따라서 우리나라도 사전에 의료분쟁을 해결하기 위한 공정한 룰을 만들 수 있다면 의료관광산업에 대한 국제적 경쟁력을 높이는 데 기여할 수 있을 것이다. 장기적으로 의료분쟁을 미연에 방지하기 위해서는 환자와의 관계형성이 중요하며, 개개인에 대한 진료기록을 잘 남겨 놓는 것도 의료분쟁을 최소화하는 방법 중에 하나가 될 수 있다. 특히 의료분쟁의 발생을 대비해서 치료가 있기 전에 계약을 체결하는 것도 좋은 방법이 될 수 있다. 또한 외국 환자들의 치료에 있어서 가장 중요한 것은 통역이므로 분쟁을 예방하기 위해서는 의료관광산업을 잘 이해하고 전문적으로 훈련된 통역사가 필요할 것이다.

〈한국의 의료관광 사례: 후즈후 피부과/치과 의원〉

① 후즈후의원

국내에는 수많은 피부과 병원과 치과 병원들이 있다. 따라서 대부분의 사람들은 자신에게 맞는 피부과 병원이나 치과 병원을 선택할 때 많은 어려움을 느끼고 있다. 후즈후의원은 고객들의 이러한 어려움을 해결해 주기 위해 고객들이 본인이 원하는 의료서비스(피부과나 치과)를 선택할 수 있게 하는데 고객들로부터 좋은 평가를 받고 있다.

② 후즈후의원의 진료 상품 특징

후즈후의원은 매번 방문할 수 없는 외국인 환자를 위하여 상담, 예약, 사후관리를 인터넷으로 할 수 있게 도와주고 있다. 인터넷 서비스는 처음 내국인 환자들을 위해 개설되었지만, 현재는 외국인들이 더 많이 활용하고 있다. 여러 나라의 포털 사이트들과 후즈후의원의 영어, 중국어, 일본어 홈페이지가 연동되어 있어 외국인들은 언어의 장벽 없이 인터넷 서비스를 이용할 수 있다. 이는 국내뿐 아니라 해외 검색 사이트에서도 소비자들이 후즈후의원을 쉽게 검색할 수 있도록 하기 위한 목적에서 시작하였다. 현재 후즈후의원은 세계 여러 나라의 언어로 홈페이지에 외국인들을 위한 진료 후기 게시판을 개설하여 환자들이 직접 홈페이지에 자신의 경험을 게시할 수 있도록 하고 있다. 특히, 외국인들이 올린 사용 후기를 살펴볼 경우 후즈후의원이 운영하고 있는 환자의 사후 관리 시스템이 외국인 환자들의 만족도를 크게 높이고 있는 것으로 나타났다.

③ 후즈후의원의 프로모션 활동

현재 후즈후의원은 서울시에서 운영하고 있는 서울 의료관광 종합지원센터와 한국관광공사 원스톱 서비스센터(종로, 인천공항)를 통해서 외국인 관광객들에게 의료서비스의 상담과 진료 정보 제공, 예약 등의 종합적인 의료관광 안내서비스를 제공하고 있는데 이러한 노력을 통해 영어권, 유럽, 러시아, 중국, 홍콩, 대만 등 세계 각국에서 환자들이 후즈후의원에 내원하고 있다. 또한 후즈후의원은 보건복지부 해외 환자 유치기관으로 등록되어 있어 외국인을 상대하기 위한 코디네이터와 마케터를 채용하는 등 국가의 의료관광 정책에 부응하기 위한 노력도 같이 수행하고 있다. 후즈후의원은 서울시 의료관광 협력기관으로 선정된 이후, 국내 치과로서는 유일하게 서울시가 주최한 2010 상해 의료관광 설명회에 참가하였다. 상해의 하얏트 호텔에서 열린 이 행사에서 후즈후의원은 중국 현지의 병원, 에이전트, 여행사, 헬스 및 뷰티 산업 관계자들을 초청한 의료관광 상담회에 참석하였다. 후즈후의원은 이 상담회에서 마케팅 전문가 그룹이 직접 참석하여 국내의 치과 의료서비스를 알렸는데 이를 통해 중국 현지의 유명 치과 병원들과 에이전트 그리고 여행사들로부터 많은 관심을 받았을 뿐 아니라 향후 교류와 협력 계획에 대해 논의를 진행할 수 있었다.

자료원: www.hus-hu.com

참고문헌

고은지(2007), 해외사례로 본 영리법인 병원 도입 방안, LG경제연구소.

김슬기(2010), 세계인의 치과 후즈후, 한림대학교.

우봉식(2009). 외국인 환자 의료사고 발생 시 처리방안, 2009 글로벌 헬스케어 의료관광 국제 컨퍼런스.

윤형호(2007), 서울시 의료관광의 국제 마케팅 육성방안, 서울시정개발연구원.

전국경제인연합회(2006), 아시아 의료관광산업의 성공사례 시사점: 인도, 태국, 싱가포르 사례를 중심으로, CEO 리포트.

정종호(2008), 영리 병원제도 도입논란, 한국경제신문.

III. 의료관광 프로모션과 IMC

1. 마케팅의 의미

1) 마케팅의 정의

마케팅이란

고객 관점에서 고객의 욕구를 파악하고
경쟁자와 나를 차별화할 수 있는 방식으로
제품 또는 서비스를 기획하고 이를 시장에 출시하는 것

- 마케팅의 출발: 공급 > 수요
- 고객 욕구의 파악: 시장 조사

의료관광 프로모션에서 우리가 생각해야 할 고려사항은 판매하고자 하는 상품이 서비스라는 점이다. 따라서 통합 마케팅 커뮤니케이션(IMC)에 대해 자세히 설명하기 전에 마케팅이라고 하는 개념과 서비스라고 하는 상품의 특징에 대해 살펴보도록 하겠다.

마케팅이란 고객 관점에서 고객의 욕구를 파악하고 경쟁자와 나를 차별화할 수 있는 방식으로 제품 또는 서비스를 기획하고 이를 시장에 출시하는 것이다. 따라서 의료관광 마케터가 하는 일 중에서 가장 중요한 일은 의료관광 상품을 기획하는 일이라고 할 수 있다. 반면 의료관광 코디네이터는 고객을 상대하는 직종이므로 서비스 역량과 언어적 능력이 요구된다고 하겠다. 의료관광 마케터는 고객의 욕구를 정확히 파악할 수 있어야 하고 이를 토대로 상품을 개발할 수 있어야 한다. 또한 의료관광은 서비스 상품이라 제품에 비해 상품 복제와 모방이 비교적 쉽다. 따라서 의료관광 마케터들은 경쟁사의 모방을 예방하기 위해 상품의 범위를 넓게 가져가는 것이 좋다. 이러한 점에서 의료관광 상품은 단독 상품보다는 여러 상품을 하나로 묶은 패키지 형태의 상품이 바람직하다. 예를 들어 자동차 보험의 경우 최근에는 유통 비용을 줄인 다이렉트 보험이 인기를 얻고 있다. 기존 자동차 보험 상품에 차별적 요소가 없기 때문에 소비자들은 가격만 보고 상품을 고르기 때문이다. 이는 우리가 여행 상품을 고를 때 가격부터 보는 것과 유사하다고 할 수 있다.

따라서 마케터는 시장조사를 통해서 고객의 욕구를 파악하고 경쟁자와 차별화가 가능한 상품을 개발해야 한다. 이렇게 하기 위해서 마케터에게는 시장을 조사할 수 있는 통계적 역량과 결과의 분석을 통해 소비자의 마음을 잘 읽고 해석할 수 있는 심리학적 역량이 필요하다고 하겠다. 시장조사가 쉽지 않은 것은 다른 사람의 마음을 이해하는 것이 쉬운 일이 아니기 때문이다. 즉, 마케터는 시장조사를 통해 고객의 욕구를 파악하는 것에서 한발 더 나아가 고객의 욕구를 정확하게 해석할 수 있어야 한다.

(1) 마케팅의 실천

마케팅의 실천 사례 1

◇LG파워콤 엑스피드 홈페이지(www.xpeed.com)

◇KT 쿡 홈페이지(www.qook.co.kr)

자료: LG 파워콤 홈페이지, KT 쿡 홈페이지

앞에서 서비스 상품은 모방이 쉽기 때문에 상품을 설계할 때 패키지 상품으로 설계하는 것이 바람직하다고 하였다. 대표적 서비스 상품인 이동 통신사들은 소비자들이 다른 이동 통신사로 쉽게 옮긴다는 특징 때문에 약정을 걸어 놓아 이동을 제한하고 있다. 최근에는 이것으로 부족해서 통화 상품을 패키지 상품으로 설계하고 있다. 즉, 가족이나 지인들이 같은 통신사에 가입하면 통화료를 인하해 주는 상품이 대표적이라 할 수 있다. 또한 유선 전화와 인터넷 서비스 그리고 이동 전화까지 묶어서 하나의 상품으로 출시하고 있는데 이렇게 상품을 패키지로 설계하면 경쟁사의 모방을 제한할 수 있기 때문이다.

의료관광산업도 서비스 산업이기 때문에 하나의 상품만으로는 충분하지 않으므로 여러 관련 상품을 묶음상품이나 결합상품으로 설계하면 경쟁사의 모방을 최소화할 수 있을 것이다. 예를 들어 의료관광 상품을 설계할 때 치료서비스 외에 건강 진단이나 약선 요리와 같은 프로그램들을 하나로 묶을 경우 소비자들에게 주는 가치를 극대화할 수 있고 경쟁사의 모방도 피할 수 있다. 따라서 의료관광 마케터에게 요구되는 것은 결국 고객의 욕구를 파악하고 이를 차별화된 상품으로 설계할 수 있는 역량이라고 할 수 있다.

향후 의료관광산업에서 병원들은 서비스 제공자로서 여러 에이전트들과 계약을 할 것이다. 이는 의료관광산업에서 의료라는 영역은 기본 서비스이기 때문에 상품을 개발하는 회사들마다 큰 차이가 나지 않을 것으로 예상할 수 있다. 결과적으로 차별화를 가능하게 하는 것은 의료서비스를 다른 관련 상품과 연계할 수 있는 개별 에이전트들의 역량이라고 보아야 할 것이다. 따라서 의료관광 상품의 개발과 관련하여 핵심적인 역할을 담당할 기관은 의료기관보다는 이를 관광 상품과 연계하는 전문 에이전트일 가능성이 높다. 만약 의료기관이 의료관광 상품을 설계한다고 한다면 상품의 가격 경쟁력이 핵심이 될 가능성이 높으므로 이때는 서비스의 제공 원가가 핵심 경쟁력으로 등장할 것이다.

마케팅의 실천 사례 2

자료: www.google.co.kr/images

마케팅을 실천하는 데 있어 가장 핵심적인 관건은 소비자들의 욕구를 정확하게 파악하는 것이다. 그런데 고객의 욕구는 사람마다 다르기 때문에 이를 파악하는 것은 쉽지 않다. 또한 시장조사를 통해 고객 욕구를 파악하는 일뿐만 아니라 상품의 예상 수요도 파악할 수 있어야 한다. 기업 입장에서는 잉여 수요는 재고일 뿐만 아니라 큰 손실을 초래하기 때문이다. 한 가지 예를 들어보겠다. 남성용 양복은 브랜드 양복과 맞춤 양복으로 나눌 수 있다. 예전에는 맞춤 양복이 많았으나 오늘날에는 거의 사라지고 보이지 않는다. 우리가 익히 알고 있듯이 맞춤 양복은 개인의 치수를 재고 옷을 재단하기 때문에 품질 관점에서는 더 우수하다고 할 수 있다. 그런데 왜 맞춤 양복이 브랜드 양복에 비해 고전을 하고 있는 것일까? 그 이유는 맞춤 양복이 시간이 오래 걸린다는 단점이 있기 때문이다. 브랜드 양복은 매장에서 내가 원하는 치수의 상품을 바로 구입할 수 있는 데 반해 맞춤 양복은 최소 보름 정도를 기다려야 한다. 그러므로 소비자들은 품질이 조금 떨어짐에도 불구하고 빠르게 구입할 수 있는 브랜드 양복을 더 선호하게 된 것이다. 반면 시간을 단축한 브랜드 양복은 고객이 상품을 구입하기 전에 미리 만들어야 하기 때문에 상품 수요에 대한 예측을 제대로 하지 못하면 많은 상품을 재고로 보관해야 하는 위험을 떠안을 수밖에 없다.

우리가 만약 브랜드 양복을 기획하는 디자이너라면 가장 기본인 정보는 무엇일까? 아마도 핵심 고객들의 키와 허리 사이즈에 대한 분포일 것이다. 만약 브랜드 양복의 핵심 고객이 젊은 층이라면 제품 수량을 결정할 때 이 분포에 맞추어서 상품을 제작하는 것이 바람직할 것이다. 이렇게 할 수 있어야 만들어 놓은 상품이 판매되지 않고 재고로 남는 위험을 최소화할 수 있다. 즉, 상품을 개발하는 마케터들은 소비자가 구입하기 전에 미리 상품을 만들어 놓아야 하므로 이러한 상품의 구체적인 내용과 관련된 의사결정이 매우 중요할 수 있다.

(2) 신상품 개발

일반적으로 기업이 신상품을 만들 때는 두 가지 접근 방법이 있다. 첫 번째는 새로운 기술을 개발하고 이를 기반으로 신상품을 기획하는 방법이고 또 하나는 소비자의 욕구를 파악하고 이미 개발된 기술을 적용하여 신상품을 만드는 방법이다. 그런데 마케터가 지향해야 할 신상품 개발 방법은 후자가 더 바람직하다. 이러한 신상품 개발 사례로는 페브리즈를 들 수 있다. 사회생활을 하는 직장인들은 회식을 하는 경우가 많은데 특히 우리나라에는 구워 먹는 음식이 많은 편이다. 반면 직장인들이 입는 양복은 특성상 매일

세탁을 하기 어렵다. 따라서 페브리즈는 이러한 소비자들의 고민을 잘 파악하고 사람들이 양복에 냄새가 배었을 경우 세탁의 대안으로서 페브리즈를 제안할 수 있었다.

신상품 개발 사례

자료: 광고정보센터 (www.adic.co.kr)

신상품을 개발하는 또 다른 방법은 새로운 기술을 적용하여 상품을 만들어 놓고 이를 통해 고객의 욕구를 부각시키는 방법이다. 데톨은 병원에서 의료인들이 손의 세균을 없애는 데 주로 사용하였다. 반면 일반인들에게 있어 비누의 기능은 세균을 없애는 것보다는 세정 쪽에 가까웠다. 따라서 비누의 가장 큰 가치는 살균이 아니라 얼마나 좋은 향기가 나는가 하는 것이었다. 데톨은 모든 소비자들이 비누의 세균 제거 기능을 중요하게 생각하고 있지 않았기 때문에 집에서 아이를 키우는 엄마들에게 집중하여 광고 캠페인을 진행하였다. 그런데 2009년 신종 플루가 유행하면서 많은 사람들의 비누에 대한 생각이 바뀌는 행운을 얻기도 하였다. 의료관광 상품은 의료서비스에 기반하여 상품을 개발할 수 있고 관광 상품을 중심으로 상품을 개발할 수도 있을 것이다. 다만 앞에서 강조하였듯이 서비스 영역에서 차별화를 유지한다는 것은 어려운 일이기 때문에 마케터 입장에서는 의료서비스와 관광서비스를 결합한 상품을 통해 경쟁 우위를 확보할 수 있도록 노력하는 것이 중요하다고 생각한다.

2) 마케팅의 실천 수단(제품과 가격)

마케팅의 실천 수단(제품과 가격)

Product → 소비자 욕구의 해결(예: 갈증 해소)

Price → 제품의 가치 반영(예: 전화 요금)

마케팅을 실천하는 수단으로 많은 문헌들이 4P(Product, Price, Place, Promotion)를 언급하고 있지만 이 중에서 가장 중요한 것은 앞에서 언급하였듯이 상품 개발이고 나머지 가격, 유통, 촉진은 상품 개발을 보완해 주는 차원이라고 볼 수 있다. 의료관광 상품은 본질적으로 서비스 상품이기 때문에 가격을 측정하기 어렵다. 제품은 원가가 명확한 데 반해 서비스는 원가가 명확하지 않은데 그 이유는 서비스의 원가 중에서 가장 많은 비중을 차지하는 것이 인건비이기 때문이다. 특히 의료서비스는 전문가들의 인건비를 통해서 가격을 측정해야 하는데 결코 쉬운 일이 아니다. 따라서 각 나라마다 의료관광 상품의 가격은 그 사회에서 인정하는 의료서비스 가치를 반영할 수밖에 없다. 만약 태국이나 인도에서 의료서비스의 비용이 비싸지 않다면 그 나라에서 개발된 의료관광 상품이 다른 나라의 상품에 비해 가격 경쟁력을 확보하는 주요 원천이 될 것이다. 또한 의료서비스는 의료사고의 가능성이 있으므로 가격에 리스크 프리미엄이 들어가게 된다. 예를 들어 우리가 평소 소비하는 야채는 가격변동이 심한 편이다. 특히 폭우나 태풍이 오면 가격 변동은 더 심해진다. 일반적으로 야채의 중간 유통상들은 가격을 책정할 때 원가에 리스크 프리미엄을 포함하기 마련이다. 보통 농가들이 유통업자들과 사전에 정한 가격으로 계약을 하는데 농사가 잘된 경우 농부가 손해이고 농사를 망치게 되면 유통업체가 손해를 볼 수밖에 없다. 그렇기 때문에 야채의 중간 유통상들은 손해를 보았을 때를 가정하여 리스크 프리미엄을 포함하고 이를 가격 책정에 반영하게 된다. 선진국에서 의료서비스의 가격이 비싼 이유 중 하나도 후진국들에 비해 리스크 프리미엄이 높게 책정되기 때문이다. 선진국에서는 의료사고 분쟁이 발생하였을 때 사법적 해결 방법을 선호하기 때문이다.

따라서 서비스 상품의 가격을 어떻게 책정할 것인가 하는 문제는 서비스 마케팅에서 주요한 이슈가 된다. 제품의 가격 책정과는 다른 원칙을 사용하고 있기 때문이다. 가격이 단순히 상품의 원가만 반영하는 것이라면 여기에 마케터의 역할은 없다. 반면 상품이 가치를 가격에 반영할수록 마케터의 역할이 커진다. 예를 들어 상품은 하나인데 가격이 다양한 대표적인 사례가 이동전화 서비스일 것이다. 이동전화 서비스는 무수히 많은 가격이 존재한다. 사람들마다 이동전화에 대해 생각하는 가치가 다양하기 때문이다. 따라서 의료관광 상품의 경우 동일한 상품이라도 고객의 특성에 따라 다른 가격을 책정하는 접근이 필요한 이유가 여기에 있다.

3) 마케팅의 실천 수단(유통과 촉진)

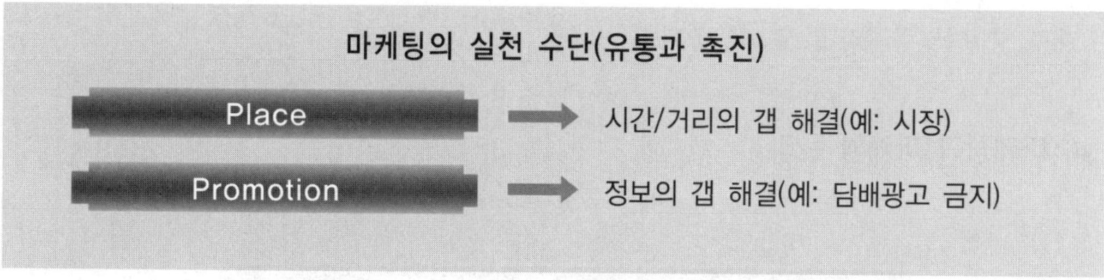

유통은 시간과 거리의 갭(Gap)을 해결해 주는 개념이다. 소비자와 생산자 사이에 존재하는 시간과 거리의 갭 문제를 나타내는 대표적인 사례는 쌀이 있다. 쌀은 일 년에 한 번 생산된다. 반면 소비는 매일 이루어지기 때문에 쌀의 유통업자는 쌀을 사서 보관해야 하고 또한 소비자들이 사용하기 편리하도록 쌀을 킬로그램(Kg) 단위로 포장하여 소비자들에게 판매하고 있다. 만약 유통업자가 없다면 우리는 농가에서 쌀을 직접 구입해야 할 것이다. 유통업자는 농가에서 쌀을 사서 이를 상품으로 포장하여 시장에 공급해 줌으로써 소비자와 생산자 사이에 존재하는 시간과 거리의 갭을 해결해 주는 것이다. 따라서 일반적으로 이런 갭이 크면 클수록 유통 마진은 클 수밖에 없다.

프로모션의 역할은 소비자와 생산자 사이에 존재하는 정보의 갭을 해결해 주는 것이다. 이러한 정보의 갭을 줄여 주는 프로모션이 중요한 이유는 정부에서 담배 광고를 제한함에 따라 오히려 기존 담배회사들의 독과점 구조가 강화된 사례에서도 확인할 수 있다. 과거에는 기업이 정보의 갭을 해결하고자 할 때 대중 매체를 활용한 프로모션을 많이 사용하였다. 이러한 프로모션의 특징은 정보를 생산자가 장악하고 있기 때문에 프로모션의 목적인 정보의 갭을 해결하더라도 생산자에게 유리한 정보만 소비자에게 제공한다는 단점이 있었다. 최근 들어 인터넷의 등장은 이러한 단점을 해소하고 있다. 인터넷은 생산자뿐 아니라 소비자들도 미디어의 내용을 결정할 수 있는 권한을 제공해 주기 때문에 정보의 흐름이 일방향에서 쌍방향으로 바뀌고 있기 때문이다. 따라서 인터넷의 등장은 프로모션을 수행하는 데 있어서 생산자의 역할을 과거보다는 위축시킨 것이 사실이지만 이러한 환경 변화는 경쟁력 있는 후발주자에게 새로운 시장 진입의 기회를 제공해 주고 있기도 하다. 의료관광 프로모션이 지향하는 목표는 소비자와 생산자 사이에 존재하는 정보의 갭을 파악하고 이를 해결해 주는 것이기 때문에 의료관광 마케터는 특히 상품을 개발하기에 앞서 상품의 내용을 잘 이해하고 있어야 한다. 의료서비스와 관광서비스에 대한 지식이 없는 사람이라면 의료관광 상품을 개발하기도 힘들고 이를 프로모션하기는 더욱 어렵기 때문이다. 또한 프로모션의 내용을 설계할 때 고객의 욕구를 정확히 이해하고 소비자들에게 가치를 제공해 줄 수 있는 메시지를 선택하여 이를 전달하는 것은 매우 중요한 과제라고 할 수 있다.

4) 마케팅과 마케팅 관리

자료: www.google.co.kr/images

우리가 알고 있는 마케팅과 마케팅 관리는 서로 다른 개념이다. 마케팅은 상품을 개발하는 데 초점이 있다고 한다면 마케팅 관리는 마케팅의 실천 수단인 4P를 일관되게 관리하는 것이다. 따라서 마케팅 관리에서 마케터의 역할은 오케스트라 지휘자의 역할과 비슷하다. 지휘자가 각각의 악기를 조율시켜서 하나의 소리를 내야 하는 것처럼 마케터도 마케팅 프로그램들이 일관된 포지셔닝을 전달할 수 있도록 4P를 관리해야 하기 때문이다. 마케터는 좋은 상품을 개발할 수 있어야 하지만 4P가 일관되게 소비자들에게 전달되는지를 관리하는 것은 더욱 중요하다고 할 수 있다.

예를 들어 롯데제과에서 97년 시장에 출시한 자일리톨 껌은 처음에 큰 실패를 경험하였다. 이 상품의 가장 큰 특징은 껌에 설탕 대신 자일리톨을 넣은 것이었는데 문제는 자일리톨의 가격이 설탕보다 20배나 비싸다는 점이었다. 따라서 초기에는 원가부담 때문에 기존의 생산시설을 활용하였고 다른 껌처럼 스틱 형태로 출시하되 가격은 일반 껌보다 비싸게 출시할 수밖에 없었다. 반면 소비자 입장에서는 자일리톨 껌이 다른 껌과 비슷하지만 가격만 비싼 껌이었기 때문에 자일리톨 껌은 시장에서 큰 실패를 경험하게 되었다. 롯데제과는 2000년에 자일리톨 껌을 다시 런칭하면서 소비자들이 자일리톨 껌을 다른 일반 껌과는 다른 상품으로 인식하게 만들기 위해 여러 면에서 새로운 시도를 수행하였다. 먼저 제품의 형태를 스틱이 아니라 알 형태로 만들었고 패키지도 약통을 벤지마킹하여 제품을 약통 형태에 담아 출시하였으며 가격도 한개 당 50원 수준으로 기존 껌보다는 비싼 가격으로 출시하였다. 이렇게 했을 때 단위당 가격은 이전보다 비쌌음에도 자일리톨 껌은 처음과 비교할 수 없는 큰 성공을 거둘 수 있었다. 이것이 상품의 포지셔닝을 구현하기 위한 일관된 4P 전략의 중요성을 강조하는 사례라고 할 수 있다.

5) 마케팅에서 고객이 중요한 이유

마케팅 근시안의 예방

고객이 구입하는 것은 제품이나 서비스가 아니라
결과물인 편익(Benefit)을 사는 것이다.

타자기와 컴퓨터
LP와 CD
이동전화와 공중전화

마케팅을 이야기할 때 제품보다는 고객을 많이 강조하게 된다. 그 이유는 기업이 고객의 관점에서 사고할 수 있어야 마케팅 근시안(Myopia)을 예방할 수 있기 때문이다. 마케팅 근시안이란 경쟁을 너무 좁게 바라볼 경우, 즉 똑같은 상품만을 경쟁자로 인식할 경우 동일한 편익을 제공하고 있는 다른 상품군을 인식하지 못해 시장에서 퇴출될 가능성이 높다는 점을 의미한다. 따라서 마케팅 근시안을 예방하기 위해서는 소비자들이 구입하는 제품과 서비스 외에도 소비자들이 얻고자 하는 편익을 관심 있게 지켜볼 필요가 있다. 그 예로 타자기와 컴퓨터를 들 수 있다. 1990년대 타자기를 사용하여 문서를 작성할 때 오타가 나면 수정을 할 수 없었다. 만약 수정하려면 처음부터 다시 쳐야 하는 단점이 있었다. 소비자들은 이러한 불편함이 있었음에도 문서를 작성할 때 타자기를 사용할 수밖에 없었다. 그런데 타자기는 컴퓨터가 등장하지마자 사라지고 만다. 소비자가 원하는 문서 기능을 컴퓨터가 더 탁월하게 지원해 줄 수 있었기 때문이다. 즉, 타자기가 시장에서 사라진 것은 보다 뛰어난 상품이 등장해서라기보다는 경쟁을 너무 좁게 인식하였기 때문이라고 생각할 수 있다.

이와 유사한 사례는 CD의 등장으로 사라진 LP판 그리고 휴대폰의 등장으로 사라지고 있는 공중전화 그리고 디지털 카메라의 등장으로 사라진 필름 시장을 들 수 있다. 아이리버는 세계 최초로 MP3 플레이어를 상용화한 회사이다. 그러나 지금 아이리버는 제품의 중심축을 전자사전으로 이동하고 있다. 이는 아이리버가 휴대폰의 등장으로 MP3 플레이어 미래를 어둡게 보았기 때문인 것으로 판단된다. 의료관광 상품을 개발하는 마케터도 마케팅 근시안에 빠지지 않기 위해서는 경쟁을 넓게 보는 노력이 필요할 것이다. 향후 의료관광 상품의 경쟁자는 의료산업이나 관광산업이 아니라 전혀 다른 산업에서 등장할 가능성이 있기 때문이다.

6) 마케팅을 지향하는 기업: 고객 중심의 미션

- Revlon: We Sell Hope!
- Universal Studio
  : We are Enterainment Company
- Amtrak
  : We are Transportation Service Company

그림: Revlon 홈페이지(www.revlon.com)

많은 기업들은 자신들이 존재하는 이유인 미션을 이야기할 때 고객 편익을 중심에 두는 경우가 많다. 특히 서비스처럼 눈에 보이지 않은 무형의 상품을 판매하는 기업일수록 기업이 지향하는 미션은 상품의 핵심 가치와 같은 의미를 담을 수밖에 없다. 미국의 유명한 화장품 회사인 레블론(Revlon)은 "우리는 희망을 판매하는 회사이다"라는 기업 미션을 갖고 있다. 이러한 미션을 갖게 된 이유는 이 회사의 회장이 직원들 앞에서 우리가 공장에서 만드는 것은 화장품이지만 우리가 매장에서 판매하는 것은 아름다워질 수 있다고 하는 고객의 희망이라고 이야기했기 때문이다. 따라서 기업들이 미션을 이야기할 때 제품과 서비스보다는 기업이 지향하고자 하는 고객 편익을 미션으로 정의하는 경우가 많다. 미션은 종업원과 고객들에게 그 조직이 존재하는 이유를 설명해 주고 또한 기업이 앞으로 어떤 사업을 수행할지에 대한 지침을 제공해 주기 때문이다. 유명한 영화 배급사인 유니버셜 스튜디오는 스스로를 영화 배급회사라고 정의하지 않고 고객에게 즐거움을 주는 회사라고 정의하였기 때문에 테마파크 사업까지 진출할 수 있었다. 또한 미국의 철도회사인 Amtrak은 스스로를 철도회사로 정의하지 않고 고객들에게 이동서비스를 제공해 주는 회사라고 정의하였기 때문에 철도와 버스를 연결하는 새로운 교통 시스템을 고안해 낼 수 있었다.

의료관광산업도 고객들에게 제공하는 본질적인 서비스는 의료나 관광이지만 고객의 입장에서 생각하면 건강한 삶이나 삶의 즐거움이라는 시각에서 해석할 수 있다. 따라서 향후 의료관광산업에 참여하는 기업들은 스스로의 미션을 고객 입장에서 세우고 이를 실천할 수 있어야 현재뿐 아니라 미래까지 기업의 경쟁력을 유지해 나갈 수 있을 것이다. 그리고 이를 통해 고객에게 주고자 하는 가치와 이에 대한 명확한 목표 인식을 기업 내에 유지할 수 있을 것이다.

7) 마케팅의 실천 전략

마케팅의 실천 전략

- 선도 기업(고객/소비자 지향적)
  고객을 목표로 사용자 증가, 사용량 증가, 가격 인상
- 후발 기업(경쟁 지향적)
  1위 경쟁자를 목표로 이들 고객의 브랜드 스위치 유도

마케팅을 실천하는 전략에는 고객 지향적 전략과 경쟁 지향적 전략이 있다. 고객 지향적 전략의 핵심은 고객이 원하는 상품을 개발하는 데 있고, 경쟁 지향적 전략의 핵심은 경쟁자와 차별화가 가능한 상품을 개발하는 데 있다. 시장을 선도하는 기업은 고객 지향적 전략을 선택하는 것이 바람직하다. 이를 통해 새로운 상품을 계속 개발하고 시장의 성장을 이끌 수 있어야 한다. 이때 시장이 도입기라면 신규고객을 창출하는 것이 중요하며 시장이 성숙기라면 상품의 새로운 용도를 발견하거나 새로운 고객을 찾는 노력이 필요하다. 만약 성숙기에서 이러한 노력이 결실을 맺기 어려울 때 기업은 마지막으로 상품의 가격을 인상하는 방법을 검토해 볼 수 있다. 최근 들어 박카스는 시장이 성숙기에 접어들고 상품의 새로운 고객을 찾거나 새로운 용처의 발견이 어렵게 되자 가격의 인상을 통해 매출의 신장을 꾀하였는데 가격의 인상으로 시장을 확대한 대표적인 사례라고 할 수 있다. 반대로 후발기업은 경쟁 지향적 전략을 선택하는 것이 바람직하다. 특히 선발주자의 제품을 사용하는 소비자들을 타깃으로 해서 브랜드 스위치를 이끄는 노력을 해야 한다. 이때 브랜드 스위치를 이끌기 위해서는 시장에서 충족되지 못한 소비자들의 세분화된 욕구를 찾아내고 이를 충족시켜 줄 수 있는 상품을 개발하는 것이 중요하다. 이러한 관점에서 전략은 옷과 비슷해서 겉보기에 아름다운 것보다는 나에게 어울리는 것이 더 중요할 수 있다. 아무리 아름다운 옷이라 해도 나에게 어울리지 않는다면 아무 의미가 없기 때문이다.

우리나라에서 의료관광산업은 아직 초창기이지만 핵심 고객이 외국인이고 경쟁의 범위가 세계적인 점을 감안하면 시장에서 후발주자일 가능성이 높다. 따라서 초기에 의료관광 상품을 설계할 때 주요 경쟁국으로 예상되는 싱가포르, 태국, 인도 등과 차별화할 수 있는 의료관광 상품을 개발하는 것이 중요하다. 특히 경쟁국가보다 우수한 의학서비스를 기반으로 경쟁국에는 없는 한의학과 관련된 결합 상품을 개발하고 이를 적극 홍보할 수 있다면 우리나라는 싱가포르나 태국에 비해 상대적으로 경쟁력 있는 상품의 개발이 용이할 것이다. 또한 치료를 목적으로 방문한 환자들과 보호자들의 장기 체류를 지원하기 위한 부가 프로그램도 본 상품에 포함되어 같이 제공할 경우 본 상품의 가치 제안을 보다 극대화할 수 있을 것이다.

2. 마케팅 커뮤니케이션

1) 마케팅 커뮤니케이션의 정의

> **마케팅 커뮤니케이션**
>
> - 마케팅 커뮤니케이션은 소비자들에게 브랜드가 가진 의미를 전달하고 이를 통해 소비자들의 구매를 유도하기 위해 브랜드가 갖고 있는 모든 요소들을 소비자들에게 전달하는 커뮤니케이션 활동을 의미한다.
> - 마케팅 커뮤니케이션 전략을 수립할 때 상품이 지향하는 브랜드 콘셉트는 이러한 전략 수립의 토대가 된다.

경영학에서는 광고를 마케팅 커뮤니케이션이라고 부르는 경우가 많다. 특히 최근에는 광고를 통합 마케팅 커뮤니케이션(Integrated Marketing Communication)이라고 지칭하기도 한다. 왜 마케팅 커뮤니케이션 앞에 통합(Integrated)이라는 단어가 붙었을까? 마케팅 커뮤니케이션은 하나의 목표를 지향해야 하기 때문이다. 마케팅 커뮤니케이션은 음악에 비유하자면 오케스트라라고 할 수 있다. 각각의 악기는 따로 소리를 내지만 종합했을 때 하나의 소리를 낼 수 있어야 한다. 즉, IMC는 어떤 홍보 수단을 이용하든 목소리는 하나이어야 한다는 의미를 담고 있다. 이는 위에 설명한 마케팅 커뮤니케이션의 정의에서 지향하는 브랜드 콘셉트에 해당한다고 볼 수 있다.

따라서 마케팅 프로모션은 그것이 판촉이든, 이벤트이든, 광고이든, 경품이든 모든 형태의 수단들이 소비자들에게 브랜드 콘셉트를 전달하는 도구로 설계되어야 한다. 기업이 소비자들한테 프로모션을 하는 이유는 의미를 전달하는 데 있기 때문이다. 우리가 어떤 사람에 대해서 이야기할 때 이미지란 단어를 많이 사용한다. 그런데 일반적으로 이미지란 우리가 어떤 사람과 접촉을 하면서 형성하게 된 연상의 합을 의미하고 있다. 상품을 만드는 기업 관점에서 브랜드 이미지란 소비자들이 우리 제품을 이렇게 생각해 주었으면 하는 희망이라고 할 수 있다. 이러한 시각에서 기업이 만드는 브랜드 콘셉트는 이미지를 형성하는 토대가 된다. 따라서 마케팅 커뮤니케이션을 잘 했다는 것은 기업이 선택한 브랜드 콘셉트를 소비자에게 제대로 전달했다는 의미로 해석할 수 있다. 그러나 현실적으로 기업이 선택한 브랜드 콘셉트가 원하는 브랜드 이미지로 연결되는 것은 쉽지 않다. 소비자들이 상품을 만나는 장소와 공간이 우리가 원하는 장소와 공간이 아닐 수 있기 때문이다. 예를 들어 회사가 만든 광고를 보고 소비자들의 마음이 움직였다고 하더라도 만약 실생활에서 그 옷을 입고 있는 사람을 보았을 때 소비자는 그 상품에 대한 이미지가 바뀔 수도 있다. 따라서 의료관광과 같은 서비스 상품의 경우 고객들도 상품의 일부분을 구성하기 때문에 프로모션을 통해 원하는 브랜드 콘셉트를 브랜드 이미지로 전환시키는 작업은 상당히 어려울 수밖에 없다. 이는 특히 의료관광 상품의 프로모션에서 IMC가 필요한 이유이기도 하다.

2) 마케팅 커뮤니케이션의 구성요소

마케팅 커뮤니케이션의 구성요소

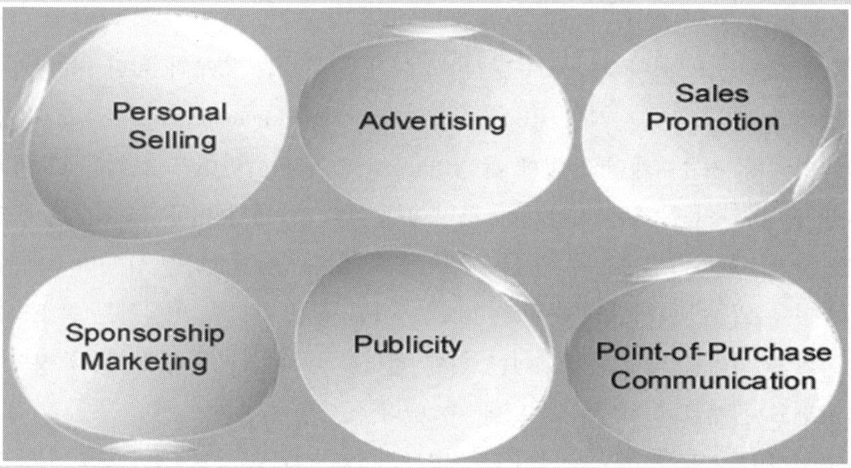

자료: Terence A. Shimp, Advertising Promotion, Thomson, 2006

마케팅 커뮤니케이션에서 여러 프로모션 수단을 사용하더라도 일관된 의미를 전달하는 것이 중요한 이유는 소비자들이 제품 또는 서비스를 경험하는 모든 상황을 기업이 원하는 방향으로 통제하지 않으면 마케팅 커뮤니케이션은 기업이 의도하지 않은 결과를 만들어 낼 수 있기 때문이다. 따라서 경영학에서 광고를 마케팅 커뮤니케이션이라고 부르는 이유도 소비자들이 제품 또는 서비스와 만나게 되는 상황에 기업이 적극적으로 개입해서 이를 기업이 원하는 방향으로 관리해야 한다는 의미를 담고 있다.

마케팅 커뮤니케이션을 구성하는 요소에는 인적 판매(Personal Selling), 광고(Advertising), 판매 촉진(Sales Promotion), 스폰서십 마케팅(Sponsorship Marketing), 홍보(Public Relation),

POP(Point of Purchase) 등이 있다. 이러한 프로모션 수단들은 기업이 소비자들에게 마케팅 커뮤니케이션을 수행하고자 할 때 가장 기본이 되는 수단이다. 그러나 우리가 마케팅 커뮤니케이션을 IMC라고 부를 때는 이러한 수단 외에도 다양한 프로모션 수단들이 고려될 수밖에 없다. 고객이 상품과 서비스를 경험하게 되는 모든 순간들이 미디어가 될 수 있기 때문이다. 예를 들어 식당과 같은 서비스 상품인 경우에는 옆에 있는 고객들이 누구이냐 하는 것도 서비스 상품의 품질에 영향을 줄 수 있는 요소가 될 수 있기 때문이다.

이러한 시각에서 의료관광 상품도 고객이 소비자이며 동시에 가장 큰 미디어가 될 수 있다. 의료서비스처럼 관여도가 높은 상품들은 고객 자체로 홍보 효과가 발생하며 또한 이들이 의료서비스나 관광서비스에 만족할 경우 주변에 좋은 이야기를 하고 다닐 수 있기 때문이다. 특히 고객 접점에서 고객 관리의 책임을 맡은 코디네이터들도 고객들에게는 미디어의 역할을 수행하게 된다는 점을 명심해야 할 것이다.

3) 마케팅 커뮤니케이션의 토대

브랜드 콘셉트

브랜드 콘셉트는 브랜드 매니저가 타깃 소비자들에게 전달하고자 하는 브랜드와 관련된 연상의 총합을 의미함

브랜드 콘셉트는 기업들이 상품을 개발할 때 "소비자들이 자사 상품에 대해 이렇게 생각해 주었으면 좋겠다"라는 희망을 담고 있다. 따라서 마케팅 커뮤니케이션을 통해 브랜드 콘셉트를 소비자들에게 제대로 전달해야 하는 것은 마케터에게 요구되는 가장 중요한 역할 중 하나이다. 고객이 원하는 상품을 만들고 이를 판매하기 위해서는 그 안에 고객이 원하는 이미지가 담겨 있어야 한다. 누군가의 마음을 움직이게 하려면 아마도 그 사람이 듣고 싶어 하는 것을 이야기하면 될 것이다. 따라서 브랜드 콘셉트란 소비자들이 기업으로부터 사고 싶은 편익을 담고 있는 의미의 총체적 합이라 할 수 있다. 누군가를 설득하고자 할 때는 우리는 그 사람과 같이 공유할 수 있는 무엇이 필요하다. 우리가 이야기할 때 공감대 형성은 내가 하고 싶은 이야기를 할 때보다 그 사람이 듣고 싶어 하는 이야기를 할 때 형성된다고 볼 수 있다. 그렇지만 우리들은 의식하지 못하는 사이 내가

하고 싶은 이야기를 하는 경우가 많다. 사실 상대방은 내 이야기에 별로 관심이 없다. 상대방은 자기가 듣고 싶은 것에만 관심을 가질 뿐이다. 인간관계에 있어서도 누군가에게 영향을 행사하기 위해선 전략이 필요하다. 즉, 상대방이 듣고 싶은 이야기를 먼저 하고 그 다음에 내가 하고 싶은 이야기를 하는 것이 바람직하다. 여기서 브랜드 콘셉트가 하는 역할은 결론적으로 내가 하고 싶은 이야기보다는 고객들이 듣고 싶은 이야기의 총합이라고 정리할 수 있다. 따라서 브랜드 콘셉트가 브랜드 이미지로 잘 연결되기 위해서는 소비자들이 자사 상품과 만나는 모든 접점에서 소비자들이 원하는 메시지를 전달할 수 있게끔 디자인해 주는 것이 중요하다.

의료관광 상품에도 동일한 개념이 적용될 수 있다. 소비자들은 의료관광 상품을 선택할 때 그 상품으로부터 얻을 수 있는 편익이나 체험을 구입하는 것이기 때문이다. 따라서 의료관광 상품을 개발할 때 그 상품이 지향하는 브랜드 콘셉트는 상품의 개발 및 프로모션 전략 수행에서 가장 중요한 출발점이 된다고 할 수 있다. 그리고 브랜드 콘셉트를 구현하기 위해 소비자에게 전달되는 서비스의 내용, 서비스의 가격, 영업 채널 그리고 소비자들에게 제시되는 프로모션 활동들이 일관되게 관리될 수 있어야 한다.

4) 브랜드 콘셉트의 구성요소

브랜드 콘셉트의 구성요소

- 기능적(Functional) 욕구
- 상징적(Symbolic) 욕구
- 체험적(Experiential) 욕구

일반적으로 소비자들의 욕구를 전제로 하고 있는 브랜드 콘셉트는 세 가지 요소에 기초하고 있다. 각각은 기능적 욕구(Functional Needs), 상징적 욕구(Symbolic needs) 그리고 체험적 욕구(Experiential needs)이다. 먼저 기능적 욕구는 문제 해결에 기반을 두고 있다. 예를 들어 어떤 사람이 잇몸이 약해 생활에 불편함을 초래하고 있어 이를 해결하기 위해 치과에 갔다면 이는 기능적 욕구에 기반한 행동이라고 볼 수 있다. 그러나 치아 미백을 위해 치과를 방문하였다면 상징적 욕구에 기반한 행동에 더 가깝다. 똑같은 의료서비스라 하더라도 아픈 사람에게 치료를 통해서 그 문제를 해결해 주는 데 목적이 있다면 기능적 욕구의 해결에 가깝고, 개인의 취향이나 더 나은 삶을 위해서 의료서비스를 이용하는 것이라면 상징적 욕구의 해결에 가깝다.

의료관광 상품을 개발하고 있는 나라들 중에서 싱가포르는 치료 목적의 의료서비스에 보다 특화된 나라이고 태국은 휴양이나 관광서비스에 특화된 나라로 볼 수 있다. 이렇게 된 것은 그 나라가 처한 여건에 따라 집중한 브랜드 콘셉트의 내용이 달랐기 때문이라고 생각할 수 있다. 따라서 의료관광산업의 경우 상품 개발자는 경쟁력을 확보하기 위해 상품의 콘셉트를 어디에 집중할지에 관한 의사결정이 필요하다. 즉, 치료에 중심을 둔 의료관광 상품을 개발할 것인지, 아니면 삶의 질을 높이는 의료관광 상품을 개발하는 데 중점을 둘 것인지 결정해야 한다. 이때 선택한 영역을 뒷받침할 수 있는 국가의 역량까지 고려하면 더 좋은 선택을 할 수 있을 것이다.

앞서 이야기했듯이 기능적 욕구는 소비자에게 생긴 문제를 해결해 주는 쪽에 가깝다. 반대로 상징적 욕구는 소비자들에게 제공해 주고자 하는 편익이 비교적 추상적이다. 따라서 기능적 욕구는 소비자들이 얻을 수 있는 편익을 구체적인 사실로 알려준다고 한다면 상징적 욕구는 소비자들이 얻을 수 있는 편익을 이미지 형태로 표현하는 경우가 많다. 마지막으로 체험적 욕구는 상징적 욕구와는 차이가 있다. 체험적 욕구는 그 자체가 즐거움이라든가 다양성을 지향하기 때문이다. 음식 같은 경우 배가 고파서 먹는 것이라 한다면 기능적 욕구의 해결로 볼 수 있지만 즐거움과 다양성 때문에 먹는 것이라면 체험적 욕구의 해결로 생각할 수 있기 때문이다.

브랜드 콘셉트의 실천 사례

자료: 코비한의원(www.icoby.co.kr), 연세사랑병원(www.yonserang.com)

브랜드 콘셉트가 기능적 욕구에 기반하고 있다면 마케팅 프로모션은 비교적 어렵지 않다. 상품이 줄 수 있는 편익을 소비자들에게 정확하게 전달해 주면 되기 때문이다. 단, 이때 기능적 욕구에 기반한 상품들은 마케팅 프로모션을 잘못 수행하는 경우 소비자들에게 과도한 기대를 형성할 수 있기 때문에 조심해야 한다.

특히 소비자들이 상품을 구입한 후 바로 상품이 주는 편익을 확인할 수 있는 경우에는 정확한 내용을 전달하는 것이 필요하다. 기능적 욕구에 기반한 상품을 프로모션 할 때 가장 많이 선택하는 광고 형식은 전후(Before/After) 타입의 광고이다. 의료 상품은 치료라는 기능적 목적으로 갖게 되므로 소비자들의 기대치가 올라갈 수밖에 없어 특히 기대치를 관리하는 것이 중요하다.

상징적 욕구에 기반한 의료관광 상품은 문제 해결보다는 삶의 질과 관련성을 갖게 된다. 상품의 소비를 통해 얻게 되는 자아고양(Self-enhancement), 자부심(Proud), 소속감(Belongingness) 등이 핵심 편익이 된다. 예를 들어 몽블랑은 글을 쓰기 위한 펜이지만 실제는 그 상품이 기업의 임원이라는 상징성을 나타내는 경우가 많다. 마찬가지로 자동차의 기능은 이동서비스를 제공하는 것이지만 가끔 자동차가 신분의 상징으로 사용되는 경우도 있다. 의료관광 상품이 상징적 욕구에 기반할 경우 불특정 다수를 대상으로 광고를 해도 상관은 없지만 상품에 대한 고객의 접근성은 제한을 두는 것이 바람직하다. 이때 상품을 이용하는 고객이 누구냐 하는 것이 상품의 가치를 나타내는 중요한 척도가 될 수 있기 때문이다. 체험적 욕구에 기반한 의료관광 상품은 태국에서 가장 보편화된 상품 중 하나인 마사지가 대표적인 사례라고 할 수 있다.

3. 의료관광 상품

1) 의료관광 상품의 특징

우리가 제품과 서비스를 분류하면 4가지 유형으로 구분할 수 있다. 일반적으로 제품은 눈에 보이지만 서비스는 눈에 보이지 않는다. 제품은 생산된 모든 상품이 균질한 데 반해 서비스는 누가 하느냐에 따라 품질이 달라질 수 있다. 제품은 생산과 소비가 분리될 수 있는 데 반해 서비스는 생산과 소비가 동시에 이루어진다. 제품은 한 번 만들어 놓으면 소멸하는 데 많은 시간이 걸리는 반면 서비스는 생산되자마자 바로 소멸한다. 제품과는 확연히 다른 서비스의 이러한 4가지 특징들은 서비스와 제품의 관리가 달라야 되는

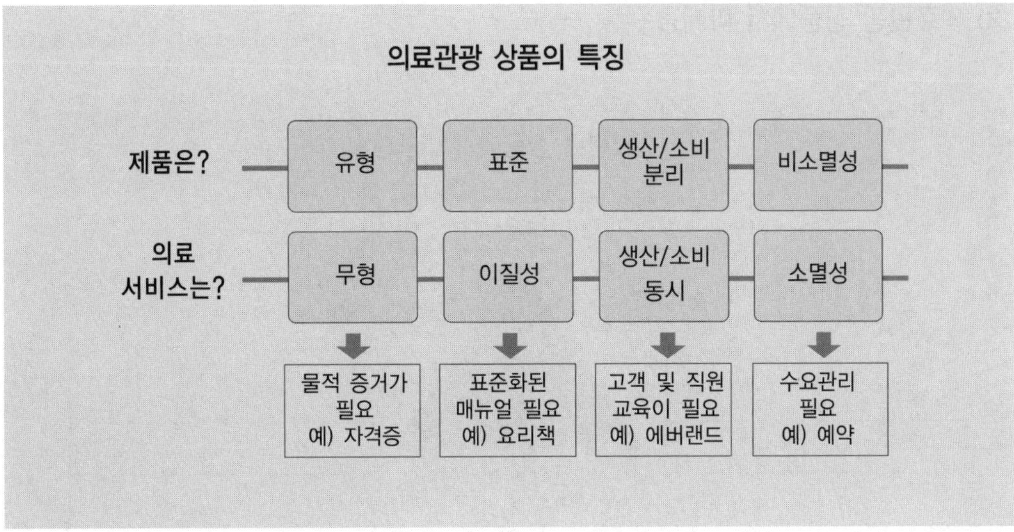

의료관광 상품의 특징

이유를 이야기하고 있다.

먼저 서비스의 무형성을 살펴보자. 제품은 눈에 보이지만 서비스는 눈에 보이지 않는다. 따라서 서비스는 소비자의 눈에 보이기 위한 물적 증거가 필요하다. 서비스에서 중요한 물적 증거로서 자격증이 있다. 자격증은 소비자들에게 내가 받고 있는 서비스가 최소한의 품질 관리가 되어 있는 서비스라는 점을 보여 주는 중요한 수단 중 하나이다. 의료관광산업에 종사하는 사람들에게 자격증이 필요한 이유가 여기에 있다고 하겠다. 서비스의 이질성은 서비스가 공장의 기계가 아니라 사람에 의해 수행되기 때문에 발생하는 문제이다. 모든 사람들의 능력이 똑같지 않기 때문이다. 이는 한국의 의료관광 분야에 종사하는 사람들에게 정기적인 교육을 실시하여 서비스 종사자들이 최소한의 역량을 유지할 수 있게 만드는 제도의 필요성을 강조하고 있다. 또한 현장에서는 표준화된 매뉴얼을 만들고 이를 실천하는 것이 중요하다. 특히 고객의 요구사항을 유형별로 분류하여 각각의 상황에 대한 대응 방안을 매뉴얼로 만들고 이를 교육하는 것은 의료관광 상품 관리의 중요한 요소가 될 것이다.

소멸성은 비수기와 성수기의 문제이다. 제품은 비수기 때 물건을 미리 만들어 놓고 성수기 때 판매하면 되지만 서비스는 저장이 불가능하기 때문에 수요 관리가 필요하다. 따라서 서비스는 제품과 보다 더 탄력적인 가격 정책을 운영해야 하고 이를 통해 서비스가 가지고 있는 소멸성의 특징에 대응해야 한다.

2) 의료관광 상품에서 마케팅

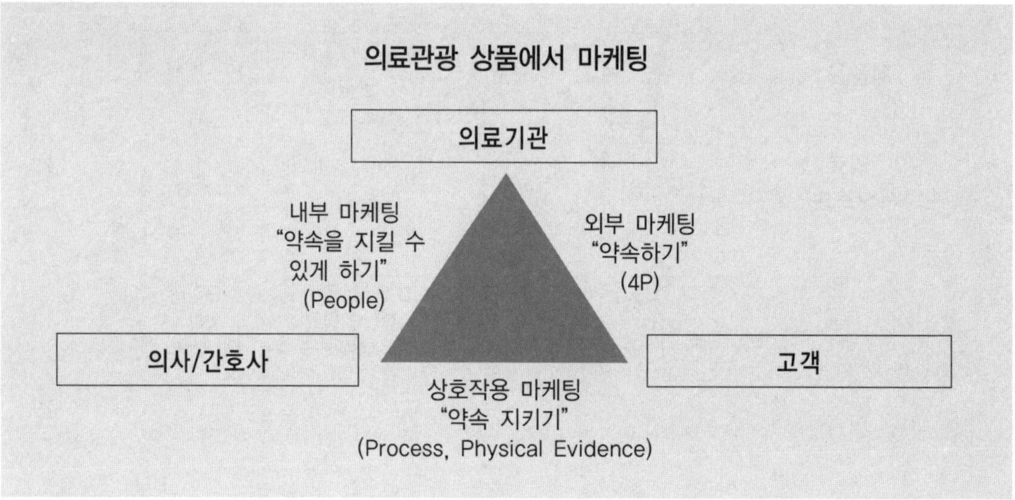

현재 의료관광 상품은 의료서비스를 제공하는 병원을 중심으로 개발되고 있으나 산업이 성장할수록 의료관광 상품은 여러 분야를 포함한 패키지 상품으로 존재할 가능성이 높으므로 마케터들이 상품 개발의 핵심적인 역할을 담당하게 될 가능성이 높다. 이때 의료기관에 종사하는 의사나 간호사 등은 의료 영역의 서비스를 제공하며 마케터는 의료관광 상품의 개발과 더불어 상품을 유통시키는 역할을 그리고 코디네이터는 유치한 환자를 공항에서부터 안내하고 통역, 휴양, 관광 등의 이차적 서비스를 제공해 주는 역할들을 담당하게 될 것이다. 이처럼 의료관광 상품의 마케팅에서 중요한 것은 상품을 개발한 사람만 마케터가 아니라 현장 접점에서 서비스를 제공하는 모든 사람들이 마케터의 역할을 수행한다는 점이다. 따라서 의료관광산업에서는 보다 확장적인 마케팅 관리의 프레임이 필요하다고 볼 수 있다.

일반적으로 마케터는 상품을 개발할 때 4P에 대해 고민해야 한다. 즉, 상품, 가격, 유통채널, 프로모션 등의 결정과 집행은 마케터가 외부 고객을 대상으로 수행해야 하는 전형적인 마케팅과 관련된 의사결정이라고 볼 수 있다. 반면 서비스 상품을 전달하기 위해서는 사람들이 필요하다. 즉, 종업원들이 회사가 만든 서비스 상품을 고객에게 제대로 전달할 수 있어야 서비스가 완성되기 때문이다. 따라서 서비스 상품을 관리하고자 할 때는 이러한 서비스 접점을 담당하고 있는 내부 고객들을 대상으로 한 별도의 마케팅 활동들이 필요하다. 우리는 이를 각각 프로세스 관리, 물적 증거 관리, 종업원 관리라고 부른다. 따라서 서비스와 관련된 마케팅 활동은 제품과는 달리 관리해야 하는 대상의 범주가 넓을 수밖에 없다.

프로세스는 서비스가 고객에게 전달되는 과정을 관리하는 것으로 특히 서비스 대기 상황에서 발생하는 문제를 집중적으로 관리한다. 물적 증거 관리는 서비스의 전달에서 소비자들에게 보여지는 것이 서비스의 품질을 결정하게 되므로 사람, 환경 등의 요소가 서비스 상품이 지향하는 브랜드 콘셉트에 맞추어 제공되는가를 관리한다. 마지막으로 종업원 관리는 서비스를 제공하는 인력의 서비스 품질을 유지하기 위해 필요한 교육, 훈련, 동기 부여 과정들을 집중적으로 관리하는 것을 의미한다.

3) 의료관광 상품의 프로세스 관리(서비스 내용)

의료관광 상품의 프로세스 관리(서비스 내용)

서비스 프로세스란 서비스가 전달되는 절차나
메커니즘 또는 활동들의 흐름을 의미하는 것으로
서비스 제공 및 운영 시스템을 말한다.

- 설계의 기준 = 고객의 기대
- 설계의 구성 = MOT(고객 접점)로 구성된 서비스 사이클

프로세스는 서비스가 전달되는 절차나 메커니즘 또는 활동들의 흐름을 의미하는 것으로 서비스 제공 및 운영시스템을 말한다. 프로세스는 서비스가 어떻게 전달되는가를 관리하는 과정이다. 프로세스를 관리할 때 중요한 것은 고객의 기대를 기준으로 프로세스 단계를 설계하는 것이다. 따라서 프로세스 사이클의 설계는 고객과의 접점을 기준으로 결정되는 것이 바람직하다.

프로세스를 설계할 때 가장 중요한 것은 프로세스의 출발점과 끝을 결정하는 것이다. 한 가지 예를 들어 보자. 지역 축제 중에서 유명한 축제 중 하나는 화천의 산천어 축제일 것이다. 화천에서 산천어 축제를 진행할 때 일반적으로 외부 관광객들은 자동차를 이용하여 많이 방문하게 된다. 이때 서울이나 경기도에서 운전자들이 자동차로 화천을 방문할 때 가장 헷갈리고 혼란스러워 하는 지역은 화천을 가기 위해서 거치게 되는 춘천 도심일 것이다. 춘천 도심은 길도 복잡하고 도심지 내 도로 표지판에서 국도의 노선 번호가 사라지는 경우가 많기 때문이다. 따라서 화천 산천어 축제를 방문하는 사람들을 위한 길안내 표지판은 화천군 입구보다 춘천 도심부터 제공하는 것이 좋다. 즉, 축제는 지

역적으로 화천에서 진행되지만 고객에게 제공되어야 하는 서비스는 춘천에서부터 제시되는 것이 바람직하다. 이처럼 프로세스의 시작을 설계할 때에는 서비스의 공급자 입장이 아니라 서비스를 받는 고객 입장에서 생각할 수 있어야 한다.

의료관광산업도 비슷한 맥락에서 생각할 수 있다. 고객에 대한 서비스는 고객이 한국에 도착하면서 시작되는 것이 아니라 고객이 자기 나라에서 한국으로 출발할 때 시작되는 것이 바람직하다. 따라서 의료관광 상품을 설계한 마케터는 현지의 고객이 출발하는 단계부터 서비스 프로세스를 설계하고 여러 단계에서 소비자들이 느끼게 되는 불편사항을 해결하도록 노력해야 할 것이다. 특히 의료관광을 위해 방문하는 외국인들은 일반 관광객들에 비해 한국에서의 체류 기간이 길 수 있으므로 고객이 들고 와야 하는 수화물의 배송서비스를 별도로 제공해 주는 것도 고객이 지각하는 서비스의 가치를 높이는 방법이 될 수 있을 것이다.

서비스 프로세스 실천 사례

자료: 명동 예치과 홈페이지(www.yedental.com)

의료기관 중에서 서비스 프로세스를 비교적 잘 관리한다고 알려진 사례로 예치과가 있다. 예치과는 서비스 전달 프로세스를 고객 접점에 따라 진찰대기, 진료 상황, 시설 환경, 병원 이미지 부분으로 나누어 관리하고 있다. 특히 진료 상황에서 환자 상담을 의사가 아닌 코디네이터에게 맡기고 코디네이터가 의사에게 환자의 내원 이유를 설명하게 함으로써 문진 상황에서 환자가 느끼는 심리적 부담을 완화시킨 것으로 유명하다.

이와 관련하여 시설이나 환경 측면에서도 서비스 프로세스를 생각해 볼 여지가 있다. 일반적으로 치과는 건물을 임대해서 사용하는 경우가 많다. 따라서 건물의 주차 관리인은 치과의 직원이 아니라 그 건물의 주인이 고용한 인력일 것이다. 그런데 어떤 고객이 자동차를 이용하여 병원을 방문했을 때 주차 관리인이 불친절하게 행동했다면 고객은 주차 관리원이 치과의 종업원이 아님에도 불구하고 치과에 대해 좋지 않은 인상을 갖게 될 가능성이 높다. 이처럼 고객에 대한 병원의 서비스가 고객이 병원 문을 열고 들어올 때부터 시작된다고 생각한다면 그 병원은 어디에서 서비스 실패가 발생하고 있는지 알 수 없다. 건물의 화장실도 마찬가지일 것이다. 일반적으로 화장실의 청소와 관리는 치과가 아니라 빌딩의 주인이 담당하지만 만약 치과를 방문한 고객이 건물에 위치한 화장실을 이용했을 때 화장실이 청결하지 못하다면 그 치과에 대해서 좋지 않은 인상을 갖게 될 것이다. 이는 치과 입장에서는 억울한 상황이 될 수 있지만 결국은 서비스 프로세스를 제대로 관리하지 못한 책임이라고 볼 수 있다. 즉, 서비스 제공자들이 서비스 프로세스를 설계할 때 고객 관점에서 프로세스를 설계하지 않으면 서비스 실패가 어디서 발생하는지 제대로 파악하기 힘들다. 이는 의료관광 상품의 설계를 담당하는 마케터들도 마찬가지일 것이다.

4) 의료관광 상품의 프로세스 관리(서비스 대기)

의료관광 상품의 프로세스 관리(서비스 대기)

구분	내용
서비스 생산관리	1. 예약을 활용하라. 2. 커뮤니케이션을 활용하라. 3. 공정한 대기 시스템을 구축하라.
서비스 인식관리	1. 서비스가 향상되었다는 느낌을 주어라. 2. 총 예상 시간을 알려주어라. 3. 이용되고 있지 않은 자원은 보이지 않게 하라.

서비스 프로세스에서 중요하게 생각해야 하는 또 다른 과제는 대기 상황에 대한 관리이다. 일반적으로 서비스는 공급이 제한되어 있으므로 수요가 공급을 초과할 경우에는 대기 상황이 발생할 수밖에 없다. 예를 들어 식당에 손님이 너무 많아 식당 밖에서 손님들이 줄을 서서 기다린다면 서비스 대기 상황의 관리가 필요한 것이다. 이때 서비스 프로세스를 어떻게 설계하느냐에 따라서 대기 상황에서의 서비스 생산성이 달라진다. 서비

스 상품에서 중요한 것은 시간의 관리이다. 소비자가 원하는 서비스 품질 중에서 가장 중요한 것 중 하나도 빠른 서비스의 제공이다. 만약 서비스가 제공되는 결과인 물리적 시간을 단축시킬 수가 없다면 마케터는 대기 관리를 통해 소비자들이 지각하는 시간을 단축시켜 줄 수 있어야 한다. 이는 서비스의 특성상 소비자들이 대기 상황을 피할 수 없는 경우가 많이 발생하기 때문이다. 이런 경우에는 대기 고객에 대한 적극적인 관리가 필요하다. 서비스 마케팅에서 고객들이 기다리는 상황을 어떻게 관리할 것인가는 중요한 관리의 대상이 된다.

대기 관리에는 생산 관리와 인식 관리가 있다. 생산 관리는 서비스 전달 프로세스의 개선을 통해 대기 시간을 줄이는 방법이다. 예약을 하거나 은행에서 고객들에게 붐비는 날을 알려주거나 ATM기계를 사용하여 수요를 분산시키는 것이 대표적인 사례이다. 반면 인식 관리는 소비자들에게 서비스가 시작되었다는 느낌을 주어 대기 상황을 지루한 기다림으로 인식하지 않게 만드는 것이다. 아웃백 스테이크 하우스에서는 기다리는 고객들에게 빵과 음료를 제공하고 있는데 이것이 대표적인 사례라고 할 수 있다. 에버랜드는 고객들이 놀이기구를 타기 위해 대기하고 있을 때 예상 대기 시간을 표시해 준다. 대기 시간을 모르고 기다리는 경우 그 대기 시간이 매우 길게 느껴지기 때문이다.

5) 의료관광 상품의 관리(물적 증거 관리)

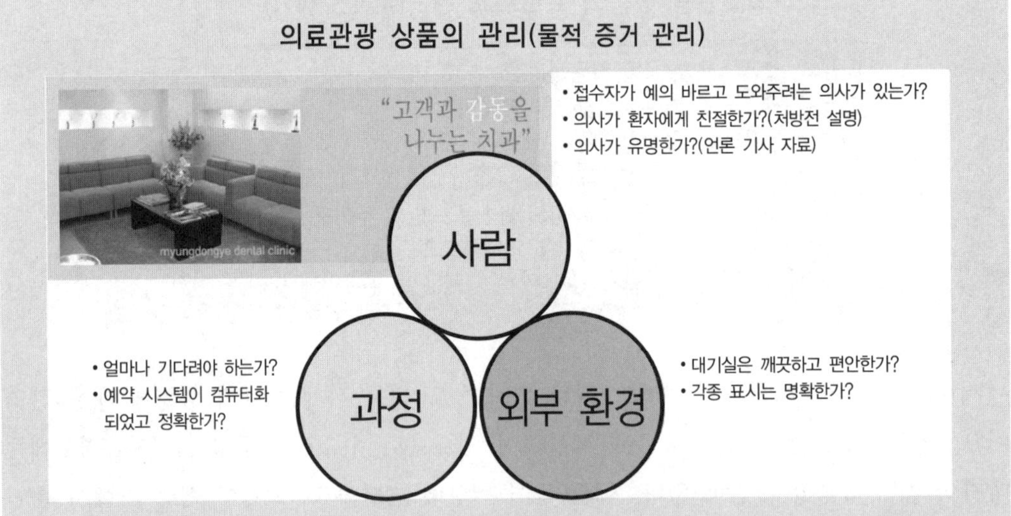

그림: 명동 예치과 홈페이지(www.yedental.com)

물적 증거는 보이지 않는 서비스의 품질 인식을 도와주기 위해 제공해 주는 것으로 의료관광 서비스의 경우 사람, 과정, 외부 환경들이 물적 증거가 된다. 이때 사람이란 종업원이 주는 인상으로서 병원의 경우라면 접수자가 세련된 유니폼을 입고, 예의가 바른지, 도와주려는 의사가 있는지, 또는 친절한지를 의미한다. 또한 언론 기사를 통해 병원에서 진료하는 의사가 해당 분야의 전문가임을 소개하는 활동도 동일한 맥락에서 생각할 수 있다. 과정은 앞서 언급한 프로세스가 소비자들에게 주는 인상으로 서비스의 전달 과정이 전문적이고 효율적인 느낌을 줄 수 있어야 한다. 그런데 물적 증거에서 중요하게 다루는 대상은 외부 환경이라고 할 수 있다.

외부 환경은 서비스가 전달되는 맥락을 제공하며 사람들이 지각하는 서비스 품질에 상당한 영향력을 행사하게 된다. 플로리다의 워터만(Waterman)병원은 병원 건물을 건축할 때 원형으로 설계를 하였다. 그 이유는 건물을 원형으로 설계할 경우 간호사 대기실(Nursing Station)을 가운데 둘 수 있고 이때 모든 병실에서 환자들이 간호사의 대기 여부를 확인하고 호출할 수 있으므로 환자들이 느끼는 심리적 안정감을 높여 줄 수 있기 때문이었다. 한국의 경우 모든 병원들이 직사각형 형태의 건물에 입주해 있고 간호사 대기실은 대개의 경우 엘리베이터 앞에 위치하고 있어 병실에 있는 환자들이 간호사를 호출할 때 간호사의 존재 여부를 확인할 수 없다는 점과는 대조가 된다. 이처럼 건물이라고 하는 환경도 그 건물을 이용하는 소비자들이 보다 편리하게 이용할 수 있게끔 디자인하는 것도 물적 증거로서 외부 환경의 관리가 갖는 가치라고 하겠다. 의료관광 서비스의 경우에는 공항에서 접근하기 용이한 곳에 병원의 입지를 선택하고, 외국인 환자들이 편안함을 느낄 수 있는 병원 인테리어 및 의사들의 전문성을 나타내는 자격증 그리고 모국어로 작성된 안내책자 등을 비치하는 것도 외부 환경 측면에서 우리가 관리할 수 있는 물적 증거라고 할 수 있겠다.

6) 의료관광 상품의 관리(종업원 관리)

의료관광 상품의 관리(종업원 관리)

- 갈등과 스트레스를 관리
- 적합한 사람의 고용
- 최고의 사원을 유지
- 교육과 훈련의 실시
- 내부 커뮤니케이션의 강화

의료관광 서비스에서 종업원 관리의 목적은 고객 접점에 있는 이들의 동기를 부여하는 데 있다. 종업원의 욕구를 해결해 줄 수 있는 마케터의 역량에 따라 이들이 고객의 욕구를 만족시키는 능력이 결정되기 때문이다. 따라서 마케터는 종업원들이 가지고 있는 갈등이나 스트레스를 해소해 주며 교육이나 커뮤니케이션을 통해 부족한 부분들을 보완해 줄 수 있어야 한다. 이러한 의미에서 서비스 기업은 두 종류의 고객을 갖고 있다고 할 수 있다. 하나는 외부에 존재하는 고객이고 하나는 내부에 존재하는 종업원이다. 따라서 서비스 기업은 외부 고객에게는 상품을 판매하고 내부 고객에게는 내부 마케팅을 통해 서비스 마인드나 고객 지향적 사고를 심어 주어 더 좋은 성과를 낼 수 있도록 독려할 수 있어야 한다. 서비스 마케팅에서 종업원이 중요한 이유는 그들이 회사를 대표하며 그들이 서비스 상품을 구성하는 일부분이기 때문이다. 특히 신뢰성이 강조되는 의료서비스의 경우에는 종업원의 중요성이 더 강조될 수밖에 없다.

종업원 관리에서 중요한 것은 첫째 종업원들이 갖고 있는 갈등과 스트레스를 관리해 주는 것이다. 종업원이 느끼는 갈등은 종업원-역할 갈등, 종업원-상사 갈등, 종업원-종업원 갈등, 종업원-고객 갈등이 있다. 특히 의료관광 서비스에서는 종업원-역할 갈등과 종업원-고객 갈등의 해소에 관심을 둘 필요가 있다. 이는 의료관광이 다른 서비스에 비해 업무가 주는 스트레스가 크기 때문인데 입사 과정에서 적성검사를 통해 부적격자를 사전에 걸러내는 것이 매우 중요하다고 하겠다. 또한 업무에 대한 자신감을 극대화하기 위해 수시로 필요한 지식을 교육을 통해 전달하고 동아리 활동이나 사보 발행을 통해 내부 커뮤니케이션을 활성화하고 이렇게 함으로써 개인과 개인 그리고 조직과 개인 간 소통의 창구를 마련해 주는 것도 의료관광 마케터가 수행해야 할 역할이라고 할 수 있다. 특히 고객과의 서비스 접점에서 종사하는 종업원들은 고객들의 서비스 상품 품질 인식에 중요한 역할을 담당하게 되므로 종업원 관리는 상품의 품질을 관리한다는 시각에서 접근하는 것이 중요하다. 아무리 의사로부터 받은 치료서비스가 마음에 들었다 하더라도 매일 상대하는 간호사에게 불쾌한 감정을 갖게 된다면 고객들이 병원을 다시 방문할 가능성은 낮기 때문이다.

4. 의료관광 상품의 IMC 전략

1) IMC의 정의

> **IMC의 정의**
> 다양한 커뮤니케이션의 전략적 역할을 비교 검토하고
> 명료성과 일관성을 높여 최대의 커뮤니케이션 효과를 제공하기 위해
> 이들 다양한 수단을 통합하는 총괄적 계획

서비스 기업은 여러 가지 커뮤니케이션 수단을 활용하여 목표시장에 접근하게 된다. 통합 마케팅 커뮤니케이션(Integrated Marketing Communication)은 여러 커뮤니케이션 수단들이 일관되고 명료한 목표를 갖고 소비자들에게 메시지를 전달하는 것을 의미한다. 소비자들한테 브랜드 콘셉트를 일관되게 보여 주는 것이다. 이것이 통합 마케팅 커뮤니케이션이 지향하는 목표이다. 옷을 입을 때 코디가 중요한 이유는 코디가 맞지 않으면 개별 옷들의 아름다움과 상관없이 전체적인 모습이 이상해지기 때문이다. 이처럼 각각의 메시지들은 뛰어난데 이들이 일관된 목표를 갖고 있지 않다면 전체적으로 좋은 커뮤니케이션을 유지할 수 없다. IMC를 구성하고 있는 핵심요소는 첫째, 고객 관점에서 시작되어야 하며, 모든 매체가 전달하는 메시지와 배경이 일관성을 갖고 있어야 한다. 또한 상품과 고객 사이에 감성적인 연대를 형성하는 것도 중요하다. 이러한 시각에서 IMC는 몇 가지 전제 조건을 갖고 있다. 첫째, 다양한 커뮤니케이션 수단을 사용하되 둘째, 이러한 수단들이 통합되어 활용되어야 하며 셋째, 이러한 수단들이 전체적인 마케팅 전략의 세부 실천 전략으로 입안되어야 한다는 것이다.

최근에 삼성전자에서 출시하였던 하우젠 김치 냉장고를 예를 들면 IMC 전략의 개념을 보다 쉽게 이해할 수 있다. 삼성전자는 김치 냉장고 시장에서 다맛이라고 하는 브랜드로 만도의 딤채와 경쟁하였으나 성과가 그렇게 좋지 않았다. 따라서 삼성전자는 하우젠이라는 브랜드를 새롭게 런칭하여 김치 냉장고 시장을 두 개의 브랜드로 공략하는 이원화 전략을 선택하였다. 이때 프리미엄 브랜드로 포지셔닝 한 하우젠은 새로운 디자인의 김치 냉장고를 시장에 선보이며 유통채널을 백화점 등으로 제한하였고 가격도 높게 책정하였다. 동시에 이에 맞추어 커뮤니케이션도 TV 광고 위주의 이미지 광고를 집행하였다. 반면 대중 브랜드로 포지셔닝 한 다맛은 모든 유통채널에서 제품을 판매하였으며 가격도

딤채 대비 경쟁력 있는 가격을 책정하였다. 동시에 마케팅 커뮤니케이션은 이미지 광고보다는 실제 판매에 영향을 줄 수 있는 판촉 광고를 중심으로 집행하였다. 이러한 사례는 결국 IMC는 마케팅 전략과 연동되어 집행되어야 하는 것임을 설명하고 있다. 의료관광 상품의 경우에도 IMC란 그 상품이 지향하는 포지셔닝을 소비자들이 상품을 접하게 되는 여러 접점에서 일관되게 전달하는 것을 의미한다고 하겠다. 또한 이러한 포지셔닝을 지속적으로 유지할 수 있어야 하는데 대개의 경우 마케터들은 상품의 런칭 초기에 매출액이 예상보다 좋지 않을 때는 가격과 같은 마케팅 수단을 조정하고 싶은 유혹을 느끼게 되기 때문이다.

2) IMC의 철학

IMC 탄생의 배경: 일관성과 보완성

1. 마케팅 직능의 전문화 및 분권화
2. 일관성과 중요도: 가격과 커뮤니케이션
3. 보완성의 중요도: 정교한 메시지 전달체계 필요

IMC가 필요한 첫 번째 이유는 대중 매체 광고가 주는 효과에 한계가 있기 때문이다. 최근에는 TV 광고로 높은 브랜드 인지도를 달성했음에도 불구하고 매출 성장의 실패를 경험한 사례가 많다. 따라서 IMC는 판매 촉진, 다이렉트마케팅, 이벤트, PR 등의 판촉 수단들을 통합적으로 운영함으로써 시너지 효과를 극대화할 수 있으며 새로운 정보기술 및 매체의 발달로 인해 개별 고객에게 특화된 접근이 용이해짐에 따라 등장하게 되었다.

IMC가 등장한 두 번째 이유는 마케팅 직능의 전문화와 분권화에 있다. 특히 많은 기업들이 광고와 관련된 업무를 외부 대행사에 위탁하고 있다. 유통과 관련된 영역도 원가 절감 차원에서 기능을 외부에 아웃소싱하는 경우도 많아졌다. 또한 일반적으로 상품에 대한 마케팅 전략은 마케팅 부서에서 수립하는 경우가 많지만 집행은 다른 부서에서 맡는 경우도 상당하다. 이러한 마케팅 직능의 전문화와 분권화에 따른 위험은 여러 커뮤니케이션 내용들이 일관되지 못하며 경우에 따라서는 상호 모순되는 내용을 전달할 수 있다는 점이다. 의료관광 상품의 경우도 상품 기획은 전문 에이전시에서 수립할 수 있지만 서비스 전달은 계약을 맺은 병원에서 집행될 가능성이 높다. 이러한 점에서 소비자들에게 일관된 메시지를 전달하는 IMC의 중요성은 상당하다고 하겠다.

IMC가 등장한 세 번째 이유는 가격과 커뮤니케이션의 일관성을 유지하기 위해서이다.

가장 좋은 예가 미국에 수출하였던 국산 가전제품들이다. 한국 기업들은 미국 시장에 진출하면서 높은 성능을 강조하는 광고를 집행하였지만 낮은 가격을 책정하고 할인점에서 판매함으로써 소비자들에게 혼란을 주는 커뮤니케이션을 집행하였다. 의료관광의 경우에도 소비자들에게 높은 품질을 약속하였지만 서비스가 전달되는 병원의 서비스 수준이 떨어진다면 소비자들은 실망스러운 느낌을 경험하게 될 것이다. 따라서 의료관광에서 IMC란 소비자들이 접하게 되는 여러 접점(Moment of Truth)에서 전달되는 명시적 또는 묵시적 메시지들이 소비자들에게 약속한 내용대로 전달될 수 있게끔 관리하는 것이라고 할 수 있겠다. 소비자들이 접하게 되는 상품과 관련된 모든 요소들, 즉 서비스 가격, 서비스 종업원, 서비스 시설 등은 모두 소비자들에게 상품의 정보를 전달해 주는 커뮤니케이션 요소들을 갖고 있기 때문이다.

3) IMC를 구성하고 있는 핵심요소

IMC를 구성하고 있는 핵심요소

- 고객 관점에서 시작
- 고객에 만나는 모든 접점이 매체
- 모든 매체가 전달하는 메시지와 배경의 일관성
- 상품과 고객 사이에 감성적인 연대

광고와 관련된 프로모션에서는 매체를 생각할 때 TV, 라디오, 신문, 잡지 등의 대중매체를 생각하게 된다. 그러나 IMC는 소비자들이 자사 상품을 만나게 되는 모든 접점이 매체가 될 수 있다고 생각한다.

예를 들어 패션 상품의 마케터는 우리의 고객들이 상품을 입고 다닐 때 이것이 다른 잠재 고객들의 눈에 띄게 된다면 우리의 고객들이 매체 역할을 수행한다고 생각한다. 따라서 패션 상품의 디자이너들은 상품의 사이즈를 만들 때 가급적 큰 사이즈의 옷을 만들지 않으며 일반 사이즈의 옷도 날씬한 사람이 아니면 스타일이 나오지 않게 만드는 경우가 많다. 또한 고객들이 매장에서 자사 상품을 보고 구입 여부를 생각하게 된다면 매장에서 보이는 상품의 포장이나 POP 등도 매체가 될 수 있다. 따라서 IMC는 고객이 자사 상품을 만나게 되는 모든 접점들이 매체가 될 수 있다고 생각한다. 특히 의료관광과 같은 서비스 상품은 공항에서 만나는 코디네이터나 병원에서 만나게 되는 의사나 간호사들이 매체 역할을 수행하게 된다. 또한 병원에서 만나게 되는 다른 환자들의 모습들도 소비자에게는 매체 역할을 수행하게 된다. 즉, 앞에서 언급한 프로세스, 물적 증거, 종업원 등이 매체가 될 수 있다. 프로세스 관점에서 우리들병원은 여러 개의 진료과를 보유하는 대신 척추 질환과 허리디스크 치료에 특화된 상품을 전면에 내세우고 있으며 우리들 국제환자센터를 만들어 검사, 진료, 진단, 치료를 위해 내원하는 국내외 거주 외국인들에게 편안하고 빠른 원스톱(One-stop) 서비스를 제공하고 있다. 또한 병원 스태프들은 국제학술대회에 참여하여 수많은 논문들을 발표함으로써 병원의 국제적 지위를 높이는 데 기여하고 있다. 이러한 활동들은 소비자들에게 신뢰할 수 있는 서비스라는 포지셔닝을 전달하는 데 큰 역할을 수행하고 있다. 더불어 병원에서 환자들과 병원 스태프들 사이에 존재하게 되는 감정적 연대 역시 다른 소비자들에게 상품의 특징을 설명해 주는 중요한 요소로 작용하게 될 것이다. 서비스는 사람을 통해 이루어지므로 표준화된 공장에서 생산되는 제품과 달리 이러한 고객 접점에서 종업원들이 매번 일관된 고객 대응을 수행하도록 요구하는 것은 매우 어렵다. 그럼에도 불구하고 이러한 고객 접점을 관리하는 것은 상품의 품질 관리를 위해 마케터에게 요구되는 가장 큰 미션 중 하나라고 할 수 있다.

4) 태국 범룽랏병원의 IMC 사례

태국 범룽랏병원의 IMC 사례

자료: 태국 범룽랏병원 홈페이지

태국 범룽랏병원의 마케팅 전략도 IMC 관점에서 설명할 수 있다. 먼저 상품 전략으로 아시아 최초의 JCI 인증 병원으로서 모든 진료과를 보유하고 있고, 태국의 주요 관광지를 여행할 수 있는 패키지 상품까지 제공하고 있어 여행, 진료, 치료, 휴식, 요양 등의 서비스를 한꺼번에 해결할 수 있다는 점을 강조하고 있다. 또한 환자와 보호자들이 원할 경우 모국의 음식을 선택할 수 있는 옵션을 제공해 주고 있다. 가격 전략은 미국의 치료비 대비 20~25%의 진료 수준을 책정함으로써 경쟁국인 싱가포르와 비교해도 절반 정도밖에 되지 않는 의료비를 제시하고 있으며 동시에 60여 종에 이르는 해외 의료보험 및 금융회사들과의 협약을 통해 소비자에게 편의성을 제공하고 있다. 또한 진료비, 입원실 비용을 모두 포함한 패키지 상품을 다양한 가격으로 제시함으로써 환자들이 진료비 전반에 대해 미리 계획하고 치료 방법을 선택할 수 있게 도와주고 있다. 촉진 전략은 미국 의료전문가들에게 병원경영과 해외홍보를 담당하게 함으로써 병원의 국제화를 지향하고 있다. 그리고 병원 내에 국제진료의뢰센터를 운영하여 상주하는 직원들이 세계 각지로부터 오는 1,000여 건에 이르는 이메일 문의에 답변하게 하고 있고, 동시에 22개국 언어를 담당하는 통역원들을 상주시키며 의료 상담을 제공해 주고 있다. 이와 같은 활동들은 전 세계의 잠재 고객들에게 필요한 정보들을 적시에 제공해 줌으로써 고객들의 시간을 절약해 주고 있다. 또한 태국의 저렴한 인건비로 인해 한 환자 당 2명의 간병인이 배치됨으로써 환자의 가족들로 하여금 남는 시간을 활용하여 다른 활동에 참여할 수 있는 기회도 제공해 주고 있다. 또한 환자들은 공항에서부터 픽업서비스를 받으며 가족들에게는 인근 호텔의 숙박권을 주는 프로모션을 진행하기도 한다.

이러한 노력들을 통해 범룽랏병원은 지금까지 많은 외국인 환자들을 유치할 수 있었는데 태국병원협회의 통계에 따르면 2006년 한 해 범룽랏병원을 방문한 외국인 환자는 99개국에서 43만 명에 달하고 있으며 한국인도 월 평균 600명 정도가 범룽랏병원을 찾고 있는 것으로 나타났다.

〈한국의 의료관광 사례: JK성형외과〉

① JK성형외과

JK성형외과는 1998년 개원한 이래 지난 12년 동안 약 4만여 건 이상의 안면윤곽 수술을 비롯해 가슴 성형, 체형 성형, 눈코 성형, 안티 에이징, 모발 이식 등 각 분야의 전문 의료진을 갖춘 국내 대표적인 종합 성형전문센터이다. JK성형외과는 보건복지부 인증 해외 환자 유치 1호 기관으로 활발한 해외 환자 유치 활동을 벌이고 있다. 동시통역이 가능한 해외 환자 1:1 전담 동시통역 코디네이터와 해외 환자 전담 치료 관리 간호사 그리고 리무진 서비스와 숙소 제공 등의 고객 맞춤형 서비스로 글로벌 경쟁력을 갖추고 환자들에게 의료서비스를 제공하고 있다. JK성형외과는 해외 환자들을 유치하기 위해 이들이 원하는 서비스가 무엇인지를 정확하게 파악하고 해외 환자가 진료를 받는 데 있어 불편함이 없도록 고객 맞춤형 서비스를 제공하는 데 만전을 기하고 있다. JK성형외과는 방대한 임상경험을 보유하고 있으며, 해외 학회 및 미국 성형외과 교육재단 그리고 세계에서 구강 수술로 권위 있는 대만의 장궁병원 등과의 지속적인 교류를 통해 선진화된 수술 시스템을 정립하고 있다. 또한 JK성형외과는 한국관광공사에서 주관하는 각종 의료 체험 행사에 참가하여 평소 한국의 미용성형에 관심은 많았지만 경험해 보지 못한 외국인 관광객을 대상으로 한국의 성형의술을 홍보할 수 있는 기회를 적극 마련하고 있다.

② JK성형외과의 진료 상품 특징

JK성형외과는 3D 가상 성형 체험을 통해 외국인들의 이목을 집중시키고 있다. 3D 가상 성형 체험 시스템은 기존 X-레이 촬영에 비해 성형 전후의 달라진 모습을 실제 사진처럼 뚜렷하게 구현할 수 있는 장점이 있다. 특히 3D 가상 성형 시스템은 0.8초 내에 눈두덩이의 지방 제거, 코끝이나 콧망울 등의 작은 변화까지도 예측할 수 있어 수술 후 모습을 환자들이 입체감 있게 볼 수 있도록 도와주고 있다. 이를 통해 환자들은 직접 자신이 성형하고 싶은 부위를 지정하고 수술에 따른 모습의 변화도 조절할 수 있으며 아주 짧은 시간 내 실제와 가까운 수술 결과까지 볼 수 있기 때문에 성형 희망자들로부터 큰 호응을 얻고 있다. 이처럼 JK성형외과는 상담에서 수술, 사후관리까지 원칙에 충실한 환자 중심의 의료서비스를 제공해 주고 있다. 또한 현재 외국 환자들이 언어소통에 불편함이 없도록 4명(영어, 일본어, 중국어, 불어)의 전담 통역 상담사가 상주하며 지속적인 관리와 케어가 될 수 있도록 JK 케어 시스템을 운영하고 있다.

③ JK성형외과의 프로모션 활동

ⓐ 해외 팸투어 실시

JK성형외과는 중국과 베트남 등을 대상으로 해외 팸투어를 실시하여 외국의 의료진들이 JK성형외과를 방문하고 JK성형외과의 의료서비스 및 병원 운영 시스템 전반에 대해서 보고 배울 수 있는 시간을 제공해 주고 있다. JK성형외과는 해외 팸투어 행사를 통해 팸투어단에게 성형 상담 및 의료 체험을 제공해 줌으로써 이들이 향후 JK성형외과의 외국인 환자 유치에 긍정적인 영향을 줄 수 있을 것으로 기대하고 있다.

ⓑ 2010 상해 의료관광 설명회를 통한 한국 성형기술 홍보

JK성형외과는 KOTRA와 서울시가 주관한 2010 상해 의료관광 설명회에 참여하여 중국 현지 의료기관 및 미용 산업 VIP, 여행사 관계자 그리고 현지 언론 관계자들로부터 큰 호응을 얻었다. 2010년 중국 상해 하얏트 호텔에서 진행되었던 2010 상해 의료관광 설명회는 국내 병의원들의 중국 의료시장 진출 기반 구축 및 해외 환자 유치 마케팅을 위해 마련되었는데 1 : 1 비즈니스 미팅과 현지의 의료관광 현황 설명 그리고 의료관광 사례 발표 및 업체 초청 강연 등의 일정으로 진행되었다.

이곳에서 JK성형외과가 한국의 성형외과를 대표해 프레젠테이션을 맡았으며 한국의 성형 트렌드 및 3D 가상 성형, V라인 사각턱 수술 등의 첨단 의료기술과 성공적인 해외 환자 유치 사례 등을 소개하며 많은 호응을 이끌어 내었다. 이날 설명회에 참석한 중국 측 의료기관은 충칭 최대 규모 병원인 충칭 에드워즈병원과 상해 인애병원, 상해 천대의료미용의원, 1940년에 설립된 상해 타임성형외과 그리고 자본금 3,500만 달러의 대형 병원기업인 상해 굉강의원 유한공사 등인데 이들 병원 관계자들은 JK성형외과의 첨단 성형기술과 한국의 미용성형 분야에 대해 높은 관심을 보였다. JK성형외과는 이 설명회를 통해 한국의 성형기술을 홍보하고 중국의 핵심 바이어를 발굴할 수 있었다. 또한 현지 의료기관들과의 학술교류 행사를 통해 중국의 의료기관들과 지속적인 관계 형성을 위한 계기도 마련할 수 있었다.

자료원: www.jkplastic.com

참고문헌

윤수정(2010), JK성형외과 의료관광 프로모션 사례, 한림대학교.

이유재(1999), 서비스 마케팅, 제2판, 학현사.

이유재, 박찬수(1995), 신상품 마케팅, 시그마프레스.

Levitt, Teodore (1960), Marketing Myopia, *Harvard Business Review*, July-August.

Park, C. W., B. Jaworski, and D. MacInnis (1986), Strategic Brand Concept Management, *Journal of Marketing*, 50, 136.

Schulz, Don E. (1993), Integrated Marketing Communications: Maybe Definition is in the Point of View, *Marketing News*, Jan. 18, 17.

IV. 의료관광 프로모션과 설득

1. 소비자 설득

1) 설득의 정의

설득의 정의

사람들이 갖고 있는 학습된 고정관념(인지적 습관)을 이용하여
우리가 주장하는 메시지를 수용하게 만드는 과정

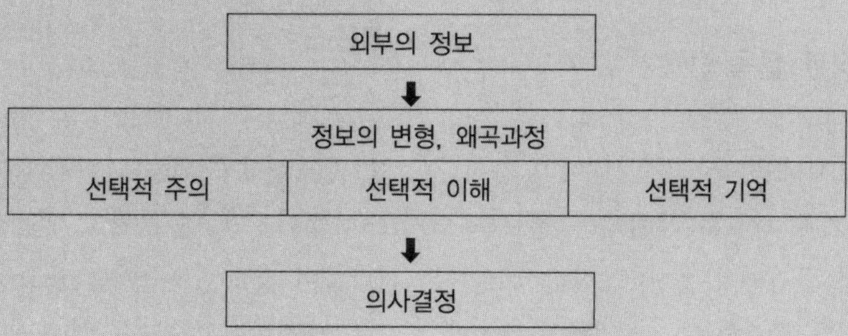

프로모션이 지향하고 있는 목적은 정보의 갭을 해결하고 이를 통해 소비자 태도를 형성하거나 기존의 소비자 태도를 변화시키는 데 있다. 이때 설득은 태도의 변화와 관련성이 높다. 아무리 좋은 제품과 서비스를 만들었다 하더라도 소비자들이 자사 상품에 대해

오해를 하고 있다면 그 제품과 서비스가 선택될 가능성이 낮기 때문이다. 따라서 프로모션을 실무적인 입장에서 바라본다면 신제품은 태도의 형성을, 기존 제품은 태도의 강화나 변화를 지향하고 있다고 볼 수 있다.

누군가를 설득하려면 설득 대상이 충족되지 않은 욕구를 갖고 있어야 한다. 욕구가 존재하지 않으면 메시지가 수용될 가능성이 낮기 때문이다. 그리고 소비자들이 외부의 정보를 받아들이는 과정에 대한 이해도 필요하다. 이를 통해 설득이 발생하는 과정을 이해할 수 있기 때문이다. 소비자들은 세상을 살아가면서 많은 정보를 받아들이게 된다. 이때 소비자들이 접하는 정보는 주로 오감을 통해서 수용된다. 그런데 소비자들의 정보 처리 과정에서 중요하게 고려해야 할 점은 우리가 외부에서 받아들이는 정보와 우리가 머릿속에 기억하는 정보는 일치하지 않을 수 있다는 점이다. 예를 들어 소비자에게 A라고 이야기해도 소비자는 이를 A라고 받아들이지 않을 가능성이 있다. 소비자는 자기가 받아들이고 싶은 정보만 받아들이기 때문이다. 이 과정을 제대로 이해하지 않으면 우리의 커뮤니케이션 의도와는 다른 커뮤니케이션이 이루어질 가능성이 높다.

소비자들은 우리가 보여 주는 것을 그대로 받아들이는 것이 아니라 그들이 착용하고 있는 선글라스를 통해 받아들이게 된다. 따라서 우리는 사전에 소비자들이 어떤 인지적 습관(예: 선글라스)을 갖고 있는지를 파악하고 이를 이해해야 우리가 전달한 메시지가 소비자들에게 어떻게 도달하게 되는지를 정확하게 이해할 수 있다. 의료관광은 외국인을 상대로 하는 것이므로 똑같은 메시지라도 상대방에 따라 다르게 해석될 여지가 높다는 점을 이해해야 한다. 이는 각 나라의 문화를 이해하는 것이 소비자 욕구를 이해하는 출발점이 될 수 있다는 점을 의미하기도 한다.

2) 바람직한 설득 전략

사람들은 세상을 살아가면서 여러 가지 정보를 받아들이게 되는데 이때 내가 알고 있거나 또는 기존 태도와 부합하는 정보는 쉽게 받아들이지만 내가 알고 있는 것과 다른 정보는 쉽게 신뢰하지 못한다. 따라서 설득은 사람들이 갖고 있는 학습된 고정관념을 이용하여 우리가 주장하는 메시지를 수용하게 만드는 과정이라고 볼 수 있다. 이때 바람직한 설득 전략은 사람들이 스스로 납득하고 태도를 변화시키는 것이라고 할 수 있다. 이러한 설득의 형식은 두 가지가 있는데 각각 태도의 형성과 태도의 변화이다.

태도의 형성은 아무런 입장이 없는 상황에서 소비자들로 하여금 우리가 만든 상품을 좋아하게 만드는 것이고 태도의 변화는 자사 상품을 좋아하지 않는 사람들의 마음을 바

인지적 습관을 활용한 설득의 사례: 대조효과

손님에게 먼저 허름한 집(올가미 집)을 보여 준 후
자신이 팔고자 하는 집을 보여 줄 경우 계약 성사율이 높아진다.

꾸어 좋아하게끔 만드는 것이다. 따라서 태도의 변화는 태도의 형성에 비해 매우 어려운 과제라고 할 수 있다. 이미 다른 상품에 대한 호감이 형성된 상황에서 소비자들의 생각을 바꾸는 것은 상당히 어렵다. 마케팅에서는 후발주자가 선발주자를 이기는 경우가 매우 드문데 그 이유는 소비자들 마음속에 이미 선발주자가 좋다고 인식되어 있기 때문에 후발주자가 객관적인 자료를 가지고 설득해도 소비자들은 그 사실을 액면 그대로 받아들이지 못하기 때문이다.

따라서 사람들을 설득하기 위해서는 소비자들의 인지적 습관을 이해하고 설득 전략을 수립할 수 있어야 한다. 사람들의 판단은 객관적이기보다 주관적이고 상황에 영향을 받기 때문이다. 예를 들어 부동산업자들은 손님들이 집을 보러 왔을 때 손님에게 먼저 허름한 집을 보여 준 다음 자신이 팔고자 하는 집을 보여 줄 경우 계약 성사율이 높아지는 것을 경험한다. 왜 그럴까? 그 이유는 허름한 집을 본 소비자들이 그 집을 기준으로 해서 사고자 하는 집의 상태를 평가하게 될 가능성이 높기 때문이다. 따라서 우리가 누군가에게 영향력을 행사한다고 하는 것은 인간의 인지적 습관들을 이용하는 것이라고 설명할 수 있다.

3) 설득의 6가지 원칙

설득 전략을 수립할 때 소비자들로 하여금 초기에 기대치를 어디에 맞추게 하느냐 하는 것은 소비자들의 사물 인식에 많은 영향을 주게 된다. 이것을 심리학에서는 닻 내리기 효과(Anchoring and Adjustment)라고 부른다. 우리가 찬물에 손을 넣고 있다가 미지근

> **설득의 6가지 원칙**
>
> • 상호성의 원칙: 내가 받은 만큼 돌려주어야 한다.
> • 일관성의 원칙: 내가 한 약속은 지켜야 한다.
> • 사회적 증거: 많은 사람들이 선택하는 것은 다 이유가 있다.
> • 호감의 법칙: 이왕이면 다홍치마
> • 권위의 법칙: 유명한 사람들이 이야기하는 것은 믿을 수 있다.
> • 희소성의 법칙: 날이면 날마다 오는 것이 아니다.
>
> 자료: 이현우 역, 설득의 심리학, 21세기북스, 1996

한 물에 넣으면 뜨겁게 느껴지지만 반대로 뜨거운 물에 손을 넣고 있다가 미지근한 물에 넣으면 차갑게 느껴지는 것이 대표적인 사례이다. 또한 앞에서 설명한 부동산 업자들의 판매 전략도 이러한 인지적 습관을 이용한 사례가 될 수 있다.

우리의 지각은 우리가 생각하는 것만큼 객관적이지 못하다. 이는 마케터가 소비자들에게 상품에 대한 정보를 어떤 식으로 제시하느냐에 따라 상품에 대한 소비자들의 판단이 달라질 수 있다는 점을 시사하고 있다.

누군가에게 무엇인가를 강요하면 우리는 그것을 있는 그대로 받아들이기보다 인지적으로 방어를 하게 된다. 마치 이솝 우화에서 바람이 나그네의 외투를 벗기려고 했을 때 나그네가 외투를 더 꽉 쥐고 있는 것과 같은 이치이다. 설득은 이처럼 소비자들의 인지적 방어를 뚫어야 하기 때문이 쉽지 않은 과제가 된다. 해가 나그네에게 외투 벗기를 강요하지 않고 날씨를 따뜻하게 함으로써 스스로 외투를 벗게 한 것처럼 설득 전략을 수립할 때는 초기에 소비자들과의 공감을 어떻게 형성할 것인지는 매우 중요하다.

로버트 치알디니는 이솝 우화에서 해가 나그네의 외투를 벗겼던 것처럼 소비자들의 인지적 방어를 피하고 메시지에 대한 자발적인 공감을 형성할 수 있는 방법으로 6가지 법칙을 제시하였다. 이 법칙들은 각각 상호성의 원칙, 일관성의 원칙, 사회적 증거, 호감의 법칙, 권위의 법칙, 희소성의 법칙이다. 치알디니는 이러한 6가지의 법칙을 활용하면 소비자들을 마케터가 원하는 방향으로 움직이도록 영향력을 행사할 수 있다고 주장하고 있다. 의료관광 상품은 서비스 상품이므로 경험하기 전까지는 소비자들이 상품의 품질을 판단하기 어렵다. 따라서 설득 메시지를 결정할 때 치알디니가 이야기한 설득 법칙들을 잘 활용할 수 있을 경우 의료관광 상품에 대한 소비자들의 공감을 형성하는 데 크게 기여할 수 있을 것이다.

2. 소비자 설득의 전략

1) 상호성의 원칙

상호성의 원칙

- 받은 호의는 공짜가 아니라 나중에 갚아야 하는 빚이다.
- 상호성은 원치 않는 빚을 통해서도 작용한다("호의를 거절할 수도 없다").
- 상호성은 양보에도 적용된다.

자료: 이현우 역, 설득의 심리학, 21세기북스, 1996

상호성의 원칙은 내가 받은 만큼 상대방에게 돌려주어야 한다는 뜻을 담고 있다. 내가 누군가에게 영향력을 행사하고 싶으면 내가 먼저 호의를 베풀어야 한다는 의미이다. 이 때 상호성이 영향력을 행사하기 위해서는 상대방이 원하는 것을 줄 수 있어야 한다. 이는 잠재 고객들에게 선물을 줄 때 획일적인 선택보다는 고객들의 특징에 따라 다양한 선택이 필요하다는 점을 시사하고 있다. 상호성이 설득에 효과를 보이는 이유는 상대방에게서 받은 호의는 공짜가 아니라 결국 나중에 갚아야 하는 빚이 되기 때문이다.

상호성의 원칙을 활용한 대표적인 사례 중 하나는 우리가 마트에서 경험하는 무료 시식코너일 것이다. 이것이 소비자들에게 영향을 미치는 이유는 소비자들에게 작은 것을 주는 것 같지만 소비자들이 의사결정을 하려고 마음먹었을 때 특별한 이유가 없다면 입맛에 익숙해진 것을 선택할 가능성이 높기 때문이다. 또한 서점에서 방문객에게 독서를 무제한 허용하는 것도 이러한 취지에서 이해할 수 있으며 보험 설계사들이 잠재 고객들을 방문할 때 조그만 선물을 주는 것도 상호성의 원칙을 이용하고자 하는 의도로 생각할 수 있다. 그리고 이러한 상호성은 양보에도 적용된다. 예를 들어 상대방이 양보를 하면 우리도 거기에 상응하는 수준의 양보를 해야 한다는 심적인 압력을 받게 되기 때문이다. 우리가 협상을 할 때 상대방이 요구 수준을 낮추면 우리도 요구 수준을 낮추게 되는 이유도 이러한 원리가 작동하기 때문이다.

사람들의 마음속에는 인지적 방어벽이 존재하기 때문에 사람들의 마음속에 영향력을 행사하기 위해서는 전략이 필요하다. 그리고 이러한 인지적 방어벽을 효과적으로 피해갈 수 있는 방법 중의 하나가 상호성의 원칙이다. 상호성이라고 하는 것은 우리 생활 여러 곳에서 우리의 의사결정 과정에 영향력을 행사하고 있다. 특히 의료관광 상품을 프로모션하고자 할 때 상호성은 중요한 설득 수단이 될 수 있다. 서비스의 특성상 경험하지 않으면 그 상품을 제대로 이해하기 힘들기 때문이다. 따라서 소비자들에게 영향력을 행사할 수 있는 에이전트의 종사자를 대상으로 한 스팸투어나 또는 무료 체험 이벤트 등을 제공해 주는 것은 이러한 상호성의 원칙을 효과적으로 활용하는 수단이 될 수 있을 것이다.

2) 일관성의 원칙

일관성의 원칙

- 의사결정의 지름길을 제공
  - 복잡한 세상을 쉽게 살아가는 방법을 제시
- 적은 인지적 노력 필요
  - 복잡하게 생각할 필요가 없음

자료: 이현우 역, 설득의 심리학, 21세기북스, 1996

일관성의 원칙은 사람들이 상황이 변하더라도 기존에 갖고 있던 입장을 계속 유지하려고 하는 성향을 설명하고 있다. 일관성이 효과적인 이유는 이것이 우리에게 의사결정의 지름길을 제공해 주며 복잡한 세상을 살아가는 쉬운 방법을 제시해 주기 때문이다. 우리는 살아가면서 많은 결정을 내려야 하는데 매번 복잡한 의사결정을 내리게 되면 인지적으로 많은 부담을 느끼게 된다. 따라서 우리는 물건을 살 때 특별한 문제가 없다면 지난번에 구입했던 것을 반복해서 사는 경우가 많다. 이렇게 할 경우 매번 의사결정을 내릴 때마다 복잡하게 생각할 필요가 없기 때문이다.

이러한 일관성의 원칙을 잘 활용하는 회사들은 미국의 장난감 회사들이다. 미국의 장난감 산업은 전체 매출의 50% 이상이 크리스마스 시즌을 전후로 해서 판매되는 특징을 보이고 있다. 이처럼 수요의 계절성이 심하므로 장난감 회사들은 생산 및 재고의 결정에 상당한 부담을 떠안을 수밖에 없다. 따라서 장난감 회사들은 소비자들이 수요를 분산하기 위해 일관성의 원칙을 활용한 아이디어를 생각해 내게 되었다. 그것은 부모들이 아이들과 한 약속을 지킨다는 일관성을 활용한 것이다. 장난감 회사들은 크리스마스 시즌 동안 주력으로 판촉한 상품을 일부러 적게 생산한다. 아이들이 광고를 보고 구입하러 왔을 때 매장에서 품절시켜야 하기 때문이다. 이 경우 많은 부모들이 다른 장난감을 대안으로 선택해 주면서 다음에 원하는 것을 사주겠다고 말하는 것이 일반적이다. 이때 장난감 회사들은 비수기인 봄철에 다시 주력 상품에 대한 광고를 집행하게 되는데 이때 아이들이 부모들이 한 약속을 기억하고 장난감의 구매를 요구하게 되는데 부모 입장에서는 이를 거절할 명분이 약해지기 때문이다. 이처럼 일관성의 원칙은 소비자들로 하여금 기업이 원하는 방향으로 의사결정을 유도하는 데 큰 역할을 수행할 수 있다. 의료관광 상품의 경우 일관성의 원칙은 사람들로 하여금 초기에 많은 것을 요구하기보다 작은 요구를 통해 개입을 이끌고 이를 통해 큰 것을 요구하는 데 활용할 수 있다. 즉, 본 상품인 의료 상품을 통해 소비자들의 개입을 요구하고 추가적인 수익은 관광 상품의 판매를 통해 창출할 수 있는 방안을 고려해 볼 여지가 있는 것이다.

3) 사회적 증거

사회적 증거

주어진 상황에서 우리의 행동이 옳고 그름은 얼마나 많은 다른 사람들이 우리와 행동을 같이하느냐에 의해 결정

⬇

- 많은 경우 다수의 행동은 올바르다고 인정
- TV 코미디 프로그램에서의 가짜 웃음(예: 순풍 산부인과)

자료: 이현우 역, 설득의 심리학, 21세기북스, 1996

사회적 증거는 우리가 주어진 상황에서 결정을 내리기 어려울 경우 다른 사람들이 내린 판단에 의존하려고 하는 성향을 설명하고 있다. 많은 경우 다수가 선택한 행동은 옳다고 인정받기 때문이다. 우리가 TV 방송을 보다가 방청객들이 웃을 경우 무의식적으로 따라 웃는 경우가 많다. 또는 식당을 선택할 때 손님이 적은 식당보다는 조금 기다리더라도 손님이 많은 식당을 선호하기도 한다. 이러한 것들은 우리가 선택할 때 무의식적으로 사회적 증거의 원칙을 따른다는 점을 시사하고 있다. 사회적 증거가 우리의 의사결정에 영향을 미치는 또 다른 이유는 우리가 경험하는 대다수의 학습이 모방을 통해 이루어지기 때문이다. 그리고 이것을 가장 잘 설명하는 대표적인 사례가 특정 지역에서만 사용되는 방언이라고 할 수 있다. 사회적 증거는 우리의 행동이 알게 모르게 남이 하는 것을 따라한다고 설명하는데 이렇게 할 경우 우리는 불확실한 상황에서 선택에 따른 리스크를

줄일 수 있기 때문이다.

예를 들어 우리가 어떤 결정을 내려야 하는데 결정을 내리기가 어려울 경우 습관적으로 다른 사람의 행동을 따라하게 된다. 이는 처음 가 본 식당에서 메뉴판을 보고 주문할 때 어떤 것을 주문할지 잘 모를 경우 옆 테이블에서 주문한 음식을 따라 시키는 것과 같다. 또 바텐더가 테이블 앞에 돈이 든 유리병을 놓아두어 손님들로 하여금 팁을 주도록 유도하거나 불우이웃 돕기 방송에서 화면에 모금 금액을 표시하는 것도 이와 같은 맥락에서 우리가 이해할 수 있다. 실제로 많은 광고 및 프로모션 활동들이 이러한 사회적 증거 원칙을 활용하고 있다. 삼성의 퍼펙트 통합보험 상품은 광고에서 40만 명의 고객이 이 상품을 선택하였다고 알리고 있다. 이 광고가 의도하고 있는 목적은 결국 많은 사람들이 선택했으니 당신도 망설이지 말고 이 보험을 선택하라는 뜻이다. 의료관광은 서비스 상품이기 때문에 소비자들이 상품을 선택하기 전에 상품의 품질을 평가하기 어려운 특징이 있다. 이러한 점에서 사회적 증거를 활용한 프로모션은 소비자들의 마음을 움직이는 데 큰 효과를 발휘할 수 있을 것이다.

4) 호감

호감

- 신체적 매력이 있는 사람은 능력이 있고 착할 것으로 생각한다.
- 사람은 사소한 공통점에서 호감을 갖는다.
- 사람들은 칭찬을 좋아한다.
- 사람들은 익숙한 것을 좋아한다.

자료: 이현우 역, 설득의 심리학, 21세기북스, 1996

호감은 친숙함, 친밀감이라는 단어와 비슷하게 사용된다. 또한 호감은 경우에 따라 신체적 매력에 기초하고 있는 경우도 많다. 똑같은 조건이라고 한다면 사람들은 잘생기고, 날씬하고, 키가 큰 사람들을 좋아하기 때문이다. 이러한 점에서 감성적인 측면이 우리의 의사결정에 영향을 미치는 요인이라고 해석할 수 있다. 많은 경우 우리는 사람들과 만나는 빈도나 공통점에서 호감을 느끼게 된다. 신체적 매력은 주어진 것이므로 선택의 여지가 적지만 빈도나 공통점을 통해 형성되는 호감은 우리의 노력 여하에 따라 만들 수 있으므로 설득 전략 측면에서 고객과 호감을 형성하는 데 중요한 매개체가 될 수 있다. 그러면 공통점은 어떻게 만들어지는가? 우리나라에서 사람들을 만날 때 학연과 지연이 영향력을 행사하곤 하는데 이유는 학연과 지연이 사람들에게 공통점을 형성하고 이로 인해 친밀감이 생기기 때문이다. 즉, 전혀 모르는 사람인데도 공통점이 있다고 느끼게 되면 그 사람에 대한 경계심이 약해진다.

빈도는 대인관계에 있어서 나에 대한 인상을 좋게 만드는 수단이다. 사람들은 처음 만나면 경계를 하지만 자주 만나는 사람들에 대해서는 이러한 경계심을 풀게 된다. 따라서 영업사원의 경우 규모가 큰 동호회나 종교단체에 자주 참석하여 대인관계의 폭을 넓히는 것은 전략적으로 사람들에게 호감을 형성할 수 있는 중요한 수단이 될 수 있다. 또한 영업사원들이 고객을 만났을 때 사소한 것이라도 칭찬을 많이 해 주는 것은 고객들로부터 호감을 얻을 수 있는 효과적인 방법이 될 수 있다. 특별한 일이 없어도 작은 칭찬을 많이 해 주게 되면 상대방은 칭찬을 해 주는 사람에 대해 호감을 형성하게 되는데 그 이유는 칭찬이 나는 당신의 편이라는 인식을 심어 주는 효과가 있기 때문이다.

의료관광 상품은 외국인을 대상으로 하는 것이므로 꾸준히 잠재 고객들로 하여금 웹사이트를 방문하게 하는 프로모션을 진행하거나 아니면 의료기관에 대한 PR 활동을 수행해서 상품을 제공하는 의료기관에 대한 잠재 고객들의 친근감을 형성하는 것은 상품의 불확실성에 대한 경계감을 낮추는 데 큰 효과가 있을 것이다.

5) 권위

소비자들에게 영향력을 행사하는 또 다른 요소에는 권위가 있다. 권위는 사람들의 복종 행위에 대해 스스로 정당성을 부여하는 기제를 의미한다. 권위는 사람들의 복종에 대해서는 대가를 제공하며 불복종에 대해서는 자원에 대한 접근을 막는 힘이 있다. 예를 들어 상대방이 나에게 어떤 요구를 하였을 때 상대방이 나보다 많이 알고 있거나 나보다 그 분야에 전문가라고 생각하게 되면 그 요구를 쉽게 받아들이게 된다.

한 심리학자가 진행한 실험에서 의사 가운을 입은 사람과 일반인이 학생들에게 특정한 요구를 하였을 때 그 요구를 승낙한 비율은 의사 가운을 입은 사람이 요구했을 때 급격히 높아지는 것을 발견하였다. 이는 우리가 권위에 대해 어떻게 반응하는지를 잘 나타낸 실험이라고 생각한다. 실제 광고에서도 이러한 권위를 활용하는 사례가 많다. 즉, 광고에서 의사나 박사 또는 전문가를 광고 모델로 등장시키는 경우이다. 경우에 따라서는 드라마에 출연한 연기자의 이미지를 광고 메시지의 권위를 투사하는 데 활용하기도 한다. 예를 들어 광동 우황청심원은 드라마 허준에서 유의태 의원의 역할을 맡았던 이순재

권위

- 권위는 복종 행위에 대해 스스로 정당성을 부여하는 기제
- 권위는 복종에 대해서는 대가를 제공하며
불복종에 대해서는 차원에 대한 접근을 막는 힘이 있음

사람들의 복종 심리를 이용한 광고

"허준"의 유의태 의원

→

광동 우황청심원 광고

자료: 이현우 역, 설득의 심리학, 21세기북스, 1996
그림: 광고정보센터 (www.adic.co.kr)

씨를 광고 모델로 선택하였다. 그런데 우황청심원의 주 고객들이 노년층임을 고려했을 때 실제로 많은 고객들이 이순재 씨로부터 유의태 의원의 이미지를 투사할 가능성이 높았는데 판매 결과 역시 상당한 효과를 거두었던 것으로 알려졌다.

의료관광 상품에서 권위를 투사하는 사람은 의사일 것이다. 따라서 의료 광고 프로모션을 진행할 때 의료서비스를 제공해 주는 의사가 그 분야에 전문가라고 하는 점을 투사하는 것은 상품에 대한 권위를 높일 수 있는 효과적인 수단이 될 수 있다. 특히 서비스 상품의 특성상 소비자들의 눈에 확실히 인지되는 자격증이거나 또는 서비스 기관의 국제인증 마크 등을 물적 증거로서 제시할 경우 상품에 대한 권위를 높이는 데 큰 효과를 기대할 수 있다.

6) 희소성

소비자 설득 전략 수단의 마지막 수단으로 희소성이 있다. 희소성은 어떤 대상이 점차 희귀해져서 선택의 자유를 침해당하면 사람들이 그 대상을 이전보다 더 강력하게 소유하려는 성향을 의미한다. 물건이 희소할 뿐만 아니라 그것이 경쟁 상태에 있을 경우에는 더 높은 가치를 형성하게 된다.

희소성

- 어떤 대상이 점차 희귀해져서 선택의 자유를 침해하면, 그 대상을 이전보다 더 강력하게 소유하려 한다.
- 사람들은 희귀한 물건을 선호할 뿐만 아니라 그것이 경쟁 상태에 있을 때 가장 선호한다.

자료: 이현우 역, 설득의 심리학, 21세기북스, 1996

예를 들어 경매를 하게 되면 희소성과 경쟁이라고 하는 환경 때문에 상품의 원래 가치보다 더 높게 평가되는 것이다. 따라서 똑같은 상품이라 하더라도 소비자들에게 현재 상품이 희소하다는 점을 제시하면 소비자들의 선택을 쉽게 유도할 수 있다.

이러한 희소성을 소비자 설득에 활용한 사례를 살펴보면 다음과 같다. 쌍용 자동차에서 렉스턴을 출시할 때 제시한 슬로건은 대한민국 1%이다. 사실 1%를 숫자로 환산하면 50만 대 정도가 되는데 이는 렉스턴이 4륜 구동차임을 감안할 때 상당한 판매대수를 의미한다. 그렇지만 쌍용자동차는 이를 1%라고 제시함으로써 렉스턴이 아무나 타는 차가 아니라는 인식을 소비자들에게 심어 주는 데 성공했다고 판단된다. 또한 두산은 썸씽 스페셜이라고 하는 양주를 출시하면서 "많은 분께 드리지 못합니다"라는 광고 문구를 제시하여 소비자들에게 이 제품의 희소성 인식을 심어 주는 데 성공하였다. 그 밖에도 슈퍼마켓의 반짝 세일이나 대리점의 점포정리 등은 대표적으로 희소성을 프로모션에 적용한 사례라고 할 수 있다. 이렇게 상품의 희소성을 높이게 되면 소비자들은 그 물건을 선호하게 되고 구입하게 될 가능성이 높아진다.

의료관광 상품은 브랜드 콘셉트 차원의 상품 전략을 수립할 때 대중적인 상품과 희소성이 있는 상품을 분리하여 운영하는 것이 도움이 될 수 있다. 특히 희소성이 있는 상품은 전반적인 상품의 이미지를 끌어올리는 데 기여할 수 있으므로 프로모션의 핵심 대상이 되는 것이 바람직하다. 또한 서비스에서는 고객도 상품을 구성하는 요소가 되므로 초기에는 타깃을 제한적으로 선정하고 고객의 만족도를 높이는 전략을 선택하는 것은 희소성의 전략적 함의를 실천하는 방향이 될 수 있을 것이다.

7) 의료관광산업에서 설득 전략의 적용

〈적용 사례〉 미끼 기법(a low-ball tactic)

• 미끼를 던져 개입을 유도하고 개입 결정 시, 다른 요구를 또 제시

➡ 해외의료관광 여행 시 싼 가격+옵션 상품

로버트 치알디니는 소비자들의 인지적 방어를 피하고 메시지에 대한 자발적인 공감을 형성할 수 있는 방법으로 6가지 설득의 법칙을 제시하였다. 이 법칙들은 지금까지 소개한 상호성의 원칙, 일관성의 원칙, 사회적 증거, 호감의 법칙, 권위의 법칙 그리고 희소성의 법칙이다. 각각의 법칙들은 모두 의료관광 상품을 타깃 소비자들에게 프로모션 할 때 활용할 수 있는 여지가 높다. 그러나 이 중에서도 초기 소비자들의 개입을 이끌고자 할 때 가장 중요하게 활용할 수 있는 수단은 일관성의 법칙이라고 생각한다. 일관성의 법칙을 활용한 프로모션 수단 중에서 미끼 기법이란 것이 있는데 이는 해외 관광 상품을 판매하는 여행사들이 많이 사용하는 전략으로 비교적 저렴한 상품가격을 소비자들에게 제시하여 상품의 구입을 유도한 다음 추가적인 수익을 현지에서의 옵션 관광이나 쇼핑을 통해 올리는 방법이다. 그러나 이 방법은 잘못 사용할 경우 고객들의 불만을 이끌어 낼 수 있으므로 조심스럽게 운용되어야 한다.

의료관광은 상품의 특성상 중장기 체류를 전제로 하는 경우가 많다. 환자나 보호자들이 치료 후 체류하는 기간 동안 추가적인 프로그램에 참여할 수 있는 다양한 옵션 상품들을 제시할 경우 환자나 보호자들의 시간 소비 활동을 지원해 줄 수 있어 서로가 윈-윈 할 수 있는 기회를 만들 수 있다. 따라서 환자가 치료한 후 병원에서 장시간 체류를 해야 한다면 의료관광 마케터들은 병원 내에 별도의 공간을 마련하여 공연의 관람이나 전통음식 만들기와 같은 다양한 체험 활동을 제공해 줌으로써 환자들이 요양을 하면서 동시에 시간 소비 활동으로 한국의 고유한 문화 상품을 경험할 수 있도록 도와줄 수 있어야 한다. 이때 환자들은 치료서비스를 받은 이후 요양을 하는 과정이 지루하지 않다고 느낄 것이다. 이렇게 하기 위해서는 마케터들 스스로도 병원을 단순히 환자들을 치료하는 곳으로 생각하지 않고 다양한 문화 체험 활동이 이루어질 수 있는 복합적인 의료관광 문화시설로 인식하고 이에 어울리는 다양한 체험 상품을 의료관광 상품의 일부로 개발하는 것이 중요하다. 또한 환자의 보호자에게도 병원에 머무는 동안 환자와 같이 문화 활동에 참여하게 하거나 아니면 따로 보호자를 대상으로 특화된 프로그램을 제공하는 것도 중요한 마케팅 활동이 될 수 있을 것이다.

3. 설득 과정 모델(ELM)

1) 설득에 영향을 주는 요인

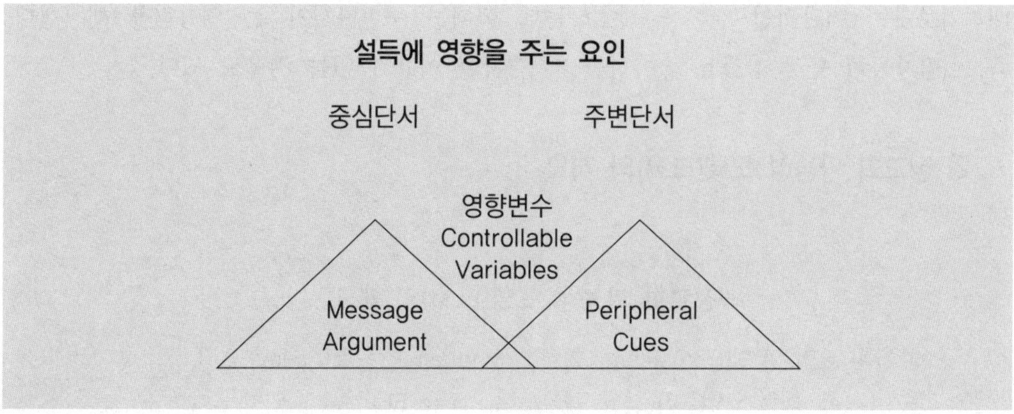

소비자의 설득 과정을 설명하는 또 다른 모델로 정교화 가능성 모델(Elaboration Likelihood Model: ELM)이 있다. 정교화 가능성 모델은 설득 과정 모델로 불리기도 한다. 정교화 가능성 모델은 우리가 외부에서 들어오는 정보를 받아들일 때 메시지에 집중하는 사람도 있고 메시지와는 크게 상관이 없는 광고 모델이나 배경음악 같은 내용들에 신경을 쓰는 사람도 있다고 가정한다. 이러한 현상이 발생하는 이유는 우리가 상황에 따라서 집중하는 내용이 달라지기 때문이다. 설득 과정 모델은 일반적으로 동기부여가 되고 정보를 처리할 수 있는 능력이 있을 때 메시지와 같은 중심단서가 우리의 의사결정 과정에 영향을 미친다고 가정하고 있다. 이때 주변단서라고 해서 중요하지 않은 것을 의미하는 것은 아니다. 경우에 따라서는 주변적인 요소들이 우리의 태도 형성 과정에 영향을 미치기도 한다.

정교화 가능성 모델은 중심단서, 주변단서 그리고 영향변수로 구성되어 있다. 이때 대상에 대한 소비자들의 관심에 따라 의사결정에 사용되는 단서가 달라진다고 주장한다. 즉, 소비자들은 정보 처리 과정에서 늘 하나의 단서만 사용하는 것이 아니라 상황에 따라 사용하는 단서가 달라진다고 생각한다. 이때 중심단서는 메시지를 의미하는데 누군가를 설득하려고 한다면 설득 메시지가 명확해야 한다. 즉, 소비자들의 관여도가 높을 때는 메시지가 설득의 중심축이 된다. 그리고 메시지가 설득력을 갖기 위해서는 차별화된 내용을 담고 있어야 되는데 이것은 생각만큼 쉬운 과제가 아니다. 많은 소비자들이 프로모션과 관련된 정보를 받아들일 때 집중하는 경우가 드물기 때문이다. 특히 의료관광 상품은 관여도가 높다고 판단되는 상품이므로 소비자들이 우리가 전달하는 메시지에 집중하게 만드는 것이 중요하다. 반면 관여도가 낮은 상황에서는 사람들이 메시지보다 광고에서 보이는 모델이나 주변요소에 관심을 두게 되는데 이때 광고를 구성하는 이러한 요소들이 주변단서가 된다. 소비자들은 일반적으로 판단을 내릴 때 깊게 생각하고 결론을 내리기보다는 직관적인 결론을 선호하는데 이때는 주변단서가 큰 영향력을 행사한다. 즉, 소비자들이 특정 상품을 좋아하는 데 명확한 이유가 없는 경우도 있다.

2) 정교화 가능성 모델(ELM)의 개요

정교화 가능성 모델(ELM)의 개요

- 세 가지 요인: 동기(Motivation), 기회(Opportunity), 능력(Ability)
- 동기, 기회, 능력 요인들이 높을 경우(i, e., High EL)
  소비자들은 메시지에 대해 관심을 기울임
- 동기, 기회, 능력 요인들이 낮을 경우(i, e., Low EL)
  소비자들은 상품과 관련성이 적은 음악이나 모델 등의 주변 단서에 관심을 기울임

소비자들이 정보 처리를 할 때 중심단서에 집중하게 하는 것이 중요한데 이때 이슈는 상품을 프로모션 할 때 어떻게 소비자들로 하여금 중심단서에 집중하게 만들까 하는 것이다. ELM 모델에 따르면 소비자들은 동기가 부여되고 정보 처리를 할 수 있는 기회가 주어지고 주어진 정보를 처리할 수 있는 능력이 있을 때는 중심단서에 주목하지만 그렇지 않은 경우에는 주변단서를 통해 태도를 형성하게 된다고 설명하고 있다. 여기서 중요한 전략적인 이슈는 어떻게 소비자들로 하여금 동기를 부여하게 만들 것인가 하는 것이다. 프로모션을 통해 소비자들에게 동기를 부여하는 것은 매우 힘든 과제이다. 따라서 이 문제를 해결하는 가장 쉬운 방법은 소비자들이 동기가 부여되었을 때 프로모션을 하는 것이다. 예를 들어 전자사전에 대한 프로모션은 입학과 졸업 시즌에 잠재 고객들의 주목을 받을 가능성이 높다. 또한 라면 광고는 저녁 식사 후 시간보다는 심야 시간에 보다 주목을 받을 가능성이 높다. 이처럼 메시지를 전달하는 타이밍을 잘 선택할 경우 소비자들로 하여금 중심단서에 주목하게 만들 가능성이 높다고 생각할 수 있다.

두 번째 전략적인 이슈는 메시지를 이해하기 쉽게 전달하는 것이다. 이는 자사 상품에 뛰어난 속성이 있는데 소비자들이 잘 모르고 있거나 그 중요성을 간과하고 있을 때 많이

사용하는 전략이다. 이때 우리 이야기를 중요하게 받아들일 수 있는 소비자들을 찾아내서 이 소비자들과 커뮤니케이션 하는 것이 중요하다. 예를 들어 골프공 광고에서 제일 중요한 것은 공이 멀리 나가는 것이다. 이때 골프공을 로켓 과학자들이 만들었다고 주장함으로써 주장에 대한 설득력을 강화할 수 있다. 사람들은 골프공의 원리는 모르지만 로켓 과학자들이 하는 일이 무엇인지는 잘 알고 있기 때문이다. 또한 진통제의 경우 타이레놀은 카페인이 없다는 것을 강조하고 있다. 이 메시지에 민감하게 반응하는 사람들은 건강한 사람들보다는 아이를 키우는 부모나 어르신들일 것이다. 나이가 드신 분들이나 아이를 키우는 부모들은 건강에 해로울 수 있는 카페인에 민감하기 때문이다. 이처럼 같은 메시지라도 소비자들이 이해하기 쉽게 제시할 경우 중심단서를 통한 정보 처리를 유도할 수 있는 장점이 있다. 이처럼 소비자들의 정보 처리를 유도하기 위해서는 우리가 하고 싶은 메시지보다는 소비자들이 듣고 싶은 메시지를 선택하고 이를 쉽게 설명하는 것이 중요하다.

3) 중심단서를 활용한 설득 전략

중심단서를 활용한 설득 전략

- 브랜드와 관련성이 높은 소비자들의 신념에 영향을 줄 것
- 기존의 평가 영향을 주어 이를 재평가하게 할 것
- 기존의 신념에 새로운 속성을 추가할 것

중심단서를 통한 설득 전략은 크게 소비자들이 기존 지식에 새로운 속성을 추가하거나 기존 속성의 중요도를 강조하는 경우로 구분할 수 있다. 예를 들어 비스킷을 구입하는 상황을 가정해 보자. 소비자들은 비스킷을 선택할 때 맛, 영양, 칼로리 등을 보고 구입한다. 그러나 최근 들어 트랜스 지방의 유해성이 알려지면서 닥터오 같은 브랜드는 트랜스 지방이 없다는 새로운 속성을 추가하여 이를 소비자들에게 알림으로써 자사 상품에 대한 소비자들의 선호를 제고할 수 있었다. 이처럼 중심단서를 통한 설득 전략은 소비자들의 관심을 끌 수 있는 새로운 속성을 강조함으로써 전반적인 소비자들의 태도를 변화시키거나 강화하는 것을 목적으로 사용하는 경우가 많다.

의료기관의 예를 들어 보면 일반적으로 병원이 지향하는 중심단서는 치료라고 생각할 수 있다. 그러나 만약 병원의 프로모션이 내부 환경이 깨끗하고, 숲속에 위치하고 있어

쾌적한 점을 강조하고 있다면 이것은 병원의 본질 기능과 거리가 있지만 치료 후 휴양을 원하는 사람들에게는 중요한 속성이 될 수 있다. 따라서 의료기관이라 하더라도 지향하는 포지셔닝에 따라 중심단서는 다양해질 수 있다. 또한 환자들에게 중심단서를 강조할 것인지 주변단서를 강조할 것인지에 대해서도 생각할 필요가 있다. 만약 일반적인 치료 상황이라면 중심단서가 중요하겠지만 요양이 필요한 상황이라면 주변단서가 설득력을 갖는다.

의료관광에서도 소비자들을 설득하고자 할 때 중요한 중심단서는 의료와 관련된 정보가 될 가능성이 높다. 또한 성형 수술의 경우에는 가격이라고 하는 정보가 소비자들에게 중요한 중심단서가 될 것이다. 상대적으로 태국, 중국 등은 한국과 일본보다는 의료비가 저렴한 편이다. 이때 가격적인 경쟁력을 강조할 수 없는 경우에는 품질과 같은 다른 중심단서를 활용해 소비자들을 설득할 수 있다. 이는 소비자들의 인식에 새로운 속성을 부여하여 전반적인 태도를 변화시키는 전략과 유사하다. 신상품을 만들 때 새로운 중심단서가 될 수 있는 속성을 추가하는 것은 중요한 상품 전략이 될 수 있기 때문이다. 과거에 소비자들은 샴푸와 린스를 따로 사용하였지만 이 후에 샴푸와 린스를 합친 신제품이 나오자 상당한 신규 수요를 창출할 수 있었다. 특히 의료관광 마케터는 신상품 개발 시 기존의 의료 영역에 추가되거나 결합된 형태로 상품을 만들 경우 소비자의 주목을 이끌 수 있는 가능성이 높다는 점을 명심해야 하겠다.

4) 주변단서를 활용한 설득 전략

고전적 조건화

소비자들의 태도를 광고를 통한 호의적인 감정전이를 통해
상품에 대한 명확한 선호 이유 없이 바꿀 수 있는 방법

주변단서를 활용한 설득 전략은 고전적 조건화(Classical Conditioning)로 설명할 수 있다. 고전적 조건화를 잘 설명하는 연구는 파블로프의 개 실험이다. 파블로프는 개에게 밥을 줄 때 종을 쳤는데 나중에는 개가 종만 쳐도 침을 흘리는 것을 보면서 자극과 반응 사이에 인과관계가 없더라도 자극의 반복으로 연합이 형성되면 새로운 인과관계가 수립될 수 있다고 주장하였다. 이러한 고전적 조건화를 가장 잘 나타내는 사례로 흔히 운동선수들에게서 보이는 징크스를 들 수 있다. 수염을 깎지 않았을 때 경기에서 이기면 그 선수에게 경기를 앞두고 수염을 깎지 않는 습관이 생기는 것이 대표적인 사례이다. 이때

중요한 것은 조건화가 생기기 위해서는 일정 기간 동안 반복이 필요하다는 점이다.

프로모션의 대표적 수단인 광고는 모델과 상품 사이의 감정적 유대 형성을 목표로 하고 있다. 이는 모델이 가지고 있는 좋은 이미지와 상품 사이에 연합을 형성하고자 하는 목적이 있기 때문이다. 소비자들의 동기가 부여되지 않은 상황에서 소비자들의 선택을 유도하고자 할 때 이러한 주변단서는 중요한 역할을 수행하게 된다. 특히 의료관광 상품에서는 관광 상품 부분은 주변단서의 역할이 클 수 있다. 이때 주변단서는 개인의 취향과 관계가 있으므로 타깃과 공감대가 높은 모델을 선택하거나 타깃이 선호하는 관광지를 중심으로 공감할 수 있는 이미지를 제시하는 광고는 주변단서를 활용한 사례라고 할 수 있다.

또한 음악도 잘 사용한다면 주변단서로서 효과적일 수 있다. 특히 음악은 언어의 장벽과 상관없이 사람들의 보편적인 욕구에 소구하는 능력이 뛰어나기 때문에 타깃과의 공감대를 형성하거나 광고에 대한 선호도를 형성하는 데 크게 기여할 수 있다. 특히 최근 들어 한국 드라마가 중국이나 일본에서 인기를 얻고 있는 점을 감안하면 이러한 드라마에 사용되었던 OST 음악들을 광고의 배경 음악으로 사용하는 것은 매우 효과적인 전략이 될 수 있다. 이렇게 주변단서를 통해 형성된 선호는 특별한 이유가 있지 않는 한 잘 변하지 않으므로 초기의 상품 포지셔닝과 마찬가지로 주변단서 역시 소비자들과 첫 단추를 잘 꿰는 것이 중요하다고 할 수 있다. 또한 드라마 프로덕션이나 영화사에서 중국 및 일본 시장을 목표로 드라마를 제작할 때 이러한 드라마의 배경으로 병원의 시설들을 적극 협찬하는 것도 생각해 볼 필요가 있다. 드라마를 통해 병원의 로고나 시설들이 소비자들에게 반복적으로 노출될 경우 병원에 대한 해당 지역 소비자들의 호감을 이끌어 낼 수 있기 때문이다.

5) 설득 전략의 영향변수

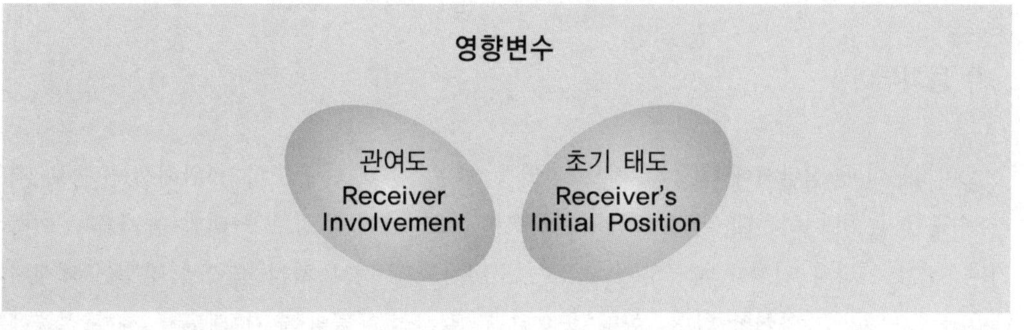

소비자 설득 전략의 영향변수로는 관여 수준과 소비자들의 초기 태도가 있다. 소비자들의 관여 수준을 프로모션 자극을 통해 높이는 것은 어려운 일이다. 따라서 앞에서 언급하였듯이 소비자들이 동기가 부여되었을 때 프로모션을 집행하는 것이 바람직하다. 예를 들어 성형 수술 상품의 경우에는 방학을 앞두고 프로모션 하는 편이 훨씬 효과적이다. 그러나 소비자들의 동기가 부여되는 상황을 예측하기 어려운 경우에는 비용이 들더라도 중심적인 메시지를 반복해서 소비자들에게 노출시키는 것이 차선책이라고 할 수 있다. 이를 통해 관여도가 높은 사람들에 대한 선택적 접근을 기대할 수 있기 때문이다.

두 번째는 초기 태도이다. 소비자들은 어떤 메시지를 접하게 되었을 때 두 가지의 입장을 취하게 된다. 하나는 지지주장(Supportive Arguments)이고 다른 하나는 반박주장(Counter Arguments)이다. 소비자들의 관여 수준이 높을 때 메시지를 전하게 되면 소비자들은 메시지에 집중하게 된다. 그런데 소비자들이 메시지에 주목한다고 하더라도 설득을 보장하는 것은 아니다. 만약 우리가 주장한 메시지가 소비자들이 기존에 알고 있는 지식과 상이할 경우에는 반박주장을 하게 되고 이때 우리가 제시한 메시지는 소비자 설득에 실패할 가능성이 높다. 따라서 중심단서인 메시지를 정할 때는 소비자들의 기존 지식을 염두에 두고 결정해야 한다. 예를 들어 많은 사람들은 서울대학교 병원이 좋다고 알고 있다. 그런데 우리가 프로모션 하는 병원이 서울대학교 병원보다 더 뛰어난 수술 실력을 갖고 있다고 주장하면 사실 여부와 상관없이 소비자들은 우리의 주장에 대해 반박주장을 할 가능성이 높다. 따라서 이때에는 이러한 생각을 인정해 주는 메시지가 효과적일 수 있다. 예전에 엠파스에서 광고를 할 때 "야후에서 못 찾으면 엠파스"라고 주장하였다. 이는 야후가 좋다는 것을 인정하면서 동시에 엠파스가 더 뛰어나다는 점을 강조하고 있어 그냥 엠파스만 강조한 광고에 비해서 소비자들의 마음을 움직일 가능성이 높은 것이다.

4. 정보 처리 수준을 높이는 방법

1) 동기부여

소비자들이 중심단서에 집중해 정보 처리를 할 수 있도록 유도하기 위해서는 정보 처리 수준을 높여야 하는데 이렇게 하기 위해서는 소비자에게 정보 처리의 동기를 부여하거나, 정보 처리의 기회를 제공하거나 또는 소비자들의 정보 처리 능력에 맞추어 메시지 내용을 전달할 수 있어야 한다. 이때 중요한 것은 소비자들의 초기 태도가 자사 상품에

동기

광고 메시지에 대한 주목을 통해
- 쾌락적 욕구에 소구
- 독특한(Novel) 자극의 사용
- 강력한(Intense) 자극의 사용
- 약간 복잡한(Complex) 자극의 사용

브랜드와 관련된 정보를 통해
- 브랜드와의 관련성을 강화
- 브랜드에 대한 호기심을 강화

대해 부정적이지 않아야 한다. 따라서 이러한 접근은 우리가 신상품을 소비자들에게 제시할 때 효용성이 높다고 생각할 수 있다. 만약 우리가 소비자들의 정보 처리 수준을 높일 수만 있다면 이는 우리가 전달하는 메시지에 대한 설득 효과를 극대화할 수 있으며 최소한 소비자들이 자사 상품에 대해서 부정적인 태도를 갖지 않게 만드는 수단이 될 수 있을 것이다.

먼저 메시지의 내용을 통해 소비자들에게 정보 처리의 동기를 부여할 수 있는 방법을 소개하고자 한다. 첫 번째는 소비자들의 쾌락적 욕구를 자극할 수 있는 메시지를 전달하는 것이다. 우리가 광고에서 성적 매력이 높은 모델을 사용하는 것도 이러한 맥락에서 생각할 수 있다. 두 번째는 독특한 광고 자극을 제시하는 것이다. 모든 광고들이 컬러로 제작할 때 흑백으로 광고를 제작함으로써 소비자들의 주목을 이끄는 전략이 여기에 해당된다고 볼 수 있다. 세 번째는 강력한 자극을 광고의 요소로 사용하는 것이다. 일반적으로 소비자들이 주목하게 되는 자극으로 3B(Beauty, Baby, Beast)가 많이 언급되고 있다. 이것은 광고에서 잘생긴 사람이 나오거나 아이가 나오거나 동물이 나올 때 사람들의 광고 주목도가 자연스럽게 높아지는 현상에서 유래하고 있다. 마지막은 광고 메시지의 난이도를 조금 높이는 것이다. 사람들은 평범한 자극에는 주목하지 않지만 약간 복잡한 자극은 그것을 이해하기 위해 주목을 할 수밖에 없기 때문이다. 의료관광의 경우 약간 복잡한 자극을 소비자들에게 사용할 경우 소비자들의 주목을 이끄는 좋은 방법이 될 수 있을 것이다.

2) 기회 부여

기회

제품 정보를 제시하는 방법을 통해
- 브랜드와 관련된 정보를 반복
- 중요한 장면을 반복
- 두 가지 이상의 감각을 사용

정보처리에 드는 시간의 단축을 통해
- 글보다는 이미지나 그림을 사용

소비자들이 중심단서에 집중해 정보 처리를 할 수 있도록 유도하기 위해서는 정보 처리의 기회를 부여할 수 있어야 한다. 이때 가장 확실한 방법은 광고 내용을 반복해서 소비자들로 하여금 메시지 내용을 자연스럽게 기억하게 만드는 것이다. Krugman(1965)은 소비자들이 광고를 볼 때 최소한 3번은 노출되어야 광고의 내용을 기억한다고 주장하였다. 소비자들이 광고를 접할 때는 정보 처리에 대한 뚜렷한 목적의식을 갖고 있지 않아 광고 메시지를 수동적으로 접하기 때문이다. 소비자들의 정보 처리 기회를 높일 수 있는 또 다른 방법은 두 가지 이상의 감각을 동원해서 메시지를 처리하게 하는 것이다. 일반적으로 TV 광고는 신문 광고나 라디오 광고에 비해 광고 주목도가 높다고 이야기한다. 이때 TV 광고의 주목도가 상대적으로 높은 것은 다른 광고에 비해 시각과 청각이라고 하는 두 가지 감각을 사용하게 만들기 때문이다. 따라서 인쇄 광고라 하더라도 시각 이외에 후각을 동원하면 소비자들의 주목도를 높일 수 있다. 잡지에 게재되는 향수 광고들이 이러한 전략을 많이 사용하고 있다. 또한 벽지 회사들도 잡지 광고를 할 때 벽지에 광고 내용을 인쇄함으로써 시각과 촉각을 이용하게 하고 이를 통해 소비자들의 주목을 이끌고 있다. 정보 처리 기회를 높이는 또 다른 방법은 광고에서 핵심 장면을 소비자들에게 반복적으로 보여 주는 것이다. 이때 중요한 것은 이러한 장면을 한 가지 매체에서 사용하는 것이 아니라 여러 매체에서 동일하게 제시하는 것이다. 특히 인텔의 징글 같은 경우에는 TV, 라디오 광고 등에서도 동일하게 사용함으로써 인텔을 나타내는 상징이 되고 있다. 특히 관여 수준이 높다고 예상되는 의료관광 상품은 소비자들의 주목을 끌기 위해 여러 매체에서 동일한 인상을 심어 줄 수 있도록 징글과 같은 광고적 요소를 일관되게 관리하는 것이 중요하다. 또한 의료관광 상품의 소비자들이 외국인인 점을 감안하면 광고 메시지를 전달할 때 글보다는 글과 그림을 함께 제시하는 것이 바람직하다.

3) 정보 처리 능력에 맞춤

능력	소비자들의 기존 지식구조를 활용 • 광고 메시지를 전달할 때 배경이 되는 맥락을 함께 제공
	소비자들의 마음 속에 새로운 지식구조를 창출 • 사례를 활용한 광고 메시지의 제공

정보 처리 능력에 맞추어 메시지를 전달하는 가장 좋은 방법은 소비자들에게 사례를 들어서 설명해 주는 것이다. 같은 이야기라도 예를 들어 설명할 경우 소비자들이 쉽게 이해할 수 있기 때문이다. 이렇게 사례를 활용하는 대표적인 광고는 입증을 사용하는 광고이다. 속담에 백문이 불여일견이라고 하듯이 사람들이 듣는 것보다 직접 볼 때 메시지에 대한 이해도가 높아진다. 이러한 광고의 사례로 시몬스 침대 광고가 있다. 시몬스 침대는 포켓 스프링으로 되어 있어 옆 사람이 움직여도 방해를 받지 않는다는 점을 소비자들에게 핵심 소구점으로 제시하고 있다. 이때 시몬스 침대는 침대 위에 볼링 핀을 올려놓고 옆에 볼링 공을 떨어뜨려도 볼링 핀이 넘어지지 않는다는 것을 보여 줌으로써 자기들의 주장을 효과적으로 전달할 수 있었다. 또한 한솔 교육의 신기한 한글나라는 어린아이들이 2살부터 한글을 깨칠 수 있다는 것을 소비자들에게 핵심 소구점으로 제시하고 있다. 한솔 교육은 광고를 통해 직접 한글을 읽는 어린이를 보여 줌으로써 자기들의 주장이 사실임을 효과적으로 입증할 수 있었다.

의료관광 상품은 서비스라고 하는 특성 때문에 소비자들이 구입하기 전에 상품의 품질을 평가하기 힘들다. 따라서 소비자들에게 상품의 품질을 입증하는 형태로 제시하는 것은 광고 메시지에 대한 이해도를 높일 수 있다는 점에서 전략적 가치가 상당하다. 이미 많은 의료기관들이 이러한 형태의 접근을 사용하고 있는데 가장 대표적인 형태가 전후(Before/After) 광고이다. 즉, 환자들이 내원하기 전 사진과 환자들이 치료를 받은 후의 사진을 비교하여 보여 줌으로써 치료의 결과를 보다 설득적으로 잠재 고객들에게 제시할 수 있다. 이러한 형태의 광고를 가장 효과적으로 활용하고 있는 의료기관은 환자의 모습을 전후로 보여 줄 수 있는 성형외과라고 판단된다. 향후 의료관광 상품을 판매하고자 하는 의료기관은 이러한 형태의 광고 전략을 고려해 볼 필요가 있다.

〈한국의 의료관광 사례: 린바디한의원〉

① 린바디한의원

린바디한의원은 "행복한 자연미인 한방성형 린바디한의원"이라는 슬로건 아래 한방성형을 이용한 의료관광 사업을 추진하고 있는 국내 최초의 한방성형 체형 전문 네트워크 한의원이다. 한방성형이란, 약침과 약실로 경혈과 경락 그리고 피하지방 및 근육 등을 자극해 기혈 순환을 원활하게 하고 세포의 자가 치유력을 활성화시켜 자연스럽게 성형 효과를 내는 의료서비스로 주름뿐만 아니라 가슴확대 및 축소 그리고 힙업 등을 다루기 때문에 의료관광의 블루오션으로 떠오르고 있다.

② 린바디한의원의 진료 상품 특징

우리나라를 찾는 의료관광객의 대부분은 양방성형을 목적으로 방문하고 있다. 이들은 1990년대부터 이어져 온 한국 영화, TV드라마, 연예인 등 다양한 공연문화의 해외 진출로 인한 한류 문화 열풍으로 선진국과 비교해 저렴하면서도 수준 높은 한국의 의료기술을 고려하여 한국행을 결정하고 있다. 이러한 양방성형 의료관광객들을 한방성형으로 유도하기 위해 린바디한의원은 다음과 같은 점을 내세워 양방성형과의 차별성을 강조하고 있다. 첫째, 신형 침을 사용하여 건강과 자연스러운 아름다움의 효과를 동시에 볼 수 있다. 한방성형은 잘못된 생활 습관을 잡아 주며, 기혈 순환을 원활히 하는 방식이기 때문에 인체에 해롭지 않기 때문이다. 둘째, 의료는 의료소송에 휘말릴 수 있는 위험한 분야이다. 그중에서도 양방성형은 결과가 좋지 않을 경우 한 사람의 인생을 망칠 수도 있기 때문에 그 위험성은 상당히 높다. 반면 한방성형은 침술을 이용하기 때문에 수술, 절개, 마취에 따른 부작용이 없다는 장점이 있다. 셋째, 양방성형은 전신마취, 절개와 봉합, 보형물 삽입 등의 외과적 수술을 진행하기 때문에 흉터가 남게 되고, 성형결과물이 자리 잡기까지의 오랜 시간이 필요하다. 반면 한방성형은 시술에 따른 고통이 없으며, 회복 기간이 필요 없다는 장점이 있다. 린바디한의원은 한방성형의 이러한 장점들 강조하여 외국인 환자들을 유치하기 위해 노력하고 있다.

③ 린바디한의원의 프로모션 활동

린바디한의원은 현재 국제한방성형협회에 가입하여 의료관광 사업을 진행하고 있다. 협회내의 여행사와 제휴하여 협회가 개발한 2박 3일이나 4박 5일의 여행 상품과 한방성형 상품을 연계해 의료관광 서비스를 제공하고 있다. 린바디한의원은 주요 타깃 국가인 일본, 중국, 러시아, 유럽, 폴란드, 필리핀 등 각 나라의 문화적, 사회적 성향을 파악하여 프로모션 방식에 차별화를 두고 있다. 주요 국가들을 대상으로 한 프로모션 현황을 살펴보면 다음과 같이 정리할 수 있다. 첫째, 일본인들은 의심이 많기 때문에, 침술로 성형이 된다는 것을 믿지 않고 처음에는 린바디한의원을 사기꾼으로 오해하였다. 린바디한의원은 이에 대한 오해를 풀고자 현지의 미용, 의료기기, 건강식품 사업자들을 한국으로 초청하여 한방의학에 대한 시술 체험을 경험하게 하였고, 이러한 체험을 바탕으로 이들과 상품 판매권에 대한 파트너 계약을 체결하였다. 그 결과, 현재 일본에는 4개의 지사가 유명 호텔 안에 입점해서 일본 의료관광객들의 상담, 예약 그리고 홍보 마케팅에 대한 업무를 수행하고 있다. 그 외에도 2009년에 일본의 코스메틱 기업인 (주)오로마레와 월 100명 이상의 일본인 관광객을 유치한다는 조건으로 양해협정(MOU)을 체결하였다.

러시아는 한의학을 동양의 신비한 의술로 간주하고 한방성형에 많은 관심을 보이고 있어, 시장을 확대하는 데 노력하고 있다. 특히 2009년 동의보감이 유네스코 세계기록유산에 등재되면서 러시아에서 한의학의 효과가 인정을 받고 있다. 린바디한의원은 한방성형을 러시아 시장에 알리기 위해 의료관광 관련 컨퍼런스, 포럼 등의 행사에 적극적으로 참여하고 상품 소개와 무료 체험 시술을 제공해 주고 있다. 그 결과 모스크바의 전문 병원에서 한방성형의 개설과 협진을 제안 받았으며 현지의 의료관광 에이전시와 계약을 체결하는 결과까지 얻었다.

유럽의 소비자들은 30대가 지나면 노화가 빠르게 진행되어 미용, 특히 주름에 대한 관심이 많다. 그런데 한방성형은 수술을 하지 않고도 자연스럽고 빠른 효과를 볼 수 있어 이들로부터 많은 관심을 받고 있다. 린바디한의원은 이러한 유럽 의료관광객의 특성을 고려하여 이에 맞는 피부나 주름, 안티 에이징(Anti-aging) 상품을 특화해 홍보하고 있다. 유럽은 지리적으로 멀다는 문제점이 있어, 린바디한의원은 한의사를 현지에 파견하고 유럽에서 시술권을 인정받아 유명 배우와 VIP고객들을 왕진하고 시술하여 한방성형을 알리고 있다.

린바디한의원은 앞에서 살펴보았듯이 다른 병원들과는 차별화된 방식으로 의료관광 프로모션 활동을 수행하고 있다. 일반 병원들은 에이전시, 여행사 혹은 현지지사를 두고 의료 관광객을 유치하지만, 린바디한의원은 일본을 제외하고는 국제한방성형협회를 통해 의료관광 프로모션을 진행하고 있다. 린바디한의원은 국제한방성형협회를 통해 프로모션을 진행함으로써, 현지 시장을 보다 쉽게 파악하고 상대적으로 저렴한 비용으로 프로모션 활동들을 수행할 수 있었다.

자료원: blog.naver.com/dietkim4085

참고문헌

문미진(2010), 린바디 한의원의 프로모션 사례, 한림대학교.

이현우(1996), 설득의 심리학, 21세기북스.

임종원, 김재일, 홍성태, 이유재(1999), 소비자행동론, 제2판, 경문사.

Krugman, Herbert E. (1965), The Impact of Television Advertising: Learning Without Involvement, *Public Opinion Quarterly*, 29, 349-356.

Petty, Richard E. and J. T. Cacioppo (1986), *Communication and Persuasion: Central and Peripheral Routes to Attitude Change*, Springer-Verlag.

V. 의료관광 소비자의 행동 분석

1. 커뮤니케이션 프로세스

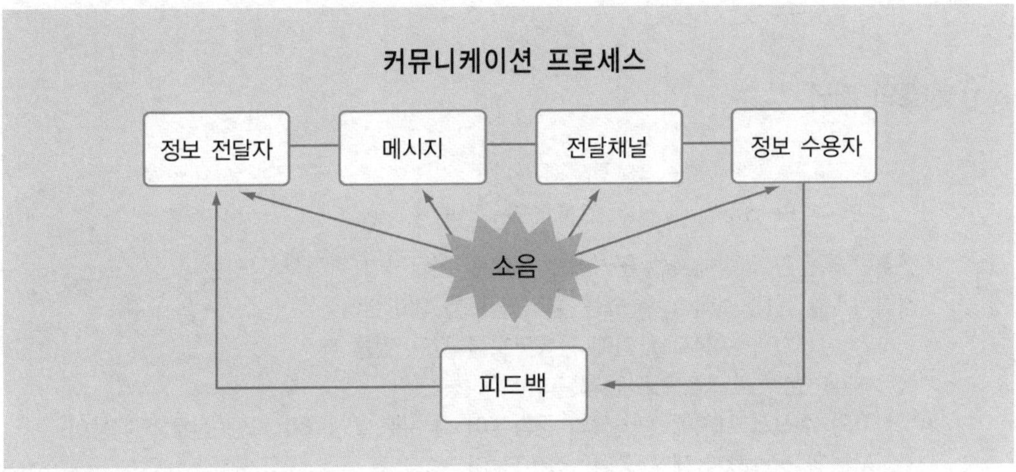

소비자들이 살아가면서 지식을 받아들이는 과정을 마케팅에서는 정보 처리 과정이라고 부른다. 소비자들은 외부의 정보를 받아들여 학습을 통해 기억하게 되고 이 정보가 쌓여 소비자들의 태도를 형성하게 한다. 또한 소비자들은 욕구가 생겼을 때 정보 처리 과정을 통해 쌓인 지식을 인출하여 욕구를 해결하는 데 이러한 과정을 소비자들의 의사결정 과정이라고 한다. 즉, 소비자 행동은 소비자들의 정보 처리 과정과 의사결정 과정

을 다루는 분야라고 정의할 수 있다.

소비자들의 정보 처리 과정과 의사결정 과정 중에서 커뮤니케이션 프로세스는 이러한 정보 처리 과정에 집중해 설명하고 있다. 커뮤니케이션 과정은 소비자들이 외부의 정보를 받아들여 그것을 자신의 지식으로 해석하는 과정으로 설명할 수 있다. 정보가 전달되기 위해서는 누군가가 메시지를 담아서 이를 특정 수단을 통해 전달해야 하는데 마케팅에서 가장 보편적으로 사용되는 수단은 광고이다. 이때 정보를 받는 사람은 그 내용을 자신만의 지식을 사용하여 받아들이게 되므로 전달한 사람이 보낸 메시지와 받은 사람이 이해한 메시지가 반드시 일치하지 않을 수 있다. 만약 전달한 메시지와 받아들인 메시지가 다르다면 이 전달 과정에서 무언가가 영향력을 행사했을 가능성이 높다. 우리가 커뮤니케이션을 할 때 문화적 맥락을 이해하는 이유도 이러한 요인에서 기인한다. 예를 들어 아시아권에서는 나를 표현할 때 1인칭을 잘 사용하지 않지만 서구권에서는 1인칭을 사용하는 것이 대표적인 예가 될 것이다. 의료관광처럼 국제 광고를 집행해야 하는 상품인 경우에는 커뮤니케이션 메시지를 작성할 때 상대방 국가의 문화적 맥락을 잘 이해하고 이를 반영한 프로모션 전략을 수립하는 것이 중요하다. 이를 간과할 경우 우리가 보낸 메시지와 소비자들이 받아들인 메시지가 상이하여 잘못된 커뮤니케이션이 발생할 수 있기 때문이다.

1) 신호의 개념

신호의 개념

- 신호란 특정한 맥락에서 누군가에게 의미를 전달하기 위해 사용하는 감각기관을 통해 인식할 수 있는 물적 정보를 의미한다.
- 신호가 발신자와 수신자 사이에 공통분모를 갖고 있을 때 커뮤니케이션이 효과적으로 진행된다.
- 발신자와 수신자 사이에 인식상의 공통점이 클수록 발신자가 보낸 신호와 내용이 수신자에게 정확하게 해석될 가능성이 높다.

누군가가 우리에게 메시지를 전달하면 우리는 그것을 어떤 형식으로든 우리의 감각기관을 통해서 받아들이게 된다. 이때 우리가 감각기관을 통해서 보거나, 듣거나, 냄새 맡거나 하는 것이 신호(Signal)이다. 그리고 같은 신호라 하더라도 우리가 몇 개의 감각을 사용하여 그 신호를 받아들이느냐에 따라 그 신호의 파워가 다를 수밖에 없다. 따라서 소비자들의 주목을 받기 위해서는 가급적 소비자들이 여러 감각을 사용해서 우리의 메시지를 받아들일 수 있도록 해야 한다. 또한 커뮤니케이션이 효과적으로 전달되기 위해서는 신호에 공통분모가 있어야 한다. 이때 공통성을 유지하는 수단이 언어이다. 우리가 언어를 이해한다고 하는 것은 상대방이 사용하는 언어의 구조를 이해하고 있다는 것이다. 우리가 제주도 방언 같은 사투리를 이해하기 힘든 것은 사투리의 구조를 잘 모른다는 의미로 해석할 수 있다. 따라서 커뮤니케이션이 이루어지는 전제 조건은 서로 동일한 신호를 사용하는 것이라고 할 수 있다.

일반적으로 신호는 언어나 그림의 형태로 소비자들에게 제시된다. 이때 특정 구조를 갖고 있는 언어보다는 그림이 더 보편적이라고 할 수 있다. 특히 외국인을 대상으로 할 때는 가급적 신호를 그림으로 전달하는 것이 더 바람직하다. 예를 들어 화장실을 언어로 표기한다고 가정해 보자. 이때 화장실을 표현하는 언어들은 무수히 많고 그것을 모두 다 기재할 수 없을 것이다. 하지만 어느 나라마다 화장실 앞에는 여자, 남자를 표현하는 픽토그램이 있다. 또 우리가 주차장에서 보는 휠체어 마크는 장애인이 사용하는 주차구역이라는 의미를 표시하고 있다. 이런 점을 감안하면 외국인을 대상으로 하는 의료관광 프로모션에서 메시지는 가급적 그림으로 표현하는 것이 바람직하다. 커뮤니케이션 내용에 공통분모가 많을 때 신호가 제대로 해석될 가능성이 높기 때문이다. 이때 문화의 공유나 특정 분야에 대한 지식의 공유 등이 공통분모의 크기를 결정할 것이다. 따라서 소통이 잘 이루어지기 위해서는 서로 공통 지식을 공유하고 있고 또 서로의 언어를 이해할 수 있어야 한다는 점을 강조하지 않을 수 없다.

2) 의미의 개념

의미의 개념

의미는 특정 커뮤니케이션 맥락에서 소비자들에게 신호가 제시되었을 때 소비자들이 그 신호에 대해서 보이는 감정적 반응이나 지각을 의미한다.

의미(Meaning)는 소비자 행동의 시각에서 보면 지각과 비슷하다. 우리는 오감을 통해서 어떤 대상을 보고 인식하는데, 이때 우리는 두 가지의 반응을 보이게 된다. 하나는 생각 반응이고 나머지 하나는 느낌 반응이다. 우리가 외부에서 전달된 신호를 접하고 신호에 대해 어떤 생각을 하거나 또는 감정적인 반응을 보이는 것을 우리는 지각이라고 부른다. 따라서 우리가 신호를 이해할 수 없으면 이것을 의미로 받아들일 수 없다. 즉, 우리가 신호에 대해 생각 반응이나 느낌 반응을 보일 수 있어야 그 신호가 우리에게 의미로 받아들이게 된다. 그러면 어떤 신호가 생각 반응을 일으키고 어떤 신호가 느낌 반응을 일으킬까? 일반적으로 우리는 신호를 접했을 때 느낌 반응을 보이는 경우가 많다. 느낌 반응은 인지적 노력을 많이 요구하지 않기 때문이다. 또한 신호는 어떤 맥락에서 전달되느냐에 따라 소비자들이 보이는 생각 반응과 느낌 반응 형태가 달라진다. 즉, 같은 신호라도 메시지 내용과 보내는 사람에 따라 소비자들의 반응이 다르게 된다. 사람들은 자기가 이해할 수 있는 것만 이해하기 때문이다. 이는 사람들의 지각이 생각만큼 객관적이지 않다는 점을 시사하고 있다. 따라서 훌륭한 커뮤니케이션은 내가 하고 싶은 이야기를 하는 것이 아니라 상대방이 듣고 싶은 이야기를 하는 것이다. 내가 하고 싶은 이야기를 하면 상대방이 잘 이해하지 못할 수 있지만 상대방이 듣고 싶은 이야기를 하면 상대방이 잘못 이해할 확률이 낮아지기 때문이다. 이러한 것들을 사전에 잘 계획하는 것이 커뮤니케이션 전략이라고 할 수 있다.

특히 커뮤니케이션 전략을 수립할 때는 전달자와 수신자 사이에 존재하는 공통분모를 이해하는 것이 중요하다. 신발 광고를 예로 들어보자. 우리나라 사람들은 집안에서는 신발을 신지 않는다. 하지만 미국 사람들은 집안에서 신발을 신고 있다. 따라서 우리는 미국 사람들이 집안에서 신발을 신고 있는 광고를 보면 잘 이해할 수 없는 것이다. 따라서 똑같은 광고라도 타깃 소비자가 어느 문화권에 있는지 이해하고 커뮤니케이션 전략을 수립해야 한다. 우리가 소비자들에게 신호를 보낼 때 가장 많이 사용하는 것이 브랜드 로고이다. 브랜드 로고의 등장은 우리 인류의 역사와 관련 있다. 지금은 글을 읽고 이해하는 것이 보편적이지만 백 년 전만 해도 글을 읽고 쓰는 것은 지식인들의 전유물이었기 때문이다. 따라서 기업들은 글을 모르는 소비자들과 커뮤니케이션하기 위해 브랜드 로고를 만들어 낸 것이다. 이는 우리나라에서도 오래된 회사들만 샘표나 부채표 같은 로고가 존재하는 것과 맥락을 같이한다.

3) 신호의 사용

커뮤니케이션 전략을 수립할 때 소비자들에게 메시지를 전달하고 우리가 원하는 내용을 기억시키기 위해 사용할 수 있는 첫 번째 수단이 상징(Symbol)이다. 상징은 연상이라고 표현할 수도 있다. 이러한 상징이 의미를 갖기 위해서는 대상과 관련성을 맺어야 하는데 우리는 이것을 연상이라고 부른다.

상징과 직유

1) 상징(Symbol): 브랜드 네임과 관련된 로고나 연상
2) 직유(Simile): 다른 영역에서의 사례를 이용하여 개념을 설명
예) 사과 같은 내 얼굴

상징이 의미를 부여하게 되는 과정은 고전적 조건화를 통해 설명할 수 있다. 처음에는 아무런 의미가 없는 것들이 계속 연결되어 반복적으로 제시되면 우리가 자연스럽게 둘 사이에 의미를 부여하게 되기 때문이다. 파블로프는 종을 치고 개에게 먹이를 주었더니 나중에는 개가 종소리만 들어도 침을 흘린다는 결과를 발표하였는데 이는 종소리와 음식 사이에 연관성이 생겼기 때문이라고 해석할 수 있다. 따라서 커뮤니케이션 전략을 통해 상품이 지향하는 브랜드 콘셉트를 소비자들에게 각인시키고자 할 때는 이러한 상징을 효과적으로 사용하는 것이 매우 중요하다. 그리고 상징의 수단으로 가장 많이 사용되는 것이 브랜드 로고임을 감안하면 향후 의료관광 상품을 개발하는 마케터는 상품의 전체를 관통할 수 있는 브랜드 로고를 개발하는 데 많은 노력을 기울여야 할 것으로 생각한다.

두 번째로 사용하는 커뮤니케이션 방법은 직유(Simile)이다. 직유는 사물을 있는 그대로 표현하는 것을 의미한다. 예를 들어 광고에서 두통엔 개보린, 피로 회복엔 박카스라고 하는 슬로건이 이러한 직유적 표현의 대표적인 사례라고 할 수 있다. 직유적인 표현은 일반적으로 기능적인 브랜드 콘셉트를 갖고 있는 상품들이 많이 사용한다. 즉, 특별히 많은 지식이 필요하지 않은 건전지, 세제, 두통약 등의 상품들이 소구하는 편익을 소비자들에게 알릴 때 직유적 표현을 많이 사용하고 있다. 의료관광의 경우 특히 의료 영역의 상품은 기능적인 문제 해결을 지향하고 있으므로 상품이 지향하는 편익을 알리고자 할 때는 이러한 직유 형태의 표현 전략을 사용하는 것이 잠재 고객들과의 커뮤니케이션을 보다 명확히 실행하는 데 크게 기여할 수 있을 것이다.

은유와 우화

3) 은유(Metaphor): 광고주와 소비자가 같이 공감할 수 있는 비유적 의미의 창출
예) 내 마음은 호수
4) 우화(Allegory): 동물이나 사물을 의인화

세 번째로 사용하는 커뮤니케이션 방법은 은유(Metaphor)이다. 우리가 평소 접하는 광고 슬로건들을 보면 이러한 은유를 사용하는 슬로건들이 가장 많은 편이다. 예를 들어 한림대학교를 인재의 숲이라고 표현하는 것이 대표적인 은유적 슬로건의 사례이다. 은유는 직접적인 표현을 사용하지 않지만 비유를 통해 소비자들로 하여금 지향하는 편익에 대한 추론을 가능하게 해 준다. 상품을 설명하고자 할 때 은유는 직유보다 의미의 공통분모를 만들어 내기가 비교적 쉽고, 우리나라 사람들은 문화권적인 특징으로 인해 직설적인 표현보다는 간접적인 표현을 좋아하기 때문에 이러한 은유적인 슬로건이 많은 것으로 생각된다. 반면 직설적인 표현을 좋아하는 서구권에는 상대적으로 직유를 사용하는 슬로건이 많은 편이다. 은유와 직유를 설명할 수 있는 대표적인 사례로는 아시아나 항공의 광고가 있다. 아시아나 항공은 초기에 비행기의 안전함을 표현함에 있어 비행기가 새 비행기라는 직유적인 광고를 사용하였고 나중에는 비가 와도 아시아나를 이용해서 안심이 된다는 은유적인 광고를 사용하였다. 그러나 이러한 은유적인 광고 표현은 느낌 반응을 이끌어내는 데 유리하므로 시장을 지배하고 있는 리더가 사용하는 것이 바람직하며 보다 공격적인 입장을 취하고 소비자들의 생각 반응을 이끌어내야 하는 후발주자 입장에서는 직유적인 광고가 더 바람직하다고 할 수 있다.

네 번째는 우화(Allegory)가 있다. 이는 커뮤니케이션 맥락에서 비유라고 표현되기도 한다. 광고에서 인형이나 동물이 인간처럼 말하는 것이 우화를 사용하는 대표적인 광고라고 할 수 있다. 똑같은 이야기라도 사람이 이야기할 때에 비해 동물들이 이야기하거나 캐릭터가 이야기할 때는 사람들의 경계심이 약해진다. 또한 우화나 비유는 기존의 이야기를 커뮤니케이션 메시지의 틀로 사용하기 때문에 메시지에 대한 사람들의 이해를 높일 수 있는 장점이 있다. 따라서 우화나 비유는 은유보다 확장적인 개념이라고 생각할 수 있다. 특히 외국인을 대상으로 하는 의료관광 상품의 경우에는 상품에 대해 지각하는 위험도가 높다고 판단되므로 이러한 우화나 비유를 지각된 위험을 낮추는 수단으로 활용할 수 있을 것이다.

2. 소비자 행동 모델

소비자들이 외부 자극에 반응하여 내리는 의사결정 과정은 크게 두 가지 모델로 설명할 수 있다. 하나는 생각 반응을 중심으로 하는 소비자 정보 처리 모델(Consumer Processing Model)이 있고, 또 다른 하나는 느낌 반응을 중심으로 하는 쾌락적 정보 처리 모델(Hedonic

소비자 행동 모델

- 소비자들이 제시된 커뮤니케이션 메시지에 대해서 어떻게 반응하고 또 어떠한 결정을 내리는지에 관심을 두는 모델
- 소비자 행동 모델에 관한 두 가지 관점
  - Consumer Processing Model(CPM: 생각반응 중심)
  - Hedonic Experiential Model(HEM: 느낌반응 중심)
- CPM은 소비자 행동이 이성적이고 체계적 사고에 기인한다고 가정
  - 객관적인 자료나 근거를 제시하는 것이 중요
  - 제품은 소비자 욕구를 달성하기 위한 수단으로 결정
- HEM은 소비자 행동이 감정이나, 재미, 느낌 등에 의해 결정된다고 가정
  - 비주얼적인 요소나 감정적 언어를 강조하는 것이 중요
  - 소비자는 상품보다 이미지를 소비

Experiential Model)이 있다. 약자로 각각 CPM과 HEM이라고 부른다. 우리가 외부 정보를 받아들일 때 그 정보를 생각을 통해서 받아들이기도 하고 느낌을 통해서 받아들이기도 한다. 일반적으로 소비자들은 느낌 반응을 더 선호하는데 그 이유는 느낌에 의존하는 의사결정 과정이 단순하기 때문이다. HEM은 소비자들이 의사 결정을 할 때 느낌을 이용하므로 느낌을 전달할 수 있는 상품의 이미지나 비주얼의 표현을 강조하고 있다. 일반적으로 자사 상품에 대해 호의적인 소비자들의 태도를 보다 강화하고자 할 때는 HEM이 더 효과적인 것으로 알려져 있다. 그 반대로 소비자들이 자사 상품에 대해 잘 모르거나 부정적일 때는 생각 반응 중심의 CPM을 고려하는 것이 바람직하다. CPM은 소비자 행동이 이성적이고 객관적이라고 가정하기 때문에 소비자들에게 객관적인 사실을 중심으로 메시지를 전달하는 것을 핵심 내용으로 하고 있다. 따라서 상품이 지향하는 브랜드 콘셉트가 기능적일 때 보다 큰 효과를 낼 수 있다. 단, 기능적인 편익을 지향하는 상품이라 하더라도 이미 그 상품이 시장을 장악하고 있는 경우라면 굳이 사람들에게 복잡한 생각 반응을 일으켜야 하는 CPM을 사용할 필요는 없다. CPM이나 HEM은 소비자들이 정보 처리를 하고 의사결정을 수행하는 과정을 설명하고 있지만 일반적으로 소비자들이 보다 많이 수행하는 의사결정 과정은 HEM에 가깝다. 이는 소비자들의 기존 태도를 강화하는 것은 쉬워도 태도를 변화시키는 것이 어려운 이유 중의 하나이다. 예를 들어 다이아몬드를 판매하는 유명한 회사 가운데 드비어스가 있다. 드비어스는 다이아몬드를 보석으로 판매하는 데 한계를 느끼자 다이아몬드에 새로운 이미지를 부여하였다. 즉, "다이아몬드는 영원

하다"라는 문구를 만들어서 다이아몬드 반지를 결혼 예물로 제시한 것이다. 이를 통해 소비자들의 정보 처리 과정을 보다 단순하게 유도하고 다이아몬드 시장을 확대하는 데 성공할 수 있었다.

3. 소비자 정보 처리 모델

소비자 정보 처리 모델

단계 1	2	3	4
정보 노출	선택적 주목	이해	동의
5	**6**	**7**	**8**
저장	인출	의사결정	구매행동

자료: Terence A. Shimp, Advertising Promotion, Thomson, 2006

소비자 행동 모델에서 HEM은 소비자들에게 좋은 이미지를 제시함으로써 정보 처리 과정을 쉽게 유도한다는 장점이 있으나 상품에 대한 구체적인 선택 이유를 제시하지 못하는 단점이 있다. 따라서 HEM은 선발주자들이 기존 소비자들의 태도를 강화하는 데 유리하나 소비자들에게 상품에 대한 구체적인 정보를 제시하고 이를 통해 태도를 변화시키고자 할 때는 한계가 있을 수밖에 없다. 반면 CPM은 소비자들이 외부의 정보를 받아들여 이를 기억 속에 보관하고 나중에 의사결정을 내릴 때 이를 활용하는 과정을 설명하고 있다. 따라서 CPM은 소비자들의 정보 처리 과정과 의사결정 과정을 연계해서 제시하고 있다. 노출, 주목, 이해, 동의, 저장과 인출의 단계는 소비자들의 정보 처리 과정을 설명하고 있으며 의사결정과 행동 단계는 소비자들의 의사결정 과정을 설명하고 있다.

CPM 모델이 시사하는 것은 소비자들의 정보 처리 과정 없이는 의사결정 과정을 이해할 수 없다는 점이다. 특히 지각은 정보 처리 과정의 첫 출발점이라는 점에서 소비자 행동을 이해하는 데 중요한 개념이다. 우리가 정보 처리를 할 때 정보에 노출되고 주목하고 이해하는 과정을 소비자들의 지각 과정으로 설명할 수 있기 때문이다. 이러한 지각 과정을 설명하는 중요한 개념은 선택성이다. 즉, 소비자들은 외부의 정보를 받아들일 때 기존의 지식에 일치하는 정보는 쉽게 받아들이지만 그렇지 않은 정보는 무시하게 된다. 이는 태도의 강화는 쉬운 반면 태도의 변화는 어렵다고 이야기한 주요 이유이기도 하다. 따라서 생각 반응을 통해 소비자들의 태도를 변화시키고자 하는 마케터는 소비자들의 이러한 인지적 장벽을 잘 극복할 수 있어야 한다. 이때 중요한 것은 소비자들에게 제시되는 커뮤니케이션 맥락을 잘 디자인하여 소비자들이 공감을 얻어내는 것이라고 할 수 있다. 즉, 소비자들의 공감을 얻지 못하는 커뮤니케이션 전략은 아무리 상품이 좋다고 하더라도 소비자들이 보여 주는 선택적 지각이라고 하는 인지적 장벽을 극복하지 못할 가능성이 높다.

1) 소비자 정보 처리 1단계(정보 노출)

1단계(정보 노출)

- 노출 단계에서는 소비자들이 마케터가 제공하는 정보를 처음 접하게 됨
- 소비자들이 이러한 정보에 노출되는 것은 필요조건이지만 성공적인 커뮤니케이션을 위한 충분조건은 아님
- 노출 단계에서는 광고 예산의 규모와 매체에 대한 선택이 매우 중요함

정보 노출은 소비자들이 정보 처리를 시작하는 첫 번째 관문이다. 이 단계에서 발생하는 어려움은 기업이 수행하는 커뮤니케이션이 보통 1 : 1 커뮤니케이션이 아니라 1 : 多 형태의 커뮤니케이션이라는 점이다. 여기서 1 : 多 커뮤니케이션이란 대중 매체를 활용한 커뮤니케이션을 의미한다. 기업들은 대중 매체를 통해 소비자들에게 정보를 전달하지만 실제 소비자들이 그 정보를 필요로 하는지 알 방법이 없다. 다만 타깃 오디언스를 세분화하여 잠재 타깃이 우리가 제공하는 정보를 필요로 할 것이라고 전제하고 정보를 전달할 수밖에 없다. 그러나 현실은 대중 매체를 통해 정보를 받아들이는 소비자들의 상당수가 그 정보를 필요로 하지 않는다는 점이다. 이러한 점에서 소비자들이 정보를 받아들이는 과정은 저관여 상황일 수밖에 없다. 그리고 이 단계에서 중요한 것은 주어진 예산 범위 내에서 얼마나 효과적으로 잠재 타깃들에게 메시지를 반복해서 제시할 것인가를 결정하는 것이라 할 수 있다. 즉, 정보 노출 단계에서는 소비자들에게 프로모션 메시지를 기억하게 만들기 위해서는 최소한 3번 이상의 노출이 필요하다고 주장하고 있으므로 어느 정

도의 반복이 필요한 것은 틀림이 없다. 따라서 미디어 믹스를 결정할 때 미디어의 오디언스와 소비자 사이에 중복을 높게 가져가는 것이 중요한 의사결정일 수 있다.

또한 소비자들이 정보에 노출되었다고 하더라도 그것이 바로 정보 처리로 연결되는 것은 아니다. 소비자들이 노출된 정보를 주목하지 않으면 다음 단계로 넘어갈 수 없기 때문이다. 앞에서 노출에 필요한 양적인 측면을 고려하였다면 이것 외에도 광고 메시지의 질적 측면을 어떻게 설계하느냐에 따라 노출의 효과가 달라질 수 있다. 전달하고자 하는 메시지가 소비자들이 갖고 있는 욕구를 잘 이해하고 우리가 판매하고자 하는 상품이 소비자들의 욕구를 해결해 줄 수 있는 대안이라는 점을 임팩트 있게 전달할 경우 노출의 효과를 극대화할 수 있다. 이때 메시지의 내용을 소비자들에게 직접 보여 줄 수 있다면 메시지의 효과를 극대화하는 한 가지 방법이 될 수 있다.

2) 소비자 정보 처리 2단계(선택적 주목)

2단계(선택적 주목)

- 주목은 소비자들이 노출 단계에서 접한 정보들을 대상으로 이루어짐
- 이때 소비자들은 모든 정보에 주목하지 않고 본인들이 관심 있는 정보들에만 선택적으로 주목하는 특징을 보임
- 3가지 종류의 소비자 주목
  - 무의식적(Involuntary) 주목
  - 비자발적(Nonvoluntary) 주목
  - 자발적(Voluntary) 주목

두 번째 단계는 주목이다. 주목은 소비자들이 외부에서 주어진 자극을 지각하게 되는 실제적인 조건이기도 하다. 소비자들이 어떤 자극을 기억하기 위해서는 그 자극을 주목해야 하기 때문이다. 또한 소비자들은 모든 외부 자극을 주목하는 것이 아니기 때문에 이러한 주목은 선택적으로 이루어진다고 볼 수 있다. 지금까지의 연구를 살펴보면 소비자들이 외부에서 주어진 자극에 대해 주목을 하는 방법은 3가지로 정리할 수 있다.

먼저 무의식적인 주목이다. 이는 많은 학자들이 주장하고 있지는 않지만 우리가 본 것을 기억하지 못할 뿐 외부에서 들어오는 정보를 모두 주목한다는 관점을 담고 있다. 따라서 우리가 잘 기억하지 못하는 과거를 최면으로써 기억해 낼 수 있다는 이론적 근거를 제시하고 있다. 반면 비자발적 주목과 자발적 주목은 우리가 외부의 정보를 받아들이는

과정을 보다 구체적으로 설명하고 있다. 비자발적 주목은 우리의 의지와 상관없이 발생하는 주목으로 자극이 강력할 때 주로 발생하게 된다. 즉, 자극이 상당히 강력하면 우리가 주목하고 싶지 않아도 자극을 주목할 수밖에 없게 되는데 주로 광고에서 유명한 스타나 독특한 모델을 쓰는 상황을 설명하고 있다. 자발적 주목은 외부 자극이 소비자 개인이 현재 갖고 있는 욕구와 관련성이 있을 때 발생한다. 예를 들면 양복 광고의 경우 대학교 저학년 학생들은 양복에 관심이 없겠지만 졸업을 앞둔 고학년 학생들은 양복에 관심이 있을 수밖에 없다. 따라서 똑같은 양복 광고라도 소비자가 누구인가에 따라 그 광고 정보를 받아들이는 수준이 다를 수밖에 없다. 소비자 욕구는 자발적 주목이 발생하는 가장 중요한 요소이다.

따라서 비자발적 주목은 광고 자극이 독특하거나 강력할 때 주로 발생하게 되지만 자발적 주목은 광고가 그 상품을 원하는 소비자들에게 전달될 때 발생하게 된다. 따라서 똑같은 주목이라도 소비자들의 비자발적 주목보다는 자발적 주목을 이끄는 것이 마케터에게 필요한 전략적인 개념이라고 할 수 있다.

3) 소비자 정보 처리 3단계(이해)

3단계(이해)

- 소비자들이 접한 자극과 신호로부터 의미를 창출해 내는 과정
- 이처럼 외부 자극을 해석하는 과정을 지각 과정이라고 부름
- 지각과정은 개인마다 상이함(Idosyncratic)
- 이때 감정이 지각 과정에 영향을 주기도 함
- 결과적으로 소비자들이 주어진 자극을 잘못 이해하는 경우도 자주 발생함

소비자들의 관심을 끌기 위해 소비자의 욕구와 프로모션 메시지의 내용을 일치시키는 것도 중요하지만 이것을 전달하는 타이밍을 맞추는 것도 중요하다. 똑같은 제품이라도 소비자 관심을 끌기 위해서는 욕구가 생길 즈음에 메시지를 전달할 수 있어야 하기 때문이다. 그리고 이때 메시지를 소비자들이 이해할 수 있는 방식으로 전달하는 것이 중요하다. 소비자들은 외부 자극을 있는 그대로 받아들이는 것이 아니라 그것을 선택적으로 지각하여 자신만의 지식으로 수용할 가능성이 높기 때문이다. 특히 의료관광의 경우 그 메시지가 전달되는 나라의 문화적 맥락을 고려하지 않으면 똑같은 이야기라도 전혀 다르게 해석될 수밖에 없다.

프로모션의 대표적인 수단인 광고에서 광고 모델이나 광고의 톤 그리고 음악은 이러한 메시지가 소비자들에게 정확히 전달되게 하는 데 중요한 배경 역할을 수행하게 된다. 또한 광고 메시지가 소비자들에게 제대로 이해되기 위해서는 광고의 메시지가 타깃 소비자들과 공감대를 형성할 수 있어야 한다. 이렇게 하기 위해서는 광고 메시지를 디자인한 마케터들이 타깃 소비자들과 비슷한 경험을 보유하고 있어야 이러한 공감대의 형성이 비교적 용이하다. 따라서 좋은 마케터는 타깃 소비자의 입장에서 다양한 경험을 쌓는 것이 중요하다고 할 수 있다.

또한 소비자들의 정보 처리 과정을 이해하는 것은 마케터가 광고 메시지에 대한 소비자들의 이해를 높이는 수단이 될 수 있다. 소비자들은 외부에서 들어오는 정보를 처리할 때 전체를 있는 그대로 받아들이기보다 메시지의 특징적인 부분만을 받아들이게 된다. 그리고 그것을 기존의 지식 내에 통합하여 수용하게 된다. 심리학에서는 이러한 특징 때문에 소비자들을 인지적 구두쇠라고 부르기도 한다. 이러한 지각 과정은 앞에서 강조하였듯이 선택적인 특징을 갖고 있기 때문에 소비자들이 광고 메시지의 어느 부분에 주목하느냐에 따라 수용하는 메시지의 내용이 달라질 수밖에 없다. 여기서 소비자의 선택을 결정하는 것은 소비자들이 갖고 있는 기존 지식인 경우가 많으므로 우리가 제시하는 메시지에 대한 공감대의 형성은 소비자들의 선택적 지각을 우리가 원하는 방향으로 유도하는 데 중요한 출발점이 된다.

4) 소비자 정보 처리 4단계(동의)

4단계(동의)

- 동의는 소비자들이 이해한 내용에 대한 수용을 의미함
- 그러나 소비자들이 우리의 주장에 동의하였다고 해서 반드시 이것이 소비자 행동에 영향을 주는 것은 아님
- 소비자들의 동의는 아래와 같은 조건에서 자주 발생함
  - 메시지의 내용을 신뢰할 수 있거나
  - 메시지의 내용이 소비자들의 관심을 끌 수 있을 때

네 번째 단계는 메시지에 대한 동의(Agreement)이다. 동의는 소비자들이 우리의 메시지 내용을 지각하고 제대로 이해했다고 해서 커뮤니케이션 과정이 끝나지 않는다는 것을 의미한다. 우리는 어떤 사람의 이야기를 들을 때 그 이야기가 자기가 알고 있는 지식과 유사

하거나 일치하면 쉽게 받아들이지만 그렇지 않은 경우에는 그 내용을 거부하기 때문이다.

따라서 모든 소비자들은 기존에 갖고 있는 입장에 따라 외부에서 들어오는 메시지에 대한 수용 영역과 거절 영역을 갖게 된다. 수용 영역은 받아들인 메시지를 있는 그대로 수용하는 영역을 의미하고 거절 영역은 그 메시지에 동의하지 않기 때문에 거절하는 영역을 의미한다. 따라서 우리가 전달한 메시지에 대한 소비자들의 동의를 얻기 위해서는 그 메시지가 소비자들의 수용 영역에 포함될 수 있어야 한다. 그런데 많은 경우 설득이란 소비자들이 현재 갖고 있는 입장을 바꾸고자 하는 것이므로 이러한 메시지는 거절 영역에 포함될 가능성이 높다. 이는 앞에서 태도의 강화는 쉽지만 태도의 변화는 어렵다고 설명한 부분과 일맥상통한다. 또한 기본적으로 사람들은 수용 영역보다 거절 영역이 넓다. 그 이유는 소비자들은 살아가면서 가급적으로 인지적 일관성을 유지하려고 하기 때문이다

소비자들은 언제 쉽게 동의할까? 그것은 받아들인 메시지가 현재 내가 갖고 있는 생각과 크게 다르지 않을 때 쉽게 동의하게 된다. 따라서 소비자의 마음을 바꾸게 하려면 조금씩 호의적인 반응 쪽으로 움직이게 해야 한다. 소비자들이 우리의 메시지를 들었다는 것이 중요한 것이 아니라 우리의 요점과 소비자들이 갖고 있던 지식의 차이가 적어서 우리 메시지가 소비자들이 수용 영역 안에 포함될 수 있도록 메시지를 디자인하는 것이 중요하다. 따라서 소비자 설득은 한 번의 강한 메시지로 이루어지기 힘들다. 이러한 경우 메시지는 소비자들의 거절 영역에 포함되어 즉각 거부될 가능성이 높다. 따라서 인내심을 갖고 조금씩 자사 상품에 대한 호의적인 생각을 형성하도록 메시지의 내용을 장기적으로 디자인하는 것이 가장 효과적인 설득 전략이 될 수 있다. 이는 우리의 속담 중 하나인 천리 길도 한걸음부터라는 말로 설명할 수 있다. 특히 의료관광을 이제 처음 시작한 한국의 경우 마음에 담아 둘 만한 설득 전략이 아닐까 생각한다.

5) 소비자 정보 처리 5단계(저장)

다섯 번째 단계는 정보의 저장이다. 소비자들은 외부에서 새로운 정보를 받아들이면 그 내용을 머릿속에 저장하게 된다. 우리는 이러한 과정을 기억이라고 부르는데 선행 연구들은 우리들의 기억이 감각 등록기, 단기기억 그리고 장기기억으로 구성되어 있다고 설명한다. 여기서 감각 등록기는 다른 말로 오감이라고 부르며 외부의 정보를 최초로 받아들이는 우리의 감각기관을 의미한다. 그리고 단기기억은 우리의 인지적 활동이 발생하는 부분으로 외부의 정보를 받아들이는 우리의 지각 활동이 발생하는 부분인데 외부에서 정보를 받아들일 때 용량이 제한되어 있어 많은 정보를 처리할 수 없는 특징이 있다.

5단계(저장)

- 감각등록기(SS)
  - 외부 정보를 받아들이는 기관, 주목되지 못한 정보는 바로 사라짐
- 단기기억(STM or Working Memory)
  - 제한된 처리 용량을 갖고 있지만 인지활동의 핵심적인 역할을 담당(7 Chucks)
  - 30초 내에 리허설이 이루어지지 않으면 정보는 기억되지 못함
- 장기기억(LTM)
  - 무제한의 용량을 갖고 있는 정보 보관소
  - 장기기억은 네트워크 구조로 되어 있어 저장된 정보들은 서로 연결되어 있는데 특히 이를 스키마라고 부름
  - 마케터의 역할은 소비자들의 장기기억 속에 상품에 대한 정보를 저장시키는 것이라고 할 수 있음

따라서 이곳에서 주목받지 못한 정보들은 우리의 장기기억으로 전달되지 못한다. 특히 단기기억에서 가장 중요하게 활용하는 감각기관은 청각으로 우리가 무엇인가를 기억하고자 할 때 청각은 이곳에서 가장 중요한 기억의 기제가 된다. 장기기억은 이렇게 단기기억에서 넘어온 정보를 보관하는 곳으로 장기기억에 존재하는 우리의 지식은 네트워크 형태로 존재하기 때문에 새로운 지식은 기존 지식의 일부로 저장된다. 따라서 소비자를 설득하는 것은 하나의 개념만 바꾸는 것이 아니라 소비자의 장기 기억 속에 저장된 지식 구조를 바꾸는 것이므로 쉽지 않은 과제가 되는 것이다. 소비자들은 새로운 개념이 들어왔을 때 이것이 기존 지식 구조와 일치하지 않으면 이 정보를 버리고, 기존 지식 구조와 일치하거나 유사하면 이를 기존 지식 구조 속에 연결하여 수용한다. 장기 기억 속에 형성되어 있는 이러한 지식의 네트워크를 심리학에서는 스키마라고 부르기도 한다. 장기기억은 컴퓨터의 하드디스크처럼 거의 영구적이고 용량의 제한이 없는 것으로 알려져 있다.

따라서 우리가 망각을 경험하게 되는 것은 그 내용을 잊어버린 것이 아니라 못 찾는 것에 가깝다. 즉, 컴퓨터에서 파일 관리할 때 폴더를 만드는 것처럼 새로운 정보를 저장할 때 잘 정리하여 저장하지 않으면 우리가 필요할 때 못 찾게 되는 것이다. 따라서 좋은 기억력은 우리가 파일을 관리하듯이 머릿속에 폴더를 만들어 잘 관리하는 능력이라고 할 수 있다.

6) 소비자 정보 처리 6단계(인출)

6단계(인출)

- 소비자들의 머릿속에 기억된 정보들은 그것이 탐색되고 인출될 때 소비자들의 행동에 영향을 줄 수 있음
- 새롭게 저장된 정보는 그 정보가 기존의 잘 기억되어 있고 자주 사용되는 정보(인출 단서)에 연결되어 있을 때 인출이 쉬움

우리가 장기기억 속에 저장한 정보를 쉽게 인출하기 위해서는 인출 단서가 필요하다. 이러한 단서가 우리에게 정보가 저장되어 있는 곳을 알려주기 때문이다. 그런데 인출 과정에서 우리가 명심해야 할 점은 우리가 기억했을 때의 내용과 인출할 때의 내용이 반드시 일치하는 것은 아니라는 점이다. 우리가 현재 기억하는 내용은 인출할 때의 마음 상태에 따라 정보를 취합하여 재구성되는 기억에 가깝기 때문이다. 이는 남자들이 군대를 제대한 후에는 군대에 대한 기억이 좋지 않다가 일정 시간이 지난 후 군대에 대한 기억이 좋아지는 현상에서 경험할 수 있다. 이는 군대에 대한 기억 내용이 바뀐 것이 아니라 현재 상태에서 군대에 대한 감정이 달라지기 때문에 재구성되는 기억의 내용이 달라지는 것이다.

우리의 장기기억 속에 저장된 내용을 잘 인출하기 위해서는 인출 단서가 꼭 필요하므로 처음에 기억할 때 인출 단서를 함께 기억하는 것이 중요하다. 먼저 기억할 때 개념을 구체적으로 기억해야 한다. 이는 우리가 파일을 저장할 때 파일 이름과 폴더의 이름을 동시에 기억하는 것에 비유할 수 있다. 두 번째, 개념과 동시에 이미지를 같이 기억하는 방법이다. 특히 그림과 개념을 같이 기억하면 훨씬 기억하기도 인출하기도 쉽다. 그림이 인출 단서의 역할을 수행할 수 있기 때문이다. 이렇게 기억을 할 때 두 가지를 묶어서 함께 기억하는 것을 듀얼 코딩이라고 한다. 예를 들어 사자를 기억할 때 사자 그림을 함께 기억하는 방법이다. 이를 활용한 사례는 심상을 이용한 광고인데 미스터 피자의 경우 1577-0077을 소비자들로 하여금 기억하게 만들기 위해서 광고 모델에게 007 이미지의 양복을 입히고 또 전화기를 들게 함으로써 글과 그림 두 가지를 이용하여 손쉽게 전화번호를 기억하게 만든 광고라고 할 수 있다.

일반적으로 장기기억 속의 태도 변화는 기존 제품의 지식 구조를 바꾸는 것과 새로운 개념을 형성하는 두 가지의 방법으로 구분할 수 있다. 기존 문헌에 따르면 기존 제품의

지식 구조를 바꾸는 것보다 새로운 개념을 형성하는 것이 더 용이하다. 태도 변화나 태도 형성 모두 어려운 과정이지만 태도 형성이 비교적 쉬운데 그 이유는 태도 형성 과정에서 소비자들의 인지적 저항이 적기 때문이다. 따라서 기존 상품의 포지셔닝이 실패했을 때는 이를 재포지셔닝 하기보다 차라리 신상품으로 런칭 하는 것이 더 유리할 수 있다.

7) 소비자 정보 처리 7단계(의사결정)

7단계(의사결정 규칙)

- 감정적 의사결정(Affect Referral)
- 보상적 의사결정(Compensatory Heuristic)
- 비보상적 의사결정(Conjunctive Heuristic)

소비자들은 의사결정을 내릴 때 많은 생각을 하고 결정을 내리기도 하지만 직관적인 결정을 내리기도 한다. 특히 직관적인 의사결정을 감정적 의사결정이라고 부르기도 한다. 감정적 의사결정은 빠른 의사결정을 할 수 있는 장점이 있지만 그로 인해 리스크가 커지는 단점도 존재한다. 반면 비교적 많은 생각을 하고 내리는 의사결정에는 보상적 의사결정과 비보상적 의사결정이 있다. 그렇지만 보상적 의사결정에 비해 비보상적 의사결정이 비교적 쉬운 편이다. 따라서 감정적 의사결정이 제일 간단한 의사결정 원칙이라고 할 수 있고 비보상적 의사결정이 약간 복잡한 의사결정이며 보상적 의사결정은 선택 대안의 장점과 단점을 동시에 고려하게 되므로 가장 복잡한 의사결정이라고 할 수 있다.

비보상적 의사결정의 대표적인 사례로는 접속 규칙과 비접속 규칙이 있다. 접속 규칙은 여러 대안들 중 부적절한 대안을 빠르게 제외하고자 할 때 사용하면 편리하다. 각 기준별로 받아들일 수 있는 기준점을 정하고 어느 한 기준이라도 이 수준에 미달할 경우에는 대안 선택에서 제외시킨다. 이는 공무원 시험에 존재하는 과락제도에 비유할 수 있다. 즉, 총점이 좋아도 한 과목에서 기준 점수를 넘지 못하면 탈락되기 때문이다. 반면 비접속 규칙은 접속 규칙과 마찬가지로 기준별로 최저기준을 정하지만 접속 규칙과는 달리 한 기준이라도 최저수준을 넘어서게 되면 대안 선택에 포함시킨다. 따라서 접속 규칙은 and 규칙이라고 설명할 수 있고 비접속 규칙은 or 규칙이라고 설명할 수 있다. 단, 두 규칙 모두 이 규칙을 사용하여 복수의 대안이 남게 되었을 때는 후속적으로 다른 규칙을 적용해야 하는 단점이 존재한다. 그리고 감정적 의사결정은 자신이 현재 고려하고 있는 대안들 중에서 가장 맘에 드는, 또는 호감이 가는 상품을 선택하는 것을 의미한다. 반면 보상적 의사결정은 대안의 약점과 단점을 모두 고려하여 가장 바람직한 대안을 선택하게 되는데 이는 우리가 시험을 볼 때 학생들의 개별 성적을 모두 모아 총점을 계산하고 학생들의 성적을 결정하는 절차에 비유할 수 있다. 상대적으로 구매 의사결정에 따른 리스크가 크다고 생각되는 의료관광 상품의 경우에는 소비자들이 보상적 전략이나 비보상적 전략을 사용할 가능성이 높으므로 프로모션에서 소구점을 정할 때 이러한 점을 고려하여 결정하는 것이 중요하다.

8) 소비자 정보 처리 8단계(구매행동)

8단계(소비자 구매행동)

- 소비자들은 일관적으로 자신들이 선호하는 상품을 구매함(CPM 모델)
- 소비자들의 구매행동은 때때로 프로모션과 같은 상황적 요인에 의해 영향을 받으며 일관적이지 않음(HEM 모델)
- 특히 저관여 상황에서는 상황적 요인의 영향력이 큼

소비자들이 문제를 인식하고 이 문제를 해결하기 위한 의사결정을 내릴 때 어떤 의사결정 규칙을 선택할 것인가는 소비자들이 직면한 문제 상황에 따라 달라진다. 일반적으로 CPM은 소비자들이 의사결정 과정에서 복잡한 의사결정을 선택하는 상황을 가정하고 있다. 이때 소비자들은 많은 생각과 고민을 하고 결정을 내리므로 가급적 여러 가지 의사결정 대안들을 검토해 보고 자기 효용을 가장 극대화시킬 수 있는 대안을 선택하게 된다. 반면 HEM은 소비자들이 신중하게 생각하고 결정내리는 상황보다는 그때그때의 상황이나 여러 외부 자극에 따라 의사결정이 바뀔 수 있다고 가정하고 있다. 따라서 이 두 가지 정보 처리 모델은 소비자들의 여러 선택 행위를 포괄적으로 설명할 수 있다고 생각한다. 즉, CPM은 의사결정이 생각 반응을 중심으로 이루어진다고 보고 있는 반면 HEM은 의사결정이 느낌 반응을 중심으로 이루어진다고 생각하고 있다.

의료관광은 의료 상품과 관광 상품이 결합된 형태의 상품을 전제로 하고 있다. 의료 상품은 소비자들이 인식하는 문제의 중요도가 크기 때문에 생각 반응을 중심으로 소비자들이 의사결정을 수행할 가능성이 높다고 생각한다. 따라서 프로모션 메시지도 이러한 점들을 고려하여 결정하는 것이 바람직하다. 반면 관광 상품은 상대적으로 소비자들이 잘못된 선택을 하더라도 이에 따른 위험이 크지 않기 때문에 소비자들이 느낌 반응을 중심으로 의사결정을 수행할 가능성이 높을 것이다. 따라서 관광을 강조하는 프로모션 메시지는 소비자들의 느낌 반응에 소구하는 것이 유리할 수 있다. 즉, 의료관광의 경우 상품의 핵심 소구점이 어디 있느냐에 따라 프로모션에서 선택해야 할 메시지의 핵심 내용이 달라지므로 의료관광 마케터는 상품을 설계할 때 이 상품이 지향하는 핵심 편익을 잘 설계하는 것이 필요하다. 그렇지 않을 경우 이 후에 진행되는 프로모션 전략들이 일관성을 유지하지 못할 가능성이 높다.

〈한국의 의료관광 사례: 청심국제병원〉

① 청심국제병원

청심국제병원은 양, 한방 협진 병원으로 연 면적 36,364m^2에 197병상을 갖추고 국내 최초의 외국인 전문 병동을 운영하고 있다. 진료과목은 양방 11개과와 한방 2개과를 운영하고 있다. 청심국제병원은 2대 병원장의 부임 후 청심병원의 한계를 극복하는 방안을 국제 의료에서 찾고 청심병원을 청심국제병원으로 변경한 다음 외국의 환자를 유치할 수 있도록 내부의 업무 프로세스를 변경하였다. 특히 일본의 의료 지불 체계에 독특한 보험제도가 있음을 발견하고(진료보증제도) 일본인 환자에게 본인이 실제로 부담하는 비용이 적다는 점을 프로모션의 소구점으로 강조한 다음 일본인 환자들에게 맞춘 행정서비스와 VIP 대우를 제공해 줌으로써 일본인 환자 유치에 성공하였다. 청심국제병원에 따르면 2009년에 이 병원을 방문한 외국인 환자 수는 2만여 명(국내 거주 외국인 제외)으로, 이들이 지불한 비용도 약 40억 원에 달하는 것으로 나타났다.

② 청심국제병원의 진료 상품 특징

상 품 명	내 용
종합건강검진 패키지	5성호텔 식숙박+정밀 건강검진+전신 마사지+스파+보트 관광
산부인과 분만 패키지	공항 픽업+출산+한방 산후보양+관광+신생아 비자대행
정신과 재활 패키지	공항 픽업+종합검진+입원+재활 치료+한방 치료
양, 한방 협진 특화진료 패키지	유방암 · 소화기 암 클리닉 · 뇌혈관 질환 클리닉 · 당뇨 클리닉 · 디스크 클리닉 · 수중재활 클리닉 · 비만 클리닉 등

현재 청심국제병원은 해외 환자들의 욕구를 정확히 파악하고 다양한 패키지 상품을 마련하였다. 상품의 범위는 종합검진부터 분만, 아토피, 위암, 자궁근종, 디스크, 비만, 치질 등 다양하다. 가격은 3,000~8,000달러 수준이며, 모든 프로그램에는 전문통역사가 배치되어 있다. 특히 분만 패키지의 경우는 일본 정부가 아이를 낳을 경우 한국 돈으로 350만 원 정도 지원한다는 점을 강조하고 있다. 일본에서 4박 5일 분만진료비가 450만 원이라는 점을 감안, 산후조리까지 포함하는 14박 15일 상품을 450만 원에 내놓고 있는 것이다. 이와 같은 패키지 상품들이 일본인들 사이에 입소문을 타고 번지면서 지금까지 800여 명의 일본인들이 한국 원정출산을 위해 청심국제병원을 방문하였다. 예를 들어 2009년 3월 초에 출산을 위해 청심국제병원을 방문한 일본인 임산부는 청심국제병원에서 제왕절개 분만 시술을 받았고 이 후 한방 산후보양은 물론 남이섬 보트 투어까지 즐기고 일본으로 돌아갔다. 일본의 건강보험을 유지하고 있었던 이 환자는 출산 비용으로 약 70만 엔을 지불했지만, 자국에서 제공되는 출산장려금(35만 엔)과 공단 환급금(30만 엔) 덕분에 실제로는 약 5만 엔의 비용만 지불하였다.

자료원: www.csmc.or.kr

참고문헌

박석근(2010), 청심병원 해외환자 유치사례, 한림대학교.
임종원, 김재일, 홍성태, 이유재(1999), 소비자행동론, 제2판, 경문사.
장대련, 한민희(2006), 광고론, 학현사.

Anderson, John R. (1980), *Cognitive Psychology and Its Implications*, Freeman and Co.
Bettman, J. (1979), *An Information Processing Theory of Consumer Choice*, Addison Wesley.
MacInnis, Deborah J. and B. J. Jaworski (1989), Information Processing from Advertisements: Toward an Integrative Framework, *Journal of Marketing*, 53, 1-23.
Shimp, Terence A. (2006), *Advertising Promotion*, Thomson.

VI. 전략 수립 과정 및 환경 분석

1. 전략 수립 과정

1) 의사결정 과정의 구조화

의사결정 과정의 구조화

- 프로모션과 관련된 의사결정 사항의 리스트 작성
- 의사결정 사항의 범위 결정(상품군 단위부터 사업부 단위까지)
- 사업부 단위의 의사결정 사항이 포함하는 옵션:
  기존 시장의 성장, 신상품의 개발, 신시장의 개척

프로모션 전략을 수립하기 전에는 필요한 의사결정 사항의 내용에 대해 리스트를 작성하는 것이 바람직하다. 이것을 의사결정 과정의 구조화라고 부르다. 이렇게 해야 전략 수립 과정에서 불필요한 내용과 단계들을 생략할 수 있다. 또한 우리가 프로모션 전략을 수립할 때는 일반적으로 환경 분석에서 시작하는 경우가 많다. 따라서 이번 장에서는 이와 관련하여 의사결정 과정의 구조화와 환경 분석 차원에서 의료관광 상품의 주요 타깃인 일본, 미국, 중국 시장이 어떤 특징을 가지고 있는지, 특히 이 나라들의 의료 관련 제도들은 어떤 특징들이 있는지 살펴볼 것이다.

의사결정 과정의 구조화에서 우리가 생각해 보아야 할 첫 번째 과제는 의사결정 대상과 관련된 이슈이다. 우리가 생각하는 전략은 여러 형태의 구조를 가지고 있다. 예를 들어 마케팅은 상품을 개발하고 관리하는 데 필요한 의사결정 과정이라고 할 수 있다. 반면 경영 전략은 기업이 투자와 성장과 관련된 의사결정을 다루는 과정이라고 할 수 있다. 따라서 기업 단위의 의사결정과 마케팅 단위의 의사결정은 다를 수밖에 없다. 특히 마케팅 단위의 의사결정은 기업 단위의 의사결정에 많은 영향을 받게 된다.

우리가 전략을 수립할 때 사용하는 SWOT 분석은 사업부(또는 상품군)나 기업 단위의 환경 분석을 수행하고자 할 때 필요한 분석의 틀이다. 따라서 마케팅 전략을 수립하고자 할 때 SWOT 분석은 부적절할 수 있다. SWOT 분석을 통해 내리는 결론은 사업부 차원에서의 시장의 성장, 신상품의 개발, 신시장의 개척, 상품군의 폐기 등과 관련된 의사결정 내용을 담고 있기 때문이다. 마케팅 전략을 수립하고자 할 때 필요한 분석의 출발점은 소비자, 경쟁자 그리고 기업이다. 특히 소비자를 파악할 수 있어야 이들의 욕구를 이해할 수 있고, 또한 경쟁자를 분석해야 차별화가 가능한 포지셔닝 방향을 찾을 수 있다. 이것이 마케팅에서 필요한 전략 수립 과정이다. 따라서 프로모션 전략을 수립할 때는 먼저 의료관광 상품을 개발하고 판매하는 조직이 지향하는 전략을 먼저 이해하는 것이 필요하다. 특히 타깃 시장과 관련된 인구 통계적, 사회적, 경제적 환경 그리고 법률 및 제도적 환경을 이해하는 것은 마케팅 전략과 프로모션 전략을 수립하기 전에 반드시 확인해야 할 절차라고 할 수 있다.

2) 외부 환경요인의 영향 분석

외부 환경요인의 영향 분석

- 경제 환경 분석(Economic Environment)
- 경쟁 환경 분석(Competitive Environment)
- 기술 환경 분석(Technological Environment)
- 사회 문화 환경 분석(Socio-Cultural Demographic Environment)
- 법률 환경 분석(Regulatory Environment)

외부 환경요인의 영향은 무차별적이다. 따라서 외부 환경요인은 기업단위의 의사결정에 많은 영향을 미친다. 그리고 결과적으로 상품 단위의 의사결정에도 영향을 준다고 볼 수 있다. 먼저 의료관광산업과 관련하여 경제적 환경요소에는 일차적으로 세계 경제의 사이클이 있다. 세계 경제가 전반적으로 동반 성장을 하면 의료관광에 대한 수요 기반이 확대되겠지만 2008년과 같은 전 세계적인 금융위기가 도래하면 의료관광산업은 큰 타격을 받을 수밖에 없다. 또한 개별 국가 차원에서 환율의 동향은 의료관광산업에 큰 영향을 주게 된다. 예를 들어 한국의 원화가 달러 대비 강세로 돌아서더라도 주요 타깃인 중국이나 일본의 통화들이 동반 강세를 유지하면 큰 문제가 없겠지만 원화만 평가절상 된다면 잠재 고객의 유치에 불리하게 작용하게 된다. 또한 의료관광산업의 경쟁국인 싱가포르나 태국, 인도의 통화 약세가 유지된다면 의료관광산업은 잠재 고객의 유치에 큰 어려움을 겪게 될 것이다. 이처럼 외부 환경요인은 개별 기업보다는 산업 전체에 영향을 주는 요소이므로 업계가 공동으로 대응하는 노력이 필요할 수 있다.

기술적인 환경은 의료기술의 발전이다. 특히 한국의 의료관광산업이 성장하기 위해서는 핵심이 되는 의료서비스에서 경쟁국과 비교할 수 있는 핵심 역량을 보유하고 있어야 한다. 우리들병원이 갖고 있는 척추 수술의 특화된 기술은 대표적인 사례라고 할 수 있다. 우리나라의 의료기관들이 이러한 특허 기술을 많이 보유할수록 의료관광산업의 기반은 보다 강화된다고 볼 수 있다. 사회 문화적 환경은 외국인에게 친절하고 배타적이지 않은 국민 정서와 관련성이 있다. 특히 외국인과의 교류가 많지 않아 외국인에 대해 배타적인 국민 정서는 외국인들에게 개방적인 싱가포르나 태국에 비해 한국이 가진 약점이 될 수 있으므로 캠페인을 통해 산업 전체가 점진적으로 노력해야 할 과제일 것이다. 마지막으로 제도적인 측면은 의료관광산업의 성장에 결정적인 열쇠를 쥐고 있다. 최근 의료법의 개정이 외국인을 대상으로 한 의료관광산업이 출범할 수 있는 기반을 조성한 것이 대표적인 사례이다. 특히 입국한 외국인 환자를 대상으로 한 의료 비자 제도의 도입이나 동반 가족의 체류 인정 등의 제도적 기반은 의료관광산업이 성장하기 위한 중요한 요소가 될 수 있다. 따라서 경쟁국가에 못지않은 제도적 기반을 갖추기 위해 업계 전체가 노력해야 할 것이다.

3) 상품 수준의 마케팅 의사결정

마케팅 차원의 의사결정 과정에서 기업이 결정해야 하는 것은 상품의 관리 방법이다. 그리고 상품 단위의 의사결정에는 상품라인 단위의 의사결정과 상품 단위의 의사결정이 있다. 예를 들어 LG 생활건강은 사업부 내에 샴푸, 린스, 치약, 주방세제, 세탁세제 등 많은 상품라인이 있다. 이 상품라인 안에 개별 상품들이 존재한다. 따라서 상품을 기획

마케팅 의사결정 사례

Mission	김치 냉장고 시장의 Market Leader

시장의 환기 및 게임의 축 전환

Brand 이원화 전략
게임의 축 전환을 Brand "Hauzen"
시장환기 및 판매증진 Brand "다맛"

	Product Task	Price Task	Place Task	Promotion Task
하우젠	• 혁신적 개념의 김치냉장고 (디자인의 차별화)	• 소비자 가치 기준 → Skimming Price 전략	• 보수적 유통 정책 운용 → 백화점/전속점/양판점	• TV 위주 Image 광고 중점
다맛	• 딤채 대비 제품적 개선	• 딤채 가격 기준 경쟁 가격 전략	• 공격적 유통 정책 운용 → 전유통	• 실판매 확대판촉 중점

자료: 삼성전자 시스템가전사업부 2002

할 때 개별 상품으로 기획하지 않고 상품라인 단위로 기획하는 경우가 많다. 이를 통해 전체 시장을 세분화해서 공략할 수 있기 때문이다.

예를 들어 시장이 성장하게 되면 후발주자가 시장에 뛰어든다. 이때 선발주자는 후발주자가 들어오기 전에 시장을 세분화하기 위해 상품라인 차원에서 여러 신상품들을 출시하게 된다. 이는 고객 욕구의 이질성이나 다양성 추구 그리고 가격 민감도에 대응하고 경쟁자의 진입을 저지하기 위한 목적에서 검토된다고 할 수 있다. 위의 도표에서 제시한 삼성 하우젠의 전략은 김치 냉장고 시장을 다맛이라는 하나의 브랜드로 딤채에 대응하기 힘들어지자 프리미엄 브랜드의 출시를 통해 이원화된 브랜드 전략을 수립하고 이를 통해 딤채를 공략하기 위한 전략이라고 해석할 수 있다.

상품 단위의 마케팅 의사결정은 주로 고객의 욕구에 맞추어 신상품을 출시하되 상품의 포지셔닝을 기반으로 상품의 특징, 상품의 가격, 상품의 유통 그리고 상품의 촉진을 일관되게 관리하는 것을 목표로 한다. 따라서 이러한 마케팅 단위의 의사결정에서 가장 중요한 점은 신상품이 지향하는 브랜드 콘셉트와 이를 실천하기 위한 전략 수단으로 선택한 포지셔닝 전략을 제대로 수립하는 것이라고 할 수 있다.

4) 프로모션 수준의 의사결정

의사결정의 사례

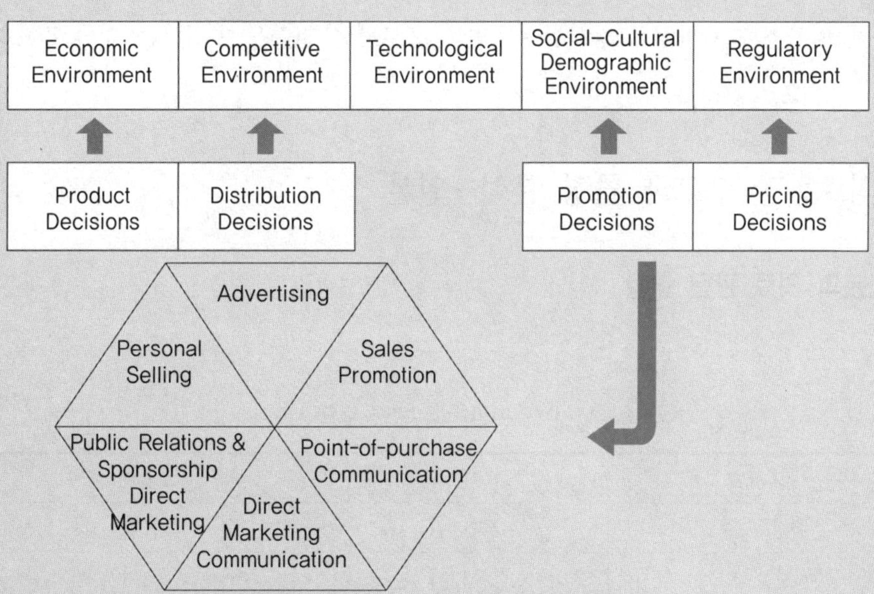

자료: Terence A. Shimp, Advertising Promotion, Thomson, 2006

기업 단위의 의사결정이든 상품 단위의 의사결정이든 어떤 의사결정을 하더라도 외부 환경에 대한 분석에서 출발하는 것이 바람직하다. 특히 상품 단위의 의사결정 중 하나인 프로모션 전략은 상품이 지향하는 포지셔닝 전략과 외부 환경요인 중에서 사회 문화적 환경요인과 관련성이 높다. 잠재 소비자들을 설득하고자 할 때 해당 지역의 문화를 이해하지 않으면 전달하고자 하는 메시지가 의도하지 않은 결과를 이끌어 낼 수 있기 때문이다.

프로모션 전략을 통해 상품이 지향하는 포지셔닝 목표를 지원하기 위해서는 먼저 프로모션 믹스에 대한 결정을 해야 한다. 프로모션 믹스는 광고, 인적 판매, 판매 촉진, POP, DM, PR 등의 프로모션 수단들을 상품이 지향하는 포지셔닝 목표를 달성하고 다른 마케팅 수단들과 일관성을 유지하기 위한 목적에서 전략적으로 관리하는 것을 의미한다.

하우젠 사례를 예로 든다면 하우젠은 프리미엄 브랜드로 포지셔닝 하고자 하였고 다맛은 대중적인 브랜드로 포지셔닝 하고자 하였다. 이러한 포지셔닝 목표를 달성하기 위해 하우젠은 프로모션 전략을 수립함에 있어 판매 촉진은 가급적 배제하고 광고를 통해 브랜드의 이미지 구축에 주력한 반면 다맛은 반대로 이미지 광고는 가급적 배제하고 판매 촉진 중심으로 실질적인 판매에 도움이 되는 수단들을 선택하였다. 이는 해당 브랜드가 지향하는 포지셔닝 목표를 구현하는 데 이러한 프로모션 수단들이 보다 효과적이라고 판단하였기 때문이다. 의료관광 상품을 개발하는 마케터는 이러한 관점에서 프로모션 수단들 사이에 일관성과 보완성을 강화할 수 있는 프로모션 전략을 수립하는 것이 필요하다.

2. 의료관광 수요국 환경 분석–일본

1) 일본의 의료 관련 현황

〈표 VI-1〉 일본의 의료 관련 주요 지표

지표	한국	일본
건강 수준	51위	1위
평등성	37위	3위
건강 달성도	35위	1위
의료비 지출	31위	13위
보건제도 성과	38위	10위

자료: WHO Health Report, 2001

의료관광 프로모션 전략의 출발점인 환경 분석을 수행할 때는 주요 수요 국가의 의료 시장을 이해하는 것이 중요하다. 따라서 먼저 주요 수요 국가 중 하나인 일본의 의료 시장을 살펴보면 다음과 같다. 일본은 우리나라처럼 병원 소유는 민간이 하고 있지만 전반적인 의료서비스의 공공성을 강조하고 있다. 이것이 가능한 이유는 의사들만 병원을 소유하고 운영할 수 있도록 의료 시장에 진입장벽을 제도적으로 만들어 놓았기 때문이다. 일본은 기본적으로 의료제도가 잘 갖추어져 있는 나라이므로 WHO가 2001년에 발표한 자료에 의하면 전반적인 의료 지표들이 선진국에서도 상위권에 랭크되어 있다.

일본 사람들이 외국에 나가서 의료상품을 소비할 때 이를 일본의 건강보험제도가 어떻게 커버해 주는지 살펴보면 다음과 같다. 일본은 기본적으로 공공보험 가입자라 하더라도 해외에서 불의의 사고로 치료를 받은 경우에는 국내 치료와 마찬가지로 본인이 해외에서 지불한 금액의 일정 부분을 환급해 준다. 그러나 미용 성형과 치과와 같은 의료 행위를 외국에서 받은 경우에는 비용을 100% 본인이 부담해야 한다. 따라서 우리나라의 의료관광산업이 활성화될 수 있는 제도적 기반은 두 나라 사이의 의료 가격 차이와 이를 커버할 수 있는 다양한 민간 보험 상품들의 등장이라고 할 수 있다. 예를 들어 우리가 암보험에 가입할 때 월 1,000원의 특약에 가입하면 암 진단 후 일본이나 미국에 가서 치료한 의료비의 일정 부분을 커버해 준다고 하면 우리가 선택할 수 있는 상품의 폭이 넓어지는 것과 유사한 이치이다. 또한 두 나라 사이에 거래가 발생하기 위해서는 가격 차이와 같은 거래 발생조건이 있어야 한다. 만약 두 나라의 물가 차이로 인해 일본에서의 진료비용(30% 본인부담금)과 우리나라에서의 진료비용(100% 본인부담금) 사이에 별 차이가 없고 우리나라만의 장점이 있는 의료 상품이 있다면 일본 사람들이 우리나라에 와서 진료를 받게 될 가능성이 높아지는 것이다.

2) 일본의 의료보험

일본의 의료보험 제도

- 일본의 의료보험 제도는 가입자의 성격에 따라 크게 건강보험, 선원보험, 공제조합 단기부문, 국민건강보험 4종류로 구분
  - 일반적으로 직장인들은 건강보험, 지역 가입자들은 국민건강보험에 가입
- 일본은 전 국민이 의료보험에 강제로 가입되었고, 모든 요양기관은 의료보험을 취급하도록 되어 있음
- 일본의 국민의료비 중 공공의료가 차지하는 비율은 78.3%임

자료: OECD Health Data, 2004

일본의 의료보험 제도는 기본적으로 공공보험이다. 일본의 의료 제도는 우리나라와 유사하기 때문에 이해하는 데 큰 어려움은 없다. 다만 건강보험으로 통일되어 있는 우리나라와는 달리 일본은 크게 건강보험, 선원보험, 공제조합 단기부문, 국민건강보험 등 크게 4종류로 구분되어 있다. 일본의 경우 직장인들은 건강보험에, 지역 가입자들은 국민건강보험에 가입하고 있다. 일본은 우리나라처럼 전 국민이 의료보험에 가입되어 있고, 모든 요양기관이 의료보험을 취급해야 하는 당연지정제를 운영하고 있다. 또한 개인이 외국에

서 불의의 사고로 치료를 받을 경우 일본에 귀국한 후 이를 지역 공단에 청구하면 외국에서 지출한 의료비의 70%를 환급해 주고 있다. 현재 일본에서는 병원 진료 시 발생하는 의료비의 78.3%를 공단이 부담하고 있고 개인은 평균적으로 20% 정도만 부담하고 있다. 일본은 평균적으로 모든 의료 소비에 있어서 30%를 개인이 부담하고 있는데 이렇게 개인 부담률이 낮은 이유는 3세 미만 영아들의 본인 부담금은 20%이고 국가 유공자, 장애인, 기초 수급자 등은 100% 국가에서 의료비를 지원해 주고 있기 때문이다. 한국의 경우도 건강보험의 적자규모가 커지자 2007년부터 일본처럼 정율제를 사용하고 있다.

일본에서 민영 건강보험의 비중은 상대적으로 적은 편이다. 보통 우리가 ○○ 생명 등에 가입하는 암보험이 민영 건강보험의 대표적이 예인데 우리나라에서는 암 치료와 관련된 건강보험의 커버리지가 낮기 때문에 현재 많은 사람들이 보완적으로 암보험 같은 민영 건강보험에 가입하고 있다. 과거에 암 치료에 많이 사용되는 CT와 MRI 의료 행위에 건강보험이 적용되지 않았기 때문이다. 일본에서 민영 건강보험의 비중이 적다는 것은 그만큼 공공 보험이 갖고 있는 질병의 커버리지가 높다고 해석할 수 있다. 따라서 일본에서 우리나라의 암보험처럼 한국에서의 성형이나 치과 치료 같은 의료비 지출을 커버해 줄 수 있는 민영 건강보험 상품이 등장한다면 한국 의료관광산업의 큰 성장 기반을 형성해 줄 수 있을 것으로 기대할 수 있다.

3) 일본의 병원 제도

일본의 병원 제도

1. 지역 중핵형 병원: 전국에 1,200개 정도 있는 종합병원으로 지역 내에서 중심적인 의료서비스를 하고 있음
2. 전문 병원: 암센터나 아동 의료센터 등 전문 분야에 특화된 병원으로 종합병원과 같이 고도의 최신 의료기기와 시설을 갖추고 있음
3. 미분화 병원: 일본 병원의 압도적인 다수를 점하고 있는 병원 형태로 지역보건법에 의한 병상 규제로 임의 규모 확대는 불가능한 상황임. 현재 병원 운영이 점점 어려워 수용형 병원으로 전환하고 있는 추세임
4. 외래형 소병원: 안과 의원이나 이비인후과와 같은 지역 밀착형의 병원으로 입원병상은 50병상 이하가 많음
5. 수용형 병원: 크게 정신병원과 노인병원으로 나뉨. 노인병원의 경우 65세 이상의 환자를 중심으로 운영되며, 입원기간은 180일 이상으로 정해져 있음. 일반적으로 외래는 적고 의료기기도 경장비이며 의사나 간호사의 수도 적음

일본의 병원 제도는 크게 5가지로 구분할 수 있다. 각각은 지역 중핵형 병원, 전문 병원, 미분화 병원, 외래형 소 병원 그리고 수용형 병원이다. 우리나라의 병원 제도는 1차 진료기관, 2차 진료기관 그리고 3차 진료기관으로 되어 있다. 우리나라에서 3차 진료기관이 되려면 병상수, 의료인 수, 장비 현황, 교육 가능 여부 등에 대한 평가를 거쳐야 하며 특히 환자들 중에서 전문 진료 질병군이 12% 이상을 차지해야 한다. 예를 들어 춘천에서는 한림대학교 춘천성심병원이 3차 진료기관에 해당된다. 일본에서 지역 중핵형 병원은 우리나라의 3차 진료기관에 해당된다. 중증 및 급성 질환을 진료할 수 있는 병원이기 때문이다. 그리고 전문 병원과 미분화 병원은 우리나라의 2차 진료기관에 해당된다. 우리나라와 마찬가지로 일본의 미분화 병원은 중간급 규모의 병원들이다. 춘천에서는 인성병원, 강남병원, 중앙병원처럼 병상수가 중간 규모인 병원들이 이와 유사한 사례라고 할 수 있다. 일본에서도 이러한 병원들은 점차 시장에서 퇴출되는 분위기다. 환자들이 몸이 아플 경우 외래형 소형 병원에 갔다가 질환이 심해질 경우에는 바로 지역 중핵형 병원을 방문하기 때문이다.

다만 일본에서는 미분화 병원들 중에서 특정 질환의 치료에 특화된 전문 병원의 형태를 유지하고 있는 경우가 있다. 우리나라에서는 이러한 전문 병원의 역할을 지역의 대학병원들이 수행하고 있다고 판단된다. 예를 들어 강원대학교 병원은 2차 진료기관이지만 대학 소속 기관이기 때문에 전문 병원의 역할을 수행하고 있다. 그러나 일본에서 미분화 병원은 점차 수용형 병원으로 전환되고 있는 추세이다. 수용형 병원은 치료 목적보다는 장기요양을 주요 내용으로 하고 있는 병원이다. 우리나라에서도 2차 진료기관들 중에서 차별화에 실패한 병원들은 결국 수용형 병원으로 전환될 가능성이 높다고 생각한다. 특히 한국과 일본 사이의 물가차이를 고려하고 수술 환자의 요양에 오랜 시간이 걸린다는 점을 감안하면 일본에서 요양을 목적으로 한국을 방문하는 환자들이 증가할 수 있어 이러한 요양병원에 대한 수요가 늘어날 가능성도 있다고 생각한다.

4) 일본의 의료서비스 해외 소비정책

일본의 의료서비스 해외 소비는 3가지로 구분할 수 있다. 첫째는 중증 치료이다. 한국과 마찬가지로 누군가의 기부를 기다려야 하는 장기 이식과 같은 치료가 있다. 이식에 적합한 장기가 제공될 때까지 대기해야 하는 신장, 심장, 간장, 폐 이식 수술 등은 일본 내에서 언제 제공받을 수 있을지가 불분명하기 때문에 1984년부터 2005년 말까지 총 101명의 환자가 해외에서 심장 이식 수술을 받은 것으로 나타났다. 둘째는 미용 성형이

일본의 의료서비스 해외 소비정책

- 공공 의료보험의 해외소비 의료서비스 비용 상환 제도(해외 요양비 제도)는 해외여행 시 발생한 질병에 대하여 의료이용을 보장토록 하는 데 그 목적이 있음
- 2001년 1월 건강보험법이 개정되어 국민건강보험 가입자(지역보험 가입자)가 해외에서 치료를 받은 경우 의료비에 대해서도 국내에서의 의료비와 마찬가지로 보험 급여(급부)를 받을 수 있게 됨
  - 해외에서 부상이나 병이 발생하여 현지 의료기관에서 치료를 받았을 경우에 그 치료가 일본 국내의 보험 진료로서 인정되고 있는 치료일 경우에 한하여 현지에서 지불한 의료비에 대해 귀국 후 청구를 할 수 있게 되었음
  - 다만, 미용성형, 고가의 치과 재료나 치열교정, 치료를 목적으로 해외에서 치료를 받은 경우 그리고 자연분만, 교통사고나 싸움 등 제3자의 행위나 불법 행위로 인한 병 · 부상 등에 관해서는 국민건강보험 대상에서 제외되고 있음

나 성전환 수술 등 일본 내에서 공개적으로 수술하는 것이 불편한 의료서비스이다. 이러한 치료에 대한 자료는 의료서비스의 특성상 구체적으로 파악되고 있지 않다. 이 부분은 우리나라가 서비스의 품질과 가격이라고 하는 변수를 잘 활용한다면 주요 경쟁국인 태국이나 싱가포르에 비해 경쟁우위를 누릴 수 있는 영역이라고 생각한다. 셋째는 감기, 충치, 복통 등 해외여행이나 체류 중 우발적으로 발생한 질환에 대한 의료서비스로 일본의 국민건강보험 자료에 의하면 2002년도 해외 요양비 지급 실적은 37국에서 583건에 대해서 약 2억 엔을 지급하였고, 해외에서 소비된 의료서비스 내용으로는 감기, 인공투석, 충치, 복통이 대부분을 차지하고 있다.

한국의 의료서비스에 대한 일본인들의 수용도 조사 결과를 살펴보면 미용 성형, 라식, 눈 성형, 치과 진료, 한방 재활 등의 분야가 다른 분야에 비해 높은 경쟁력을 갖고 있는 것으로 나타났다. 한국에서의 수술비용이 일본에서의 자기 부담금과 비슷하다고 한다면 상당수의 환자들을 한국으로 유치할 수 있는 요인이 될 수 있다고 생각한다. 결론적으로 지리적 여건과 경제적 환경을 고려할 때 한국 입장에서는 가장 현실적인 의료관광산업의 성장기반은 일본의 소비자들이 될 가능성이 높다.

3. 의료관광 수요국 환경 분석-미국

1) 미국의 의료 관련 현황

미국의 의료 관련 현황

- 2003년 미국 공공 의료비 지출은 총 의료비 지출의 35% 수준임
  - OECD 평균 73%
  - OECD 국가들 중 미국과 멕시코를 제외한 나머지 국가들은 공공 부문에서 주로 의료비를 부담함
  - 덴마크, 노르웨이 및 스웨덴의 경우 80% 이상임
- 민간보험에 의한 의료비 지출은 총 의료비 지출의 57% 수준임
  - OECD 국가 중 최대치임
  - 민간보험에 의한 의료비 지출이 비교적 큰 국가들로는 캐나다, 프랑스 및 네덜란드가 있으며, 총 의료비 지출의 12%를 상회하는 정도임
    ※ 미국의 경우 개인이 직접 지불하는 부담은 전체 의료비의 15.9% 수준임

미국은 2010년 건강보험 개혁 법안의 통과로 전 국민 의료보험 시대를 시작할 수 있게 되었다. 이런 점에서 미국의 의료보험 제도는 다른 선진국에 비해 공공성이 취약하다고 할 수 있다. 미국의 의료서비스 시장에서 공공 부분의 지출은 총 의료비 지출의 35% 수준을 차지하고 있다. OECD 평균이 73%인 점을 감안하면 미국은 환자들이 아파도 비용 때문에 병원에 가기 힘든 나라 중 하나라고 할 수 있다. OECD국가들 중에서 미국과 멕시코를 제외한 나머지 국가들은 주로 공공 보험의 형태로 전 국민의 의료비 지출을 부담하고 있다.

미국은 의료서비스에 있어서 공공성보다는 시장적 가치에 더 중심을 두고 있다. 이는 모든 나라의 의료 제도들이 그 나라의 가치관을 반영하고 있기 때문이다. 미국의 경우 민간 보험에 의한 의료비 지출은 총 의료비 지출의 57% 수준에 이르고 있다. 그리고 건강보험에 가입하지 못해 아플 때 본인이 의료비를 100% 부담해야 하는 인구들은 전체 의료비의 15.9%를 차지하고 있다. 이 비율은 OECD국가들 중 가장 높은 수치이다. 민간보험에 의한 의료비 지출이 비교적 큰 나라들은 캐나다, 프랑스 및 네덜란드가 있으며, 이 나라들은 전체 의료비 지출 중에서 민간 보험이 약 12% 정도를 차지하고 있다.

미국 국민들은 비교적 높은 의료비를 지출하고 있음에도 의사나 간호사 같은 의료 인

력은 OECD 평균에 약간 못 미치는 상황이다. 급성기 병상 수도 1,000명당 2.8개로 OECD 평균인 4.1개보다 적은 편이다. 따라서 미국은 유럽 쪽에 비해서 의료 환경이 상대적으로 열악하다고 할 수 있다. 의료 품질이 열악하다는 것이 아니라 의료 소비의 환경이 많이 열악하다는 의미이다. 또한 2004년을 기준으로 할 때 미국의 총 의료비 지출은 국가 GDP의 15.3%를 차지하고 있는데 이는 OECD 평균 GDP 대비 8.9%에 비해 매우 높은 수치이다. 이는 그만큼 미국의 의료 수가가 다른 물가에 비해 비싸다는 점을 시사하고 있다.

2) 미국의 의료보험

〈표 VI-2〉 미국의 주요 의료보험 프로그램

재정 구분에 따른 의료 수요		가입자 수(명)	가입자 비율(%)
공공 재정	메디케어	4,110만	13.7
	메디케이드	4,060만	12.4
	군인/퇴역군인	144만	0.5
민간 재정	민간보험	1억 5,000만	57.8
	무보험자	4,500만	15.6
합계		2억 7,814만	100

자료 : 한국보건산업진흥회, 보건의료서비스산업 육성을 위한 해외유치 활성화 방안, 2006

미국의 의료보험 제도는 크게 공공 재정이 운영하는 부분이 있고 민간 재정에서 운영하는 부분이 있다. 전체 의료비에서 공공 재정의 비중보다는 민간 재정의 비중이 더 높다. 공공 재정으로 운영하는 의료보험 분야는 메디케어, 메디케이드, 군인/퇴역군인이 있다. 메디케어는 일정 기간 이상 사회보장세를 납부한 65세 이상 노인, 65세 미만의 일부 장애인, 만성신부전 환자, 근위축성 축삭경화증(ALS, 루게릭병) 환자들이 아플 때 병원에 가게 되면 정부에서 의료비의 일부를 지원해 주는데 이를 메디케어라고 부른다. 메디케어는 일종의 사회보장 성격의 보험으로 사회보장세를 납부한 사람만이 혜택을 받을 수 있다. 메디케어는 연방정부와 주정부의 지원이 혼합된 것으로 사용자와 피용자가 내는 사회보장세를 재원으로 하고 있으나, 정부의 일반예산에서 상당한 정도의 재정 지원을 해 주고 있다. 메디케어는 미국의 보건부에서 관리하고 있다. 의사 진료비에 대한 보상 수준은 민간 보험의 81% 수준이기 때문에 보상 수준이 낮다는 주장이 오랫동안 제기되어 왔다. 따라서 메디케어는 이러한 낮은 보상 수준 때문에 민간 보험에 가입한 환자들에 비해 의사들이 제공하는 의료서비스의 질과 양이 떨어진다는 비판을 받고 있다. 메디케이드는 메디케어의 보완적인 형태로 출발하였으며 정부가 재원조달과 관리를 담당한다는 점을 제외하고 메디케어와 제도적 성격 및 운영 방법이 크게 다르다. 연방정부와 주정부의 공동 프로그램으로서 한국의 의료급여 제도와 비슷하게 저소득층에게 기본적인 의료혜택을 제공하는 공적 부조 제도이다. 메디케어에 비해 매우 적은 소액의 본인 부담금이 부과되나 응급실 진료, 임신 출산과 관련된 의료, 18세 미만 대상자에게는 본인 부담을 물릴 수 없게 되어 있다. 메디케이드의 진료비 보상 수준은 메디케어의 75%(1993년)에서 64%(1998년)로 상당히 낮은 편이다.

〈표 VI-3〉 의료개혁안 통과 이후, 미국인들의 의료보험 부담 변화

(단위: 명)

	무보험	고용주 부담	개인 부담	메디케이드 (저소득층 무상의료)	주 운영 보험
현재	5,400만	1억 6,200만	3,500만	6,000만	
개혁안 이후	2,300만	1억 5,800만	2,500만	6,000만	2,500만

자료원 : 워싱턴 포스트

자료: 김영희, 한겨레신문, 2010년 3월 22일

미국의 민간 보험은 HMO(Health Maintenance Organization: HMO)를 기본형으로 하는 관리 의료 방식으로 재원을 조달하고 있다. HMO는 원칙적으로 개인별 특성에 무관하게 정액 보험료를 받고 계약한 범위의 의료서비스를 제공한다. HMO에 가입할 때는 계약자가 일부분을 내고 나머지는 직장에서 지원해 준다. 따라서 전체 노동자의 61%는 자신을 고용한 기업을 통해서 민간 보험에 가입한다. 보통 기업들이 연간 보험료의 일정 부분을 부담해 주는데 보험료의 경우 2004년을 기준으로 할 때 단독 가입 시 월평균 47달러(전체 보험료의 16%), 가족 포함 시 월평균 222달러(전체 보험료의 28%)만 본인이 부담한다. HMO의 진료비 보상 수준은 진료비용을 100으로 볼 때 2002년을 기준으로 하면 119로

비교적 높은 보상 수준을 유지하고 있다. 민간 보험사들은 재정적 위험을 지기 때문에 비용 절감을 위한 여러 방법을 시도하기도 한다. 민간 보험회사의 대표적인 협의체인 AHIP(American Health Insurance Plan)에 따르면 2004년 말 기준으로 HMO 회사는 1,300개 이상 된다고 한다. 한국 의료관광산업의 기반을 확대하기 위해서는 미국 HMO 회사들과 제휴를 맺어 이들 회사들이 상품을 판매할 때 한국과 같은 외국 병원에서 진료를 받는 경우 이때 발생하는 의료비를 커버해 주는 프로그램을 도입하는 것이 매우 중요하다.

미국 의료보험 제도에서 가장 큰 문제는 경제적 이유로 보험에 가입하지 않은 무보험자 계층이다. 이들은 일을 하고 있는 사람들이긴 하지만 생계 수준의 소득 때문에 어떠한 의료보험에도 가입할 수 없다. 이러한 점들은 살펴보면 미국의 의료 제도는 공공성보다 시장원리를 기준으로 운영되고 있다고 할 수 있다. 최근 이러한 문제를 해결하기 위해 의료보험 개혁법안이 통과되었지만 미국에서 의료보험이 없는 인구는 약 4,500만 명으로 전 국민의 15.6%에 해당한다. 한국계 주민의 보험 미 적용률은 27.7%로 아시아계 주민 전체 평균 9.0%에 비해 상당히 높은 편이다. 의료보험이 없는 인구 중 중위소득 이상의 소득 계층의 비율이 점차 확대되고 있어 이들을 우리나라 의료관광 상품의 핵심 타깃으로 고려할 필요가 있다.

3) 미국의 병원 제도

미국의 병원 제도

- 미국의 경우 일차 진료 의사(환자를 첫 번째 접촉하는 의사)는 일반의, 가정의, 일반 내과의(General Internist), 일반 소아과의(General Pediatrician) 등임
- 전문의는 합법적인 의료 행위의 최소 요건인 면허(Licensure)와 달리 자격(Certification)이므로 특정 의료 행위의 범위를 제약하는 것은 아님
- 각 전문의 안에 더 세부적인 분야에 집중하는 세부 전문의(Subspecialist)는 당초 병원 근무를 전제로 만들어진 자격이지만 실제 개원의 형태로 일하는 경우가 많음
- 중소규모 병원에는 보통 전임 의사가 없고 대부분 이들 세부 전문의나 일차 진료 의사가 연계를 맺어 둔(Affiliated) 병원에 자신들의 환자를 입원시키고 치료하는데 이들을 'Attending Physician'이라고 부름

미국의 의료 제도는 우리나라와 비슷하다. 먼저 의료인들은 의과대학을 졸업하고 의사시험을 통해 면허를 받으면 의사가 된다. 의료 인력에 대한 면허는 주정부가 관장하므로

각 인력의 기능과 진료 영역에 대한 구분은 주에 따라 다양하다. 미국에서는 환자를 첫 번째로 접촉하는 일차 진료 의사가 있는데 보통 일반의, 가정의, 일반 내과의, 일반 소아과의가 이에 해당한다. 전문의 제도는 합법적인 의료 행위의 최소 요건인 면허와 달리 자격이므로 특정 의료 행위의 범위를 제약하는 것은 아니다. 미국에서 전문의는 우리나라와 마찬가지로 병원에서의 근무를 통해 자격을 부여받는다. 우리나라는 일반과의 경우 병원에서 4년을 근무해야 전문의가 될 수 있으며 가정의학과는 3년을 근무해야 전문의가 될 수 있다. 미국은 각 전문의 안에 더 세부적인 분야에 집중하는 세부 전문의 제도가 있는데 당초 병원 근무를 전제로 만들어진 자격이지만 실제 개원의 형태로 일하는 경우가 더 많다.

미국의 병원 제도가 우리나라와 다른 점이 있다면 중소규모 병원에는 보통 전임 의사가 없다는 점이다. 따라서 중소규모의 병원은 인근에 위치한 의원과 계약을 맺어 그 의원에 소속된 의사가 중소규모의 병원에 와서 환자의 치료를 한다. 이것을 제휴 의사(Attending Physician)이라고 부른다. 미국은 의사들의 인건비가 워낙 비싸기 때문에 중소병원들은 이러한 제도를 도입하여 병원시설과 간호 인력만 운영하고 의사들과는 계약을 맺어 필요할 때만 사용함으로써 인건비 지출을 최소화하고 있다.

현재 미국의 의사나 간호사 수는 OECD 평균에 약간 못 미치는 상황이다. 2004년을 미국의 인구 1,000명당 활동 의사 수는 2.4명으로 OECD 평균 3명에 비해 적은 숫자이며 간호사도 인구 1,000명당 7.9명으로 OECD 평균 8.3명에 약간 못 미치고 있다. 이러한 의료 인력의 상대적 부족은 의료 인력에 들어가는 비싼 인건비에 주로 기인하고 있다.

4) 미국의 의료서비스 해외 소비정책(Cross-border Plan)

미국의 의료서비스 해외 소비정책

- 1998년 미국 캘리포니아주는 미국 내 처음으로 HMOs가 해외 의료서비스를 제공(Cross-border plans)하도록 허용함
  - 캘리포니아 주의 민간 보험회사들은 캘리포니아 고용주들에게 그들의 멕시코 노동자들을 위한 보다 저렴한 보험상품을 판매할 수 있게 됨
- 이 법률은 매우 긍정적 평가를 얻고 있음
  - 미국의 멕시코 이주 노동자와 이민자에 대한 고용주는 이런 형태의 민간보험에 가입함으로써 보험료를 절감하였고, 멕시코 근로자의 이직율도 감소되는 효과를 얻음
  - 보험회사는 멕시코 의료기관의 값싼 의료비용으로 이윤 창출이 가능함

미국의 해외 의료 소비 관련 정책 중에 크로스 보더 플랜(Cross-border Plan)이 있다. 미국의 민간 의료보험은 고용주와 가입자가 비용을 나누어 부담한다. 따라서 농장처럼 대규모로 인력을 채용해야 하는 경우 이러한 의료보험 제도는 농장을 운영하는 고용주에게 상당한 부담이 된다. 또한 근로자들도 적은 급여에서 일정 부분을 지출해야 하므로 부담이 큰 편이다. 미국의 경우 고용주들이 불법 체류자들을 고용함으로써 이러한 비용의 지출을 회피하려는 성향도 보이고 있다. 또한 근로자들은 민간 보험에 가입해도 적은 돈을 지불하기 때문에 실질적으로 받을 수 있는 의료 혜택은 크지 않았다. 따라서 미국의 민간 보험 회사들이 이러한 문제를 해결하기 위해 크로스 보더 플랜이란 상품을 출시하게 되었다. 이 상품의 핵심은 미국 서부의 농장에 일하는 대부분 근로자들이 멕시코에서 이민을 온 사람들임을 감안하여 이들이 아플 경우 지역적으로도 가깝고 언어도 익숙한 멕시코에 가서 치료를 받게 하고 그 치료비용을 민간 보험 회사에서 지원해 주는 것이다. 농장 고용주는 비용을 적게 부담해 좋고 근로자는 양질의 의료서비스를 받을 수 있어 이 상품은 모두가 서로 윈-윈 할 수 있는 내용을 담고 있다. 특히 언어는 의료 행위가 이루어질 때 의사와 환자 사이에 공감을 형성하는 매우 중요한 요소인데 멕시코계 근로자들은 모국에서 치료받을 때 의료진과의 언어 소통이 원활하기 때문에 특히 이 상품을 선호하였다.

이러한 점들은 향후 의료관광산업을 활성화하고자 할 때 코디네이터의 중요성을 강조하고 있다. 만약 러시아 환자를 주로 유치하는 병원이라면 러시아인이면서 한국말을 잘하는 코디네이터를 뽑는 것이 바람직하고, 중국계 환자들이 많이 방문하는 병원은 중국인이면서 한국말을 잘하는 사람을 뽑는 것이 바람직할 것이다. 이처럼 의료관광 상품을 설계할 때 외국인과 상호작용을 하는 데 있어서 필요한 문화와 언어의 장벽을 없애는 것은 상품의 품질을 결정하는 매우 중요한 요소가 된다. 따라서 코디네이터를 지망하는 학생들은 언어적 역량 외에도 그 나라의 문화와 정서에 대한 공부가 필요할 것이다.

5) 미국의 의료서비스 해외 소비정책(Medigap Policy)

사실 크로스 보더 플랜은 우리나라에서도 적용 가능한 상품이다. 한국에 산업 연수생으로 온 조선족들에 대한 의료비 지원을 이와 비슷한 형태로 계획할 수 있기 때문이다. 이런 상품에 가입함으로써 고용주는 보험료를 절감할 수 있고 근로자들은 의료서비스를 보장받을 수 있어 서로 윈-윈 할 수 있기 때문이다. 또한 민간 보험 회사는 값싼 의료비용으로 이윤 창출이 가능하다. 의료관광은 상품의 특성 이외에도 이를 활성화할 수 있는

미국의 의료서비스 해외 소비정책

- 메디케어의 제한적인 급여를 보충하는 Medicare Supplement Insurance로서 민간 보험회사가 판매함
- 2000년 현재 Massachusetts, Minnesota, Wisconsin 등의 3개 주를 제외한 전미 지역에서 판매됨
- 급여 내용에 차이를 둔 10종류의 Standardized Medigap Plans A to J가 있음
- 이 중 Plan A, Plan B를 제외한 8개의 Plan은 해외여행에서 우발적으로 발생된 질환(Foreign Travel Emergency)에 대하여 최대 60일간의 급여를 보장함

여러 지리적 여건과 관련 제도들이 잘 갖추어져야 성공할 가능성이 높다고 생각한다.

미국에서 해외 의료 소비와 관련된 또 다른 상품인 메디갭 상품(Medigap Policy)은 메디케어의 제한적인 급여를 보충해 주는 서비스이다. 메디케어는 사회보장세를 낸 할아버지, 할머니들이 가입하여 무상으로 의료비를 지원받는 서비스인데, 의료서비스에 대한 보장 범위가 낮은 편이다. 일반적으로 나이가 드신 분들이 가장 선호하는 상품 중 하나가 여행 상품이다. 그런데 메디케어의 대상이 되는 할아버지, 할머니들이 외국에 관광을 갔다가 의료서비스를 받게 되었을 경우 이 부분을 메디케어가 보장해 주지 않았다. 그래서 별도로 노년층을 위한 의료 보험 상품들을 만들었는데 이것이 메디갭 상품이다. 만약 외국에 관광을 나갔다가 다쳐서 의료서비스를 받게 되는 경우 이 플랜에 가입하면 보험회사에서 그 비용을 보장해 준다는 것이 핵심 내용이다. 대신 할아버지, 할머니들은 이러한 민영 보험 상품에 가입해야 한다. 이처럼 미국의 의료보험 제도는 철저하게 개인형 상품이다. 우리나라는 사회보장의 성격이 강해서 모두가 의료보험비를 내고 이를 통해 전체가 보장을 받는 형태이지만 미국은 본인이 낸 금액만큼 본인이 보장을 받는 형태이기 때문이다. 메디갭 상품은 2000년 매사추세츠, 미네소타, 위스콘신 3개 주를 제외한 전 지역에서 판매되고 있고, 급여 내용에 차이를 두고 상품을 판매하고 있다. 이 중에서 플랜 A, 플랜 B를 제외한 3개의 플랜은 해외여행에서 우발적으로 발생된 질환에 대하여 최대 60일간의 의료비를 보장해 준다. 이러한 상품의 보장 범위에 한국의 병원이 포함되는 것은 의료관광산업의 기반 확대에 중요한 초석이 될 수 있을 것이다.

4. 의료관광 수요국 환경 분석-중국

1) 중국의 의료 관련 현황

〈표 VI-4〉 중국의 의료 관련 주요 지표

경제, 건강	중국	한국
총 인구 수(백만)(2003)	1,312.9	47.9
국민소득($)(2004)	5,581	20,901
평균수명(남/여)(2004)(세)	70.0/74.0	73/80
일인당 총 의료비지출($)(2003)	278	1,074
총 의료비지출(%)(GDP)(2003)	5.6	5.6

자료: 한국보건산업진흥회, 보건의료서비스산업 육성을 위한 해외유치 활성화 방안, 2006

중국은 빈부의 격차가 상당히 큰 나라이다. 특히 지역적으로는 동부권역이 비교적 잘 살고, 중부나 서부권역은 아직도 경제 수준이 낮다. 따라서 중국은 사회주의 국가임에도 불구하고 사실상 의료보험이 취약한 나라 중 하나이다. 중국은 인구가 13억 명으로 전 세계에서 인구가 많은 나라 중 하나이지만 1인당 국민 소득이 우리나라의 1/4 정도이기 때문에 1인당 의료비 지출 수준도 이 수준에 머물고 있다. 중국은 민간인이 병원을 소유하고 있는 일본이나 한국 그리고 미국과는 달리 국가가 병원을 소유하고 있는 비중이 높다. 약 80%가 넘는 병원을 국가가 운영하고 있다. 인구 1,000명당 병상 수는 1.76개인데 미국이 1,000명당 2.8개이기 때문에 병상수를 기준으로 하면 의료 환경이 크게 나쁘지 않다. 다만 인구 1,000명당 의사 수 1.15명, 특히 1,000명당 간호사 수가 1.05명으로 의사 수에 비해 간호사 수가 절대적으로 부족한 나라이다. 따라서 중국은 의료서비스를 제공할 때 치료에 중점을 두고 있는 반면 간병서비스에 대한 중요도는 상대적으로 낮은 것으로 판단된다. 향후 중국의 경제 수준이 향상될 것이라는 점을 고려할 때 의료서비스에서 간호사 인력에 수요가 급격히 늘어날 수밖에 없을 것으로 전망된다. 또한 이 부분은 향후 중국인을 대상으로 의료관광 상품을 개발할 때 간호서비스에 대한 한국의 상대적 차별점을 강조할 수 있는 부분이다.

중국인들의 의료비 지출을 살펴보면 중국은 1995년 1인당 177.9위안에서 2003년 512.5위안으로 급격히 증가하고 있으며 특히 도시 지역의 1인당 평균 의료비 지출은 1999년 396위안에서 2003년 3,259위안으로 증가해 이미 우리나라의 1인당 의료비 지출 수준에 도달하고 있다. 이는 중국의 도시 지역에 거주하는 중국인들의 삶의 수준이 우리나라와 비슷해지고 있으며 향후 이들이 의료관광 상품의 핵심 타깃이 될 수 있음을 시사하고 있다.

2) 중국의 의료보험

중국의 의료보험

- 2002년 기준 건강보험 가입자의 개인부담률(Out-of-pocket Expenses)이 58%에 이르고 있는데 과거 민영화가 시작되기 이전 1978년의 개인부담률은 20%이었음
- 중국의 의료보험은 아직 전 국민 의료보험제도로 발전된 상태는 아니지만 매년 가입대상자를 확대하고 있음
- 2004년을 기준으로 중국의 기본 의료보험 제도는 직원 의료보험, 주민 의료보험, 신형 농촌협력 의료보험으로 구성되어 있음
- 이 중 주민 의료보험은 노인 중병 의료보험, 아동학생 중병 의료보험, 무직자 중병 의료보험의 3가지로 구성되어 있음

자료: blog.daum.net/yeshira 심평원씨 블로그

현재 중국은 공공 재정보다는 개인을 중심으로 한 의료비 재원이 증가하는 추세이다. 중국은 2002년을 기준으로 할 때 의료보험에 가입한 환자의 개인 부담률은 선진국보다 높은 60% 수준에 머물고 있다. 과거에 보험 가입자의 개인 부담률이 20% 수준이었던 점을 감안하면 그만큼 보험 가입자로부터 거두는 보험으로 의료 수가를 보장하기 어려운 상황이라는 점을 시사하고 있다. 또한 특이한 점은 상당수의 국민들이 아예 의료보험에 가입하고 있지 않아 100% 자기 비용으로 의료비를 부담하고 있다는 점이다. 이렇게 보험 가입률이 낮은 이유는 경제적 이유도 있지만 아직 중국인들이 보험 상품에 대한 이해가 부족한 점도 한 가지 이유가 되고 있다. 그러나 최근 들어 전반적인 경제 수준이 향상됨에 따라 점차 의료보험에 가입하고 있는 중국인들이 증가하고 있다.

현재 중국의 의료보험은 북경시를 기준으로 할 때 직원 의료보험, 주민 의료보험, 신형 농촌협력 의료보험으로 분리하여 운영되고 있다. 이 중 주민 의료보험은 노인 중병

의료보험, 아동학생 중병 의료보험, 무직자 중병 의료보험의 3가지로 나누어져 있으며 북경에 거주하는 외지인들을 위한 의료보험 임시 제도가 있다. 직원 의료보험은 북경시에 위치한 기업, 기관, 사업체, 사회단체, 비영리단체 직원과 퇴직자들이 가입 대상이며, 기본 의료보험 비용은 고용주와 개인이 공동부담을 하며, 고용주는 총임금의 9%까지 부담하고, 개인은 총임금의 2%를 부담하는 구조로 운영되고 있다. 기본 의료보험 기금은 총괄 보험 기금과 개인보험 계좌의 상호결합 원칙을 준수하며 기본 의료보험의 보장 수준은 해당 도시의 사회생산력 발전 수준과 재정 및 고용주 그리고 개인의 능력을 고려하여 결정되도록 요구하고 있다. 신형 농촌협력 의료보험은 정부에서 주관하는 농민 대상의 의료보험 제도로서 개인, 단체, 정부에서 자금을 모아 중병 치료를 위주로 지원하는 농민 의료공조 제도의 하나로 개인 및 단체와 정부 지원을 통해 자금을 마련하여 운영하는 제도이다. 부모는 농촌 호적을 갖고 있지만 본인은 도시 호적인 신생아들도 가입할 수 있다.

3) 중국의 의료서비스 해외 소비정책

중국의 의료서비스 해외 소비정책

- 우리나라에서 미용, 성형 및 기타 의료서비스들이 중국인에 의해 소비되고 있다고 보고되고 있으며 이를 통해 중국인이 일부 의료서비스를 중심으로 해외 의료기관을 이용하고 있음을 파악할 수 있음
  - 2005년 한국보건산업진흥원에서 실시한 설문조사 결과, 중국인 69명이 국내 의료기관에서 일반 진료를 이용했으며, 중국인 2명이 치과 진료를 이용한 것으로 조사됨
  - 2005년 보건복지부가 전국 지방자치단체 보건(위생)과 협조로 실시한 전국 의료기관 해외 환자 진료 실태 조사 결과, 총 545개 해외 환자 진료 실적 조사 의료기관들 중 약 40개 의료기관으로부터 해외 환자 진료가 보고되었고, 전체 해외 환자 국적 빈도 중 중국이 가장 높게 조사됨

자료: 한국보건산업진흥회, 보건의료서비스산업 육성을 위한 해외유치 활성화 방안, 2006

중국인들의 해외 의료서비스 소비에 대해 공식적으로 집계된 통계 자료가 없기 때문에 중국인의 해외 소비 규모를 파악하기는 힘들다. 그러나 우리나라에서 미용, 성형 및 기타 의료서비스 중심으로 중국인이 방문이 늘고 있는 것으로 보고되고 있다. 따라서 일부 의료기관을 중심으로 중국인들의 의료서비스 이용 현황을 파악할 수 있다.

2006년 북경 지역 병원을 방문한 중국인 145명을 대상으로 한 조사 결과에 따르면 중국인들이 한국 의료서비스에 대한 수용도는 미용 성형이나, 치아 미백, 교정 등을 치료받을 의향이 상대적으로 높은 것으로 나타나 일본인들과 비슷한 수요 패턴을 보이고 있다. 특히 성형 수술은 의료서비스의 특징상 진료를 받은 후 어느 정도의 요양 기간이 필요하다는 점을 감안하면 이는 의료관광산업과 적합도가 가장 높은 의료서비스 분야라고 생각할 수 있다. 2005년 한국보건산업진흥원에서 실시한 설문조사에서는 중국인 69명이 국내 의료기관에서 일반 진료를 이용했으며, 중국인 2명이 치과 진료를 이용한 것으로 조사되었다.

참고로 중국의 지역별 경제 능력을 살펴보면 2004년 기준으로 주요 도시 지역의 총소득은 평균 10,129위안으로 나타났다. 이 중 가장 잘 사는 지역은 상해이지만 북경은 다른 도시에 비해 의료서비스의 비용이 상당히 비싼 것으로 나타나고 있다. 현재 중국에는 약 7,000만 명의 하이클래스 소비자가 존재하는데 상해를 기준으로 하면 이러한 초 고소득층 소비자는 약 10만 명에 달하며, 이들이 명품 구입에 쓰는 돈은 연간 20억 달러에 이른다고 한다. 중국 경제가 향후 5년 동안 매년 8% 이상 GDP 증가율을 유지할 경우, 고소득 도시가구의 인구가 약 1억 명 수준에 도달하고 상위 중소득 이상 도시 인구도 약 3억 명으로 증가할 것으로 전망하고 있다. 이러한 소비자들은 우리의 노력 여하에 따라 의료관광산업의 핵심 기반이 될 수 있을 것이다.

5. 시장세분화

1) 인구통계적 기준에 의한 시장세분화

미국에서 인구통계에 따른 세분 시장

- 베이비 부머(Baby Boomers)
- 노인 집단(Mature Consumers)
- 여성 집단(Woman)
- 아시아계 집단(Ethnic Group)

의료관광 상품을 잘 개발하고 프로모션하기 위해서는 타깃을 잘 결정해야 한다. 시장 전체를 대상으로 하기보다는 세분화된 고객을 타깃으로 하는 것이 더 효과적이기 때문이다. 시장을 세분화하는 기준에는 인구통계적(Demographic) 기준과 심리통계적(Psychographic) 기준이 있다. 일단 의료관광산업이 초창기임을 감안할 때 상대적으로 유용한 타깃 세분화 기준은 인구통계적 기준일 가능성이 높다. 심리통계적 기준은 개인의 라이프스타일이나 가치를 기준으로 집단을 세분화하는데 타깃 소비자에 대한 이해가 부족할 경우 이를 시장세분화에 적용하기가 상대적으로 힘들기 때문이다. 따라서 의료관광산업은 초기에 인구통계적 기준을 사용하여 시장을 세분화하는 노력이 필요할 것이다. 예를 들어 일본의 경우 전체 지역보다는 우리나라와 가까운 큐슈, 관서 지역을 타깃 지역으로 선택하는 것이 바람직하다. 미국의 경우에는 인구통계적 기준을 적용하여 의료관광산업의 타깃을 살펴보면 베이비부머들을 선택하는 것이 바람직할 것이다.

보다 구체적으로 미국 시장을 인구통계적 기준을 적용하여 의료관광 상품의 타깃 시장을 세분화해 보면 베이비부머와 노인 집단, 여성 집단 그리고 한인 교포 등으로 나눌 수 있다. 베이비부머는 현재 은퇴를 앞두고 있는 사람들을 이야기하며 노인 집단은 이미 은퇴한 사람들을 말한다. 미국의 인구를 살펴보면 현재 35살에서 54살에 많이 집중되어 있는 인구가 베이비부머들이다. 그 위의 연령대는 노인 집단이다. 베이비부머들은 현재 약 7,500만 명이고 1946년에서 1964년 사이에 태어나 현재 40대에서 50대에 걸쳐 있는 사람들이다. 이 사람들은 현재 경제 활동을 하고 있지만 곧 은퇴를 앞두고 있다. 따라서 이들 집단과 노인 집단들은 은퇴 후 요양과 관광에 대한 수요를 갖고 있기 때문에 현재 태국이나 싱가포르와 같은 나라들의 핵심적인 타깃이 되고 있다. 또한 싱글 여성 집단은 약 5,500만 명으로 현재 미국의 3가구 중 1가구는 싱글 여성이다. 특히 한국이 미용 성형 부분에 강점을 갖고 있는 점을 감안하면 태국이나 싱가포르와 차별화하는 차원에서 이들 싱글 여성 집단에 관심을 두는 것도 바람직할 것으로 생각한다. 인종을 기준으로 시장을 세분화할 때 우리가 관심을 갖는 집단은 미국에 거주하는 한국 사람들이다. 현재 아시안들 중에서 한국계는 약 12% 수준으로 적지 않은 규모를 갖고 있다. 지역적으로 캘리포니아를 포함한 미국의 남쪽 지역에 가장 많이 거주하고 있으므로 이들을 대상으로 의료관광 상품의 프로모션을 계획할 때는 비용 효율적으로 접근할 수 있을 것으로 생각한다.

2) 심리통계적 기준에 의한 시장세분화

시장을 세분화할 때 사용되는 심리통계적 기준(Psychographics)의 대표적인 것 중의 하나는 라이프스타일이다. 라이프스타일은 소비자들이 그들의 생활을 하는 데 보내는 활동,

심리통계적 기준에 의한 시장세분화

- 심리통계적 기준에 의한 시장세분화는 소비자들의 행동(Activity), 관심(Interest), 의견(Opinion)을 토대로 동일한 AIO 패턴을 보이는 소비자들을 세분집단으로 나누는 방법임
- 특히 VALS는 소비자들의 가치와 라이프스타일을 통합하여 고려할 수 있는 수단이지만 인구통계적 기준에 비해 소비자 집단의 특징을 명확하게 이해하기 어려운 단점이 있음

그들이 살아가면서 중요하다고 생각하는 관심 그리고 사람들이 주위의 세상과 그들에 대해 생각하는 의견에 의해 규정되는 생활의 유형이라고 할 수 있다. 따라서 이러한 라이프스타일은 개인의 생활방식을 연구하기보다는 소규모 집단의 생활방식에 대해 관심을 갖고 있다. 또한 라이프스타일은 소비자 집단을 생동감 있게 묘사해 줌으로써 그 이용가치가 높은데 그 이유는 인간을 소비자로서가 아니라 생활자라는 관점에서 각종 재화나 서비스를 소비하는 사람들의 모습을 개개인의 가치관에 따라 설계된 생활 계획을 실천해 나가는 과정으로 바라보고 있기 때문이다.

사람들은 살아가는 목적도 방법도 다르다. 그래서 살아가는 데 필요한 것과 갖고 싶어 하는 것이 다를 수밖에 없다. 이러한 점에서 우리가 소비자들의 삶의 목적과 유형을 미리 파악할 수 있다면 소비자들이 무엇 때문에 상품을 구입하고 또 어떻게 사용하는가에 대한 이해가 높아질 수밖에 없다. 이러한 특징 때문에 라이스스타일은 시장세분화, 상품기획, 촉진 전략, 유통 전략, 가격설정 등 다양한 분야에서 활용되고 있다. 예를 들어 기름기를 싫어하는 미국 소비자들의 라이프스타일에 변화가 생김에 따라 켄터키 프라이드 치킨은 상호 명에서 프라이드라는 용어를 없애기 위해 상호를 KFC로 변경하기도 했다. 특히 의료관광은 두 가지의 상품이 결합된 특징을 갖고 있으므로 타깃 소비자들의 라이프스타일을 이해하는 것은 좋은 상품을 개발하는 데 많은 도움을 줄 수 있다. 최근 건강과 웰빙에 대한 전 세계적 추세는 다이어트에 대한 요구나 식생활에 대한 변화를 내포하고 있어서 의료관광 상품을 설계할 때 한국식 식사의 가치를 소비자들에게 소구할 수 있는 가능성이 높다고 생각한다.

참고로 VALS(Value and Life-Style)는 가치와 라이프스타일의 머리글자를 딴 약어로 캘리포니아의 SRI에서 개발한 심리통계적 기준이다. VALS는 인구통계적인 자료와 소비통계를 결합하여 전체적으로 개인을 조명한다는 점에서 많은 유용성을 인정받고 있지만 집단 구분에 따른 변별력이 떨어진다는 점이 약점으로 지적받고 있다.

〈한국의 의료관광 사례: 우리들병원〉

① 우리들병원의 진료 상품 특징

국제화, 세계화, 개방화 시대에 부응하여 우리들병원은 2006년에 우리들 국제환자센터(WIPC)를 개설하였다. 현재 서울 우리들병원(김포공항 내 위치)과 청담 우리들병원을 거점으로 영어 담당자 2명, 일본어 담당자 1명 그리고 관광 및 호텔 담당자 1명으로 운영하고 있다. 우리들병원의 국제환자센터는 병원 속 또 하나의 병원으로 외국인 환자를 위한 행정 지원뿐 아니라 호텔의 비즈니스센터 개념을 도입하여 해외에서 오시는 분들에게 1 : 1 에스코트 서비스 및 원스톱(One-stop) 서비스를 제공하고 있다. 영어, 일본어, 중국어, 프랑스어 등의 외국어 통역 서비스 담당자를 병원에 두고 이들로 하여금 각종 관련 상담업무(원격진료 포함) 및 진료 검사, 내원 일정 수립, 공항 픽업, 보험사 연락 등의 서비스를 지원해 주도록 하고 있다. 또한 외국인 환자들의 진료 문의가 전화나 인터넷을 통하여 들어오면 관련 검사 및 데이터를 토대로 환자들과 원격상담을 실시하여, 관련 질병의 진단, 치료, 기간, 비용 등을 상세히 알려줌으로써 거리상의 제약 없는 진료서비스를 제공해 주고 있다.

② 우리들병원의 해외 환자 유치 현황

현재 우리들병원의 국제적인 명성으로 인해 세계 각국에서 환자들이 치료를 받기 위해 우리들병원을 방문하고 있다. 2003년부터 2007년까지 우리들병원을 방문한 외국인 내원 환자 수는 총 2,354명으로(입원환자 372명) 매년 30%씩 증가하고 있는 추세이다. 2007년에는 총 47개국에서 751명의 환자가 방문하였으며, 그중 OECD국가의 환자수가 430명으로 57.2%를 차지하고 있을 정도로 우리들병원의 척추 수술 기법은 국제적으로 인정을 받고 있다. 특히 수많은 국제학술 활동을 통해 수술 기법을 인정받는 동시에 꾸준한 연구 활동을 통해 매년 수많은 논문을 발표하고 있다. 내원 환자의 분포를 보면 미국, 일본, 중국, 호주, 포르투갈, 사우디아라비아 등 세계 여러 나라의 환자들이 병원을 찾고 있으며 최근에는 주한 남아프리카공화국 대사가 수술을 받은 것을 비롯하여 요추 수술을 받은 러시아 사업가, 목 디스크 수술을 받은 이스라엘 정형외과 의사 등이 있다. 또한 우리들병원은 외국인 환자뿐만 아니라 해외에 거주하는 재외 동포들의 건강관리에 기여하기 위해 세계 27개국 한인회/노인회와 협약을 맺고 있으며 협력을 맺은 한인회 회장의 추천서를 지참하고 우리들병원을 내원하는 재외 동포들에게는 각종 혜택을 제공하고 있다.

③ 우리들병원의 프로모션 활동

ⓐ 미디어 마케팅

우리들병원은 아리랑 TV 프로그램을 통해 우리들병원의 차별화된 치료법인 최소침습 수술법 등을 소개하고 있다. 아리랑 국제방송은 세계 188여 개국 약 6,260만 명이 시청하고 있는 방송이다. 이 방송은 중동 카타르 환자에게 우리들병원의 내원 동기를 제공하였는데 이 사실이 뉴욕 타임즈에 소개되었을 뿐만 아니라 우리나라 보건복지부 공무원이 카타르 정부의 초청을 받는 성과까지 이루어 내었다.

ⓑ 우리들병원 2009년 SCI급 논문 40편 발표

우리들병원은 2009년 SCI급 학술지에 총 40편의 논문을 등재하였다. 이는 전년 대비 122% 증가한 연구실적으로 최근 3년간 평균 28편의 SCI급 논문을 꾸준히 발표해 특정 질환 분야에서 독보적인 성과를 나타내고 있다. 이러한 점은 진료 중심의 국내 의료 현실에서 풍부한 임상과 함께 깊이 있는 학술 연구가 병행되고 있다는 데 큰 의의가 있다. 우리들병원의 의료진은 매년 8만 건 이상의 수술 및 비수술적 치료를 시행하면서 2009년 한 해에 SCI급 논문 발표에 있어 최다 실적을 기록하였다. 한편, 우리들병원은 이런 학술 이력을 바탕으로 2008년부터 척추전문 학술지 *The Journal of Critical Spine Cases*(*JCSC*)를 발간하고 있다. 이 학술지는 진단과 치료가 어려운 척추 질환 사례들을 모아 최신 치료법 및 임상 경험을 함께 소개하고 있는데 이러한 논문과 저널에 발표된 우리들병원의 명성은 무엇보다 중요한 마케팅 수단이 되고 있다.

ⓒ 기타 홍보 프로그램의 실시

그 밖에 우리들병원은 보험사, 의료관광 에이전시(여행사 포함), 한인회, 외국인들을 상대로 팸투어를 실시하고 있다. 이 팸투어의 실시로 우리들병원은 대외 인지도 상승 효과와 더불어 보험사 및 에이전시 담당자의 신뢰를 구축하였고 언론매체의 관심을 유도하는 성과까지 얻을 수 있었다. 또한 우리들병원은 환자들이 관련된 키워드를 검색하면 웹페이지 검색 결과 첫 페이지에 우리들병원이 노출될 수 있도록 하는 SEO(Search Engine Optimization) 작업을 실시하였다. 2009년부터 키워드 광고를 시작했으며 키워드 프로모션 시작 전에 비해 평균 방문자 수가 증가함을 확인할 수 있었다. 특히 우리들병원은 유투브에 병원 자체의 광고를 링크하고 병원을 홍보함으로써 전 세계의 환자를 대상으로 홍보 활동을 전개할 수 있었다. 또한 Healthbase, PlacidWay, Global Health Travel, Hospital Scout 등의 해외 에이전시와 *Medical Tourism Magazine*, *Healthcare Travel* 같은 저널에 무상으로 입점함으로써 병원 검색 및 홍보 효과를 무료로 획득하고 있다.

자료원: www. wooridul.co.kr

참고문헌

김영희(2010), 의보개혁안 통과 이후, 미국인들의 의료보험 부담 변화, 한겨레신문.
이윤태(2006), 보건의료서비스산업 육성을 위한 해외유치활성화 방안, 한국보건산업진흥원.
최진석(2010), 의료관광 프로모션 사례, 한림대학교.

Riche, M. F. (1989), Psychographics for the 1990s, *American Demographics*, July, 25.
Wells, William D. (1974), *Lifestyle and Psychographics*, American Marketing Association.
Values and Lifestyles Program (1989), *Descriptive Materials for the VALS2 Segmentation System*, SRI International.
Shimp, Terence A. (2006), *Advertising Promotion*, Thomson.

VII. 프로모션 믹스 및 예산의 결정

1. 프로모션 전략의 수립 과정

1) 프로모션의 정의와 목적

프로모션의 정의와 목적

- 정의: 고객들에게 자사의 상품을 알리고 고객들이 자사의 상품을 선택하게 하려는 마케팅 커뮤니케이션
- 목적: 정보를 제공하고, 호의적인 태도를 갖도록 설득하며, 소비자 행동에 영향을 주어 구매를 이끌어 내는 것

구매 전 단계
구매위험의 감소
구매가능성 증대
기업이미지 개발
브랜드자산 형성
인지도 증가

구매단계
고객만족의 강화
재구매율의 증가

구매 후 단계
인지부조화 감소
긍정적 구전 자극
재구매율의 증가

프로모션 전략이 지향하는 것은 소비자와 공급자 사이에 존재하는 정보의 갭을 최소화하는 것이다. 서비스를 공급하는 사람들은 상품에 대한 정보가 많은 반면에 서비스를

이용하는 사람들은 상품에 대한 정보가 부족한 것이 일반적이다. 또한 서비스를 자주 이용하는 사람들은 정보를 많이 알고 있지만 서비스를 자주 이용하지 않는 사람들은 알고 있는 정보가 부족할 수밖에 없다. 예를 들어 어느 병원이 어떤 분야에서 전문성을 갖고 있는지에 대해 병원을 자주 이용한 사람과 그렇지 않은 사람들 사이에 정보의 격차가 발생하는 것은 자연스러운 현상이다. 이러한 관점에서 프로모션은 의료관광 상품의 판매에 있어 중요한 역할을 수행한다. 외국인 환자들이 국내에 있는 의료기관을 안다는 것은 쉬운 일이 아니기 때문이다. 의료서비스는 일반 상품과는 달리 지각된 리스크가 큰 상품이기 때문에 이러한 정보의 갭을 해결해 주는 것은 의료관광 마케터가 수행해야 할 중요한 과제임에 틀림이 없다.

프로모션 전략과 관련하여 현재는 고객과의 쌍방향(Two-way) 커뮤니케이션이 가능해지는 환경으로 변하고 있어 정보의 갭을 극복하기 위한 마케터의 노력이 더 큰 의미를 갖게 되었다. 과거에는 공급자가 일방적으로 정보를 제공하는 형태였으나 최근에는 고객의 요구에 따른 맞춤 정보의 제공이 가능해지고 있는데 특히 인터넷 미디어의 등장은 이러한 활동을 가능하게 해 주고 있다. 그리고 이러한 정보의 갭을 줄여 주는 것은 구매의 전 과정에 소비자들이 내리는 의사결정을 촉진해 주는 효과가 있다. 이를 통해 소비자들로 하여금 우리가 만든 상품에 대해 호의적으로 생각하게끔 도와주고 결과적으로 자사 상품을 선택하게 유도할 수 있는 것이다. 결국 프로모션은 소비자들에게 정보를 제공하고 이를 통해 호의적인 태도를 이끌어 내어 자사 상품을 선택하게 만드는 노력의 일환으로 수행하는 마케팅 활동이라고 정의할 수 있을 것이다.

2) 프로모션의 구성요소

프로모션을 실천하는 수단은 여러 가지가 있는데 〈표 VII-1〉에서 설명하듯이 지금까지 가장 많이 사용된 프로모션 수단은 광고, 판매 촉진, 인적 판매, 홍보 등으로 구분할 수 있다. 최근에는 기업이 고객에 대한 정보들을 확보함에 따라 데이터베이스 마케팅을 새로운 프로모션 믹스의 하나라고 주장하는 사람들도 늘고 있다. 광고는 메시지의 도달 범위가 넓은 반면 효과 측정이 어렵고 무엇보다 매몰 비용의 성격을 띤다는 점이 마케터 입장에서 부담스러운 판촉 수단이라고 할 수 있다. 반면 판매 촉진은 대상 범위가 넓고 빠른 프로모션 효과를 기대할 수 있을뿐더러 매몰 비용이 아니라는 장점이 있다. 판매 촉진은 진행 비용이 많이 든다는 단점이 있지만 광고와는 다른 이러한 장점들 때문에 최근에는 마케터들이 광고보다는 판매 촉진을 더 선호하고 있다.

〈표 VII-1〉 프로모션 믹스의 구성요소

	도달범위	비용	장점	단점
광고	광범위	보통	신속, 매시지 통제 가능성	효과 측정의 어려움 정보의 양이 제한
판매 촉진	광범위	비싼 편	인지도 향상, 빠른 효과	경쟁사 모방이 용이
인적 판매	개별 고객	비싼 편	정보 양과 질이 탁월, 즉각적인 피드백	높은 비용, 느린 속도
홍보	광범위	무료/유료	신뢰성 높음	통제의 어려움, 간접 효과 높은 비용

참고로 판매 촉진을 진행하는 데 많은 비용이 드는 이유는 샘플링을 예로 설명할 수 있다. 샘플링 하나하나는 비록 작다 하더라도 그것을 많은 사람들에게 무료로 제공되기 때문에 기업 입장에서는 상당한 부담을 안게 되는 것이다. 인적 판매는 촉진의 도달 범위가 좁지만 제공하는 정보의 질과 양이 탁월하고 고객의 요구에 맞춘 서비스 전달이 가능하기 때문에 비교적 고가의 상품일 경우 많이 의존하게 되는 촉진 수단이다. 의료관광 상품은 상대적으로 소비자들이 지각하는 위험도가 높고 가격도 비싼 편이므로 인적 판매의 역할이 클 수 있는 상품군이라고 하겠다. 홍보는 가격도 저렴하고 도달 범위가 넓으나 메시지의 내용을 통제하기 힘든 단점이 있으므로 의료관광산업의 초장기에는 활용도가 높지 않을 것으로 예상된다. 인터넷이라고 하는 미디어 환경은 지금까지 없었던 프로모션의 기회를 제공해 줄 수 있는데 그것은 고객들의 추천을 통한 프로모션이다. 소비자들은 기업보다 이웃의 소비자들이 제공하는 정보를 더 신뢰하기 때문이다. 따라서 최근 들어 고객이 상품평을 올리면 대가로 포인트나 보너스를 주는 형태의 프로모션들이 등장하고 있다.

3) 프로모션 전략의 수립 과정

프로모션은 소비자들의 구매 전 단계뿐 아니라 구매 단계나 구매 이후의 단계에도 영향을 줄 수 있다. 그러나 가장 큰 영향을 주는 단계는 소비자들의 구매 전 단계라고 할 수 있다. 특히 서비스처럼 구매의 위험이 큰 상품은 인터넷에서 제공되는 상품평 등이 큰 영향을 줄 수 있다. 이런 시각에서 의료상품일수록 기존 고객이 매체로서 의미를 가질 수 있다고 생각한다. 즉, 고객이 상품이 되고 고객이 매체가 되는 것이다.

프로모션 전략의 수립 과정

대상 고객의 선정: 잠재 고객, 고객, 영향력 행사자

↓

촉진 목표의 설정: 정보 제공, 수요 유연화, 제품 차별화, 잠재수요 자극

↓

매체와 메시지 결정: 기업의 의사 전달, 효과적인 전달 기관 선정

↓

예산 설정과 확보: 예산 규모 결정

↓

촉진 믹스 결정: 적절한 촉진 수단 선택

↓

촉진안에 대한 평가

따라서 프로모션 전략을 수립할 때 중요한 첫 출발점은 대상 고객을 정하는 것이라 할 수 있다. 이러한 타깃 고객을 결정하는 것은 상품의 판매뿐 아니라 상품의 판매 이후 이들이 다른 고객에게 미치는 영향을 고려할 때 매우 중요한 의사결정이다. 그리고 이들을 대상으로 프로모션의 목표를 정해야 하는데 초창기에는 아무래도 서비스 공급자와 소비자 사이에 존재하는 정보의 갭을 줄이는 것이 가장 큰 목표가 된다. 다만 시장이 성장함에 따라 차별화라든가 잠재수요를 자극하는 목표들이 새롭게 등장할 가능성이 높다. 그리고 매체는 의료관광 상품의 특성상 대중 매체보다는 신뢰성을 줄 수 있는 개인화된 매체의 중요성이 부각될 것이다. 대상 고객을 정한 다음에는 프로모션을 수행하는 데 필요한 예산의 규모를 결정하고 프로모션의 목표에 부합한 프로모션 믹스 전략을 수립해야 한다. 프로모션 전략을 수립할 때 가장 중요하게 생각해야 할 점은 프로모션 전략을 수립한 후 반드시 이 전략안이 전체 마케팅 목표를 달성하는 데 성공하였는가를 검증하는 것이다. 이것을 놓칠 경우 프로모션은 성공했는데 판매에는 실패한 사례들이 등장할 수 있다.

4) 프로모션 전략 진행시 고려사항

프로모션 전략을 진행할 때는 먼저 모든 프로모션 실행자들이 명확한 목표를 공유해야 한다. 그 다음 프로모션이 진행되는 명확한 기간을 결정하고 하나의 촉진 수단이 아니라 여러 가지 수단을 사용하여 시너지를 창출해 낼 수 있어야 한다. 그리고 반드시 촉

프로모션 전략 진행시 고려사항

1) 달성하려는 목표에 집중하라(인지, 이해, 구매 등)

2) 기간을 제한하라

3) 촉진 활동 간의 시너지를 창출하라

4) 통합적으로 수행하라

5) 촉진의 효과를 평가하라

진의 효과를 평가해야 한다. 삼성의 지펠 냉장고를 사례로 이러한 프로모션 진행시 필요한 과정에 대해 살펴보도록 하자. 삼성의 지펠 냉장고는 냉각기가 2개인 특징을 갖고 있는 우리나라 양문형 냉장고의 효시이다. 그런데 2002년부터 LG의 디오스가 디자인을 강조하고 경쟁력이 있는 가격을 책정하여 시장을 공략하자 시장 점유율을 점차 디오스에게 빼앗기게 되었다. 처음에는 디오스처럼 제품의 디자인을 개선하고 이에 주력하는 광고를 집행하였으나 큰 효과를 보지 못했고 이 후 다시 전략을 바꾸어 '문' 캠페인을 진행하며 잃었던 시장 점유율을 회복할 수 있었는데 지펠의 프로모션 전략 내용을 살펴보면 다음과 같다.

지펠은 냉각기가 2개인 반면 디오스는 냉각기가 1개인 특징을 갖고 있었다. 그런데 문제는 디자인의 경우 소비자들의 눈에 보이기 때문이 식별이 용이하지만 냉각기는 기계적인 요소이기 때문에 소비자들이 구매할 때 쉽게 확인하기 어렵다는 데 있었다. 따라서 지펠을 '문' 캠페인을 통해 지펠의 기술적 우위를 강조하기로 하고 이를 소비자들이 직접 문을 닫아보면 차이점을 알 수 있을 것이라고 생각하여 먼저 광고 캠페인을 통해 "지펠은 한쪽 문을 닫을 때 다른 쪽 문이 열리지 않습니다"라는 슬로건을 강조하였다. 즉, 기계적인 부분을 소비자들이 이해할 수 있는 방식으로 제시한 것이다. 또한 이를 다른 촉진 수단과 연계하기 위해 매장의 모든 지펠 냉장고 앞에 '문'을 확인해 보라고 하는 POP 광고를 붙여 놓았으며 또한 매장에 경쟁 냉장고와 지펠 냉장고를 놓고 소비자들이 직접 문을 닫아보게 하여 그 차이를 확인할 수 있는 판촉 행사를 진행하였다. 또한 이러한 사실을 언론에 기사화시켜 제품력을 강조하는 PR 활동을 수행하였다. 이처럼 프로모션은 한 가지 목표를 달성하기 위해 여러 촉진 수단을 유기적으로 활용할 경우 보다 최대화된 효과를 기대할 수 있게 된다.

2. 프로모션 믹스(Mix)의 이해

1) 프로모션의 중요성 및 고려사항

프로모션의 중요성 및 고려사항

프로모션의 중요성

- 단기 매출에 즉각적 영향
- 서비스 브랜드 간 구분 모호(브랜드 전환 용이)
- 촉진에 민감한 소비자 증가
- 광고의 역할 감소

프로모션의 고려사항

- 대상서비스의 선택
- 시장 세분화
- 촉진의 가치-혜택, 비용
- 시기
- 수혜자(목표시장)의 확인
- 독특성/차별성

프로모션은 많은 비용이 들어가기는 하지만 짧은 시간 동안 매출 상승에 영향을 주므로 전략을 수립할 때 어떻게 프로모션 믹스를 결정할 것인가 하는 것은 매우 중요한 의사결정이다. 따라서 프로모션을 설계할 때 누구에게 어떤 프로모션을 제공해야 할 것인가를 명확히 결정해야 한다. 불특정 다수를 대상으로 한 프로모션은 아무런 의미가 없기 때문이다. 효과적인 프로모션은 우리가 지향하는 타깃에게만 메시지를 전달하는 것이다. 가장 바람직한 프로모션은 경쟁 기업의 고객들만 끌어들이는 것이다. 그리고 가장 나쁜 프로모션은 촉진을 하지 않더라도 살 사람들에게 진행하는 촉진 활동이다. 따라서 판매 촉진 같은 경우는 경쟁 고객들을 목표로 진행하는 것이 유리하다. 즉, 의도적으로 경쟁 상품을 사용하는 소비자들에게만 판매 촉진 활동을 진행하는 것이다.

미국의 코카콜라가 진행한 프로모션은 이러한 판촉 활동의 원칙을 잘 실천한 사례이다. 코카콜라는 펩시에 비해 가격이 높아 가격에 민감한 소비자들은 펩시를 주로 구매하고 있었다. 이때 코카콜라사는 기존에 코크를 선호하는 고객들보다는 이처럼 가격에 민감한 소비자들을 코크로 브랜드 전환을 시키기 위해 판촉 활동을 진행하였는데 주요 내용은 매장에서 펩시를 선택한 사람들에게만 다음번에 코크를 할인하여 살 수 있는 쿠폰을 제공해 주는 것이었다. 코카콜라는 이러한 판촉 활동을 공개적으로 진행하면 기존에 코크를 구입하던 사람들을 기분 나쁘게 할 가능성이 있으므로 소비자들에게는 이러한 판촉 계획을 알리지 않았고 미국의 주요 마트와 협의하며 카운터에서 소비자들이 결제를 할 때 판매원이 펩시의 바코드를 찍게 되면 소비자들에게 제공하는 영수증의 뒷면에 코크를 할인해 구입할 수 있는 쿠폰을 찍어 소비자들에게 전달하도록 하였다. 이러한 프로모션 캠페인을 통해 코크는 가격 민감도 때문에 펩시를 구입하던 상당수의 소비자들로 하여금 다시 코크를 구입하게 하는 데 성공할 수 있었다.

2) 바람직한 프로모션 효과

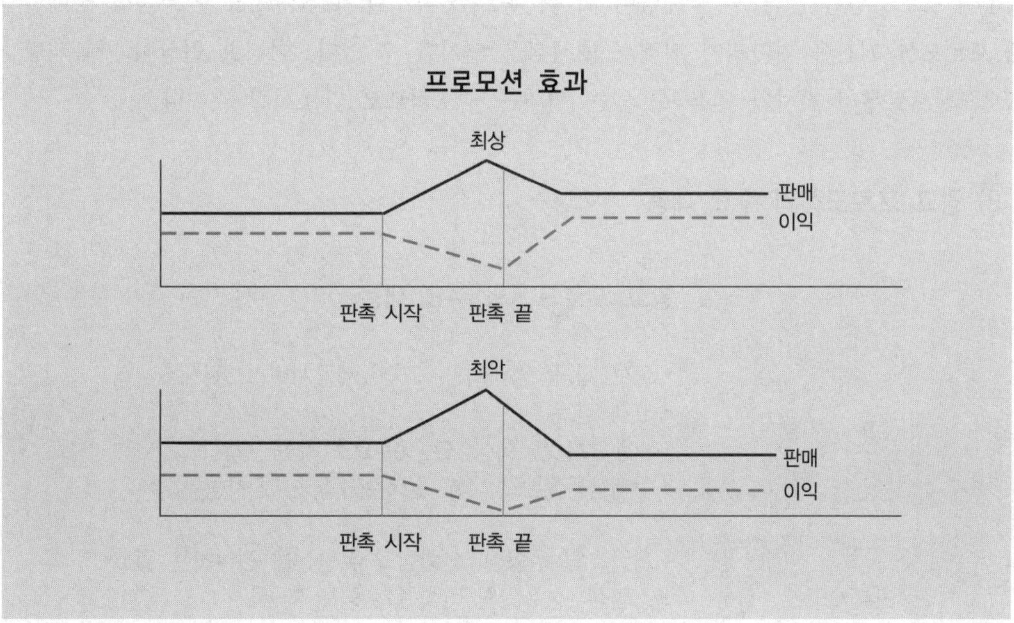

일반적으로 마케팅 관리자들은 촉진을 통해 매출이 늘어난 부분에 관심을 갖게 되는데 정말 중요한 점은 촉진을 통해 이익이 개선되었는가를 확인하는 것이다. 최상의 프로모션은 판촉을 시작하기 전에 비해 판촉이 끝난 후 판매의 전반적인 수준이 향상되는 판촉이다. 이렇게 되기 위해서는 판촉을 통해 기존 고객보다는 신규 고객을 끌어오고 이들의 상당수가 상품을 구매한 후 만족해서 자사 상품을 계속 구매하는 경우이다. 반대로 최악의 프로모션은 판촉 기간 동안 매출이 증가하더라도 판촉이 끝난 후에는 판매의 전반적인 수준이 오히려 이전보다 떨어지는 경우이다. 이런 결과가 발생하는 이유는 프로모션 기간 동안 신규 고객이 자사 상품을 구입한 것이 아니라 기존 고객이 자사 상품을 필요 이상보다 많이 구입했을 가능성이 높기 때문이다.

또한 프로모션의 효과를 측정하기 위해서는 매출액의 변화 이외에도 이익의 변화를 분석할 수 있어야 한다. 프로모션에 따른 이익 효과를 분석하려면 앞에서 강조하였듯이 프로모션 기간 중에 늘어난 매출액의 원천을 분석해야 한다. 즉, 매출액의 증가가 자사 상품을 사던 사람들로부터 왔는지, 아니면 프로모션이 없었다면 자사 상품을 구입하지 않았을 사람으로부터 왔는지를 파악해야 한다. 만약 분석 결과가 후자라면 이익 증가가 도움이 되겠지만 전자라면 프로모션은 이익구조를 더욱 악화시킬 것이다.

그리고 프로모션의 효과를 평가할 때 명심해야 할 부분은 프로모션이 소비자들의 가격 민감도에 미치는 영향이다. 프로모션이 거듭되면 소비자들의 준거 가격이 낮아지기 때문에 프로모션이 끝난 후 구매량이 더 큰 폭으로 감소할 수 있고, 또한 상품을 구매할 때 프로모션 기간을 기다리기 위해 구매시점을 연기할 수 있다. 이러한 현상이 반복되면 프로모션으로부터 자사가 얻을 수 있는 이익을 구조적으로 감소시킬 것이다.

3) 광고 프로모션의 주요 내용

광고 프로모션의 주요 내용

광고의 역할	• 정보 제공: 영업시간, 가격, 제공서비스 종류 • 고객 설득 • 브랜드/상품 회상: 단순한 요소 사용 • 구매행동 유도: 다른 판촉수단과 함께 사용
의료서비스 상품 특성에 따른 광고	• 서비스의 무형성: 신뢰성과 유형성을 전달하는 광고 • 소멸성: 성수기와 비성수기 정보 제공 • 비분리성 • 이질성: 서비스의 표준화/개별화 정보

광고는 대중 매체를 사용하는 프로모션 수단이므로 많은 소비자들에게 상품에 대한 정보를 제공하고 이를 통해 구매 전 단계에 있는 소비자들에게는 자사 상품에 대한 호의적인 태도를 형성하고 구매 단계에 있는 소비자들에게는 자사 상품을 사는 데 따른 갈등을 없애고 구매에 대한 확신을 심어 주는 역할을 한다. 특히 다른 판촉 수단들과 함께 사용할 경우 프로모션의 시너지를 강화시킬 수 있는 장점이 있다. 따라서 의료관광과 같은 서비스 상품을 광고할 때는 서비스의 특징을 고려한 광고 프로모션 전략에 대해 생각해 보아야 한다.

서비스 상품은 무형성을 특징으로 하고 있다. 이는 소비자들이 상품을 구입하기 전에 상품의 특징을 파악하기 힘들다는 점을 의미한다. 따라서 서비스 상품의 광고는 소비자들에게 상품의 신뢰성과 유형성을 나타내는 데 주력해야 한다. 예를 들어 성형외과와 같은 의료기관은 상품의 품질을 전달하기 위해 소비자들이 성형외과를 방문하기 전 모습과 수술을 끝내고 난 모습을 보여 줌으로써 의료서비스에 대한 유형성과 품질을 강조하는 전략을 자주 사용하고 있다. 또한 서비스는 공급자의 역량이 제한되어 있어 수요의 변동에 대처하기 힘든 단점이 있으므로 광고 프로모션은 성수기보다는 비수기에 가격 할인과 같은 다른 프로모션 수단과 함께 사용할 경우 시너지를 낼 수 있을 것이다. 예를 들어 영화관은 주말에 수요가 많고 주중이나 오전에는 수요가 적으므로 조조할인이나 심사할인과 같은 프로모션 수단을 사용함으로써 영화에 대한 수요를 비수기 쪽으로 조절할 수 있었다. 또한 은행들은 매달 붐비는 날을 소비자들에게 알려줌으로써 바쁘지 않은 소비자들은 이날을 피해 은행을 이용할 수 있게 도와준다. 또한 서비스는 생산과 소비가 동시에 발생하므로 소비자들이 상품의 내용을 구성하는 데 기여할 수밖에 없다. 따라서 상품을 사용하는 소비자들의 모습을 보여 주는 것은 상품에 대한 내용을 알려주는 효과가 있으므로 광고 타깃과의 공감대를 형성하는 데 크게 기여할 수 있는 장점이 있다.

4) 판매 촉진 프로모션의 주요 내용

판매 촉진 프로모션의 주요 내용

구분	내용
가격 할인	• 구매 위험 감소, 구매 가능성 증대 • 수요 분산 효과, 수요 자극 • 고객 유형에 따른 가격 할인 효과
환불과 상환	• 보상을 통해 브랜드 전환 방지
고객 유형과 판매 촉진 효과	• 촉진 둔감형 고객: 효과 없음 • 사재기형 충성고객: 판매량 증가, 이득 없음 • 비사재기형 촉진 민감고객 • 사재기형 촉진 민감고객: 경쟁사의 가격 할인에도 민감 • 촉진 전용고객: 효과 큼

판매 촉진의 주요 수단으로는 가격 할인, 환불 그리고 리펀드가 있다. 가격 할인은 사람들에게 초기 리스크를 감소시켜 구매동기를 부여하고 비수기 때 수요 감소를 완화시키

는 효과가 있으며 동시에 고객 유형에 따라 가격을 차별화하는 효과를 기대할 수 있다. 반대로 환불과 상환은 소비자들에게 상품을 사용해 본 후 마음에 들지 않을 경우를 대비해 환불과 상환을 약속해 줌으로써 상품에 대한 신뢰성을 제고해 주는 효과가 있다. 예를 들어 성형 수술과 같은 의료서비스의 경우 소비자들이 수술 결과에 대해 불만족스럽다면 추가로 무료 수술을 약속해 주는 것이 이러한 사례에 해당될 것이다.

판매 촉진은 광고와는 달리 타깃을 세분화해서 진행하는 것이 중요하다. 고객을 유형화해서 판매 촉진의 효과를 살펴보면 촉진이 둔감한 고객은 일반적으로 판촉의 효과가 없고 사재기형 고객은 판촉 기간에 판매량이 증가할 수 있지만 이득은 크지 않다. 오히려 판촉 활동은 촉진에 민감한 고객들을 대상으로 실시하는 것이 유리할 수 있다. 이들은 사재기를 하지 않고 촉진 활동이 시행되는 동안에 소비량을 늘리기 때문이다. 따라서 판매 촉진은 제품 성격상 사재기가 어려운 상품을 대상으로 수행하는 것이 바람직하다. 이런 차원에서 서비스는 사재기가 어려운 상품적 특징을 갖고 있으므로 판매 촉진에 따른 효과가 클 수 있는 상품 카테고리라고 할 수 있다. 예를 들어 패밀리 레스토랑에서 한 달 동안 상품의 가격을 할인한다면 촉진에 둔감한 고객은 이 레스토랑의 방문 빈도가 예전과 차이가 나지 않겠지만 촉진에 민감한 고객들은 평소보다 방문 빈도가 높아질 가능성이 높고 동시에 이 레스토랑을 방문하지 않던 고객들도 이 기간에 방문할 확률이 높아질 것이다. 이러한 결과가 생길 수 있는 이유는 서비스는 제품과 달리 촉진 기간에 미리 사재기를 하는 것이 불가능하기 때문이다. 따라서 의료관광 상품을 개발하는 마케터들은 판매 촉진 전략을 수립할 때 프로모션의 타깃을 잘 선정하는 것이 무엇보다 중요하다.

5) 인적 판매와 홍보의 주요 내용

인적 판매는 고객에 대한 선별적 접근이 가능하고 고객의 욕구에 대한 유연한 대응이 가능하며 특히 고객과의 장기적 관계를 유지하고자 할 때 사용하면 효과가 높은 촉진 수단 중 하나이다. 반면 숙련된 인적 판매사원을 유지하고 관리하는 데 많은 비용이 들어가고 많은 고객들을 커버할 수 없어 비용 대비 효율성이 다른 촉진 수단에 비해 떨어진다는 평가를 받고 있다. 그러나 의료관광 상품처럼 고객의 개인적 욕구가 다양하고 최종 소비자들의 신뢰를 얻는 것이 중요할 경우 인적 판매는 중요한 판촉 수단이 될 수 있다. 최근에는 인적 판매의 단점을 극복하기 위해 텔레마케터들이 등장하고 있으므로 이러한 수단들을 잘 활용하면 의료관광산업에서 인적 판매의 효용성이 상당히 높다고 생각한다.

반면 홍보는 비교적 저렴하게 사용할 수 있는 촉진 수단이지만 내용을 통제할 수 없

인적 판매와 홍보의 주요 내용

인적 판매

- 느린 촉진 속도
- 높은 고객 1인당 촉진 비용
- 높은 판매원 확보, 유지 비용
- 고객에 대한 선별적 접근 가능
- 특정 고객의 욕구에 유연한 대응
- 즉각적 피드백
- 고객과의 장기적 관계 유지

홍보

- 진실성
- 적은 경계심 유발
- 내용 통제 어려움

다는 측면에서 조심스러운 접근이 필요하다. 그러나 소비자들이 지각하는 위험성이 큰 의료관광 상품은 홍보처럼 제3자를 통해서 메시지를 전달한다면 소비자들의 경계심을 완화할 수 있고 메시지에 대한 신뢰를 부여할 수 있으므로 의료관광산업에 대한 소비자들의 이해가 어느 정도 형성된 단계에서는 개별 상품에 대한 촉진을 강화하고자 할 때 적극적으로 활용할 수 있다. 홍보의 수단으로 선택되는 것은 출판물과 뉴스, 연설, 사회봉사 활동 등이 있다. 최근 여행사들이 여행 관련 잡지를 만들어서 관광과 관련된 정보 외에 자신들의 상품을 간접적으로 광고하고 있듯이 의료관광산업도 초장기에는 의료관광과 관련된 잡지를 출간하여 업계가 공통적으로 활용할 수 있다면 내용을 통제하면서 홍보활동을 수행할 수 있는 좋은 수단이 될 수 있을 것이다. 이처럼 홍보는 단기간 효과를 보고자 할 때는 한계가 있지만 장기적 관점에서 긍정적인 정보들을 소비자에게 전달하고자 할 때 효과적으로 사용할 수 있다.

3. 프로모션 예산의 결정

1) 프로모션과 판매 반응과 관계

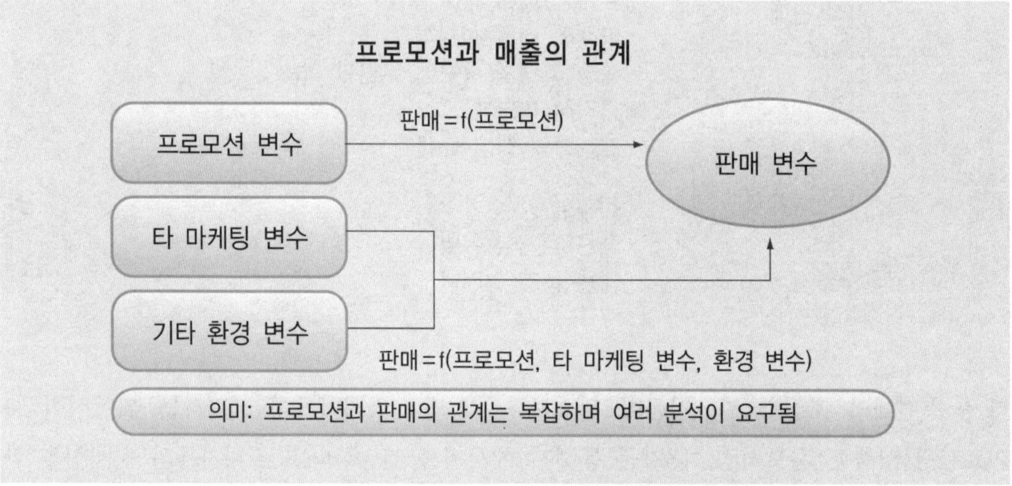

우리는 프로모션 전략을 수립할 때 프로모션 목표에 부합하는 수단들을 선택하고 이를 효과적으로 사용하고자 노력을 기울이게 된다. 이때 광고나 인적 판매처럼 많은 비용이 들어가는 수단을 사용할 경우 예산은 중요한 고려요소가 된다. 프로모션 전략의 목표는 적은 비용을 들여 최대의 효과를 기대하는 것이기 때문이다. 따라서 프로모션 예산을 수립할 때는 프로모션 믹스와 매출 사이의 관계를 파악하여 최대의 매출액을 이끌어 내는 프로모션 수단들을 고려하고 이를 기반으로 예산을 수립하는 것이 바람직하다. 프로모션 비용과 매출액 사이의 관계를 도출하고자 할 때 프로모션 이외에도 가격과 유통 같은 다른 마케팅 변수들이 영향을 주게 되고 환율 변동과 같은 환경적 요인들도 영향력을 행사하게 된다. 따라서 프로모션과 매출 사이의 관계를 예측하는 것은 매우 복잡하여 여러 가지 분석이 요구되지만 그래도 개인적인 판단에 의존하는 것보다는 간단한 판매반응 함수라도 이를 사용하여 과학적인 분석을 진행하고 의사결정을 이끌어 가는 노력이 필요하다.

예를 들어 프로모션 비용과 매출 사이의 관계를 나타내는 가장 간단한 형태의 판매반응함수는 직선함수이다. 이때 가로축은 예상 매출액이고 세로축은 프로모션 비용을 나타내게 된다. 직선함수는 우리가 프로모션 비용을 집행하면 집행할수록 성과는 계속 증가한다는 단순한 가정을 갖고 있다. 그러나 현실에서 우리가 알고 있는 프로모션 비용과 매출 성과 사이의 관계는 이러한 직선 관계보다는 오목 증가형이나 S자형에 가깝다. 따라서 우리가 판매반응함수를 통해 프로모션 예산을 보다 과학적으로 결정하기 위해서는 로그함수를 적용하여 곡선함수를 직선함수로 바꾸고 이를 통해 매출 수준을 예측하고 다시 이를 곡선함수로 바꾸는 노력이 필요할 수 있다. 이러한 방법을 다루는 것은 이 교재의 범위를 벗어나므로 생략하지만 마케터를 지향하는 사람들은 이러한 분석적 틀에 스스로 익숙해지는 노력을 할 필요가 있다.

2) 프로모션과 손익분기점의 관계

〈표 VII-2〉 가격 변화율과 공헌 마진율에 따른 손익분기점

가격 변화율(%)	공헌 마진율 (%)								
	10	15	20	25	30	35	40	45	50
+25	29	38	45	50	55	58	62	64	66
+20	33	43	50	56	60	64	67	69	72
+15	40	50	57	63	67	70	73	75	77
+10	50	60	67	72	73	78	80	82	83
+5	67	75	80	83	86	88	89	90	91
0	100	100	100	100	100	100	100	100	100
-5	200	150	133	125	123	117	114	113	111
-10		300	200	167	150	140	133	129	125
-15			400	280	200	175	160	150	143
-20				500	300	233	200	180	167
-25					600	350	267	225	200

자료: 박찬수, 마케팅원리, 법문사, 2002

서비스 상품은 총 원가에서 고정비의 비중이 낮고 변동비의 비중이 높은 편이다. 이때 고정비를 커버하는 것은 큰 이슈가 되지 않으므로 오히려 공헌 마진을 유지하는 것이 주요 과제가 된다. 따라서 서비스 상품의 가격 목표는 단위당 가격을 높은 수준에서 유지하는 데 맞추는 것이 바람직하다. 이는 변동비 비중이 높은 서비스 상품은 가격 할인과 같은 촉진 수단이 바람직하지 못하다는 점을 의미하고 있기도 하다. 〈표 VII-2〉를 보면 각 열은 공헌 마진율을 나타내는데 왼쪽에서 오른쪽으로 갈수록 공헌 마진율이 높아진다. 각 행은 가격 변화율을 나타내며 열과 행이 만나는 칸에 기재된 숫자는 손익분기점에 도달하기 위해 필요한 판매량의 증가나 감소분을 의미하고 있다. 예를 들어 30%의

공헌 마진율을 가진 서비스 상품의 가격을 10% 할인하면 할인 전에 비해 50%를 더 팔아야 손익분기점에 도달할 수 있다. 여기서 이슈가 되는 것은 소비자들이 이러한 가격 할인에 얼마나 민감한가이다. 만약 의료관광 상품을 구입하는 소비자들의 가격 민감도가 높지 않다고 한다면 이러한 판촉 노력은 기업의 이익구조만 악화시킬 가능성이 높다. 〈표 VII-2〉는 공헌 마진율이 낮은 상품의 경우 가격을 조금만 할인해도 엄청나게 많은 수량을 추가로 판매해야만 손익분기점에 도달할 수 있다는 것을 설명하고 있다. 즉, 가격 할인은 기업에 많은 부담을 안겨주게 되는데 만약 변동비의 비중이 높다면 가격을 가급적 높은 수준에서 유지하는 것이 바람직하고 변동비의 비중이 낮다면 가격 할인을 하더라도 이에 따른 기업의 부담은 비교적 적을 것이다.

3) 프로모션과 매출의 관계

프로모션과 매출의 관계

- 판매의 증가율과 감소율은 차이가 있음
  - 증가율은 학습, 감소율은 망각이라는 반응에 의해 좌우됨
- 경쟁 회사의 프로모션 양과 전략이 판매에 영향을 줌
- 매체 등의 프로모션 전략 요인도 판매반응에 영향을 줌
- 판매가 최고의 수준에 도달하면 다시 줄어드는 경향이 있음
  - 프로모션 증가의 충격 효과
- 광고의 경우 호의를 통한 광고의 누적 효과까지 측정해야 함

프로모션과 매출과의 관계를 보게 되면 프로모션 기간이 늘어날수록 매출은 증가하지만 프로모션 기간 동안 이익이 줄어드는 문제가 있다. 따라서 프로모션을 중단한 후 매출이 줄어드는 속도가 빠르지 않아야 프로모션 동안에 줄어든 이익을 보충할 수 있는 시간적 자원을 확보할 수 있다. 이러한 관점은 좋은 프로모션 전략을 수립하는 것으로 충분하지 않고 프로모션을 통해 창출한 매출 증가분이 프로모션을 집행하는 데 들어간 비용을 상쇄할 수 있는가 하는 문제까지 고려해야 한다는 점을 강조하고 있다. 이때 프로모션을 통해 늘어난 매출액이 감소하는 데 영향을 주는 일차적인 변수는 제품을 처음 구입해 본 소비자들이 제품에 만족하고 이들 중 상당수가 재구매로 연결되는가에 달려 있다. 그러나 이는 프로모션과는 다른 품질 차원의 변수이므로 프로모션에 국한하여 영향 변수를 살펴보면 프로모션을 통해 형성된 자사 상품에 대한 기억이 소비자들의 머릿속에

얼마나 오래 남아 있는가 하는 것이 중요하다. 따라서 프로모션은 단순히 메시지를 알리는 차원을 넘어 그 메시지가 오랫동안 소비자들의 기억에 남아 있을 수 있도록 결정하는 것이 바람직하다고 하겠다. 우리가 프로모션을 할 때 판매의 증가율은 보통 학습이라고 하는 소비자 반응과 관련이 있고 판매의 감소율은 망각이라는 소비자 반응에 의해 좌우되기 때문이다.

그 외에도 우리가 프로모션을 할 때 경쟁사가 프로모션을 하게 되면 자사 상품의 매출 증가에 부정적 영향을 미치고 같은 프로모션이라 하더라도 어떤 미디어를 사용하느냐에 따라서 효과가 달라질 수 있다. 비용 대비 효과를 극대화하기 위해서는 타깃의 사이즈를 고려해서 미디어를 선택하는 지혜가 필요하다. 예를 들어 타깃의 사이즈가 크지 않다면 공중파 TV와 같은 매스 미디어를 사용하기보다는 타깃이 명확한 잡지나 CATV를 사용하는 것이 바람직하기 때문이다. 또한 광고와 같은 프로모션은 광고로 인한 효과가 오랫동안 지속될 수 있으므로 광고 집행에 따른 비용 대비 효과를 평가할 때는 광고로 인한 누적 효과까지 포함하여 측정하는 것이 좋다.

4) 프로모션 예산 결정 방법

프로모션 예산 결정 방법

- 판매기준법: 판매실적(매출액)이나 예측치를 기준으로 일정비율을 곱해 예산 측정
  (광고의 경우 보통 매출액의 3% 내외)
- 경쟁사 대비 균형법: 경쟁사와 비슷한 수준에서 책정
- 목표 및 과업 기준법: 과업을 정의하고 이를 수행하는 데 필요한 예산을 추정
  (광고의 경우: GRP, Reach, Frequency를 사용)
- 판매반응함수를 이용한 책정 방법

프로모션의 예산을 결정하는 방법은 크게 4가지가 있다. 각각은 판매 기준법, 경쟁사 대비 균형법, 목표 및 과업 기준법 그리고 판매반응함수를 이용한 책정 방법이다. 이 중에서 가장 과학적인 방법은 프로모션 투자금액과 매출 사이의 관계를 확인한 후 어느 선까지 투자하는 것이 바람직한지를 확인할 수 있는 판매반응함수를 이용한 책정 방법이다. 특히 신상품일 경우에는 판매반응함수를 통해 프로모션 투자에 따라 매출액이 증가하기 시작하는 임계점과 매출액이 감소하기 시작하는 임계점을 파악하여 이 두 개의 임계점

사이에서 프로모션 비용을 결정할 수 있어야 한다. 만약 두 개의 임계점보다 작거나 큰 수준에서 프로모션 비용을 결정하면 비용 효율성 관점에서 예산을 낭비할 가능성이 높기 때문이다. 참고로 광고 전문가들은 최소 광고비를 이야기할 때 전국을 대상으로 하는 상품인 경우에는 3개월에 10억 원 정도가 초기 임계점을 넘는 수준이라고 언급하고 있다.

판매 기준법은 경험에 근거한 예산 결정법이다. 과거 판매 실적(예: 매출액)이나 미래 예측치를 기준으로 일정 비율을 곱해 예산을 결정하기 때문이다. 광고의 경우에는 보통 예상 매출액의 3% 내외로 결정하는 것이 일반적이다. 예를 들어 우리가 예상하고 있는 매출액이 1,000억 원이라고 한다면 광고비는 여기에 3%를 곱해 30억 원으로 책정하는 것이다. 이 방법은 간단하기 때문에 실무에서 많이 사용하고 있지만 매출액이 프로모션의 결과변수가 아니라 원인변수라는 논리적인 결함을 가지고 있다. 경쟁사 대비 균형법은 우리가 리더가 아니고 후발주자인 경우 사용할 수 있는 예산 책정 방법이다. 우리의 경쟁사가 시장의 리더이고 현재 시장점유율이 30%일 때 우리 시장점유율이 15% 수준이라면 우리의 프로모션 예산을 경쟁사의 50% 수준으로 책정한다는 전략이다. 이는 시장의 리더가 어떻게 프로모션 하는가를 보고 우리의 프로모션 수준을 정하는 것으로 본질적으로 경쟁구도를 흔들지 않겠다는 시각을 내포하고 있다. 그리고 목표 및 과업 기준법은 주로 광고 대행사에서 많이 사용하고 있다. 과업을 정의하고 이를 수행하는 데 필요한 예산을 책정하는 방법인데 이때 과업의 목표 수준으로 매체 전략 운영 지표인 총 도달률(GRP) 등을 사용한다.

5) 프로모션 예산의 배분

프로모션 예산의 배분 문제는 최적화의 문제와 관련이 많다. 만약 고려하고 있는 판매 반응함수가 오목증가함수라면 최적 배분이란 한계광고비용(MC)과 한계광고효과(MR)가 같은 점을 의미하기 때문이다. 판매반응함수와 비용함수의 기울기가 같은 점에서 최적 배분이 되는 이유는 이때 예산 배분에 따른 이익이 극대화될 수 있기 때문이다. 반대로 프로모션의 목표가 매출 극대화라면 위의 그림에서 매출이 줄어들기 시작하는 임계점을 선택하면 된다. 그러나 이때 이익 수준은 MR=MC인 예산 수준에 비해 크지 않은 것이 일반적이다. 따라서 우리가 예산 책정을 할 때 최적화의 위치는 판매반응함수가 S자 커브일 때 최저 임계점과 최대 임계점 사이에 있으며 이 범위 내에 MR=MC가 존재한다는 점을 명심할 필요가 있다.

실제 우리나라 기업들이 광고비를 얼마나 집행하는지를 실제 사례를 통해 살펴보겠다.

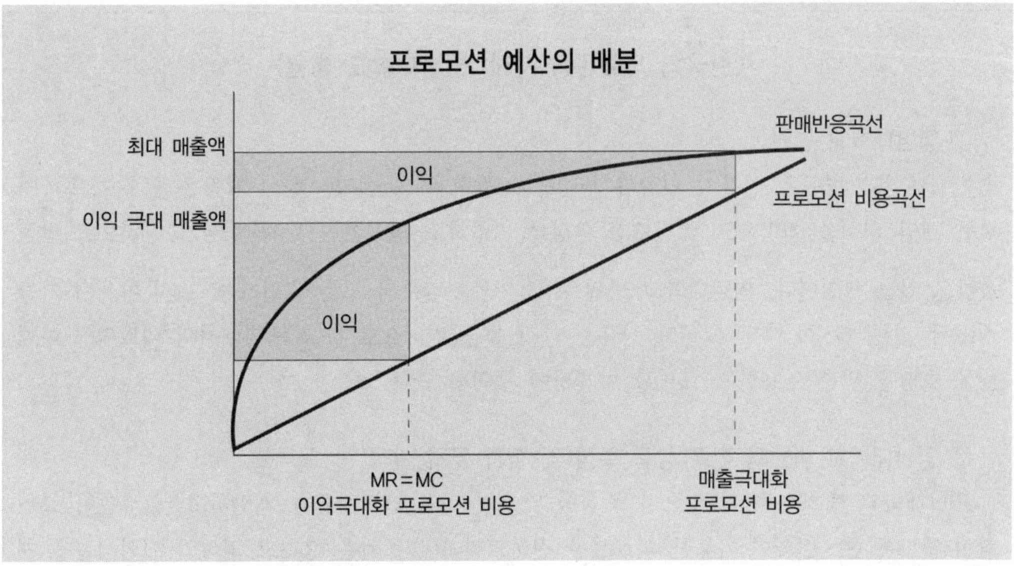

우리나라의 대표적인 식품회사인 N식품은 신제품 출시할 때 사전에 이를 3개의 유형으로 분리한다. 각각은 시장주도형 상품, 시장확인형 상품 그리고 시장탐색형 상품이다. N식품은 제품을 출시하기 전에 시장반응조사를 실시하고 이를 통해 투자의 규모를 결정하게 된다. 그리고 소비자 반응이 좋은 제품들은 시장주도형 상품으로 정하고 1년 동안 50억 원 내외의 광고비 투자를 결정한다. 만약 이러한 투자가 재무적 정당성을 확보하려면 단위당 영업이익을 20%만 잡아도 250억 원의 매출을 달성할 수 있어야 하는데 이는 개당 500원을 상정했을 때 1년간 5천만 개를 판매해야 나올 수 있는 매출 규모여서 소비자 반응조사에서 아주 좋은 결과가 나오지 않는 한 시장주도형 상품으로 쉽게 결정하지 않는다. 그 외 시장확인형 제품들은 연간 20억 원 정도의 광고비 투자를 결정하며 시장탐색형 상품들은 3개월 동안 7억 원 내외의 광고비를 책정하고 이 기간 동안의 소비자 반응을 확인한 후에 추가 투자 여부를 결정하고 있다.

〈한국의 의료관광 사례: 영남대학교 병원〉

① 영남대학교 병원

영남대학교 병원은 인간의 건강과 생명을 소중히 하고 친절, 봉사, 협동을 원훈으로 하여 강한 책임 의식을 기반으로 국민보건 향상을 지향하고 앞서가는 환자 중심의 병원으로 발돋움하고 있는 병원이다. 영남대학교 병원은 2008년 후반부터 교통의 편리성, 현지 마케팅 가능성(중국, 일본, 러시아 시장) 그리고 상류층 타깃 등을 원칙으로 하고 해외에서의 네트워크 마케팅에 초점을 맞춘 조용한 의료관광 마케팅에 주력해 왔다.

② 영남대학교 병원의 진료 상품 특징 및 환자 유치 실적

영남대학교 병원은 먼저 수요자 중심의 맞춤형 의료관광 상품을 개발하고, 외국인이 불편함이 없도록 통·번역이 가능한 의료관광 전문코디네이터 채용 그리고 외국인 편의시설을 개선하는 등 특화된 의료관광 시스템을 갖추기 위한 노력을 기울여 왔다. 두 번째는, 다양한 네트워크를 형성하여 일회성 방문이 아닌 환자들의 지속적인 방문 전략을 수립하는 데 노력해 왔다. 영남대병원 한 관계자는 "현재 외국인 유치등록업체가 있긴 하지만 의료관광객 유치에 따른 수수료 등의 문제점이 있어 유치업체를 통한 의료관광은 힘들 것으로 보고 있다. 따라서 외국 및 국내에서 다양한 네트워크 형성을 통해 일회성에 그치는 성과보다는 지속해서 열매를 얻을 수 있는 전략을 수립할 필요가 있다"고 말했다. 영남대학교 병원의 이러한 노력은 순수한 의료관광객뿐만 아니라 국내에 거주하는 외국인 환자의 유치에까지 영향을 미치고 있다. 글로벌 인지도가 상승하는 효과가 환자 유치에도 큰 성과를 나타내고 있는 것이다. 영남대학교 병원의 외국인 유치현황 자료에 따르면 2007년 대비 2008년 외국인 환자 수는 19.5% 증가, 수입은 31.8% 증가에 불과했으나, 2008년 대비 2009년 외국인 환자 수 증가율은 67.2%, 수입 증가율은 186.1%로 대폭 성장했다. 따라서 2007년 대비 2009년 외국인 환자의 수입 증가율은 무려 277.2%를 보였다. 또한 방문하는 환자의 국적도 31개 나라로 다양해졌다.

③ 영남대학교 병원의 프로모션 활동

ⓐ 중국 현지에서의 다이렉트 마케팅

영남대학교 병원은 2008년부터 중국 지역에 지속적인 현지 마케팅을 시행해 왔다. 북경을 비롯해 상해, 청도, 선양, 닝보 등 5개 도시를 집중 공략하는 전략을 세우고, 에이전시나 여행사 없이 다양한 다이렉트 마케팅을 전개해 중국 의료관광 네트워크를 구축하고 있다. 또한 영남대학교 병원은 일회성 의료관광이 아닌 지속 가능형 의료관광이라는 점을 모토로 내세우고 중국 다이어트협회와의 계약을 통해서 연간 300여 명의 환자들을 유치하고 있다.

ⓑ 해외보험사와의 계약체결

영남대학교 병원은 의료관광 외국인 유치사업자인 글로벌 어시스턴스 파트너스(Global Assistance Partners: GAP)와 외국인 환자 유치/알선 및 의료서비스 제공에 관한 업무협약을 체결하였다. 이 협약은 해외여행자 보험 가입자를 대상으로 대구 지역에서는 처음 맺은 협약으로 해외 보험 가입 외국인이 한국에서 관광을 할 때 발생하는 의료서비스 요구를 원활하게 제공한다는 점에서 의미가 있다. 협약체결로 인해 해외여행자 보험 가입 외국인은 병원에서 진료를 받고 난 후 비용을 직접 정산할 필요 없이 GAP에서 대신해 주게 된다. 즉, GAP에서 외국 보험 환자의 의료비 지불보증 및 해외 보험사 대상 의료비 청구서비스를 대행하는 것이다. 이에 따라 영남대학교 병원은 대구를 관광하는 외국인들이 진료비 걱정 없이 안정적인 의료서비스를 받을 수 있도록 하는 인프라를 구축하게 되었다.

ⓒ 국제의료관광 컨퍼런스 참가

영남대학교 병원은 서울 코엑스 인터콘티넨탈 호텔에서 개최되는 2008 국제의료관광 컨퍼런스(International Medical Tour Conference: IMTC)에 참가하였다. 의료관광 현황을 소개하는 국제회의인 IMTC는 한국관광공사와 한국보건산업진흥원이 공동 주최하고, 문화체육관광부와 보건복지부가 후원하는 행사이다. 여기에서 영남대학교 병원은 한국국제의료서비스협의회, 부산시, 세브란스병원, 청심국제병원, 제주개발센터 등 관련 지자체 및 의료기관들과 함께 전시관에 공동부스를 설치하고, 해외 의료관광 관계자를 대상으로 한국의 의료관광산업을 홍보하였다.

자료원: www.yu.ac.kr

참고문헌

박신혜(2010), 영남대학교 병원의 의료관광 프로모션 사례, 한림대학교.

박찬수(2002), 마케팅원리, 제2판, 법문사.

장대련, 한민희(2006), 광고론, 학현사.

Engel, James F., M. R. Warshaw, and T. C. Kinnear (1991), *Promotion Strategy*, Richard Irwin.

Horsky, Dan (1977), An Empirical Analysis of the Optimal Advertising Policy, *Management Science*, 23(10), 1037-1048.

Kotler, Philip (1997), *Marketing Management*, Prentice-Hall.

Lavidge, Robert J. and G. A. Steiner (1961), A Model for Predictive Measurements of Advertising Effectiveness, *Journal of Marketing*, October, 61.

Lehmann, Donald R. and R. S. Winer (1997), *Product Management*, McGraw Hill.

Simon, Julian and J. Arndt (1980), The Shape of the Advertising Response Function, *Journal of Advertising Research*, 20(4), 11-27.

VIII. 의료관광 광고 전략의 수립

1. 광고의 기능

1) 정보 제공(Informing)

정보 제공(Informing)

- 소비자들에게 정보를 주어 브랜드를 인식하게 하고 브랜드가 주는 편익을 교육하며 이를 통해 호의적인 브랜드 이미지를 형성하고자 하는 것이 목적
- 정보 제공을 통해 신상품의 성공적인 도입과 기존 상품의 수요 증대 효과를 기대할 수 있음
- 때로는 소비자들에게 기존 상품의 새로운 용도를 알려줌으로써 시장을 재활성화하는 데도 기여할 수 있음

소비자들에게 정보를 제공하는 것은 광고의 기본적인 역할이다. 특히 정보의 제공은 신상품이거나 소비자들이 최초로 구매 의사결정을 하는 내구재 상품인 경우 매우 중요하다. 또한 상품에는 평소에 자주 구매하는 상품도 있고, 5년 이상의 주기로 구입하는 상품도 있을 것이다. 특히 구매 사이클이 긴 대표적인 상품 중의 하나가 자동차이다. 자동

차와 같은 내구재를 구입할 때 소비자들은 여러 가지 정보를 수립한 후 구매 의사결정을 내리게 되므로 소비자들에게 필요한 정보를 제공하는 광고의 역할은 커질 수밖에 없다. 이런 차원에서 의료관광 상품은 내구재처럼 자주 구매되는 상품이 아니므로 광고의 역할은 상당하다고 할 수 있다. 광고를 통한 정보 제공은 특히, 상품을 개발한 회사가 후발주자일 때 더 큰 역할을 수행할 수 있는데 그 이유는 소비자들에게 정보를 제공함에 있어 기존 상품과의 비교가 가능하기 때문이다.

또한 광고는 정보 제공 이외에도 소비자들에게 자사 상품의 특징이나 편리성을 강조함으로써 이를 통해 호의적인 이미지를 형성하는 데 도움이 될 수 있다. 반복적으로 자사 상품의 특징을 소비자들에게 알려줌으로써 소비자들이 상품의 이름을 떠올렸을 때 동시에 머릿속에 긍정적인 연상들을 떠올리게 할 수 있기 때문이다. 또한 광고는 소비자들에게 기존 상품에 대한 새로운 용도를 알려주고 이를 통해 상품의 사용 범위를 확장하게 하는 데도 기여할 수 있다. 대표적인 경우가 베이킹 소다이다. 베이킹 소다는 빵을 만들 때 사용하는 것인데 미국에서도 소비자들이 집에서 빵을 잘 만들지 않자 시장이 점차 쇠퇴기에 접어들고 있었다. 그런데 소비자들이 베이킹 소다를 냉장고나 카펫의 탈취제로 사용하는 것을 우연히 관찰하고 광고를 통해 베이킹 소다의 효용을 빵을 만드는 것 외에도 탈취제로서의 기능을 홍보하였는데 이를 통해 베이킹 소다는 다시 성장기로 진입하는 효과를 경험할 수 있었다. 원래 진통제로 사용하였던 아스피린은 심장병 예방 효과가 있다는 임상 결과가 밝혀진 후 다시 심장병을 예방할 수 있는 용도로 알린 것도 이와 유사한 사례라고 할 수 있다.

2) 설득(Persuading)

> **설득(Persuading)**
>
> • 설득은 정보 제공을 통해 소비자들이 제품이나 서비스를 구매하도록 유도하는 것을 의미함
> • 일차수요 확대목적 – 제품 카테고리 전체의 수요를 확대하기 위한 설득 광고를 집행(시장의 리더)
> • 이차수요 확대목적 – 광고하는 상품의 수요를 확대하기 위한 목적의 설득 광고를 집행(시장의 도전자)

광고가 수행하는 두 번째 기능은 설득이다. 그런데 이러한 광고의 역할은 상품을 시장

에 출시한 기업의 시장 상황에 따라 다르게 나타날 수 있다. 시장에서의 선두 주자들은 광고를 통해 비사용자 집단을 설득하고 이를 통해 시장의 크기를 확대하고자 하는 경우가 일반적이다. 반면 후발주자들은 자신들이 만든 상품의 차별성을 강조함으로써 선발주자의 상품을 구입하던 소비자들로 하여금 자사 상품으로 전환시키고자 하는 목표를 지향한다. 따라서 소비자들의 의사결정 과정이 문제 인식, 정보 탐색, 대안 평가, 구매, 구매 후 평가 단계로 구성되어 있을 때 선발주자들은 주로 문제 인식 단계나 정보 탐색 단계에 맞추어 소비자들을 설득하고 제품 카테고리의 비사용자로 하여금 상품 전체에 대해 관심을 갖게 하는 경우가 많다. 반면 후발주자들은 대안 평가나 구매 단계에서 초점을 맞추어 소비자들을 설득하고 자사 상품의 선택을 유도하게 된다. 예를 들어 구강 청정제 가그린의 경우에는 소비자들에게 구강 청정제를 사용하면 좋은 상황을 보여 줌으로써 제품 카테고리의 사용을 확대하는 데 광고의 목표를 두고 있는 반면 후발주자인 센스민트는 광고를 통해 제품에 살균 기능이 있다는 것을 강조함으로써 선발 제품과의 차별화를 지향하는 데 보다 노력하고 있는 것으로 보인다.

제품 카테고리에 익숙한 소비자들이나 자주 구매해 본 소비자들은 정보 탐색과 대안 평가를 생략하고 제품에 대한 욕구를 인식하면 바로 구매로 연결되기도 한다. 우리는 소비자들의 이러한 의사결정 과정을 일상적인 의사결정이라고 부른다. 많은 소비자들이 일상적 의사결정으로 상품을 선택할 때 특히 후발주자는 광고를 통해 차별화를 강조하는 설득 메시지가 매우 중요할 수 있다. 광고를 통해 다시 정보 탐색과 대안 평가의 필요성을 강조할 수 있기 때문이다. 그러나 소비자들이 상품을 처음 구입하기 때문에 의사결정 과정을 순차적으로 따라가고 있다면 선발주자이건 후발주자이건 상품의 필요성을 강조하는 광고 메시지가 상대적으로 중요할 것이다. 소비자가 문제를 인식해야 정보 탐색과 대안 평가의 가능성이 높아지기 때문이다. 그러나 선발주자이건 후발주자이건 소비자들을 효과적으로 설득하기 위해서는 시장의 상황을 고려하여 자신들이 만든 상품을 소비자들에게 어떻게 포지셔닝 할 것인가에 대한 결정을 잘 내리는 것이 중요하다.

3) 상기(Reminding)

상기(Reminding)

- 자사 브랜드를 소비자들의 기억 속에 계속 유지시키는 활동(시장의 리더)
- 구매 상황에서 평소에 호의적인 평가를 갖고 있던 브랜드 대신에 우리 브랜드를 기억하게 하는 것(시장의 도전자)

광고의 세 번째 기능은 소비자들의 마음속에 자사의 브랜드를 상기시키는 것이다. 이러한 기능은 선발주자의 브랜드이건 후발주자의 브랜드이건 상품 카테고리가 성숙기에 있고 소비자들이 상품 카테고리에 속한 브랜드들을 잘 알고 있을 때 중요한 역할을 한다. 대표적인 것은 비누, 치약과 같은 상품 카테고리이다. 성숙기 단계에서는 소비자들이 욕구가 발생되어 상품을 구매하고자 할 때 소비자들의 마음속에 가장 먼저 떠오르는 상품이 소비자들의 선택을 받을 가능성이 높다. 이러한 이유 때문에 시장이 성숙기에 있을 때는 광고를 통한 브랜드의 상기가 중요하다. 광고를 통해 브랜드를 상기시키고자 할 때 중요한 것은 타이밍을 잘 결정하는 것이다. 소비자들이 특정 상품 카테고리에 대한 욕구가 생겼을 때 광고나 프로모션을 통해 소비자들이 기억 속에서 브랜드와 관련된 정보를 인출할 수 있게 도와줄 수 있어야 한다. 우리가 매장에서 많이 보게 되는 POP 광고도 이러한 맥락에서 이해할 수 있다.

예를 들어 우리가 치약이 떨어져 치약을 구매하러 마트에 갔을 때 일차적으로는 평소 자주 사용하던 브랜드를 머릿속에 떠올리고 상품을 구입하게 된다. 그런데 매장에서 평소 알고 있는 다른 브랜드가 1+1 프로모션을 수행할 경우 이러한 프로모션이 이 브랜드에 대한 기억을 떠오르게 하고 결과적으로 원래 의도했던 브랜드 대신에 프로모션을 진행하는 브랜드를 구입하게 될 가능성이 높다. 이때 프로모션을 진행하는 브랜드가 소비자들의 머릿속에 이미 존재할 경우 이러한 프로모션이 브랜드의 상기 효과를 통해 소비자들의 선택에 영향력을 행사할 수 있지만 소비자들이 이 브랜드를 잘 모르고 있다면 이러한 프로모션의 효과를 기대하기 힘들다. 이처럼 시장에 처음 나온 신상품이 아니라 소비자들이 자주 사용하는 상품의 경우는 광고나 프로모션을 통한 브랜드 상기가 중요하다.

이러한 광고의 상기 기능은 인출 단서로의 역할을 수행하기 때문에 앞에서 강조하였듯이 광고가 소비자들에게 제시되는 타이밍이 중요하다. 따라서 대중 매체 광고보다는 지하철/버스 광고, 도로변 옥외 광고 또는 경기장 펜스 광고처럼 소비자들이 욕구가 발생했을 때 바로 정보를 전달할 수 있는 형태의 광고가 이러한 기능을 수행하는 데 더 유리한 광고 매체라고 할 수 있다.

4) 가치부여(Adding Value)

광고가 수행하는 네 번째 기능은 상품에 대한 가치부여이다. 가치부여는 광고를 통해 상품에 대한 소비자들의 품질 인식을 개선시키고 이를 통해 상품에 대한 소비자들의 인식을 바꾸는 역할을 수행한다. 광고의 가치부여 기능은 기능적인 상품보다는 이미지가

가치부여(Adding Value)

- 소비자들에게 브랜드 가치를 부여할 수 있는 3가지 방법
  - 혁신(Innovating)
  - 품질의 개선(Improving Quality)
  - 소비자 인식의 개선(Changing Consumer Perceptions)
- 광고는 본질적으로 소비자들의 인식을 개선하여 브랜드 가치를 부여하는 프로모션 활동임

중요한 상품에게 더 큰 의미가 있다. 만약 소비자들이 비싼 돈을 지불하고 명품 브랜드를 산다면 단순히 그 상품의 기능적인 측면만을 고려하지는 않는다. 소비자들은 상품의 기능적인 측면 외에도 그 상품이 보유한 이미지까지 사는 것이다. 가치부여는 결국 소비자들이 상품을 소비할 때 중요하게 생각하는 이미지를 상품에 부여하는 것이라고 할 수 있다. 소비자들이 단순히 갈증 해소라는 욕구를 갖고 있다면 생수를 마실 것이다. 그런데 에비앙을 선택하는 사람들이 있다면 이들은 생수를 마시는 것이 아니라 에비앙이 갖고 있는 이미지를 마신다고 볼 수 있다. 결국 가치부여는 소비자들이 상품을 소비할 때 기능적 속성 이외에도 중요하게 생각하는 이미지라고 하는 속성을 광고를 통해 부여하는 과정이라고 생각할 수 있다.

우리가 광고를 집행할 때는 소비자들에게 무엇을 이야기할 것인가를 결정해야 하는데 우리는 이것을 소구점이라고 한다. 자사 상품에 대해 가치를 부여하기 위해서 소비자들에게 제시할 수 있는 소구점은 상품의 혁신, 품질의 개선 그리고 소비자 인식의 개선이 있다. 상품의 혁신이나 품질의 개선은 상품 자체를 혁신함으로써 새롭게 가치를 부여하는 것인데 자동차 회사들이 기존 브랜드의 자동차를 새롭게 리뉴얼하고 이를 광고하는 것이 대표적인 사례이다. 반면 소비재의 경우에는 상품에 대한 소비자들의 인식을 개선하는 데 목표를 두게 된다. 이때 가장 중요한 것은 메시지 내용에 대해 소비자들의 공감을 얻어내는 것이다. 최근에 보았던 광고 중에서 이러한 목적에 충실했다고 판단되는 광고는 캐논의 카메라 광고이다. "가장 소중한 사진은 길 가던 누군가가 찍는다"는 광고 슬로건을 제안함으로써 캐논 카메라는 누가 찍어도 사진의 선명도에는 차이가 없다는 점을 강조하고 있기 때문이다. 광고는 상품이 처한 여러 마케팅 상황에 따라 여러 가지 기능을 수행하고 있지만 가장 중요한 것은 어떤 이야기를 하든지 그 이야기가 소비자와의 공감대를 형성할 수 있는 맥락에서 제시되어야 한다는 점이다. 정리하면 광고의 기능은 정

보 제공, 설득, 상기, 가치제공이라고 할 수 있다. 이러한 기능을 상품의 마케팅 상황에 따라 효과적으로 사용할수록 광고의 가치를 극대화할 수 있을 것이다.

2. 광고 전략

1) 전략의 개념

전략의 개념

- 전략: 특정 조직체가 환경의 여러 변화에 대해 적응하는 방법 → 원가우위 또는 차별화 전략
- 마케팅 전략 및 광고 전략 수립 절차
  마케팅 전략: **사전조사 → (상황 분석) → 차별화 방향**
  광고 전략: USP결정 → 크리에이티브 → 매체 전략

전략은 특정 조직체가 환경의 여러 변화에 대해 적응하는 방법을 의미한다. 그리고 현실적인 차원에서 이를 해석하면 상대방과의 경쟁에서 이기기 위한 방법을 모색하는 과정이라고 생각할 수 있다. 마케팅에서 경쟁자를 이기기 위한 방법은 크게 원가 우위 전략과 차별화 우위 전략으로 구분할 수 있다. 원가 우위 전략은 주로 시장의 리더들이 사용하는 전략이라고 할 수 있고 차별화 우위 전략은 시장에 늦게 참가한 후발주자들이 선택하는 전략이다. 원가 우위는 똑같은 품질의 상품을 경쟁자보다 낮은 가격으로 소비자들에게 제시하는 전략을 의미한다. 이를 구현하기 위해서는 생산과 물류 측면에서 많은 노력이 필요하다. 생산 측면에서는 원자재의 대량 구입과 대량 생산을 기반으로 하는 규모의 경제가 대표적이라고 하겠다. 최근 기술의 발전으로 생산 과정에서 원가를 낮추는 노력이 힘들어짐에 따라 상품의 유통 과정에서 재고 비용을 최소화함으로써 원가 우위를 얻고자 하는 노력들이 증가하고 있다. 이러한 측면에서 원가 우위는 생산과 유통 과정에서는 규모의 경제와 범위의 경제를 누릴 수 있는 선발주자들이 유리하다고 할 수 있다.

반면 차별화 우위는 후발주자들이 주로 선택하는 전략이다. 시장 리더의 상품과는 다른 속성을 강조함으로써 시장을 세분화하여 공략하는 노력의 일환으로 해석할 수 있다. 예를 들어 우리나라 사람들이 가장 많이 먹는 라면 중의 하나가 신라면이다. 이는 매운

맛을 좋아하는 우리나라 사람들의 입맛에 기인한 바가 크다. 따라서 많은 경쟁 회사들이 유사한 매운 라면을 만들었으나 신라면의 아성을 흔들지 못했다. 이때 시장의 후발주자 중 하나인 오뚜기는 매운 라면 대신에 순한 맛을 강조하는 진라면을 시장에 내놓았고 이를 통해 상당한 시장 점유율을 확보할 수 있었다. 이러한 차별화 전략이 효과를 본 이유는 많은 소비자들이 매운 맛을 좋아하지만 개중에는 매운 맛을 싫어하거나 매운 것을 못 먹는 소비자들도 존재하기 때문이다. 이처럼 차별화 전략은 시장을 세분화하고자 하는 후발주자에게 의미 있는 전략이 될 수 있다. 그리고 후발주자가 이러한 전략적 목표를 설정하기 위해서는 먼저 소비자 분석, 경쟁자 분석, 자사 분석과 같은 사전 조사를 통해 시장의 기회를 파악하고 이를 통해 차별화 방향을 모색하는 것이 중요하다.

2) 마케팅 전략과 광고 전략의 관계

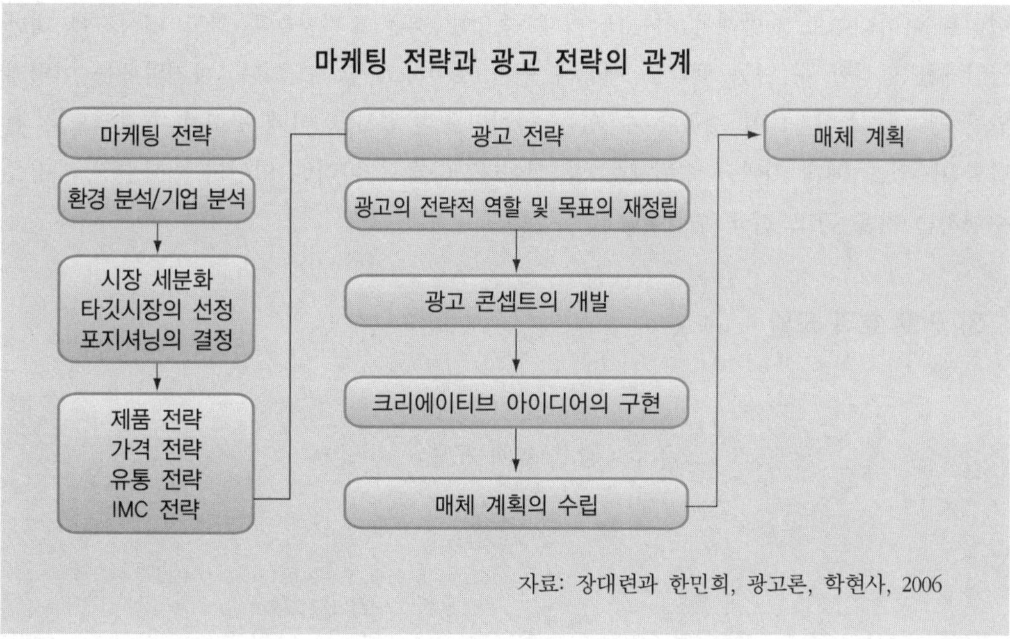

자료: 장대련과 한민희, 광고론, 학현사, 2006

마케팅 전략은 크게 원가 우위 전략과 차별화 우위 전략으로 구분할 수 있다고 설명하였다. 그리고 이러한 선택은 시장에서 상품이 차지하고 있는 상대적 위치에 따라 결정된다고 보아야 한다. 그러나 원가 우위와 달리 차별화 우위 전략은 차별화의 구체적인 방향을 추가로 결정해야 하기 때문에 몇 가지 노력이 필요하다. 먼저 시장 환경을 분석하고 이를 토대로 세분 시장을 선택하고 차별화의 내용을 소비자들에게 제안하는 포지셔닝을 결정해야 한다. 이는 차별화 전략을 수행하기 위해 반드시 거쳐야 하는 의사결정 과정이라고 할 수 있다. 물론 시장 리더라 하더라도 시장을 개척하는 초기에는 이러한 과정을 거치는 것이 일반적이다. 그리고 이러한 포지셔닝 방향에 따라 상품을 설계하고 이를 효과적으로 전달할 수 있는 가격, 유통, 촉진 전략을 수립하는 것이 마케팅 전략의 근간이라고 할 수 있다.

반면 광고 전략은 이러한 마케팅 전략의 실천적 의미를 담고 있다. 먼저 광고 전략을 수립하기 위해서는 광고가 수행해야 할 전략적 역할을 규명해야 한다. 이는 앞에서 설명한 광고의 기능과 관련하여 광고가 수행해야 할 역할이 자사 상품에 대한 정보 제공인지, 설득인지, 상기인지 아니면 가치부여인지를 결정하는 과제라고 할 수 있다. 그리고 이러한 역할을 수행하기 위해 광고의 소구점을 결정해야 하는데 이것을 광고 콘셉트의 개발이라고 부른다. 또한 광고 콘셉트를 소비자들에게 효과적으로 전달하기 위한 크리에이티브 아이디어도 개발해야 하는데 이때 중요한 것은 소비자들과 광고 메시지에 대한 공감대를 형성할 수 있는 맥락을 제공해 주는 것이라고 할 수 있다. 마지막에는 이렇게 만든 광고를 소비자들이 주목할 수 있는 타이밍을 발견하고 이때 광고를 효과적으로 전달할 수 있는 매체 계획을 수립해야 할 것이다. 따라서 이러한 일련의 의사결정 과정을 수행하는 것을 광고 전략 수립이라고 부른다.

3) 광고 효과 모델

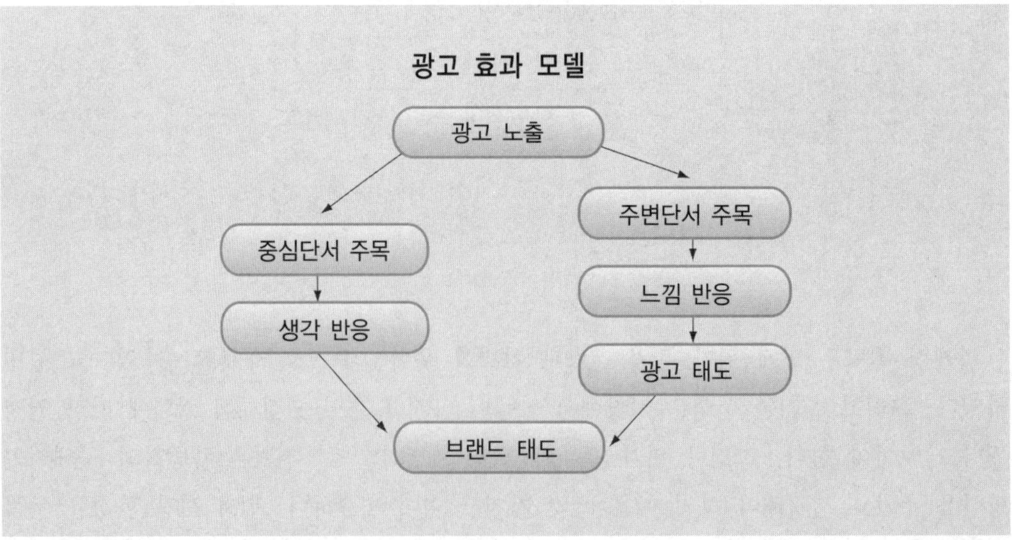

광고 전략을 수립할 때는 먼저 광고가 어떤 기능을 수행할 것인지에 대한 고민이 필요하다. 만약 광고 전략이 소비자 설득을 목표로 했다면 광고를 통해 상품에 대한 차별화된 속성 정보를 제시하고 이를 통해 신념의 형성과 더불어 상품에 대한 긍정적인 태도를 형성하게 하는 것이 일반적이다. 반면 가치부여를 목표로 할 경우에는 광고를 통해 상품과 긍정적인 이미지를 연결하고 이를 통해 상품에 대한 긍정적인 태도를 형성하게 된다. 즉, 광고 전략을 수립할 때는 결과적으로 상품 또는 브랜드에 대한 긍정적인 태도 형성을 목표로 하고 있지만 이에 이르는 과정은 브랜드가 처한 시장 상황이나 기업의 여건에 따라 다를 수 있다. 따라서 설득을 목표로 할 때는 생각 반응을 통한 태도 형성 과정이라고 정의할 수 있고 가치부여를 목표로 할 때는 느낌 반응을 통한 태도 형성이나 기존 태도의 강화라고 정의할 수 있다. 일반적으로 생각 반응은 후발주자들이 많이 선택하는 광고의 전략 방향이며 느낌 반응은 시장을 지배하고 있는 선발주자들이 많이 선택하는 전략이다. 또한 느낌 반응은 패션 상품처럼 선발주자나 후발주자와 상관없이 이미지를 통한 차별화가 중요한 상품 카테고리의 경우에 공통적으로 사용되는 전략이기도 하다. 일반적으로 생각 반응에 비해 소비자들의 느낌 반응을 지향하는 광고가 비교적 제작하고 집행하기가 편리하다. 소비자들은 생각을 요구하는 광고보다는 보았을 때 좋은 느낌을 주는 광고를 더 선호하기 때문이다. 심리학에서는 이러한 특징 때문에 소비자들을 인지적 구두쇠라고 부르기도 한다. 광고는 이처럼 소비자들로 하여금 신념을 형성하게 할 수도 있고, 좋은 감정을 형성할 수 있도록 도와주기도 한다. 그러나 광고의 목표 반응들이 무엇이든 광고가 지향하는 목표는 상품에 대한 호의적인 태도라는 점을 명심할 필요가 있다.

4) 광고 효과 모델이 광고 목표 설정에 주는 시사점

광고 효과 모델이 광고 목표 설정에 주는 시사점

- 브랜드 태도 형성과 구매행동 유도 중에서 무엇을 최우선 목표로 할 것인지를 선택
- 광고하는 상품 타입의 고려(탐색재, 경험재, 신뢰재)
- 광고를 통해 제시해야 할 메시지의 선택: 상품의 정보 또는 상품의 사용 경험
- 광고를 통한 브랜드 충성도 형성의 가능성 모색

앞에서 광고가 지향하는 목표는 광고를 통해 상품에 대한 호의적인 태도를 형성하는 것이라고 강조하였다. 그러나 모든 광고가 광고 목표를 호의적인 태도 형성에 두는 것은 아니다. 관여도가 낮은 상품의 경우에는 광고의 목표를 호의적인 태도 형성을 넘어 바로 구매행동에 두는 경우가 많다. 저관여 상품은 구매에 따른 위험이 크지 않기 때문에 소비자들이 광고를 통해 얻은 정보를 토대로 태도를 형성하기보다는 바로 구매를 하고 이를 통해 상품에 대한 태도를 형성할 가능성이 있기 때문이다. 반면 관여도가 높은 상품은 구매에 따른 위험이 어느 정도 존재하므로 광고를 보았다고 바로 구매하기보다는 상품에 대한 정보를 다각도로 수집하고 호의적인 태도를 형성한 다음 이를 바탕으로 구매 의사결정을 하는 것이 일반적이다. 의료관광 상품은 구매에 따른 위험도가 비교적 큰 상품 카테고리이므로 의료관광 상품의 광고는 광고 목표를 상품에 대한 호의적인 태도 형성에 두는 것이 바람직하다.

소비자들이 상품을 선택할 때는 광고를 통해 얻은 정보에 기초하기도 하고 본인의 구매 경험을 통해 얻은 정보에 의존하기도 한다. 그런데 소비자들이 구입하는 상품을 분류해 보면 정보 획득만으로도 상품의 품질을 충분히 평가할 수 상품이 있는 반면 직접 사용해 보지 않으면 상품의 품질을 평가하기 힘든 상품이 있다. 어떤 경우에는 상품을 사용해 보아도 상품의 품질을 평가하기 힘든 경우도 있다. 마케팅은 이러한 특징을 토대로 상품을 각각 탐색재, 경험재, 신뢰재로 분류한다. 탐색재는 물건을 사기 전에 정보 탐색만으로도 상품을 평가할 수 있는 상품군으로서 대표적인 예로는 패션 상품을 들 수 있다. 경험재는 구입하기 전에는 품질을 판단할 수 없지만, 상품을 경험해 보면 상품의 품질을 판단할 수 있는 것으로 대표적인 예는 음식이 될 수 있다. 신뢰재는 구입을 해도 품질 평가가 힘든 상품으로 대표적인 예는 생수나 엔진 오일 같은 상품이라고 볼 수 있다. 이처럼 판매하고자 하는 상품에 따라 광고의 역할이 상대적으로 달라지는데 탐색재나 신뢰재의 경우에는 광고를 통한 정보 제공이나 태도 형성이 중요한 역할을 할 수 있지만 경험재는 직접 소비자들에게 체험을 제공하는 프로모션이 광고보다 더 효과적일 수 있다. 의료관광은 경험재에 가깝다고 판단되므로 광고의 역할은 다른 상품 카테고리에 비해 작다고 판단되지만 정보를 제공하고 이를 통해 상품에 대한 신뢰도를 제고하거나 상품에 대한 호의적인 태도를 형성하는 데 기여할 수 있을 것이다.

3. 광고 전략의 수립 과정

1) 광고 타깃의 이해

> **광고 타깃의 이해**
>
> • 목표시장을 구체화할 것
> • 타깃 소비자 집단의 인구통계 정보와 매체이용 패턴을 정확하게 이해할 것
> • 타깃 소비자 집단을 마치 한 사람인 것처럼 구체적으로 묘사할 것
> • 타깃 소비자들의 마음이 열릴 때를 찾을 것

광고 전략을 수립할 때는 어떤 상황 분석부터 시작할 것인가를 고민해야 한다. 광고 전략을 수립할 때 두 가지의 출발점이 있기 때문이다. 첫 번째는 가장 보편적인 출발점으로 소비자에 대한 분석에서 시작하는 것이고 두 번째는 상품 분석에서 시작하는 것이다. 특히 광고 대행사와 같은 3자의 입장에서 광고 전략을 수립할 때는 상품을 이해하는 것이 매우 중요하다. 이때는 상품을 성분 단위로 분해해서 각각의 역할이 무엇인지를 명확하게 이해해야 한다. 한국 야쿠르트의 천연 비타민 광고를 예로 들면 먼저 마케터가 천연 비타민과 일반 비타민의 차이를 이해하는 것이 매우 중요할 수 있다. 소비자들이 약국에서 사먹는 대부분의 비타민은 합성 비타민이기 때문이다. 특히 비타민C의 경우는 과일에 많이 포함되어 있지만 그 양이 미미하기 때문에 제약 회사들은 비타민C와 화학적 성분이 똑같은 아스코르빈산을 만들어서 그것으로 비타민 제품을 만들게 된다. 따라서 합성 비타민은 원가가 비쌀 이유가 없지만 천연 비타민은 식품에서 추출한 것이므로 원가가 높을 수밖에 없다. 광고를 통해 이러한 차이점을 소비자들에게 알리기 위해서는 먼저 마케터가 비타민에 대한 공부를 할 필요가 있다.

이러한 상황 분석을 출발점으로 해서 광고 전략을 수립하게 되는데 이때 중요한 첫 번째 단계는 광고 상품을 구입할 가능성이 높은 핵심 타깃을 정확하게 이해하는 것이다. 특히 핵심 소비자들의 인구 통계적 특징과 매체 이용 습관을 파악하는 것이 중요하다. 과거에는 타깃 소비자와 공감대를 형성할 수 있는 광고 메시지를 개발하기 위해 타깃 소비자를 집단이 아니라 한 사람으로 생각하고 묘사하는 것을 강조하였다. 그러나 최근에는 이것만으로 충분하지 않고 소비자들의 매체 이용 습관까지 고려하여 타깃 소비자들이 상품을 구입하고자 하는 욕구가 생겼을 때 광고 메시지를 전달할 수 있는 매체 전략을

수립하는 것을 강조하고 있다. 예를 들어 라면 광고를 만들었을 때 이 라면이 특별한 재료를 사용하여 맛있는 라면이라는 점을 강조한다 하더라도 저녁 8시에 광고를 하게 되면 이 메시지가 소비자들의 귀에 들어갈 가능성이 낮다. 방금 저녁을 먹었기 때문에 소비자들이 먹는 광고에 집중하기 어렵기 때문이다. 반면 이 광고를 저녁 11시 이후에 집행하게 되면 이때는 소비자들의 배가 출출할 시점이기 때문에 광고가 전달하는 메시지에 귀를 기울일 가능성이 높을 것이다. 이처럼 최근에는 광고 메시지를 전달하는 것만으로는 충분하지 않고 소비자들의 마음이 열렸을 때 광고 메시지를 전달하는 것의 중요성을 강조하고 있다.

사례: 광고 타깃의 마음이 열릴 때

자동차 수송 서비스 사례(Amtrak)

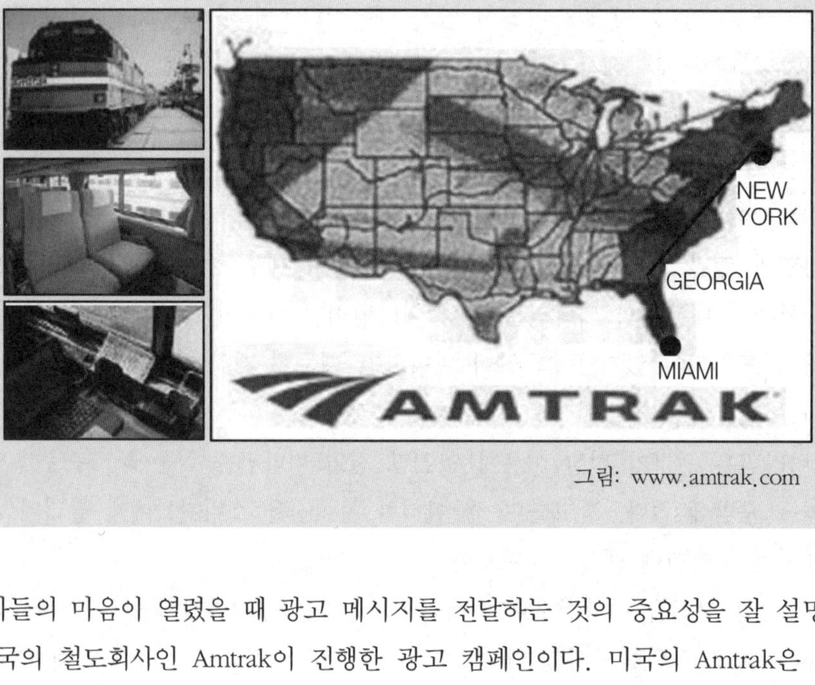

그림: www.amtrak.com

소비자들의 마음이 열렸을 때 광고 메시지를 전달하는 것의 중요성을 잘 설명하는 사례는 미국의 철도회사인 Amtrak이 진행한 광고 캠페인이다. 미국의 Amtrak은 여름휴가 때 마이애미로 휴가를 가는 뉴욕 시민들이 가장 힘들어 하는 부분이 장시간 운전이라는 점에 착안하여 뉴욕과 마이애미를 운행하는 기차 뒤에 자동차를 실어 주는 새로운 상품을 개발하게 되었다. 이 서비스를 이용하면 자동차로 이동할 때 2박 3일 걸리는 일정이 1박 2일로 줄어들 뿐 아니라 운전자들이 직접 운전할 필요가 없으므로 운전에 따른 피곤함도 없어서 사전 조사에서 많은 뉴욕 시민들의 호평을 받았다. 이에 고무되어 Amtrak

은 여름휴가 시즌을 앞두고 이 상품을 소개하는 대대적인 TV 캠페인을 진행하였다. 그런데 막상 여름휴가 시즌이 시작되었을 때 성과는 대단히 실망스러웠다. 많은 뉴욕 시민들이 여름휴가를 떠날 때 Amtrak의 새로운 서비스를 이용하기보다 예전처럼 자기 자동차로 이동하였기 때문이다. 이에 Amtrak은 광고 대행사인 DDBN에 원인 분석과 더불어 새로운 광고 캠페인을 의뢰하였다. 이때 DDBN이 뉴욕 시민들을 대상으로 조사를 진행하고 내린 결론은 간단했다. 뉴욕 시민들이 휴가를 앞두고 있을 때는 마음이 설레기 때문에 장거리 운전에 따른 불편을 실감하지 못한다는 점이었다. 즉, 소비자들이 광고 메시지를 듣더라도 그 메시지가 마음에 와 닿지 않는다는 것이었다. 따라서 DDBN은 운전자들이 가장 힘들어 할 때가 미국 남부의 조지아 주를 지날 때라는 점에 착안하여 조지아 주의 고속도로 입간판 광고와 조지아 주의 로컬 라디오 광고를 이용하는 전략을 수립하였다. 이때는 소비자들이 광고 메시지에 주목하게 될 가능성이 높다고 판단하였기 때문이다. DDBN이 새로운 광고 캠페인을 시작한 후에 많은 뉴욕 시민들이 휴가를 마치고 다시 뉴욕으로 돌아올 때 이 서비스를 이용하게 되었는데 이는 광고 캠페인을 진행함에 있어 타이밍의 중요성을 강조하는 사례라고 할 수 있다.

2) 광고 목표의 수립

광고 목표의 수립

- 최고 경영자의 관심을 반영할 수 있어야 함
- 타깃 마켓의 특징을 반영할 수 있어야 함
- 광고 효과를 평가하는 기준을 제시할 수 있어야 함
- 광고 예산과 광고 메시지 그리고 매체 전략 수립의 지침을 줄 수 있어야 함

광고 목표는 광고의 기능을 고려할 때 설득, 정보 제공, 상기, 가치부여로 구분할 수 있다. 그리고 이러한 광고 목표에 따라 광고의 예산 규모, 메시지 그리고 매체 전략이 달라진다. 일반적으로 소비자 설득이나 가치부여와 같은 광고 목표는 많은 매체 예산을 요구한다. 이러한 목표를 달성하기 위해서는 대중 매체를 사용하거나 또는 메시지의 지속적인 반복이 필요하기 때문이다. 반면 소비자들에게 상품에 대한 정보를 제공하거나 기존의 기억을 되살리는 것이 광고의 목표라면 적은 비용이 드는 매체를 사용해도 충분하다. 이처럼 광고의 목표는 마케팅 목표와 연결되어 있기 때문에 계량적인 마케팅 목표를 커뮤

니케이션 차원으로 해석하여 광고 목표로 설정하는 것이 중요하다. 가장 잘 알려진 세분화된 광고 목표 리스트 중에는 Colley(1961)가 주장한 DAGMAR(Defining Advertising Goals for Measured Advertising Results)가 있다. DAGMAR는 보편화된 9개 카테고리와 52가지의 상세한 광고 목표로 구성되어 있는데 우리가 여기서 알 수 있는 것은 광고의 다양한 용도이다. 즉, 광고는 단순히 상품과 브랜드의 인지도만 높이는 수단이 아니므로 기업은 광고를 통해 여러 가지 다른 목표를 추구할 수 있다. DAGMAR는 소비자 반응의 계층이론을 토대로 하고 있다. 즉, 소비자들의 구매행동은 많은 광고 상황에서 생각-느낌-의도-행동이라고 하는 순차적인 반응으로 이루어지는데 이러한 개념에 입각하여 DAGMAR는 광고가 어떠한 반응을 목표로 할 것인가를 결정하게 한다. 생각의 핵심 반응인 소비자 기억을 강화시키면 이것이 브랜드에 대한 긍정적인 태도로 연결되고 태도가 궁극적으로 구매 의도와 구매로 연결된다는 주장이다. 이때 광고는 마케팅 목표의 실천 수단이므로 소비자 의사결정의 병목을 해결하는 기능을 수행하게 되는 것이다. 다만 소비자들의 구매 의사결정 과정에서 우리 브랜드가 직면한 핵심 병목이 무엇인가를 파악하는 것은 마케터의 경험과 실증 분석을 통해 명확하게 결정될 수 있어야 한다.

그리고 이러한 광고 목표를 결정하는 데 있어 가장 중요한 것은 광고 목표를 기업의 전체 부서들이 이해하고 공유하는 것이다. 이렇게 되어야 광고 메시지 외에도 상품 가격, 유통, 촉진 등의 다양한 마케팅 활동들이 일관성 있게 관리될 수 있기 때문이다.

3) 두 가지 형태의 광고 목표

두 가지 형태의 광고 목표

직접적 목표	간접적 목표
타깃 소비자들의 직접적인 행동유도에 맞추어 광고 목표를 설정	소비자들의 구매행동 이전 단계(태도 형성)에 맞추어 광고 목표를 설정

지금까지 논의한 광고의 목표는 일반적으로 소비자들의 구매행동이 순차적인 반응으로 이루어진다고 가정하고 이러한 개념에 입각하여 소비자 행동의 전 단계인 상품에 대한 호의적인 태도를 형성하는 데 초점을 두고 있다. 이렇게 긍정적인 소비자 태도 형성

을 지향하는 광고 목표는 간접적인 목표로 정의될 수 있으며 주로 제조업체가 진행하는 광고 상황에서 보편성을 갖는다고 생각할 수 있다. 또한 이러한 간접적인 광고 목표는 광고주에 비해 광고 대행사가 선호하는 목표라고도 할 수 있다. 반면 소비자 행동의 변화를 광고 캠페인의 목표로 두는 경우에는 직접적인 광고 목표라고 부를 수 있다. 직접적인 광고 목표는 광고의 결과로서 매출에 관심을 갖는 광고주의 시각을 반영하고 있다. 행동 지향적인 광고 목표는 주로 유통업자들이 집행하는 광고에서 많이 볼 수 있는데 백화점과 같은 유통업체는 업체의 이미지를 강조하는 광고보다는 주로 백화점의 판촉 내용을 소비자들에게 알려 매장으로 유인하기 위한 광고를 집행하는 경우가 일반적이다. 또한 최근에는 보험사들이 직접 소비자 문의 전화를 유도하는 형태의 직접 반응 광고도 많이 집행하고 있다. 행동 지향적인 광고 목표를 극대화한 광고 형식 중 하나가 인포머셜(Informercial)이다. 인포머셜은 5분 이상의 광고 시간을 통해 소비자들에게 상품의 정보를 제시하고 동시에 구매를 유도할 수 있는 콘택트 포인트를 제시하여 소비자들이 광고를 보는 동안에 상품의 구매로까지 연결시키고자 하는 의도에서 집행하는 광고이다. 이러한 형식이 보다 극대화된 사례는 우리가 최근에 볼 수 있는 홈쇼핑 프로그램에서 확인할 수 있다. 즉, 홈쇼핑의 개별 프로그램들은 처음부터 소비자들의 행동 반응을 목표로 제작된 직접 반응 광고 형식의 대표적인 사례라고 할 수 있다. 제조업체들도 브랜드를 알리는 목적으로 광고를 집행할 때는 호의적인 태도 형성에 목표를 두고 있지만 판매 촉진 프로모션을 진행할 때는 직접적인 소비자 반응을 목표로 하는 광고를 제작하기도 한다. 예를 들어 펩시는 광고를 통해 상품에 부착되어 있는 일련번호를 회사 홈페이지에 입력하면 경품의 당첨 여부를 알려주는 광고 캠페인을 진행하였는데 펩시는 이러한 캠페인을 통해 수많은 소비자들의 정보를 수집할 수 있는 부차적인 효과까지 얻을 수 있었다.

4) 광고 목표로서의 매출액

전통적 관점(Traditional View)

- 매출액은 광고 이외에도 다양한 요인(가격, 품질, 유통 등)들에 의해 결정됨
- 광고 효과가 시간을 두고 발생함

새로운 관점(Heretical View)

- 광고의 목표도 직접적인 매출액 증가에 기여하는 것임
- 광고 효과로써 매출액은 인과관계 설정이 가능한 목표임

광고주가 선호하는 광고 목표는 소비자들의 행동 반응을 목표로 한 광고이다. 즉, 소비자들이 문의 전화를 하거나 홈페이지를 방문하는 것보다 소비자들이 직접 매장을 방문하고 상품을 구매하게 하는 광고라고 할 수 있다. 이처럼 광고의 결과 변수로서 매출액을 고려하는 것이 적절한가에 대해서는 지금까지 많은 논쟁이 있어 왔다. 기업이 출시한 상품의 매출액을 결정하는 것은 광고 외에도 상품의 품질, 적절한 가격, 편리한 유통채널 그리고 유능한 영업사원 등 다양한 변수들이 존재하기 때문에 광고만을 매출액의 원인 변수로 고려하는 것은 적절하지 않다는 것이 일반적인 시각이었다. 특히 상품의 품질이 중요한 내구재나 소비자들이 많은 정보 탐색을 한 후 구매 결정을 하는 고관여 제품의 경우에는 이러한 주장이 많은 설득력을 갖고 있다. 또한 광고의 효과는 바로 나타나기도 하지만 시간을 두고 나타날 수도 있기 때문에 광고와 매출액을 동일 시간 프레임을 기준으로 효과를 측정하는 것은 적절하지 않다는 시각도 많다.

그러나 최근에는 이러한 시각을 벗어나 광고의 목표로서 매출액 증가를 고려하는 것이 바람직하다는 주장들이 등장하고 있다. 특히 최근에 등장한 홈쇼핑은 이러한 주장에 대한 설득력을 강화시키고 있다. 비록 광고와는 달리 30분이라는 긴 시간 동안 소비자들에게 상품을 홍보하고 있지만 주어진 시간 내에 상품의 판매를 완결 짓고 있기 때문이다. 따라서 최근에는 광고의 본질적인 목표가 매출의 증대에 있으므로 광고의 결과 변수로서 매출액을 고려하는 것은 적절한 논리적 귀결이라고 하는 주장들이 설득력을 얻고 있다. 또한 제조업체들도 기존의 상품 광고에서 벗어나 상품 광고와 판촉을 연계하는 판촉(SPAD) 광고의 비중을 점차로 증대시킴에 따라 소비자들의 직접 반응을 광고의 중요한 목표 중 하나로 고려하고 있다. 이처럼 광고의 목표로서 매출액이 적절한가에 대해서는 논쟁의 여지가 있지만 실무적인 관점에서 광고주들이 광고의 목표로서 매출액을 확인할 수 있는 광고에 대한 선호도가 증가하고 있는 점은 부인할 수 없다.

4. 광고 소구점의 결정

1) 단일 소구점(Unique Selling Proposition: USP)

광고의 소구점은 광고 전략 구현의 핵심 수단이 된다. 즉, 광고를 통해 소비자들에게 전달하고자 하는 메시지나 이미지와 더불어 이러한 내용의 전달 방식에 대한 결정을 담고 있기 때문이다. 이러한 소구점은 생각 반응을 목표로 할 경우에는 이성 소구 형태로

단일 소구점(Unique Selling Proposition: USP)

- 1950년대 Rosser Reeves에 의해 제안
  - 소비자에게 한 개의 메시지만 제안하라
  - 단 경쟁자가 할 수 없는 약속을 하라
  - 그리고 그 약속은 힘을 지녀야 한다
- USP의 종류
  - 이성 소구 전략
  - 감성 소구 전략

제시되며 소비자들의 느낌 반응을 목표로 할 경우에는 감성 소구 형태로 접근하게 된다. 시장을 지배하는 리더들은 기존 소비자 태도의 강화를 목표로 하는 경우가 많기 때문에 느낌 반응을 목표로 하는 감성 소구를 많이 사용하는 편이고 시장의 후발주자들은 도전적인 입장을 취하는 경우가 많으므로 소비자들의 생각 반응을 목표로 한 이성 소구를 많이 선택하고 있다.

특히 광고에서는 소구점을 결정할 때 단일 소구점(Unique Selling Proposition: USP)을 강조하는데 USP의 본질적인 철학은 광고의 목표를 달성하기 위해서는 소비자들에게 여러 가지를 약속하기보다는 소비자들이 중요하게 생각하는 한 가지 약속에 집중하는 것이 바람직하다는 의미를 담고 있다. 이때 이 약속은 경쟁자들이 하지 못하거나 하기 힘든 약속이어야 소비자들을 설득할 수 있는 힘을 갖게 된다. 만약 경쟁자도 쉽게 할 수 있는 약속이라고 한다면 이 회사는 광고를 통해 차별적 인식을 달성하는 데 어려움을 겪을 수밖에 없다.

USP를 잘 활용한 광고 사례는 앞에서 설명한 지펠 냉장고의 '문' 캠페인이다. 지펠 냉장고는 우리나라 최초의 양문형 냉장고이다. 그런데 후발주자인 디오스가 저렴한 가격과 디자인을 강조하기 시작하면서 지펠은 시장 점유율의 하락을 경험하게 되었다. 그러나 지펠은 다시 "지펠은 한쪽 문을 닫았을 때 반대편 문이 열리지 않습니다"라는 문 캠페인을 진행하면서 잃어버렸던 시장 점유율을 다시 회복할 수 있었다. 지펠의 '문' 캠페인이 성공할 수 있었던 이유는 이 주장을 지펠은 할 수 있었지만 디오스는 할 수 없었기 때문이다. 따라서 '문' 캠페인에서 지펠이 주장한 메시지가 지펠 냉장고만이 주장할 수 있는 USP가 될 수 있었던 것이다. 또한 아시아나 항공이 처음 주장했던 '새 비행기' 캠페인도 아시아나 항공이 대한항공에 비해 후발주자였기에 주장할 수 있었는데 대한항공은 이러한 이야기를 할 수 없었다는 점에서 좋은 USP의 사례라고 할 수 있다.

2) 이성 소구 전략

이성 소구 전략

- 상품 속성: 제품의 특정한 부분의 우월성
- 경쟁우위: 타사 대비 차별적 우위
- 가격: 절대적인 가격에 역점
- 소비자 절약: 소비자가 얻을 수 있는 보다 구체적인 가치
- 신규성: 새로운 정보가 부여되는 경우, 홍보가 필요한 경우
- 근원적 수요: 상품의 도입기에 상품군의 일반적인 정보 전달
- 소비자 혜택: 상품을 통해 얻을 수 있는 혜택

이성 소구 전략은 본질적으로 소비자들로부터 생각 반응을 이끌어 내는 것을 목표로 하고 있다. 시장의 선발주자들은 처음 시장을 개척할 때 상품의 필요성을 강조하게 되는데 이때 소구점으로 신규성이나 근원적 수요 또는 소비자 혜택 등을 강조함으로써 상품 도입에 따른 소비자들의 관심을 불러일으킬 수 있다. 반면 후발주자는 기존 시장을 세분화하여 경쟁자와의 차별화를 목표로 하는 경우가 많으므로 자사 상품이 갖고 있는 차별적인 상품 속성이나 경쟁 우위 또는 가격이나 소비자 절약 등을 광고를 통해 강조하게 된다. 이런 관점에서 이성 소구는 주로 선발주자보다는 시장에서의 후발주자들이 선택하는 광고 소구점이라고 할 수 있다. 우리나라의 의료관광산업은 이제 막 도입기에 접어들었다고 할 수 있지만 경쟁국인 싱가포르나 태국과 비교하면 후발주자에 가까우므로 초기에는 우리가 만든 상품의 차별성을 강조함으로써 자사 상품에 대한 소비자들의 생각 반응을 이끌 수 있는 광고나 프로모션 전략을 수립하는 것이 중요하다.

이성 소구점으로서 상품 속성은 광고를 통해 상품의 구체적인 속성을 강조하는데 주로 새로운 기능을 가진 신상품의 광고가 여기에 해당된다. 경쟁우위는 타사의 상품에 비해 차별적 우위를 강조하는 것으로 신상품의 포지셔닝 전략을 구현하는 데 효과적으로 사용할 수 있다. 최근에 늘어나고 있는 비교 광고가 여기에 해당된다. 가격은 마케팅 믹스 중 가격 자체를 강조하는 것으로 주로 가격을 경쟁 수단으로 삼고 있는 후발주자들이 많이 선택하는 소구점이다. 이러한 형태의 광고는 통화료의 저렴성을 강조하는 국제 전화 광고에서 많이 발견할 수 있다. 신규성은 전혀 새로운 상품이 등장하였을 때 선택하는 광고 소구점으로 LED TV나 휴대폰처럼 소비자들이 처음 접하게 되는 상품에 대한

정보를 제공하는 것을 주요 특징으로 하고 있다. 근원적 수요는 상품의 도입기 단계에서 상품 자체의 일반적인 정보를 제공하는 것으로 KT가 진행한 아이폰 광고처럼 스마트 폰이 무엇인지를 소비자들에게 알리고자 할 때 많이 사용된다. 소비자 혜택은 소비자들이 상품을 통해 얻을 수 있는 혜택이 무엇인지를 소개하고자 할 때 많이 사용한다. 상품이 시장에 처음 등장하여 상품에 대한 소비자들의 이해가 명확하지 않을 때 많이 사용하는 광고 소구점이다.

3) 감성 소구 전략

감성 소구 전략

- 애국심: 소비자들의 공동체의식을 유발하려는 전략
- 자아표현: 소비자의 자기과시 및 자아표현
- 두려움: 상품을 사용하지 않을 경우 따르는 부정적 결과를 제시
- 성적 소구: 인간의 근본적 욕구
- 유머: 웃음을 통한 흥미 위주의 접근

감성 소구 전략은 본질적으로 소비자들로부터 느낌 반응을 이끌어 내는 것을 목표로 하고 있다. 선발주자들은 시장에서 소비자들이 자신의 상품에 대해 이미 호의적인 태도를 갖고 있는 경우가 많으므로 이러한 태도를 계속 강화하고자 할 때 자아 표현과 같은 감성 소구 전략을 선택하는 반면 후발주자는 상품의 특성상 기능적인 측면에서 차별화가 불가능하여 성적 소구나 유머와 같은 감성 소구를 통해 소비자들의 주목을 이끌고자 할 때 많이 선택하고 있다. 이러한 점을 고려하면 감성 소구는 시장에서의 선발주자들에게 더 바람직한 광고 소구점이라고 할 수 있겠다.

최근 애국심을 이용하는 대표적인 감성 소구 광고로는 월드컵 이벤트를 자사 브랜드 이미지 제고에 활용한 현대자동차나 SK 텔레콤의 광고를 들 수 있다. 자아표현을 나타내는 대표적인 광고로는 아파트 광고를 예로 들 수 있다. 특히 래미안 광고는 래미안에 사는 것 자체가 소비자들에게 특별한 의미를 전달해 준다고 이야기함으로써 자아표현을 강조하고 있다. 또는 패션이나 한방 화장품 광고 등도 이러한 자아표현을 주요 소구점으로 활용하고 있다. 자아표현은 일반적으로 고가의 제품이나 고관여 제품을 소비하는 사람들에게 이러한 제품을 소비하거나 사용하는 것이 당신의 가치를 높일 수 있다는 것을 강조

하는 전략이라고 할 수 있다. 성적 소구는 소비자들의 주목을 쉽게 끌 수 있다는 측면에서 기업들이 많이 선호하는 광고 소구점 중의 하나이다. 특히 패션이나 음료, 담배나 테마 파크처럼 개인의 취향이 많이 개입되는 상품일수록 성적 소구를 많이 사용하고 있다. 이러한 성적 소구의 근본 기제는 모델이 갖고 있는 매력을 상품의 이미지로 전이하고자 하는 것이다. 유머도 소비자들의 주목을 쉽게 이끌어 낼 수 있다는 점에서 자주 사용되는 광고의 소구점 중 하나이다. 유머 소구를 사용한 광고의 예로는 시몬스 침대나 롯데리아 그리고 펩시 광고를 들 수 있다. 유머 광고는 감성 소구점 중에서도 소비자들의 주목을 가장 강력하게 끌 수 있다는 장점이 있지만 소비자들이 이 광고 형식에 쉽게 식상해진다는 약점이 있다. 이야기를 처음 들을 때는 재미있지만, 이 이야기를 여러 번 듣고 나면 재미가 없어지기 때문이다. 광고는 메시지의 반복이 필수적인 데 반해 유머 광고는 반복할수록 그 가치가 급격히 하락하는 단점이 있다. 따라서 유머 광고를 통해 소비자들의 집중을 이끌기 위해서는 광고의 소재를 자주 바꿔야 하는 어려움이 있다. 공포 소구는 의약품 광고에 많은데, 공포 소구가 너무 심할 경우에는 소비자들이 받아들이기에 불편해 전달하고자 하는 메시지가 소비자들로부터 거부될 가능성이 높다. 따라서 공포 소구는 공포의 적절성을 유지하는 것이 중요하다.

5. 광고 모델의 결정

1) 광고 모델의 매력도

동일화 과정(Identification Process)

소비자들이 광고 모델과 같은 광고적 요소에 매력을 느끼면 모델과 스스로를 동일시하게 되어 광고에서 보여 주는 자사 상품에 대한 태도, 행동, 관심들을 그대로 수용하게 되는 과정

기업이 광고 모델을 선택할 때는 많은 비용을 지불하게 되므로 광고 모델의 결정은 신중한 접근이 요구된다. 광고 모델의 결정에서 중요한 의사결정 과제는 어떤 광고 모델이 자사 상품에 적합한 모델인가 하는 것이다. 일차적으로 광고 모델이 소비자들에게 영향력을 행사하는 기제는 동일화 과정이다. 소비자들이 광고 모델에 매력을 느끼면, 즉 느낌 반응을 형성하면 광고 모델이 추천하는 상품에 대해 동일하게 호의적인 태도를 형성하게 된다는 것이다. 이는 고전적 조건화 이론이 주장하고 있는 감정 전이 현성을 심리적 기제로 하고 있다. 이때 중요한 것은 어떤 조건에서 소비자들이 모델을 매력적으로 느끼는가 하는 것이다. 소비자들이 모델에 대해 매력을 느끼지 못하면 동일화 과정은 발생하지 않기 때문이다. 먼저 광고 모델의 매력도를 형성하는 가장 중요한 조건은 모델에 대한 선호도이다. 선호도는 좋아하는 감정뿐 아니라 존경의 감정까지 포함되어 있으면 더 바람직하다. 예를 들어 정혜영과 션 커플은 연예인으로서의 매력뿐만 아니라 그 사람들이 하는 선행 활동들도 주목받고 있는데 이러한 측면에서 이들은 선호도와 존경을 동시에 제공할 수 있는 모델이라고 할 수 있다. 또한 광고 모델을 선택할 때 유명인을 많이 사용하게 되는데 그 이유는 유명인들이 우리에게 친근감을 주기 때문이다. 그러나 이렇게 친근감을 주는 유명인들이 모두 광고 모델로 적합한 것은 아니다. 유명인을 광고 모델로 사용할 때는 먼저 자사 상품과 모델이 갖고 있는 이미지가 얼마나 잘 어울리는지를 확인해야 한다. 마지막으로 선택하는 기준은 광고 모델과 소비자 사이의 유사성이다. 즉, 광고 모델이 하는 이야기가 우리 주변에서 하는 이야기로 들릴 경우 소비자들은 그 메시지에 대한 수용과 동일화 과정이 높아지게 된다. 유사성 인식을 높이고자 할 때는 일반인을 광고 모델로 선택하는데 이때 중요한 것은 일반인 모델과 소비자들 사이의 공감대 형성이라고 할 수 있다. 일반인이 나오는 광고는 일반적으로 여러 편을 제작해야 효과를 볼 수 있다.

2) 광고 모델의 신뢰도

두 번째로 광고 모델이 우리에게 미치는 영향은 내재화 과정으로 설명할 수 있다. 내재화 과정은 광고 모델이 주장하는 내용을 소비자들이 수용하고 그 입장을 받아들이는 과정을 설명한다. 이러한 내재화 과정은 일반적으로 소비자들의 생각 반응을 유도하고자 할 때 많이 사용한다. 내재화 과정을 이끌기 위해서는 먼저 모델이 그 분야의 전문가라고 하는 인식이 형성될 수 있어야 하고 또한 소비자들이 이들이 하는 말을 신뢰할 수 있어야 한다.

내재화 과정(Internalization Process)

소비자들이 광고 모델을 신뢰하여 광고에서 보이는 그들의 주장을 그대로 받아들이게 되는 과정

전문성 (Expertise)	신뢰성 (Trustworthiness)

여기서 전문가 인식이란 광고 모델이 광고하는 상품과 관련된 지식, 경험, 기술 등을 보유하고 있다고 소비자들이 생각하는 것이다. 이때 광고 모델이 전문가이냐 아니냐 하는 것이 중요하지 않고 소비자들이 그 사람을 전문가로 받아들이는 것이 중요한 문제이다. 예를 들어서 어떤 전문가가 광고 모델로 나와서 상품을 홍보할 때 소비자들이 광고 모델을 전문가로 알고 있지 못하고 또한 광고 모델이 박사나 의사 같은 공식적인 타이틀을 갖고 있지 못하다면 그 광고 모델은 소비자들로부터 전문가로 받아들여지기 어렵다. 따라서 광고에서 전문가 인식은 우리가 광고를 통해 그 사람을 얼마나 전문가로 인식하게 만들었나에 달려 있다. 예를 들어 앞에서 설명한 광동 우황청심원은 광고 모델로 이순재 씨를 선택하였는데 이 상품은 특별한 프로모션이 없었음에도 모델이 바뀌자마자 매출이 증가하는 것을 경험하였다. 이 후 원인을 분석한 결과 비교적 연세가 많았던 소비자들은 드라마 허준에서 명의 유의태로 연기한 이순재 씨를 연기자로 받아들이기보다는 드라마에서 접한 명의 유의태의 이미지로 받아들이는 것을 확인할 수 있었다. 이는 광고 모델 선정의 중요성을 시사하고 있다. 또한 신뢰도는 정보의 출처와 관련된 문제이기도 하다. 광고에서 제시되는 정보의 경우 소비자들의 신뢰를 얻기 위해서는 정보의 출처가 객관적인 곳에서 나왔느냐가 중요하다. 특히 의료 광고의 경우에는 이러한 신뢰도가 중요하다. 이러한 관점에서 객관적인 3자로부터 인증 받은 정보를 의료관광 광고의 소재로 활용하는 것은 광고 모델과 메시지의 신뢰성을 높일 수 있는 방법 중 하나이다.

〈한국의 의료관광 사례: 세브란스병원〉

① 강남 세브란스병원

강남 세브란스병원은 2003년에 국제진료소를 개설하였고 2009년에는 한국관광공사로부터 우수 의료관광 병원으로 선정되었다. 특히 강남 세브란스병원은 서울 강남권 최초로 국제의료기관 JCI(Joint Commission International) 인증을 받았다. JCI는 국제 기준의 의료서비스와 안전을 평가하는 신뢰도 높은 미국의 국제의료기관 평가기구로서 현재 세계 36개국 200여 곳의 병원들이 인증을 획득하였다. 또한 강남 세브란스병원은 2009년 싱가포르에서 개최된 글로벌 헬스케어 트래블 컨퍼런스에 참가하여 태국 방콕의 체인 병원과 로봇 수술 연수에 대한 계약을 체결하였고 유럽의 7개 보험회사가 제휴한 유로센터사와 업무 협약을 체결하였다. 국내에서는 외신기자 12명을 대상으로 한국 의료와 세브란스병원을 알리는 팸투어를 진행하여 적극적인 홍보 활동에 참가하고 있다. 미국의 소비자들을 대상으로 한 프로모션 활동으로는 미국 현지 한인 여행사인 삼호투어와 협약을 체결하여 의료관광을 활성화하기 위한 토대를 구축하였으며 신촌 세브란스병원에서 적용하고 있는 미국 의료보험 적용을 강남 세브란스병원에까지 확대하기 위한 논의를 진행하고 있다.

② 신촌 세브란스병원

신촌 세브란스병원은 서울에 소재하고 있는 대학부설 종합병원들 중에서 가장 적극적으로 외국인 환자를 유치하기 위해 노력하고 있는 병원이다. 신촌 세브란스병원은 설립 역사부터 외국과의 인연을 뗄 수 없는 병원이기도 하다. 현재 국제진료센터(International Healthcare Center)의 소장을 맡고 있는 인요한 박사의 적극적인 노력으로 우리나라에서 처음으로 JCI 인증을 받아서 의료시설, 진료 의료인 그리고 병원 시스템에 대해서 국제적인 신뢰도를 확보하고 있다. 현재 국내에 거주하고 있는 많은 외국인 환자들이 외래 또는 입원으로 세브란스병원을 방문하고 있지만 전체 내국인 환자 숫자에 비하면 아직 미미한 수준이고 정확한 통계도 가지고 있지는 않다. 또한 대부분의 외국인 환자들이 국내에 거주하고 있는 외국인들이었기 때문에 해외에 거주하는 외국인 환자들이 직접 상담, 예약할 수 있는 시스템을 갖추고 있지 않았다. 그러나 최근에 이러한 점을 보완하기 위해 신촌 세브란스병원의 국제진료센터에 영어, 일본어, 중국어, 몽골어, 러시아어로 운영되는 홈페이지를 오픈하였다. 또한 해외의 외국인 환자들을 유치하기 위해 사이프러스 의료관광 컨퍼런스에 참가하여 적극적인 마케팅 활동을 전개하였고 신촌 세브란스병원의 JCI 인증을 활용하여 의료서비스의 아웃소싱을 희망하는 국제 보험회사들과의 협약을 통해 해외에 거주하는 외국인 환자들을 유치하기 위해 노력하고 있다. 비록 지금은 많은 외국인들이 입국하여 세브란스병원을 이용하고 있지 않지만 대학 부속

병원으로서 JCI 인증을 받은 장점과 지금까지 국내에 거주하는 외국인 환자들을 치료해 온 경험에 비추어 볼 때 향후 가장 잠재력이 높은 병원이라고 할 수 있다.

자료원: sev.iseverance.com

참고문헌

고태규, 이황, 김길래(2010), 의료관광상품론, 소화.

김유철(2010), 의료관광 프로모션, 한림대학교.

장대련, 한민희(2006), 광고론, 학현사.

Colley, Russell H. (1961), *Defining Advertising Goals for Measured Advertising Results*, Association of National Advertisers.

Dunn, S. Watson (1994), *Advertising*, Dryden.

Engel, Jack (1980), *Advertising: The Process and Practice*, McGraw-Hill.

Feick, Lawrence and R. A. Higie, The Effects of Preference Heterogeneity and Source Characteristics on Ad Processing and Judgement about Endorsers, *Journal of Advertising*, 21(June), 9-24.

Moore, David and R. Reardon (1987), Source Magnification: The Role of Multiple Sources in the Processing of Advertising Appeals, *Journal of Marketing Research*, 24(November), 412-417.

Weilbacher, William (1984), *Advertising*, Macmillan.

IX. 의료관광 크리에이티브 전략의 수립

1. 크리에이티브

1) 크리에이티브의 특징

크리에이티브의 특징

- 획기적인 발상이나 예술성
- 소비자로부터 예상되는 반응을 고려함
- 마케팅 목표와 일치하는 방향으로 결정되어야 함

크리에이티브는 획기적인 발상이나 예술성을 의미하기는 하지만 순수 예술과는 달리 그 내용을 소비자들과 함께 공유할 수 있어야 한다. 이런 측면에서는 피카소가 그린 추상화 같은 작품은 크리에이티브라고 보기 어렵다. 보는 사람보다 그 내용을 다르게 해석하는 것이 보편적이기 때문이다. 따라서 크리에이티브는 고객의 입장에서 출발해야 하고 이를 통해 소비자들과 공감대를 형성할 수 있어야 한다. 예를 들어 과자를 만드는 회사의 경우 주요 고객은 어린이가 될 것이다. 이때 과자 광고는 어른들을 대상으로 한 광고와는 다르게 만들 수 있어야 한다. 즉, 어른들이 볼 때는 유치하게 보일지라도 타깃 소비자들인 어린이들과 공감대를 형성할 수 있어야 한다. 그런데 이렇게 타깃의 눈높이에 맞추어 크리에이티브를 제작하는 것은 쉽지 않다. 우리는 무의식적으로 자기의 입장에서 생각하는 습관을 갖고 있기 때문이다. 이것이 광고 크리에이티브를 제작할 때 직면하는 어려운 문제 중 하나이다. 따라서 좋은 크리에이티브란 소비자들이 보기에 멋있는 광고를 의미하기보다는 타깃 소비자들과 공감대를 형성할 수 있는 광고라고 생각할 수 있다. 이것이 크리에이티브가 일반적인 순수 예술과 다른 가장 큰 특징이다. 우스갯소리로 광고 대행사에서 어린이 상품 광고를 오랫동안 제작하면 광고를 만들기 위해 평소에도 유치한 생각과 행동을 하는 것이 습관이 되어 다른 사람들에게 이상하게 보인다고 한다. 이처럼 크리에이티브의 제작은 타깃 소비자의 입장에서 출발하는 것이 중요하다는 점을 강조하지 않을 수 없다. 또한 좋은 크리에이티브는 광고가 지향하는 마케팅 목표를 달성할 수 있어야 한다. 만약 광고가 소비자들 사이에서 호평을 받았지만 실제로 이 광고가 지향하는 마케팅 목표를 달성하지 못했다면 이는 좋은 크리에이티브라고 볼 수 없다.

이러한 크리에이티브의 기반이 되는 창의성은 일정 부분 재능에 가까운 부분이라고 할 수 있다. 그러나 크리에이티브 분야에서 성공하기 위해서는 많은 훈련이 필요하다. 크리에이티브 분야에서 성공하기 위해 필요한 훈련 중에 대표적인 것이 사물에 대한 자연스런 관찰력을 배양하는 것이다. 사물에 대한 관찰력 훈련은 타깃 소비자들을 보다 쉽게 이해할 수 있게 도와주고 타깃이 관심 있어 하는 사물에 대한 호기심과 생생한 표현력을 가능하게 해 준다. 또한 시각적 자극과 언어적 표현의 조화 능력을 키우는 차원에서 좋은 시를 많이 읽어 보는 것도 도움이 될 수 있을 것이다.

2) 바람직한 크리에이티브: 주목과 공감

크리에이티브는 흔히 광고의 꽃이라고 불린다. 이는 광고를 제작하는 사람이나 소비자 모두 궁극적으로 광고가 재미있기를 기대하기 때문이다. 따라서 광고 대행사에서 제작인력을 뽑을 때는 창의력을 중심에 두고 선발하게 된다. 광고 제작에서 요구하는 창의력은 무에서 유를 만드는 일이 아니라 기존의 아이디어를 다듬어 보다 날카롭게 만드는 데 가깝다고 할 수 있다. 정보를 제공하는 기업과 정보를 수용하는 소비자들 사이에는 수많은 잡음이 존재하기 때문에 평범한 메시지는 이러한 잡음을 뚫고 소비자들에게 도달하기 어렵기 때문이다. 또한 소비자들은 기본적으로 기업이 제공하는 정보에 대해 불신감을 갖고 있으므로 소비자들의 이러한 인지적 장벽을 극복하기 위해서는 보다 날카로운 메시지의 개발이 필요하다.

사례: 바람과 나그네

이때 크리에이터에게 요구되는 두 가지의 과제는 메시지에 대한 소비자들의 주목을 이끌어 내는 것과 이 메시지에 대한 공감대를 형성하는 것이라고 할 수 있다. 먼저 소비자들의 주목을 얻기 위해서는 메시지 내용 자체가 특이해야 하고 기존에 보았던 광고와는 다른 무엇인가가 있어야 한다. 이는 크리에이터에게 창의력이 요구되는 가장 큰 이유 중 하나이다. 평범하게 생각하는 사람들로부터 특이한 아이디어를 기대하기 힘들기 때문이다. 그러나 광고를 통해 소비자들과 공감대를 형성하려면 재능보다는 전략적인 사고 능력이 요구된다. 이를 잘 대변하는 사례가 이솝 우화에 나오는 바람과 나그네라는 이야기이다. 기업이 아무리 많은 광고 물량을 퍼부어 소비자들을 설득하려고 하더라도 소비자들이 나그네처럼 외투를 움켜쥐며 방어를 한다면 기업은 원래 의도했던 소비자 설득 효과를 기대하기 힘들기 때문이다. 오히려 이솝 우화에서 해가 날씨를 덥게 하여 자연스럽게 나그네의 외투를 벗겼듯이 광고를 통해 공감대를 형성하는 것은 소비자들이 자연스럽게 메시지를 수용하게 만드는 광고 전략의 핵심 요체라고 할 수 있다.

3) 크리에이티브의 딜레마

좋은 크리에이티브란 소비자의 눈에 띄는 광고이면서 동시에 소비자들로부터 공감대를 형성할 수 있는 광고이다. 다만 최근에는 소비자들의 주목을 얻는 데 있어 크리에이티브의 내용보다는 매체의 전략적인 측면이 더 강조되는데 그 이유는 광고에 제시되는 타이밍이 광고에 대한 소비자들의 주목을 이끄는 데 있어 더 강력한 것으로 나타나고 있기 때문이다. 또한 광고 메시지 이외에도 광고가 전달되는 맥락과 메시지를 잘 연결하는 것도 소비자들의 동의를 쉽게 얻어낼 수 있는 핵심 과제로 인식되고 있다.

크리에이티브의 딜레마

- 광고 자체는 매우 독창적임에도 마케팅 목표 및 커뮤니케이션 목표를 달성하지 못하는 최악의 상황이 발생해서는 안 된다.
- 제품이나 메시지가 없는 광고가 되어서는 안 된다.

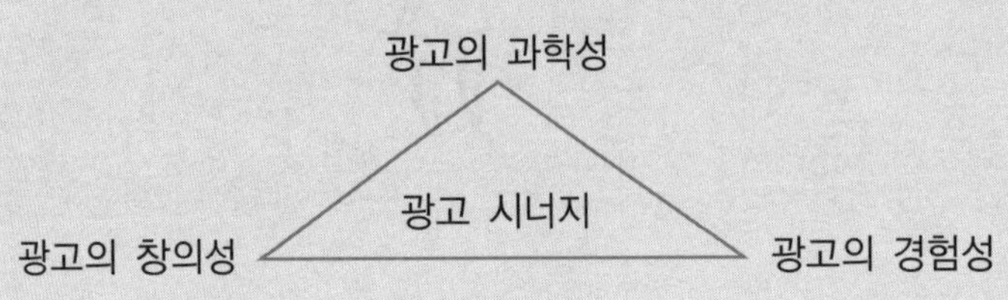

크리에이티브의 딜레마는 광고는 성공하였는데 마케팅 목표를 달성하지 못할 때 주로 발생한다. 이는 드라마에서 주연과 조연의 역할에 비유할 수 있다. 드라마에서 조연은 주연을 뒷받침하기 위한 역할인데 만약 조연의 연기가 너무 뛰어나면 주연의 연기를 가리는 경우가 발생할 수 있다. 이는 드라마의 흥행을 가로막는 한 이유가 될 수 있다. 광고에서 주연은 상품이고 조연은 광고 모델을 포함한 광고적 요소라고 할 수 있다. 따라서 광고적 요소는 철저하게 주연을 돋보이게 하는 조연의 역할에 머물러야 좋은 광고라고 할 수 있다. 이것을 지키지 않게 되면 소비자들이 눈에 보이는 광고적 요소만 기억하고 제품이나 메시지는 기억하지 못하는 최악의 광고가 된다. 따라서 광고의 시너지는 광고의 창의성만으로 구성되지 않는다. 이는 광고의 과학성과 경험성 그리고 창의성이 조화될 때 발생한다. 아무리 창의적인 광고라도 광고 전략을 토대로 하지 않으면 마케팅 목표 달성에 걸림돌이 될 수 있다. 그리고 광고는 소비자 반응을 예상하고 제작을 할 수 있어야 하므로 많은 제작 경험을 필요로 한다. 크리에이터가 소비자 입장에서 생각하고 광고를 제작할 수 있어야 소비자와 공감대를 형성할 수 있는 광고 맥락을 제시할 수 있기 때문이다. 광고 대행사에서 신입사원보다는 경력사원들을 우대하는 이유가 여기에 있다.

2. 광고 대행사에 대한 이해

1) 광고 대행사의 종류

광고 대행사의 종류

- 회사 내 광고 부서의 활용
- 종합 광고 대행사의 활용
- 주요 기능에 특화된 전문 대행사의 활용

기업으로부터 광고와 관련된 업무를 위임받아 광고를 기획하고 제작하는 광고 대행사는 크게 회사 내 광고부서(In-house Advertising Operation), 종합 광고 대행사(Full-service Advertising Agency) 그리고 전문 광고 대행사(A La Carte)가 있다. 회사 내 광고부서는 삼성전자나 현대자동차처럼 회사 내부에 광고를 전담하는 부서를 만들어 광고 관련 업무를 집행하는 경우를 의미한다. 이러한 광고 대행사 운영 방식은 기업 내부의 정보 유출을 방지하고 보다 밀착된 광고 업무를 진행하는 데 유리한 반면 별도의 인력 운영에 따른 규모의 경제를 갖추지 못할 경우 일반 관리비의 부담이 많아진다는 단점이 있다. 이것은 우리나라에서는 보기 힘든 대행사 운영 방식이지만 특정 그룹이 그룹 내 광고 대행사를 이용하는 것을 회사 내 광고부서의 범주에 넣기도 한다.

종합 광고 대행사는 우리가 보통 얘기하는 광고 대행사를 의미한다. 종합 광고 대행사의 가장 큰 특징은 광고와 관련된 많은 지식과 경험을 보유하는 있는 전문가들을 활용할 수 있고 광고 매체를 구매할 때 대행사가 갖고 있는 규모의 경제를 활용할 수 있는 장점이 있다는 점이다. 반면 기업은 외부의 대행사를 이용하는 관계로 업무 진행이 매끄럽지 않을 수도 있고 작은 기업인 경우에는 광고 대행사에서 보다 큰 광고주에 집중하는 관계로 대행사가 갖고 있는 인적 자원을 활용하는 데 한계가 있을 수 있다.

전문 광고 대행사는 종합 광고 대행사가 갖고 있는 광고 기획, 크리에이티브 제작, 매체 기획 등의 기능 중에서 하나에 특화된 작은 규모의 광고 대행사를 의미한다. 최근 들어 크리에이티브 제작에 특화된 부티크 형태의 광고 대행사들이 많이 등장하고 있는데 이러한 전문 광고 대행사들의 주요 고객은 광고주보다는 경쟁 프레젠테이션을 준비하는 종합 광고 대행사들이며 제작 인력의 풀을 다양화하고자 하는 취지에서 이러한 전문 대행사를 많이 활용하고 있다.

2) 광고 대행사가 하는 일

광고 대행사가 하는 일

- 크리에이티브 서비스
- 매체 서비스(구매/계획)
- 리서치 서비스(소비자/매체)
- 광고주 관리 서비스

광고 대행사가 하는 업무를 분류하면 크게 4가지로 나눌 수 있다. 이는 각각 광고물 제작 서비스(Creative Service), 매체 서비스(Media Service), 리서치 서비스(Research Service) 그리고 광고주 관리 서비스(Account Management)이다. 이 중에서 광고주 관리 서비스는 광고 대행사의 가장 핵심적인 서비스로 통칭 AE라고 불리는 직원들이 광고주의 요구를 듣고 이를 관련되어 있는 광고 대행사의 여러 부서에 정보를 전달하고 광고와 관련된 작업을 요청하게 된다. 이때 AE에게 요구되는 능력은 광고주의 공개적으로 표현된 요구뿐 아니라 잠재되어 있는 요구까지 잘 이해하고 이를 과업 지시서에 반영하는 것이다. 또한 광고주의 생각은 수시로 바뀔 수 있기 때문에 과업 중간이라도 수시로 광고주의 요구사항들 중에서 변한 것이 있는지를 확인하는 것도 중요하다. 리서치 서비스는 광고주와 별도로 독립적인 시장조사를 진행하여 지금까지 유지해 온 광고 전략의 방향이나 광고의 소구점이 타당한지를 확인하고 제작된 광고 시안이 최종 제작에 들어가기 전에 이에 대한 소비자들의 반응을 확인하는 일들을 수행한다. 그리고 광고 제작은 광고 대행사의 역량을 평가하게 되는 핵심적인 기능으로 광고주가 요구한 광고 전략을 구체적인 제작물로 표현하는 일을 수행한다. 광고 대행사에서 광고 제작 업무를 수행하는 사람들을 각각 카피라이터, 그래픽 디자이너, 프로듀서라고 부른다. 매체 서비스는 최근 들어서 주목을 받고 있는데 그 이유는 과거에는 광고 전략의 핵심이 소비자들에게 어떤 메시지를 전달할 것인가로 요약할 수 있다면 최근 들어서는 이러한 광고 메시지를 소비자들의 마음이 열렸을 때 어떻게 비용 효율적으로 전달할 수 있을 것인가로 바뀌고 있기 때문이다. 특히 최근에는 다매체 환경으로 진화하고 있고 또한 소비자들도 과거와 달리 정보의 생산과 분배에 참여할 수 있는 구조이기 때문에 대행사에서는 소비자가 우리 이야기를 들어줄 타이밍과 잘 매치될 수 있는 매체를 찾아내고 또한 개발할 수 있는 능력이 요구되고 있다.

3. 크리에이티브 계획과 전략의 수립

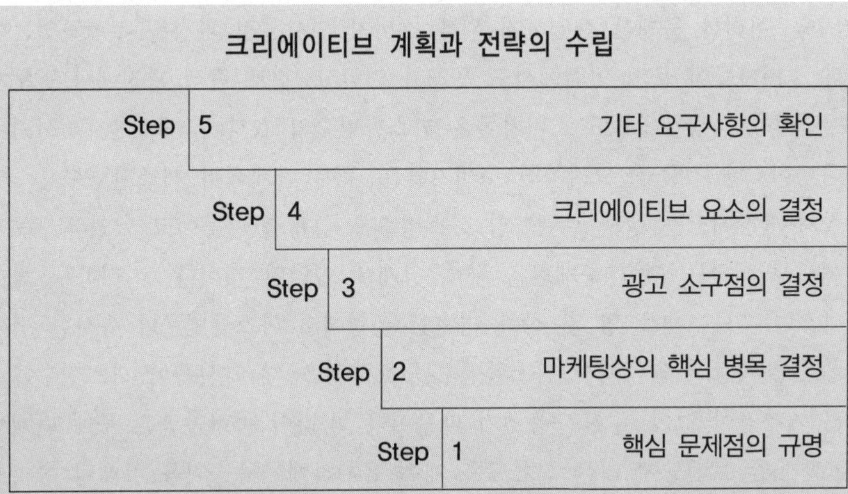

자료: Terence A. Shimp, Advertising Promotion, Thomson, 2006

크리에이티브 계획과 전략의 수립은 이전 단계에서 수립한 광고 전략을 실행함에 있어 가장 중요한 메시지 소구점을 어떻게 표현할 것인가에 대한 내용을 담고 있다. 앞에서 강조했던 것처럼 광고 소구점을 소비자들에게 제시할 때는 소비자들의 주목을 이끌어내고 공감대를 어떻게 형성할 것인가에 대한 고민을 담고 있어야 한다. 따라서 크리에이티브 전략의 수립은 몇 가지 단계로 구성할 수 있다. 첫 번째 단계는 크리에이터들도 광고주나 AE들이 광고 전략을 수립할 때 검토하였던 현재 시장에서 자사 상품이 직면하고 있는 핵심 문제점이 무엇인지를 다시 한 번 짚어보아야 한다. 그리고 마케팅 관점에서 소비자들의 의사결정 과정에서 현재 자사 상품이 직면하고 있는 핵심 병목이 어디인지 파악해야 한다. 그리고 이러한 마케팅 상의 문제를 해결하기 위해 광고가 제시해야 할 목표가 무엇인지를 광고 소구점의 시각에서 재조명해야 한다. 그리고 이를 바탕으로 타깃 소비자들의 주목과 공감대를 형성할 수 있는 크리에이티브 요소들에 대한 결정을 수립해야 한다. 마지막으로 광고 크리에이티브는 여러 마케팅 수단들과 함께 소비자들에게 보이는 것이므로 크리에이티브 내용과 상관이 없더라도 광고 안에 담겨야 하는 핵심 내용을 추가로 확인해야 한다.

크리에이티브 계획과 전략의 수립 과정을 동화제약 까스활명수 사례를 들어 설명해 보겠다. 까스활명수는 액체 소화제 시장을 지배하고 있는 강력한 브랜드 중 하나였다. 그런데 까스활명수는 강력한 소비자 인지도에 비해 시장 점유율은 상대적으로 높지 않았다. 이는 경쟁사인 까스명수의 선전에 기인하고 있었다. 따라서 높은 브랜드 인지도에 비해 낮은 브랜드 점유율은 까스활명수가 풀어야 할 핵심 문제점이라고 할 수 있었다. 까스활명수는 이러한 문제를 해결하기 위해 소비자 의사결정 과정을 추적하였는데 시장조사 결과 소비자들이 문제 인식에서도 문제가 없었고, 정보 탐색 과정에서도 문제가 없었다. 또한 대안의 평가에서도 소비자들은 까스활명수의 효과에 대해 높은 신뢰도를 보이고 있다. 이러한 점들을 고려하면 소비자들은 구매 단계에서 까스활명수를 구매해야 하는데 실제 매장에서는 경쟁 브랜드인 까스명수를 쉽게 받아들이고 있었다. 즉, 의사결정 과정에서 발생하는 핵심 문제점은 구매 단계에 있었던 것이다. 이러한 문제가 생긴 원인은 까스명수가 브랜드 명 및 상품 디자인 측면에서 까스활명수와 유사한 점이 많았기 때문에 소비자들이 약국에서 까스활명수를 요구했을 때 약사들이 까스명수를 권매하더라도 큰 거부감이 없이 이를 수용했기 때문이다. 따라서 동화약품은 구매 단계에서 소비자들로 하여금 브랜드에 대한 선호도를 계속 유지하게 하는 것을 마케팅 상의 문제를 해결하기 위한 커뮤니케이션 목표로 결정하였으며 이를 달성하기 위해 "부채표가 없는 것은 활명수가 아닙니다"라는 광고 캠페인을 진행하였다. 그리고 이러한 광고 메시지를 좀 더 보강하기 위해 패키지 디자인팀에게 상표에 표시된 부채표의 크기를 더욱 크게 만들도록 부탁하였다. 이러한 일련의 광고 캠페인을 통해 동화약품은 자사 상표가 시장에서 직면한 문제점들을 효과적으로 해결할 수 있었다.

Rossiter와 Persy(1997)는 소비자들의 동기와 관여도에 따라 선택해야 하는 크리에이티브 전략이 달라질 수 있다고 주장하였다. 이들은 먼저 크리에이티브 전략을 수립할 때 상품을 구매하는 소비자들의 동기를 파악하여 소비자들이 상품을 구입할 때 여러 가지 정보를 비교해 보고 신중하게 고려하는지 아니면 광고를 통해 호감을 갖게 된 상표들을 복잡한 생각 없이 쉽게 구입하는지를 살펴보아야 한다고 주장하였다. 두 번째는 상품에 대한 관여도를 파악하여 제작하는 광고 상품이 소비자들의 지각된 위험도가 높은 고관여 상품인지 아니면 큰 고민 없이도 상품을 선택할 수 있는 저관여 상품인지를 파악해야 한다고 하였다. 이들에 의하면 크리에이티브는 이러한 2×2 매트릭스에 따라 상이한 전략 방향을 갖게 되는데 구체적인 내용은 다음과 같다. 먼저 소비자들의 동기가 정보형이고 상품에 대한 관여도가 높지 않을 때는 문제 해결형 광고가 바람직하다. 이는 락스나 세제 같은 생필품 광고에서 많이 보는 광고 표현 방법이다. 이때는 소비자들의 논리적 사고를 자극할 수 있도록 문제를 보여 주고 해결책을 보여 주되 소비자들의 정보 처리 용량이 많지 않으므로 소구점은 제한적으로 운영하는 것이 바람직하다. 두 번째는 소비자들의 동기가 정보형이고 상품에 대한 관여도가 높을 때이다. 이때는 소비자들로 하여금 광고보다 상품에 초점을 맞추게 하는 것이 중요하다. 소비자들은 관여도가 높고 이성적으로 정보를 처리하므로 합리적인 의사결정을 내리게 된다. 따라서 광고에서 과장을 지양하고 가급적 많은 정보를 소비자들에게 제공하는 것이 바람직하다고 할 수 있다. 세 번째는 소비자들의 동기가 감성형이고 상품에 대한 관여도가 높지 않을 때이다. 이때는 소비자들로 하여금 광고를 좋아하게 만드는 것이 중요하다. 광고에 대한 선호가 상품의 구매로 쉽게 연결될 수 있기 때문이다. 또한 광고에 대한 선호도를 유지하기 위해 유머와 같은 감성 소구점과 더불어서 어느 정도의 반복이 필요하다고 할 수 있다. 여기에는 맥주, 과자와 같은 일상적인 상품 카테고리가 포함된다. 마지막은 소비자들의 동기가 감성형이고 상품에 대한 관여도가 높을 때이다. 이때는 소비자들의 동기가 감성적이므로 소비자들의 자아표현 등을 극대화할 수 있는 감성 소구 방식이 바람직하다고 할 수 있다. 특히 이러한 차원에서 광고 모델과의 동일시를 유도할 수 있는 라이프스타일을 표현하는 크리에이티브 전략이 효과를 거둘 수 있을 것이다. 이러한 범주에 해당하는 상품에는 패션, 화장품 등이 해당된다고 하겠다. 그러나 크리에이티브 전략을 수립할 때 소비자들의 동기가 감성적이라고 해서 바로 감성 소구를 선택하는 것은 바람직하지 않다. 시장에서의 여건에 따라 기업들은 다른 전략적 접근이 필요할 수도 있기 때문이다. 예를 들어 소비자들이 상품을 구입할 때 느낌을 중요하게 생각한다고 해도 경쟁업체와 차별화를 염두에 두고 있다면 후발주자는 소비자들이 이성적으로 생각하게 할 수 있는 광고를 만들어야 한다.

4. 크리에이티브 메시지의 선택

1) 수단목적 사슬(Mean-End Chain) 전략

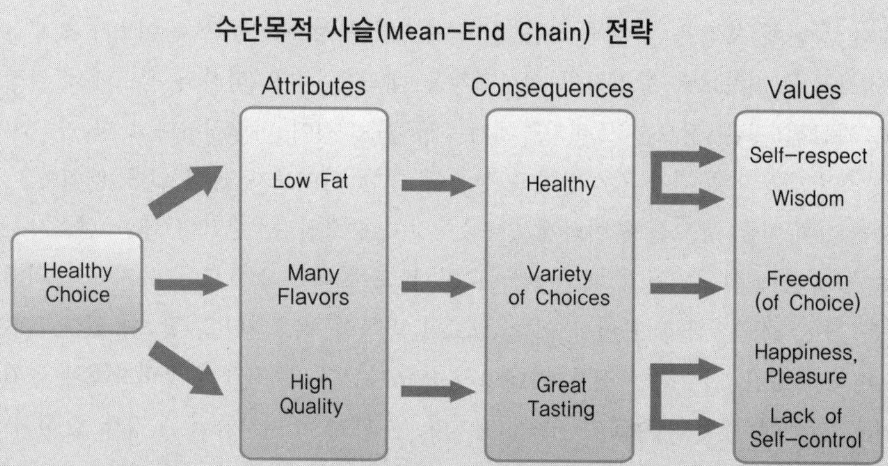

자료: Terence A. Shimp, Advertising Promotion, Thomson, 2006

소비자들에게 광고 메시지를 전달할 때는 선택 가능한 다양한 메시지들 중에서 하나를 선택해야 한다. 이러한 의사결정을 도와주는 프레임 중의 하나가 수단목적 사슬(Mean-End Chain)이다. 수단목적 사슬은 소비자들이 제품을 인식할 때는 제품의 속성(Attributes)과 그 속성에 기인하는 결과(Consequences) 그리고 결과를 통해 달성하는 가치(Values)라는 세 가지의 연결고리를 통해서 제품을 인식하게 된다고 설명하고 있다. 즉, 제품을 분리하게 되면 이러한 수단목적 사슬로 연결되어 있다는 것이다. 예를 들어 소비자들이 씨리얼을 선택할 때 저지방을 고려한다면 이들에게는 저지방이 중요할 수 있고 아니면 저지방에서 비롯된 건강함이 중요할 수도 있다. 따라서 우리가 소비자에게 메시지를 전달할 때는 저지방을 이야기할 수도 있고 건강을 이야기할 수도 있다. 이는 광고 메시지로 저지방을 이야기했다면 상품 속성을 강조한 것이고 건강을 이야기했다면 상품의 결과를 강조한 것이 된다. 수단목적 사슬은 상품에 대한 소비자들의 관여도에 따라 상품 속성이 결과나 가치까지 연결될 수 있다고 보는데 관여도가 낮은 경우에는 결과에서 머무는 경우가 많지만, 관여도가 높은 제품은 가치까지 연결된다고 보고 있다. 따라서 관여도가 낮은 상품을 광고할 때 상품의 가치를 이야기하는 것은 큰 의미가 없고 상품의 속성이나 결과를 이야기하는 것이 바람직하다. 그 상품이 소비자에게 별로 중요하지 않은데 상품의 가치까지 이야기하는 것은 넌센스에 가깝기 때문이다. 그러나 관여도가 높은 상품이라고 하더라도 매체 환경이 광고 메시지에 대한 선택에 영향을 주기도 한다. 예를 들어 TV 광고의 지속 시간은 15초인데, 이 15초 안에 상품의 가치를 이야기하기 힘들 수 있다. 따라서 고관여 상품이라 하더라도 시간적 제약이 있는 TV 광고에서는 상품의 사용 결과만 제시하고, 인쇄 광고에서는 상품의 가치까지 소비자들에게 이야기할 수 있다.

또한 수단목적 사슬은 상품을 만드는 기업이 처한 상황에 따라 선택해야 하는 메시지의 내용이 달라질 수 있음을 강조하고 있다. 일반적으로 상품의 속성은 상품이 갖고 있는 가장 중요한 특징이다. 따라서 상품의 속성을 선택하는 것이 가장 바람직한 조건은 시장에서의 차별화를 목적으로 광고를 집행하는 후발주자이다. 특히 소비자들의 관여도가 높지 않고 자사 상품이 시장에서 후발주자일 때는 상품의 속성을 선택하는 것이 좋다. 후발주자가 지향하는 일차적인 목표는 차별화이기 때문이다. 이렇게 함으로써 소비자들에게 자사 상품이 기존에 나와 있는 상품과는 다른 상품이라는 점을 강조할 수 있다. 예를 들어 액츠는 광고에서 액체 세제라는 점을 강조하였다. 이러한 상품 속성은 기존의 가루 세제를 사용하고 있는 소비자들이 느끼고 있는 문제점, 즉 세탁 후 세제 찌꺼기가 남는 것에 대한 불만을 해결해 줄 수 있었다. 특히 집에서 아이를 키우는 엄마들은 이러한 세제 찌꺼기가 아이들의 피부 발진을 일으킬 수 있다는 우려가 있었기 때문에 이러한 상품 속성에 보다 귀가 솔깃해질 수 있었다. 반면 관여도가 낮지만 이미 소비자들에게 잘 알려진 리딩 브랜드인 경우에는 상품 속성보다는 상품의 사용 결과를 제시함으로써 소비자들에게 상품의 직접적인 편익을 알려줄 수 있다. 예를 들어 옥시크린의 경우에는 산소계 표백제라고 하는 상품 속성보다는 옥시크린을 사용하면 옷의 색깔이 더욱 선명해진다는 상품의 편익을 제시하고 있다. 현재 관심이 있는 의료관광 상품은 서비스의 특성상 상품의 속성을 소비자들에게 제시하기 어렵다. 따라서 우리가 많이 보게 되는 의료 광고는 전후(Before/After) 형태의 상품 사용 결과를 보여 주는 타입이 많다. 이러한 광고가 많은 이유는 의료서비스 특성상 구체적인 속성을 내세우기 어려운 특징이 있기 때문이다.

상품의 가치는 앞에서 언급하였듯이 관여도가 높은 상품일 때 중요하다. 저관여 상품은 가치를 이야기할 필요성이 없지만 고관여 상품을 구매하는 소비자들의 입장에서는 그 상품 자체보다 그 상품을 소비하면서 어떤 가치를 느낄 수 있느냐가 더 중요할 수 있다. 성형 수술은 최근 많이 보편화된 의료서비스 중 하나인데 이 서비스는 젊은 사람들이 많이 이용하는 것 같지만 실제로 가장 규모가 큰 소비자 집단은 중년층이라고 할 수 있다.

최근 이들을 대상으로 한 의료서비스의 광고는 단순한 성형 수술의 결과보다는 이를 통해 중년 이후의 삶이 바뀐다는 삶의 가치를 부각하는 경우가 많다. 이러한 관점에서 의료관광 광고는 상품의 결과를 제시하는 것도 중요하지만 이를 통해 소비자들이 얻게 되는 삶의 의미를 제시하는 것도 소비자들의 마음을 이끌 수 있는 중요한 수단이 될 수 있다.

수단가치 사슬 모델은 광고 메시지가 소비자들의 마음을 움직이는 지렛대(Leverage)의 역할을 수행한다고 생각한다. 따라서 소비자들의 마음을 움직이기 위해서는 이 지렛대를 잘 선택해야 한다고 강조하고 있다. 즉, 속성-결과-가치로 형성되어 있는 소비자들의 수단목적 사슬 중에서 하나가 소비자의 마음을 움직이는 지렛대가 될 수 있다는 것이다. 그런데 상품의 속성, 결과 그리고 가치 중에서 무엇이 소비자들의 마음을 움직이게 할 수 있느냐 하는 것은 상품의 관여도에 따라서, 시장에서의 경쟁위치에 따라서 또는 상품의 특징에 따라 다를 수밖에 없다. 그러나 일반적인 관점에서 바라본다면 저관여 상품은 속성이나 결과를 제시하는 것이 바람직하고, 고관여 상품은 가치를 제시하는 것이 바람직하다. 또한 리딩 브랜드는 가급적 상품의 결과를 이야기하는 것이 바람직하고 후발주자는 상품의 속성을 제시하는 것이 차별화에 유리할 것이다. 그리고 제품은 속성이나 결과를 제시하는 것이 바람직하고 서비스 상품은 결과나 가치를 이야기하는 것이 소비자들의 마음을 움직이게 하는 데 유리할 것이다. 그러나 이러한 이야기는 일반적인 원칙일 뿐이고 실제 시장 상황에서 우리가 직면한 상품의 특징에 따라 이러한 지렛대는 상품의 속성이 될 수도 있고 상품의 결과나 가치가 될 수 있다. 우리가 크리에이티브 전략에서 광고 메시지를 선택할 때는 무엇이 소비자들의 마음을 움직이게 할 수 있는 지렛대인가에 대한 고민이 필요할 것이다.

2) 포지셔닝(차별화) 전략

광고 메시지를 선택할 때 가장 많이 사용하는 방법 중 하나는 포지셔닝이다. 포지셔닝은 마케팅에서 가장 자주 언급되는 개념인데 포지셔닝의 지향점은 결국 자사 상품이 경쟁상품과 비교를 해서 어떤 점에서 다른지를 소비자들에게 설득하는 것으로 귀결된다고 할 수 있다. 이런 시각에서 포지셔닝 전략은 시장을 선도하는 기업보다는 후발주자에게 더 의미 있는 전략일 것이다. 따라서 포지셔닝은 시장을 세분화하고 세분 시장의 소비자들을 대상으로 해서 경쟁자와는 다른 자사 상품의 특징을 부각하는 것을 목표로 한다. 이때 시장의 리더들은 후발주자의 이러한 공세에 직접적으로 대응하기보다는 다른 세분 시장을 찾고 이 세분 시장에 특화된 신상품을 출시하는 것이 더 바람직하다고 할 수 있다.

포지셔닝(차별화) 전략

정의	경쟁자와의 차별화를 목적으로 소비자들의 마음속에 자사 상품을 위치시키는 것
조건	• 시장의 리더를 공략해야 할 때 • 소비자들의 관여 수준이 높을 때
시사점	• 직접 비교를 시도할 경우 경쟁자의 대응수단을 제약시킬 수 있음 • 경쟁자가 반박 주장을 할 수 있는 경우에는 위험도가 큼

예를 들어 의료관광 상품의 경우 치료를 목적으로 하는 소비자와 관광을 목적으로 하는 소비자들은 상품을 바라보는 시각이 다를 것이다. 치료에 관심이 있는 소비자들이라 하더라도 중증 치료를 목적으로 하는 소비자 집단이 있을 수 있고, 반면 미용과 같은 가벼운 치료를 원하는 소비자 집단도 있을 것이다. 따라서 집단의 욕구에 따라서 광고 프로모션에서 강조하는 메시지가 달라야 하는 것은 당연하다고 할 수 있다. 또한 미용에 초점을 맞춘 의료관광 상품을 개발했다 하더라도 상품이 지향하는 포지셔닝에 따라 타깃 집단이 명확해야 한다. 20대와 중년 그리고 노년층은 미용과 관련한 상품에 대한 욕구가 다를 수 있기 때문이다. 이런 측면에서 포지셔닝은 단순히 메시지 차원의 문제가 아니라 상품을 개발하는 마케팅 전략 차원에서 고민해야 하는 과제이며 이렇게 개발된 상품을 광고 프로모션을 통해 소비자들에게 어떻게 인식시키느냐에 따라서 시장에서의 성공 여부를 가늠해 볼 수 있을 것이다. 최근에 N식품에서 자녀들을 위한 라면을 출시하였다. 보통 부모들이 자녀들에게 라면을 끓여 주는 것을 부담스럽게 생각하는 점에 착안하여 기존 상품보다 비싼 가격으로 상품을 포지셔닝하고 시장에 출시하였는데 시장에서의 반응이 나쁘지 않은 것 같다. 이 라면이 성공한 이유에는 결국 광고 메시지를 잘 선택하였다고 하기보다 아이들에게 어른이 먹는 인스턴트 라면을 끓여 주는 것에 대해 부담을 느끼고 있는 소비자들의 욕구를 잘 파악하고 이를 상품화하는 데 성공하였기 때문이라고 생각할 수 있다.

3) 일반화(Generic) 전략

일반화(Generic) 전략

정의	경쟁자와 대비한 상품의 우수성에 대한 언급 없이 상품의 편익만을 강조하는 것
조건	• 시장이 독점이거나 • 압도적인 시장점유율을 갖고 있을 때
시사점	• 브랜드가 상품 카테고리의 대명사가 될 수 있도록 광고하는 것이 중요

일반화 전략은 상품이 처음 나왔을 때 소비자들에게 이 상품이 어떤 용도로 사용되는 것인가를 알리고자 할 때 사용하는 전략이다. 따라서 일반화 전략을 선택할 때는 상품의 편익을 소비자들에게 알리고 이를 통해 이 상품 카테고리의 확대를 목표로 하게 된다. 이러한 목표가 가능한 이유는 시장 도입기에는 자사 상품을 제외하고는 다른 경쟁자가 존재하지 않기 때문이다. 또한 이때는 광고를 통해 상품명을 소비자들에게 적극적으로 알리게 되는데 결과적으로 브랜드 이름이 상품 카테고리의 대명사가 되는 경우가 많이 생긴다. 대표적인 것은 3M에서 만든 투명 테이프인 스카치테이프인데 나중에는 이것이 상품의 카테고리명으로 바뀌었다. 우리가 많이 사용하고 있는 호치키스도 브랜드 이름이 카테고리의 대명사가 된 사례이고 소니가 만든 워크맨이나 중장비인 포크레인도 브랜드 이름이 카테고리명으로 바뀐 대표적인 사례이다.

일반화 전략을 사용한 사례를 살펴보면 먼저 가그린을 생각할 수 있다. 가그린이 처음 나왔을 때 동아제약은 광고를 통해 사람들에게 브랜드의 특징을 알리기보다는 구강 청정제를 어떻게 사용하는 것인가를 알려주고 이러한 상품을 사용하는 습관을 형성하게 하는 것에 광고의 목적을 두었다. 또한 습기 제거제의 대명사인 물먹는 하마도 소비자들에게 이 상품의 특징을 강조하기보다는 물먹는 하마를 옷장에만 사용하지 말고 신발장이나 집안 구석구석에 사용할 수 있다는 광고를 함으로써 이 상품에 대한 소비자들의 사용량을 늘리고자 하는 목적의 광고를 집행하였다. 이러한 일반화 전략은 시장 도입기에만 사용하는 것이 아니라 시장의 성장이 정체되었을 때 새로운 성장을 모색하고자 하는 리딩 브랜드에 의해서도 시도될 수 있다. 코카콜라는 청량음료에 대한 소비자들의 사용량을 늘리기 위해 한국의 음식 문화에 맞추어 기름기 많은 전이나 튀김을 먹을 때도 코카콜라가 어울린다는 광고를 집행하기도 하였다. 의료관광 상품의 경우에는 초기에는 업계 차원에서 의료관광 목적지로서 한국의 가치를 알리고 한국을 방문하고자 하는 소비자들의 사이즈를 늘리고자 하는 광고를 집행한다면 이는 일반화 전략을 사용하는 것이라고 할 수 있다.

4) 선점(Preemptive) 전략

선점(Preemptive) 전략

정의	지금까지 경쟁사에 의해 주장된 적이 없는 상품의 속성을 먼저 강조
조건	• 상품들 사이에 경쟁 우위점이 존재하지 않고 • 시장이 점차 성장하고 있을 때
시사점	• 자사 상품이 최초라고 하는 인식을 심어주는 것이 중요

선점 전략은 시장이 성장하고 있거나 제품의 품질이 비슷해 기능적 차별화가 힘들 경우 소비자들이 중요하게 생각하지만 지금까지 강조된 적이 없는 상품의 속성을 경쟁자보다 먼저 이야기하는 전략이라고 할 수 있다. 특히 후발주자 입장에서 리딩 브랜드와 상품 속성에서 차별화가 어려울 경우 너무 당연한 이야기여서 리딩 브랜드가 이야기하지 않은 속성이 있다면 이를 마치 자신들만이 가진 차별적인 속성인양 광고를 하는 경우가 많다. 대표적인 예가 백설 식용유이다. 백설 식용유는 식용유 시장에서 후발주자였는데 소비자들이 식용유를 구입할 때 중요하게 생각하는 속성인 고소한 맛을 리딩 브랜드인 해표 식용유가 강조하고 있었다. 따라서 백설 식용유는 소비자들에게 자신들은 콩 100%로 식용유를 만든다는 것을 광고를 통해 강조하였다. 그런데 식용유는 콩기름이기 때문에 당연히 콩으로 만들어야 하므로 해표 식용유에서 이야기하지 않은 것인데 이 광고를 통해 백설 식용유는 소비자들의 관심을 끄는 데 성공하였고 마치 백설 식용유만이 콩 100%로 만든 것 같은 인상을 심어 주는 데 성공하였다. 이와 유사한 사례로는 매일우유의 1등급 우유가 있다. 우리가 먹는 우유는 모두 1등급 우유인데 매일우유에서 자신의 브랜드를

1등급 우유라고 정하고 이를 광고함에 따라 마치 매일우유만 1등급 우유인 것 같은 인상을 주는 데 성공하였고 매일우유에 대한 소비자들의 인식을 개선하는 효과를 거둘 수 있었다. 이처럼 선점 전략은 리딩 브랜드와 기능적인 차이가 거의 없는 상품을 만든 후발주자가 리딩 브랜드가 이야기하지 않은 상품 속성을 먼저 이야기함으로써 그 단어에 대한 주도권을 확보하고 이를 통해 경쟁우위를 확보하고자 할 때 활용할 수 있는 전략이다.

의료관광 상품은 서비스라고 하는 특성으로 인해 경쟁자와 명확한 차별화가 힘들 가능성이 높다. 특히 후발주자인 경우에는 더욱 그러할 것이다. 이때 의료관광 상품을 기획한 마케터들은 경쟁 상품이 이야기하지 않은 속성을 찾아 이를 광고 프로모션을 통해 강조함으로써 이러한 선점 전략을 기반으로 하는 경쟁우위를 기대할 수 있다.

5) 공감(Resonance) 전략

공감(Resonance) 전략

정의	소비자들의 기억 속에 저장되어 있는 개인적인 경험을 토대로 자사 상품이 주장하는 메시지에 대한 동의를 유도하는 것
조건	• 사회적 가시성이 높은 상품이 바람직 • 주장하는 메시지에 대한 소비자들의 동의가 중요
시사점	• 공감대 형성 시 경쟁사의 반박 주장이 힘듦

공감 전략은 광고를 제작할 때 소비자들과의 공감대 형성을 핵심 목표로 하는 전략이라고 할 수 있다. 이는 메시지의 내용이 소비자들의 기억 속에 저장되어 있는 경험과 일치할 때 가능하다. 특히 패션이나 휴대폰처럼 소비자들의 눈에 잘 띄는 상품일수록 공감의 형성은 소비자 설득에 큰 영향을 줄 수 있다. 그러나 이러한 공감대의 형성은 소비자에 대한 통찰력 있는 이해가 요구되기 때문에 실행하기가 어려운 전략 중 하나이지만 경쟁자에서 쉽게 모방하기 힘든 장점도 있다.

소비자들의 마음을 얻기 위해서는 어떤 메시지를 던졌을 때 소비자들이 그것을 자신의 이야기로 받아들일 수 있어야 한다. 상대방을 설득할 때 가장 중요한 것은 자신이 하고 싶은 이야기를 하는 것이 아니라 상대방이 듣고 싶은 이야기를 하는 것이다. 이렇게 함으로써 소비자들이 자사의 이야기에 집중하여 주목하게 만들 수 있기 때문이다. 앞에서 강조하였듯이 공감은 광고 메시지에 대한 소비자들의 인지적 저항을 낮추어 주므로 후발주자의 경우 매우 중요하다고 할 수 있다. 앞에서 언급하였듯이 이 공감을 잘 활용하였다고 생각하는 사례는 캐논 광고이다. 캐논 광고는 누가 찍더라도 사진의 품질에는 문제가 없다는 주장을 하기 위해 "가장 소중한 사진은 길 가던 누군가가 찍는다"라는 광고 카피를 제시하였다. 이러한 주장에 소비자들이 쉽게 공감할 경우 그 안에 담겨진 캐논의 주장에 대한 소비자들의 인지적 저항이 크지 않을 것이다. 따라서 의료관광과 같은 서비스 상품을 설계할 때는 단순히 프로모션 차원을 넘어 소비자들이 이 상품에 공감할 수 있는 속성들이 포함되게끔 설계하는 것이 중요하다. 특히 의료관광 상품은 외국인을 대상으로 하기 때문에 프로모션을 통해 소비자들과 공감대를 형성하기 위해서는 그 나라의 문화에 대한 이해가 필수적이다. 예를 들어 아시아권에서는 개인보다는 가족을 더 중요하게 생각하기 때문에 복수 인칭을 많이 사용한다. 우리나라가 대표적인 사례가 될 것이다. 그러나 1인칭에 익숙한 서구인에게는 이러한 표현이 이상할 수 있다. 이처럼 광고를 통해 공감대를 형성하기 위해서는 소비자와 그 문화권에 대한 이해가 필요하다.

6) 감성(Emotional) 전략

감성(Emotional) 전략	
정의	강력한 소구점보다는 유머나 모호성을 통해 광고에 대한 소비자들의 호감을 이끌어 내는 전략
조건	• 관여도가 낮은 일상 소비재 상품이 바람직함 • 경쟁사의 직접적 대응이 없는 경우 더 효과적임
시사점	• 경쟁사가 차별화 전략을 통해 공략할 경우 효과적인 대응이 어려움

감성 전략은 광고를 통해서 소비자들이 자사 브랜드에 대해 긍정적인 감정을 느끼게 하는 것을 목표로 하고 있다. 따라서 소비자들이 광고를 보고난 후 좋은 느낌을 갖는 것이 중요하다. 이때는 감성 소구를 선택하는 것이 일반적이며 특히 애국심이나 유머 등을

많이 사용하게 된다. 상품으로 말하자면 구매에 따른 위험이 크지 않은 일상적인 기호 상품, 즉 과자나 음료, 담배 등이 여기에 해당된다고 하겠다. 이런 측면에서 호감 형성을 목표로 하는 광고는 의료에 초점을 맞춘 상품의 광고에 적합하지 않지만 관광에 초점을 맞춘 상품의 경우에는 소비자들의 마음을 움직이는 데 효과적이다. 광고에서 형성된 좋은 느낌이 상품에 대한 감정으로 연결될 수 있기 때문이다. 그러나 소비자들로부터 좋은 감정을 이끌기 위한 광고 전략은 많은 비용을 필요로 한다. 광고에서 형성된 감정을 상품으로 연결시키기 위해서는 광고 캠페인의 반복이 필요하며 또한 경쟁사에서 유사한 광고를 시작하면 이를 방어하기 위해 추가로 광고를 제작해야 한다. 이러한 점은 감성 전략을 선택한 광고가 갖는 한계라고 할 수 있다.

광고를 통해 형성된 호감을 상품의 구매로 연결한 대표적인 사례로는 펩시콜라 광고가 있다. 펩시는 지속적으로 코카콜라와 비교하는 광고를 제작하였지만 직접적인 비교보다는 유머 광고를 통해 소비자들의 자연스러운 웃음을 유발함으로써 펩시에 대한 소비자들의 호감도를 형성하고 이를 통해 펩시에 대한 소비로 이끄는 데 성공하였다. 또한 과거 OB 맥주는 박중훈이 광고 모델로 나온 '랄랄라' 캠페인을 통해 하이트에게 시장 점유율을 지속적으로 빼앗기고 있는 상황에서 광고에 대한 소비자들의 호감을 형성하고 이를 통해 OB 맥주에 대한 사람들의 관심을 이끄는 데 성공하였다고 평가되고 있다. 그러나 호감 형성을 목표로 하는 광고는 상품보다는 광고적 요소에 집중하게 될 가능성이 높아 소비자들이 광고는 기억하지만 상품은 잘 기억하지 못하는 상황이 발생할 수 있다. 따라서 감성 전략을 선택한 마케터들은 광고에 대한 호감을 유지하되 소비자들의 시선이 계속 상품에 머물게 할 수 있는 광고를 제작해야 할 것이다.

7) Burnett's 내재적 드라마 전략

Burnett's 내재적 드라마 전략

- 삶의 일부분에서 사용되는 상품의 존재감을 확인
- 왜 이러한 상품이 소비자의 삶에서 필요한 것인지를 설득
- 왜 소비자들이 이러한 상품을 구매해야 하는가에 대한 이유를 제시

레오 버넷(Leo Burnett)이 강조한 내재적 드라마는 큰 범주에서 소비자들과 공감대를 형성하기 위한 목적의 광고 중 하나라고 생각할 수 있다. 다만 광고를 제작함에 있어 소

비자들을 광고 스토리의 주인공으로 내세우기보다는 광고 스토리를 구경하는 사람의 입장으로 만든다는 점에서 차이가 있다. 따라서 이러한 형태의 광고 전략은 잘 사용하면 소비자들과 공감대를 쉽게 형성할 수 있지만 잘못 집행하면 광고가 어떤 내용을 전달하고자 하는지 소비자들이 이해하기 힘들 수 있다. 이 광고는 먼저 상품과 관련된 소비자들의 경험을 발견하고 이를 토대로 이 상품을 만드는 제조업체의 이유와 상품을 사용하는 소비자들의 이유를 광고를 통해 제시하는 방법을 사용하게 된다. 예를 들어 풀무원이 최근 집행하고 있는 바른 먹을거리 캠페인 중에서 "잘 먹겠습니다라는 아이들의 이야기에 부끄럽지 않도록"이라는 슬로건은 풀무원이 유기농 식품을 고집하는 이유를 간접적으로 제시하고 있다고 볼 수 있다. 이러한 시각에서 내재적 드라마는 상품 광고보다는 기업광고에 적합도가 높다. 최근 SC 제일은행은 광고를 통해 SC 제일은행과 관련된 이야기는 하지 않고, 우리가 왜 존재하는가에 대한 이야기만 담고 있다. 내용의 핵심은 사회에 좋은 일을 하기 위해서 우리가 존재한다는 이야기인데 이러한 광고는 광고 내용과 광고 스폰서인 SC 제일은행과의 연결고리를 찾지 못하면 광고만 기억되고 상품은 기억되지 못하는 광고가 될 가능성이 높다. 즉, 내재적 드라마는 광고주 입장에서 우리가 왜 이 상품을 만들었는가 하는 기업의 철학을 이야기하게 되는데 이는 앞에서 언급하였듯이 잘못 사용할 경우 광고 메시지에 대한 이해를 방해할 가능성이 높아서 조심해서 사용해야 할 것이다. 예전에 한미은행은 생활의 단편이라는 광고 기법을 사용하여 마치 두 부부가 집에서 은행에 대해 이야기하는 모습을 보여 주고 소비자들은 광고를 통해 마치 제3자 입장에서 이들 부부의 이야기를 듣는 느낌을 주는 광고를 제작하였다. 이는 조금 색다른 형태의 전략이지만 소비자들과 쉽게 공감대를 형성할 수 있다는 차원에서 바람직한 형태의 내재적 드라마 광고 방식이라고 생각한다. 의료관광 상품 광고는 서비스 상품의 특성상 소비자들이 지각하는 위험 인식이 높으므로 내재적 드라마 형식의 광고는 소비자들이 인식하는 위험성을 낮추는 한 가지 수단이 될 수 있다.

8) Ogilvy's 브랜드 이미지(Brand Image) 전략

마지막으로 오길비(Ogilvy)가 강조한 브랜드 이미지가 있다. 오길비는 소비자들의 관여도가 높고 소비자들의 동기가 감성적일 때 브랜드 이미지가 소비자들의 상품 선택에 영향을 준다고 주장하였다. 즉, 브랜드 이미지 전략은 광고를 통해 상품과 광고적 요소 사이에 연상을 형성하고 이를 통해 상품을 차별화하고자 하는 목표를 담고 있다. 특히 상품의 특징상 기능적인 차이가 없거나 이러한 차이를 만들기가 힘들 경우 브랜드 이미

Ogilvy's 브랜드 이미지(Brand Image) 전략

정의	상징적인 연상을 사용하여 소비자들의 마음 속에 브랜드의 심리적 차별화를 의도하는 전략
조건	• 관여도가 비교적 높으나 차별화가 힘든 상품이 바람직함
시사점	• 상품의 고품격 이미지를 강조하는 것이 중요

지를 활용한 차별화는 효과적인 크리에이티브 전략이 될 수 있다. 또한 이미지 차별화는 경쟁사가 쉽게 따라 할 수 없다는 점에서 선발주자에게 유리할 수 있지만 이미지를 통한 차별화는 광고의 반복이 요구되므로 많은 광고 예산을 필요로 한다는 단점이 있다. 브랜드 이미지를 통해 차별화에 성공한 대표적인 상품 카테고리는 스포츠 용품 업계이다. 대부분의 스포츠 용품 업계들은 상품을 OEM 방식으로 제작하고 있지만 상표 이미지만을 전문적으로 관리함으로써 소비자들에게 높은 프리미엄의 가치를 제공해 주고 있다. (주)화승은 한국에서 나이키를 만들고 판매하였지만 나이키와의 라이센스가 계약이 끝나자 르까프라는 독자적인 브랜드로 시장에 진출하였다. 그러나 (주)화승은 과거 나이키라는 브랜드로 상품을 판매할 때의 시장 점유율을 회복하지 못했다. 이는 소비자들이 상품을 구입하는 것이 아니라 브랜드를 구입한다는 마케팅의 명제를 다시 한 번 확인해 준 사례라고 생각한다. 또한 미국의 크라이슬러는 일본의 미쓰비시로부터 OEM 방식으로 수입한 자동차를 플리머스라는 이름으로 판매하였으나 판매 성과가 좋지 않았다. 반면 일본의 미쓰비시는 이 차를 직접 미국에 판매하면서 똑같은 상품에 이클립스라는 브랜드를 붙였는데 미국 소비자들로부터 많은 호평을 받았다. 이처럼 상품은 동일하다고 하더라고 그 상품에 어떠한 이미지가 형성되어 있는가 하는 것은 소비자들의 상품 선택에 많은 영향을 주게 된다. 특히 서비스처럼 무형의 상품을 판매하는 경우에는 소비자들에게 형성된 브랜드 이미지는 상품을 선택할 때 중요한 기준이 될 수 있다. 따라서 의료관광산업의 선발주자들은 초기에 상품과 기업에 대한 긍정적인 이미지를 어떻게 형성해 나갈 것인가에 대한 고민이 필요하다.

5. 기업 광고 전략

두 가지 형태의 기업 광고

- 기업 이미지 광고
- 사회적 책임 소구 광고

기업은 상품에 대한 광고뿐 아니라 자신에 대한 광고 전략을 수립하기도 한다. 우리는 이것을 기업 광고라고 한다. 특히 기업 광고는 상품과 기업 사이에 경계가 모호한 서비스 기업에서 많이 사용하고 있다. 기업 광고를 분류해 보면 크게 이미지 광고와 사회적 책임 소구 광고로 나눌 수 있다. 이 중에서 이미지 광고는 내재적 드라마 광고처럼 주로 모델을 내세워 이를 통해 기업이 지향하고 있는 철학을 광고 메시지로 제시하는 경우가 많다. 이때 많이 사용하는 가치는 신뢰, 혁신, 창조처럼 조금 추상적인 가치를 이야기하게 된다. 또한 기업 광고는 기업이 사회적으로 궁지에 몰렸을 때도 이러한 문제를 돌파하기 위해 사용하기도 한다. 삼성의 이건희 회장이 구속되었을 때 삼성이 기업 광고를 많이 집행했던 것이 대표적인 사례이다.

최근에는 기업 광고의 내용이 단순한 이미지 광고에서 기업의 사회적 책임을 강조하는 방향으로 바뀌고 있다. 대표적인 것이 기업의 사회적 책임(Corporate Social Responsibility: CSR) 소구 광고이다. 이러한 광고는 기업의 사회봉사 활동이나 사회적 약자에 대한 관심 그리고 문화 예술 활동에 대한 지원 등을 광고의 소재로 활용하여 기업이 사회의 책임 있는 구성원이며 이러한 역할을 수행하기 위해 노력한다는 점을 광고를 통해 강조함으로써 기업에 대한 소비자들의 긍정적인 이미지를 구축하고자 한다. CSR 광고의 가장 고전적인 사례는 광고를 통해 지속적으로 숲의 중요성을 강조한 유한 킴벌리의 "우리강산 푸르게"라는 캠페인일 것이다.

의료관광산업은 앞에서 강조하였듯이 서비스의 특성상 기업과 상품의 경계가 모호할 수 있다. 이런 차원에서 의료서비스의 공급자인 병원들은 향후 의료관광 상품의 성공적인 런칭을 위해 잠재 고객인 외국인들이 한국의 병원을 어떻게 인식하는지를 확인하고 만약 부정적인 측면들이 있다면 이를 개선하기 위한 목적의 이미지 캠페인을 시행할 필요가 있다. 소비자들이 의료관광 상품을 접했을 때 이 상품의 핵심 공급자로 병원을 먼저 인식할 가능성이 높기 때문이다. 즉, 의료관광 상품은 여행사에서 상품을 개발하였다 하더라도 소비자들은 의료서비스를 제공하는 기관을 상품의 개발자로 생각할 가능성이 높다. 이때 상품 개발자는 상품을 공급하는 의료기관의 이미지와 상품의 이미지를 동시에 제고할 수 있는 프로모션 전략에 대해 고민해 보아야 한다.

〈한국의 의료관광 사례: 삼성서울병원과 서울아산병원〉

① 삼성서울병원

삼성서울병원은 해외 환자를 유치하려면 해당 국가의 문화를 먼저 이해해야 한다고 생각하여 러시아를 시작으로 각 국가의 전문가를 초청해 글로벌 문화의 이해라는 특강을 개최하고 있다. 예를 들어 러시아 특강에서는 임직원 500여 명에게 러시아의 문화와 생활들을 소개하고 러시아의 고유한 에티켓을 설명하였다. 또한 외국인 환자를 위한 몽골식-아랍식 메뉴 개발 평가회를 개최하여 몽골식 8가지, 아랍식 11가지 등 19가지 신 메뉴를 도입하였다. 다양한 국가별로 외국인 환자가 급증하고 있는 삼성서울병원이 기존의 서양식 식사 이외에 국가별 전통 메뉴를 개발함으로써 환자의 급식을 글로벌화하기 위해 2009년부터 준비해 온 장기 프로젝트의 첫 성과물이다. 현재 외국인 환자가 입원 시 서양식과 한식 중 한 가지를 선택할 수 있게 하고 있으며 식사 시간 이외에도 환자나 보호자가 식사서비스를 요청할 때 식사가 가능한 항시 식사서비스 등의 선도적인 식사서비스까지 제공하고 있다. 지난해부터는 식사 메뉴판에 사진을 게시하여 외국인의 식사 선택서비스를 향상시켰으며 러시아 환자를 위한 러시아어 메뉴판까지 제작하는 등의 서비스를 지속적으로 개발해 가고 있다.

몽골식: 만두, 칼국수, 반탕, 수태차, 튀김만두, 볶음국수, 우유만두, 감자샐러드
아랍식: 홈무스, 팔레펠, 타불리, 쿠스쿠스 쉬쉬케밥, 캡사램, 램타진, 렌틸콩스프, 새우소스덮밥, 믹스케밥, 카프타 등 11종

최근 삼성서울병원은 러시아 모스크바에서 개최된 2010 모스크바 세계 일류 한국 상품 전시회에 참가해 삼성서울병원의 우수한 의료 수준을 널리 홍보하고 이를 통해 러시아 환자를 유치하고자 노력하였다. 이 전시회에서 약 30여 명의 러시아 의료 관계자들과 1 대 1 미팅을 가졌으며, 약 50여 명의 러시아 현지 의료 관계자들이 참석해 삼성서울병원의 장점 분야에 대한 설명을 들을 수 있었다.

② 서울아산병원

서울아산병원은 의술을 배우러 병원을 찾아오는 의사들을 교육한 후 아산맨으로 만들어 이들이 자국으로 돌아간 후 난이도 높은 치료가 필요한 환자들은 아산병원으로 보내 주는 글로벌 진료 의뢰 네트워크를 만들겠다는 전략을 갖고 있다. 따라서 간 이식, 심혈관 질환 등 세계적인 경쟁력을 인정받는 분야에서 외국인 의사 연수 프로그램을 확대하고 있다. 또한 서울아산병원은 미국 뉴욕에 건강증진센터를 개소하였는데 이곳을 통해 뉴욕 지역의 교민 및 해외환자를 유치하기 위해 미 동부관광과 의료관광협약을 채결하였으며, 이곳에 서울아산병원 의료진이 상주하여 언제나 환자들과의 상담이 가능하도록 하였다. 또한 교민 환자들이 한국에서 건강검진을 받았더라도 미국의 건강증진센터에서 지속적인 사후관리를 받을 수 있는 통합적인 건강관리서비스까지 제공해 줄 것이라고 하였다.

자료원: www.samsunghospital.com 및 www.mt.co.kr

참고문헌

박길부(1994), 마케팅 불변의 법칙, 십일월출판사.

박효선(2010), 국내외 의료관광 프로모션 사례, 한림대학교.

Aitchison, Jim (1999), *Cutting Edge Advertising*, Prentice-Hall.

Frazer, Charles F. (1983), Creative Strategy: A Management Perspective, *Journal of Advertising*, 12(4), 36-41.

Peter, J. Paul and J. C. Olson (1993), *Consumer Behavior and Marketing Strategy*, Irwin Inc.

Reynolds, Thomas J. and J. C. Olson (2001), *Understanding Decision Making: The Means-End Approach to Marketing and Advertising Strategy*, Erlbaum.

Rossiter and Persy (1997), *The Making of an Advertising Campaign*, Prentice Hall.

Shimp, Terence A. (2006), *Advertising Promotion*, Thomson.

X. 의료관광 매체 전략의 수립

1. 매체의 개념 및 종류

1) 매체의 개념

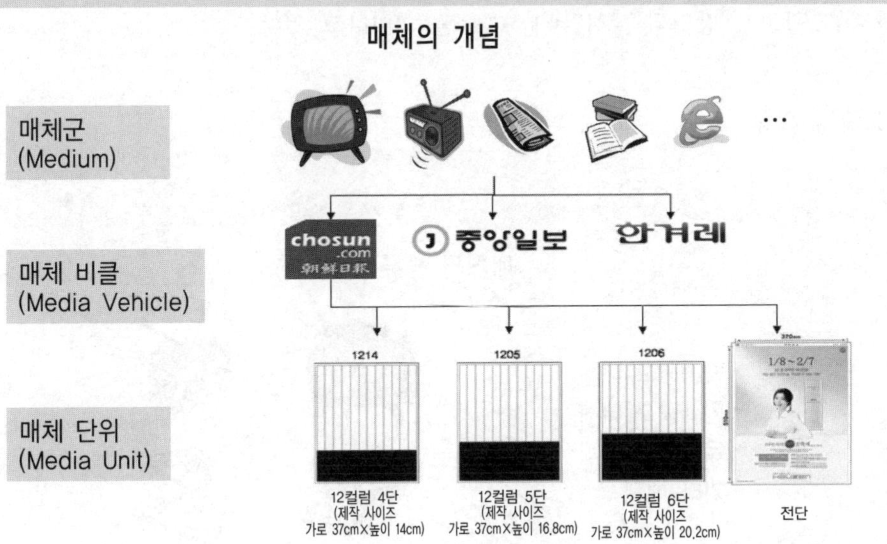

자료: 장대련과 한민희, 광고론, 학현사, 2006

매체 전략을 수립할 때 중요한 것은 매체에 대한 이해라고 할 수 있다. 매체의 개념은 매체군, 매체 비클 그리고 매체 단위로 구성되어 있다. 또한 매체는 오디언스의 규모에 따라 대중 매체와 기타 매체로 나눌 수 있다. 타깃 소비자들의 범위가 넓을 때는 대중 매체를 사용하는 것이 유리하겠지만 타깃 소비자의 범위가 좁을 때는 기타 매체의 활용도가 높아질 것이다. 대중 매체는 우리가 알고 있는 TV, 라디오, 신문, 잡지 등을 의미하며 기타 매체는 길거리에 있는 빌보드 광고나 경기장 펜스 광고 그리고 교통 광고나 인터넷 광고 등을 의미한다. 의료관광의 경우 타깃 소비자들의 범위가 좁다고 판단되므로 비용 효율성 측면에서 대중 매체보다는 기타 매체의 활용도가 높을 것이다.

매체군이란 개념은 매체의 분류를 의미한다. 즉, TV, 라디오, 신문, 잡지, 교통 광고 등을 나타낸다. 대중 매체는 모든 나라에서 보편적으로 발달해 있는 매체이다. 다만 신문의 경우 미국이나 중국처럼 큰 나라일수록 전국을 커버하는 신문이 드물며 교통 광고는 그 나라의 경제적 여건에 따라 활용도가 다양할 수 있다. 매체 비클은 광고가 실리는 수단을 의미한다. 신문이 매체군이라고 한다면 매체 비클은 조선일보, 중앙일보, 한겨레 신문과 같은 신문사를 의미한다. 실제로 매체군이 매체의 운영 목표인 도달범위나 도달빈도와 같은 광고에 대한 전략적 관점에서 선택된다면 매체 비클은 비용 효율성 측면과 타깃과의 적합성 측면에서 많이 고려되고 있다. 매체 단위는 광고가 실리는 형식을 나타낸다. 예를 들어 신문의 경우 전면 광고로 나갈 수도 있고 5단 광고, 8단 광고로도 나갈 수 있다. 즉, 인쇄 매체에서 매체 단위는 광고가 집행되는 크기를 나타낸다면 방송 매체의 경우에는 광고가 방영되는 시간(예: 15초)을 의미하고 있다.

2) 매체의 종류

매체의 종류

- 방송광고 매체
- 인쇄광고 매체
- 옥외광고 매체
- 기타 매체

매체군을 나누어 보면 크게 방송 매체, 인쇄 매체, 옥외 광고 매체, 기타 매체로 구분할 수 있다. 일반적으로 대중 매체를 지칭할 때는 방송 매체나 인쇄 매체를 많이 언급한다. 매체를 이해할 때 가장 중요한 것은 그 매체를 시청하거나 구독하고 있는 오디언스의 프로파일이다. 대중 매체는 옥외 매체나 기타 매체에 비해 비교적 오디언스 프로파일을 정확하게 파악할 수 있는 장점이 있다. 신문의 경우 우리나라는 크게 일반지와 경제지로 구분할 수 있고 일반지는 3개의 신문이 우리나라 신문 시장을 과점하고 있는 형태로 존재한다. 경제지의 구독자 수는 일반지에 비해 많지 않으나 광고 단가가 비교적 비싼 편인데 그 이유는 구독자의 프로파일이 비교적 동질적이고 경제 활동을 하는 인구들이 많기 때문이다. 이는 광고 매체를 선택할 때 많은 사람들이 구독하고 있는 것도 중요하지만 구독하는 사람들이 누구인가 하는 것을 파악하는 것도 중요하다는 점을 시사하고 있다. 또한 매체를 선택할 때 고려해야 하는 또 다른 요소는 매체 비클 간 오디언스의 배타성이다. 방송 매체는 비클(예: 방송국 프로그램) 간 오디언스의 배타성이 크지 않지만 인쇄 매체는 비교적 큰 편이다. 예를 들어 조선일보를 구독하는 사람들은 한겨레신문을 구독할 가능성이 낮지만 방송 매체에서는 MBC 드라마를 보는 사람이 KBS 드라마를 보지 않는 것은 아니기 때문이다. 따라서 가급적 많은 오디언스에게 광고 메시지를 노출시키고자 할 때는 인쇄 매체를 활용하는 것이 바람직하며 오디언스에게 반복적 노출을 기대하는 경우에는 방송 매체를 활용하는 것이 바람직하다고 할 수 있다. 의료관광 상품의 타깃은 비교적 경제적 여유가 있고 은퇴를 앞두고 있는 사람들일 가능성이 높으므로 TV나 신문보다는 오디언스의 특징이 비교적 명확한 잡지 광고를 활용하는 것이 바람직할 수 있다. 특히 잡지는 광고 단가가 저렴한 반면 교육 수준이 높고 경제적 여유가 있는 사람들이 비교적 많이 구독하고 있다는 점에서 의료관광 상품의 광고를 검토할 때 비용 효율적인 매체가 될 수 있을 것이다.

3) 매체의 선정 기준

매체를 선정할 때 가장 중요한 것은 그 매체를 시청하거나 구독하는 오디언스의 프로파일이라는 점은 앞에서 강조하였다. 매체를 선정하는 두 번째 기준은 광고 메시지의 도달범위와 광고 메시지의 도달빈도가 있다. 도달범위는 매스 미디어의 가장 큰 특징으로 많은 소비자들에게 광고 메시지를 전달할 수 있는 매체의 능력을 의미하고 빈도는 타깃 오디언스에게 메시지를 여러 번 반복적으로 제시할 수 있는가를 나타낸다. 상대적으로 인쇄 매체들이 도달범위를 확대하는 데 유리하고, 방송 매체들은 빈도를 높이는 데 유리

매체의 선정 기준

- 타깃 오디언스의 프로파일
- 도달률(Reach) 및 빈도(Frequency)의 결정
- 비용 효율성 (CPM): TV > 신문
- 메시지의 종류: 설득형 vs 강화형

CPM은 표적 소비자 1,000명당 도달하는 데 필요한 광고비를 의미함
CPM의 계산 방법: (광고비×1,000)/((GRP/100)×(표적소비자수))

하다고 주장한다. 이처럼 매체의 운영 목표를 도달범위로 할 것인가 아니면 도달빈도로 할 것인가는 매체 전략을 수립할 때 가장 중요한 의사결정 사항이라고 할 수 있다.

비용 효율성은 같은 비용으로 더 많은 타깃 소비자에게 메시지를 전달할 수 있는 능력을 평가하는 잣대이다. 매체 전략에서는 이를 CPM(Cost Per Thousand People), 즉 표적 소비자 1,000명에게 광고 메시지를 도달시키는 데 필요한 광고비라고 부른다. CPM을 계산하기 위해서는 위에서 설명하였듯이 광고비와 총 도달률을 의미하는 GRP(Gross Rating Point) 그리고 표적 소비자의 크기에 관한 정보가 필요하다. CPM을 매체 별로 비교해 보면 우리나라의 경우 TV 매체는 평균 2,000원 내외인 반면 신문은 11,000원 수준으로 단순 비교 차원에서는 신문의 비용 효율성이 많이 떨어지는 편이다. 또한 광고 메시지는 기존 고객을 대상으로 태도를 강화하기 위한 메시지와 기존 고객의 태도를 바꾸고자 하는 메시지로 구분할 수 있다. 이러한 광고 목표에 따라 운영하는 매체도 달라져야 하는데 TV 매체는 소비자들로부터 느낌 반응을 일으키는 데 유리하므로 태도 강화적 메시지를 운용하고자 하는 광고주에 적당하다고 할 수 있다. 반면 신문 매체는 많은 정보를 담을 수 있어 소비자들로부터 생각 반응을 일으키는 데 유리하므로 설득 목표를 갖고 있는 광고주에게 유리한 매체일 것이다.

2. 한국 매체의 특징

〈표 X-1〉 한국 주요 매체의 특징

	TV 매체	라디오
장점	저렴한 CPM	개인화된 매체
	광범한 노출력	저렴한 CPM & 저비용
	시각적/창의적	신축성
단점	고비용	창의성 제한
	저관여	저관여

	신문 매체	잡지 매체
장점	고관여	고관여
	높은 도달률 & 도달빈도	높은 선별성
		긴 수명/반복노출 가능
단점	고비용	높은 CPM & 고비용
	낮은 선별성	노출될 때까지 장기간 소요
	창의성 제한	한 곳에 집중되는 경우가 많음

우리나라에서 TV 매체의 장점은 저렴한 CPM이라고 할 수 있으며 또한 광범위한 노출력과 더불어 시각과 청각을 사용한 메시지의 전달력이 특징이라고 생각할 수 있다. 반면, 광고 운영에 따른 절대 비용이 많이 들고 TV 광고의 특성에 광고 메시지에 주목도가 높지 않은 점은 단점으로 지적될 수 있다. 라디오 매체의 장점은 개인화된 매체로서 TV와 마찬가지로 CPM이 저렴하고 광고 시간의 신축적 운영이 가능하다는 장점이 있지만 광고 메시지에 대한 소비자들의 관여 수준이 낮다는 점을 단점으로 들 수 있다. 신문 매체의 장점은 TV에 비해 오디언스의 관여 수준이 높아 광고 메시지에 주목도가 높고 넓은 도달범위를 갖고 있다는 점을 들 수 있다. 반면 높은 CPM이 시사하듯이 광고 운영에 따른 비용이 비싼 편이고 신문이라고 하는 매체의 특성상 컬러와 같은 크리에이티브적 요소를 구현하기가 제한적이라는 단점이 있다. 잡지 매체는 매체에 대한 구독자들의 관여 수준이 높고 구독자 층이 매우 동질적이며 소비자에게 전달되는 광고 메시지의 노출 기간이 매우 긴 장점이 있다. 반면 많은 소비자들에게 광고 메시지를 전달하는 대중 매체로서의 기능이 약하다는 점이 단점으로 지적되고 있다. 특히 최근 들어 케이블 TV와

인터넷의 등장은 과거 잡지가 수행하던 전문적인 정보를 제공하는 역할을 많이 약화시켰다고 판단된다.

케이블 TV는 공중파 TV에 비해 보다 세분화된 시청자를 갖고 있고 광고 길이를 다양하게 운영할 수 있다는 장점이 있는 반면 많은 소비자들에게 광고 메시지를 전달하는 능력은 약하다. 그리고 옥외 매체는 옥상 광고, 경기장 광고 등이 있는데 최근 경기장 광고들은 대중 매체를 통한 간접적인 노출이 가능해짐에 따라 이에 대한 광고주들의 관심이 증가하고 있다. 그리고 교통 광고는 주로 대도시 권역에서 많이 활용되고 있다.

1) TV 및 라디오 광고의 유형

TV 및 라디오 광고의 유형

- 토막 광고
- 프로그램 광고
- 시보 광고
- 협찬 광고
- 특집 광고
- 연간 스포츠 광고

TV 광고의 유형에는 토막 광고, 프로그램 광고, 시보 광고, 협찬 광고, 특집 광고 그리고 연간 스포츠 광고가 있다. 프로그램 광고는 프로그램 전, 후에 집행되는 광고이고, 우리나라는 15초로 짧지만 미국에선 30초로 비교적 긴 편이다. 일반적으로 프로그램 전 광고에 대한 소비자들의 주목도가 좋기 때문에 모든 프로그램 광고는 프로그램의 전, 후로 로테이션하며 돌아가게 된다. 프로그램 광고에 대한 계약은 특별한 사정이 없는 한 3개월 계약을 원칙으로 하고 있다. 토막 광고는 프로그램이 종료되고 다음 프로그램이 방송되는 사이에 나오는 광고이다. 즉, 프로그램 광고가 나오고 프로그램 엔딩 고지가 나온 다음 후속 방송 프로그램이 나오기 전에 집행되는 것이 토막 광고이다. 토막 광고에 주어지는 시간은 1분 30초 정도로 이때 우리나라에서는 유일하게 30초짜리 TV 광고가 나오게 된다. 자막 광고는 방송국 명칭이나 방송 프로그램의 순서를 고지할 때 아래에 자막으로 표시되는 광고이며, 최근에는 대학 광고들이 많이 보이고 있다. 특히 정시나 수시 모집을 앞두고 있을 때 많은 대학들이 자막 광고를 통해 자신들의 대학을 홍보하고 있다. 시보 광고는 시청자들에게 시간을 알릴 때 제시하는 광고인데 최근 들어서는 그 형식이 다양해지고 있는 편이다. 그리고 협찬 광고는 방송 프로그램이 끝날 때 협찬 사실만 고지되는 광고를 의미한다.

특집 광고는 정규 프로그램 이외의 비정규적으로 편성된 특집 프로그램에 집행되는 광고인데 이 특집 광고는 광고비 규모가 크지 않은 중소형 광고주에게 인기가 많다. 특집 광고는 프로그램에 대한 단발성 구매가 가능하기 때문이다. 연간 스포츠 광고는 스포츠 중계 시간에 집행되는 광고이다. 스포츠 광고는 현재 우리나라에서 중간 광고가 허용되는 유일한 프로그램이기 때문에 광고주들이 선호하는 광고이다. 다만 연간 스포츠는 연간 단위로 광고 횟수를 청약하는 것이기 때문에 어떤 스포츠 프로그램에 광고가 나올지 광고주가 결정할 수 없고 매체사의 결정에 따라야 한다는 단점이 있다. 미국의 경우 프로 농구경기나 프로 미식축구는 전, 후반으로 나누어 경기를 진행하지 않고 쿼터제로 운영하는데 이렇게 경기를 운영하는 이유 중 하나는 중간 광고를 많이 집행하기 위한 목적이라고 생각할 수 있다.

2) 신문 광고의 유형

신문 광고의 유형

기사 중 돌출 광고

제호 옆 돌출 광고

광고면 광고

자료 및 그림: 장대련과 한민희, 광고론, 학현사, 2006

우리나라 신문은 크기를 표시할 때 세로 15단 가로 37cm라는 표현을 많이 사용한다. 그리고 신문 광고의 단가를 1단 1cm를 기준으로 설정하고 있다. 2000년 가격을 기준으로 할 때 조선일보 뒷면 컬러의 1단 1cm의 가격이 200,000원이라고 한다면 조선일보의 뒷면에 전면으로 나온 광고의 광고비는 대략 1억 1천만 원 정도가 된다(예: 200,000원 × 15 × 37). 이렇게 신문 광고는 크기와 광고 색상에 따라 가격을 달리 운영하는데 가장 많이 사용되는 형식은 5단 37cm 광고이다. 이는 위의 그림 자료에서 광고면 광고라고 설명된 영역을 의미한다. 그러나 1면의 경우에는 특별한 사유가 없는 한 4단 37cm의 광고를 운영하고 있다. 그리고 광고면 공간에 5단 10cm 광고를 여러 개 붙여서 광고를 게재하거나 7단 20cm처럼 기사면 중간에 튀어나 보이는 변형 광고를 게재하기도 한다. 독특한 형태의 광고는 신문 광고의 유형 자료에서 보여 주듯이 기사 중 돌출 광고나 제호 옆 돌출 광고가 있다. 이러한 형태의 광고는 연간 계약을 통해 특정 광고주의 광고를 게재하고 있다.

신문은 금액을 기준으로 할 때 우리나라에서 비중이 가장 큰 광고 매체이고 이는 신문 매체의 CPM이 다른 매체에 비싼 이유이기도 하다. 신문 매체의 효과는 구독률이나 판매 부수로 결정하는데 판매 부수에는 유료 정기구독 부수와 가판 부수를 합산하여 결정한다. 우리나라의 경우 공식적인 검증은 6개월마다 신문사에서 자발적으로 제출하는 보고서와 1년에 한 번씩 수행하는 ABC(Audit Bureau of Circulation)를 통해 실시된다. ABC는 정기구독 부수, 가판 부수 그리고 광고주를 위해 도심별, 상권별 그리고 지역별 판매 부수를 보고하고 있다. 우리나라도 판매 부수의 공사를 하고 있으나 아직 신문사의 적극적인 참여가 없어 진행은 지지부진한 상태이다. 따라서 광고 대행사들이 스스로 미디어 조사를 진행하고 신문 독자의 프로파일과 구독률 수준을 파악한 다음 이를 매체 계획에 활용하고 있다.

3) 옥외 매체의 유형

〈표 X-2〉 옥외 매체의 종류

구분	종류
옥상 광고	옥상 광고, 네온사인 광고, 빌보드 광고, 전광판 광고
교통 광고	지하철 광고, 버스 광고, 철도 광고, 고속도로 광고, 공항 광고
경기장 광고	에어보드 광고, 펜스 광고
기타 광고	극장 광고, 비행선 광고, 공중전화부스 광고, 휴지통 광고

자료: 장대련과 한민희, 광고론, 학현사, 2006

전통적으로 옥외 매체는 길거리에 위치한 대형 간판 광고물과 포스터를 의미하였으나 최근에는 집밖에 존재하는 모든 광고 매체를 통칭하여 부르는 용어가 되었다. 특히 상품 광고보다는 기업의 CI처럼 불특정 소비자들에게 기업의 존재를 부각하고자 하는 광고들이 등장하면서 옥외 매체는 이러한 기업 광고를 집행하는 수단으로 많이 활용되고 있다. 옥상 광고는 보통 대형 간판, 네온사인, 전광판 등 옥외에 설치되어 있는 고정 시설물 광고를 의미한다. 최근에는 도시의 교통요지에 광고물을 부착할 자리가 거의 없을 정도로 급격히 성장하고 있다. 또한 교통 광고는 지하철이나 버스 그리고 철도 등 교통수단이나 정거장 등에 설치하는 광고를 의미하는데 대도시를 중심으로 급속히 확산되고 있다. 옥상 광고와 교통 광고의 성장은 도시가 지역적으로 넓게 퍼져 가면서 매일 이동하는 인구가 계속 늘어나고 있는 점과 소비자들이 쇼핑을 할 때 도심의 백화점이나 대형 점포를 선호하는 추세가 결합하여 발생하고 있다. 옥외 매체의 역할은 주로 다른 매체를 통하여 소비자들에게 브랜드에 대한 정보를 제공한 후 길거리에서 이를 다시 재인시켜 주는 데 있다고 할 수 있다. 이러한 옥외 매체는 집밖에서 보내는 시간이 많고 교육 수준이 높은 집단에게는 중요한 광고 매체가 될 수 있다. 반면 옥외 매체의 가장 큰 약점은 대중 매체와는 달리 객관적인 광고 효과를 측정하기 어렵다는 점이다. 옥외 매체는 통행인 수를 통해 광고의 효과를 판단하는 데 이러한 추정 방식은 신뢰도나 타당성이 낮을 수밖에 없다. 최근 옥외 매체로 주목받고 있는 것은 경기장 펜스 광고와 비행선 광고 등이 있다.

의료관광 상품은 타깃 소비자를 외국인으로 하는 경우가 많으므로 공항 길목에 위치한 길거리 빌보드 광고나 공항에 위치한 교통광고 등은 타깃에게 효과적으로 메시지를 전달할 수 있는 매체가 될 수 있으므로 다른 매체와 함께 이를 활용할 경우 메시지의 효과를 극대화할 수 있을 것이라고 생각한다.

4) 케이블 TV의 유형

케이블 TV는 다채널 TV 시대의 등장을 알리는 신호이기도 하다. 케이블 TV는 공중파 TV에 비해 오디언스의 커버리지는 낮지만 세분화된 시청자를 갖고 있어 타깃 마케팅을 원하는 마케터에게 보조 매체로서 가치를 인정받고 있다. 특히 소비자들의 취미에 따라 골프, 바둑, 낚시, 레저, 등산, 의료 등의 분야에 집중된 채널들을 갖고 있다. 이런 측면에서 케이블 TV는 기존의 잡지 매체가 갖고 있는 상세한 정보를 제공하는 기능을 수행하고 있어 케이블 TV의 등장으로 가장 많은 피해를 보고 있는 매체는 기존의 공중파 TV

〈표 X-3〉 케이블 TV와 공중파 TV의 비교

구분	케이블 TV 광고의 특징	공중파 TV 광고의 특징
타깃 시청자	세분화된 시청자	불특정 다수
광고 형태	다양한 형태로 운영 가능 (예: 스폰서십 광고, 홈쇼핑 등)	제한적으로 운영되고 있음
광고 길이	융통적으로 운영 가능 -30초를 초과하는 정보형 광고 (Informercial)가 가능	현재 15초, 20초 및 30초로 제한되어 있음
광고 내용	메시지 중심의 내용으로 편성됨	임팩트 중심으로 편성됨
광고비용	저렴한 편임	높은 편임

자료: 장대련과 한민희, 광고론, 학현사, 2006

가 아니라 잡지 매체라고 할 수 있다. 또한 케이블 TV 광고는 공중파에 비해 다양하게 운영할 수 있는 장점이 있다. 공중파 TV는 15초, 30초 단위로 광고를 운영해야 하지만 케이블 TV는 30초가 넘는 광고도 가능하며 특히 긴 시간 동안 소비자들에게 상품의 정보를 제공해 주는 인포머셜(Informercial)도 가능하다. 기존 공중파 TV가 단일 소구점(USP)을 중심으로 강하고 임팩트 있는 메시지를 제공하는 데 주력하고 있다면 케이블 TV 광고는 신문 광고처럼 소비자들에게 상품에 대한 많은 정보를 제공할 수 있는 장점이 있다.

케이블 TV 광고는 이러한 특징을 고려할 때 의료관광 상품의 광고 매체로서 적합성이 매우 높다고 할 수 있다. 그 이유는 첫 번째로 의료관광 상품의 타깃 소비자 집단이 넓지 않기 때문에 의료와 건강 등의 분야에 특화된 채널을 광고 매체로 선택할 경우 타깃과의 적합성이 높을 뿐 아니라 광고의 비용 효율성도 높기 때문이다. 두 번째는 의료관광 상품의 특성상 상품의 내용을 소비자들에게 자세하게 보여 주고 이를 통해 타깃 소비자들이 갖고 있는 위험성 인식을 줄여 줄 수 있어야 하는데 케이블 TV는 연결된 광고 시간의 확보가 가능하므로 인포머셜처럼 긴 시간에 걸쳐 상품의 특징을 소개할 수 있는 장점이 있기 때문이다.

5) 인터넷 광고의 유형

인터넷 광고의 유형

- 웹사이트
- 배너 광고
- 삽입형 광고
- 협찬 광고
- 이메일 광고
- 텍스트 광고

자료: SK Telecom 홈페이지

인터넷 광고의 유형은 웹 사이트, 배너 광고, 삽입형 광고, 협찬 광고, 이메일 광고 등이 있는데 이 중에서 의료관광 상품의 홍보에 가장 활용도가 높은 형태는 웹사이트 자체라고 할 수 있다. 인터넷 광고는 의료관광 상품의 홍보에 있어 가장 핵심적인 역할을 수행하는 매체라고 할 수 있는데 그 이유는 의료서비스의 선택을 앞두고 관련 정보를 탐색하는 소비자들의 정보 이용 패턴을 살펴보면 확인할 수 있다. 헬스 인터렉티브가 실시한 조사에 따르면 소비자들은 병원을 선택할 때 인터넷 사이트에 나온 정보를 가장 많이 활용하는 것으로 나타났다. 소비자들의 65%는 인터넷 사이트의 정보를 참고하였고 62%는 의료 전문가를 그리고 나머지는 가족이나 친지에게 정보를 문의하는 것으로 나타났다. 따라서 검색 사이트와 의료 정보 사이트는 의료관광 마케팅을 위한 중요한 채널이라고 할 수 있다. 또한 소비자들의 의료서비스 이용 실태를 확인하였을 때 51%의 소비자들은 의료 전문가와 상담을 하고 난 후 병원을 예약하는데, 이때도 인터넷을 통해 예약을 하는 것으로 나타났다. 특히 78%에 해당하는 사람들은 인터넷으로 의료 정보를 검색한 후 1개월 이내에 실제 의료서비스 관련 소비 활동에 참여했다고 응답을 하였다. 즉, 의료 전문가와 상담을 하거나 병원을 예약하는 등의 활동을 1개월 내에 수행했다는 것이다.

또한 인터넷을 통해 의료 정보를 검색하는 소비자들은 검색 엔진을 통해 본인이 원하는 의료 사이트를 방문한 이후에도 1~2개의 웹사이트를 추가적으로 더 검색하는 것으로 나타났다. 특히 6%의 소비자들은 정보를 검색한 이후 웹 사이트를 통해 본인이 궁금한 점을 직접 문의하는 것으로 나타났다. 이처럼 의료관광산업에서 인터넷이 중요한 이유는 소비자들이 인터넷을 의료 정보를 검색하기 위한 첫 번째 관문으로 활용하고 있기 때문이다.

3. 매체 전략의 개념

1) 매체 전략 수립 시 고려사항

매체 전략 수립 시 고려사항

- 개념
  - 전달하고자 하는 광고 주제 및 내용을 표적 소비자에게 전달하는 매개수단인 매체를 어떻게 구성하는가

- 광고 매체 전략 수립 시 고려사항
  - 표적 소비자 결정
  - 넓이(광고에 노출되는 소비자 수)와 깊이(한 소비자당 광고가 노출되는 평균빈도) 결정
  - 계절/지역에 따른 노출빈도 결정

매체 전략은 광고비 낭비를 최소화하기 위해 광고 메시지를 우리가 전달하고자 하는 타깃에게만 효과적으로 전달하는 것을 목표로 하고 있다. 마케터는 매체 전략을 통해 광고 메시지를 타깃 소비자에게 전달할 수 있어야 하는데, 매체 전략이 수행해야 할 첫 번째 미션은 가급적 이 타깃 소비자들이 모두 포함할 수 있도록 비클들을 넓게 운용할 것인지 아니면 타깃 소비자들 중에서도 특정 소비자 집단에게만 초점을 맞추어서 매체 비클들을 좁게 운영할 것인지를 결정하는 것이라고 할 수 있다. 이러한 고민이 필요한 이유는 TV나 신문과 같은 대중 매체는 불특정 다수에게 광고 메시지를 전달하기 때문이다. 따라서 대중 매체를 선택한 순간 광고는 커버리지의 낭비를 피할 수 없게 된다. 여기서 낭비란 표적 소비자가 아닌 다른 사람들에게 광고 메시지를 전달하는 것을 의미한다. 매체 전략을 아무리 정교하게 수립한다 하더라도 대중 매체를 사용하는 한 불특정 다수에

게 메시지를 전달하는 것을 피할 수 없다. 예를 들어 생리대 광고가 남자들에게 전달되는 것이 대표적인 사례가 될 것이다. 따라서 매체 전략의 핵심은 넓이와 깊이라고 하는 매체 운영의 목표를 달성하면서도 동시에 이러한 낭비를 최소화하는 것이라고 할 수 있다. 이러한 점에서 매체 전략은 가급적 보수적으로 운영하는 것이 바람직하다. 특히 많은 타깃 소비자들에게 메시지를 전달하고 할 때는 이러한 노력이 더욱 필요하다고 할 수 있다. 이렇게 함으로써 매체 운영에 따른 낭비를 줄이고 절약한 예산으로 핵심 타깃들에게 보다 많은 광고 메시지를 전달할 수 있을 것이다. 특히 시기적으로는 계절성이 있는 상품은 이러한 낭비를 피하기 힘들다. 대중 매체의 여건상 특히 TV 광고는 마케터가 선호하는 광고 시간대의 청약 철회는 쉽지만 필요할 때 광고 시간을 청약하는 것은 매우 힘들기 때문이다. 따라서 계절성이 있는 상품들은 비수기에 광고 시간을 내리기보다 이때 기업이 보유하고 있는 다른 상품의 광고를 진행함으로써 기업이 보유한 광고 시간대를 효율적으로 활용할 수 있을 것이다.

2) 매체 효과 평가 개념

매체 효과 평가 개념

- **도달률**(Reach): 넓이의 개념, 표적고객 중 광고가 노출된 비용
- **도달빈도**(Frequency): 깊이의 개념, 표적고객 1인당 광고 노출된 평균 횟수
- **선별성**(Selectivity): 얼마나 상호 배타적으로 접근 가능한가?
- **Creative와의 조화**: 매체의 Creative한 측면
- **CPM**: 표적소비자 1,000명당 도달하는 데 필요한 광고비
- **AQH 청중수**: 라디오 방송의 15분 단위에 5분 이상 청취한 사람 수

앞에서 매체 전략의 핵심은 메시지의 낭비를 줄이면서 광고 전략이 지향하는 목표를 달성하는 것이라고 강조하였다. 이때 매체 전략을 구성하는 요소에는 도달률, 도달빈도, 매체 선별성 그리고 크리에이티브와의 조화 같은 개념들이 있다. 만약 광고 전략이 기존 고객을 대상으로 태도를 강화하는 데 있다면 매체 운영을 넓게 하는 것이 바람직할 것이다. 그러나 광고를 통해 소비자들의 태도를 바꾸고자 한다면 전체 소비자 집단 중에서 가능성이 높은 타깃의 일부분을 선정하여 광고 메시지를 많이 반복하는 것이 중요하므로 도달빈도를 강화하는 매체 운영 전략이 바람직할 수 있다. 매체의 선별성은 매체를 통해

메시지가 노출되는 오디언스들의 배타성을 의미한다. 만약 매체 간 배타성이 높다면 도달률을 넓히는 데 도움이 될 수 있으며 반대로 매체 간 배타성이 낮다면 이는 오디언스들의 중복이 많다는 의미이므로 도달빈도를 강화하고자 할 때 사용하는 것이 바람직하다. 일반적으로 인쇄 매체들은 상호간에 배타성이 높은 편이지만 방송 매체는 상호간에 배타성이 낮은 편이다. CPM은 표적 소비자 1,000명에게 도달하는 데 필요한 광고비를 의미하는데 매체 비클의 비용 효율성을 판단하는 데 사용하는 지표이다. 우리나라에서 방송 매체의 CPM은 인쇄 매체의 CPM에 비해 비교적 저렴한 편이다. AQH(Average Quarter Hour) 청중 수는 라디오의 청취율을 계산하는 데 사용하는 지표이다. 라디오는 TV에 비해 방송 채널이 많으므로 모든 채널 별로 라디오 청취율을 계산하기 힘들다. 따라서 15분 단위로 청취율을 측정하여 이때 5분 이상 라디오를 들은 사람들은 그 시간대 모든 라디오 방송국의 청취자라고 가정하고 매체 운영에 따른 메시지 도달률을 측정하는 데 사용하고 있다. 또한 인쇄 광고의 경우에는 크리에이티브와의 조화가 중요한 이슈가 된다. 광고 크리에이티브가 종이를 통해 표현되기 때문이다. 예를 들어 신문 용지는 질이 좋지 않기 때문에 패션 광고나 화장품 광고에는 적절하지 않다. 신문 용지를 통해서는 색감이 잘 표현되지 않기 때문이다. 이처럼 매체를 선택할 때는 크리에이티브의 내용까지 고려하여 선택하는 것이 바람직하다.

3) 도달률과 도달빈도

이번에는 매체 전략의 2가지 목표인 도달률과 도달빈도의 계산 과정에 대해 설명하고자 한다. 먼저 도달률은 다음과 같이 계산할 수 있다. 자사의 타깃 소비자들이 네모라고 하는 범위 내에 있다고 전제하고 자사가 조선일보, 중앙일보, 동아일보에 광고를 했다고 가정해 보자. 이때 조선일보나 동아일보의 경우 네모 박스 바깥 부분에 있는 사람들은 자사의 타깃이 아님에도 자사의 광고 메시지를 본 사람이라고 정의할 수 있으므로 매체 운영의 낭비가 발생했음을 나타내고 있다. 이때 우리는 조선일보 광고를 통해 타깃 소비자들의 45%(20%+15%+5%+5%)를 커버하였고 동아일보를 통해서는 24%(10%+5%+5%+4%)를 그리고 중앙일보를 통해서는 34%(15%+10%+5%+4%)를 커버하였다. 조선일보는 가장 넓은 부분을 차지하고 있지만 낭비가 비교적 크고 중앙일보는 34%를 커버하지만 메시지의 낭비가 없다. 만약 조선일보의 광고비가 더 비싸다면 광고비 대비 효율성 측면에서는 중앙일보가 더 높다고 할 수 있다. 이때 3개의 매체를 통해 커버한 타깃 소비자들의 비율을 도달률(Reach)이라고 하는데 3개의 매체 운영을 통한 도달률을 계산해 보면

도달률과 도달빈도

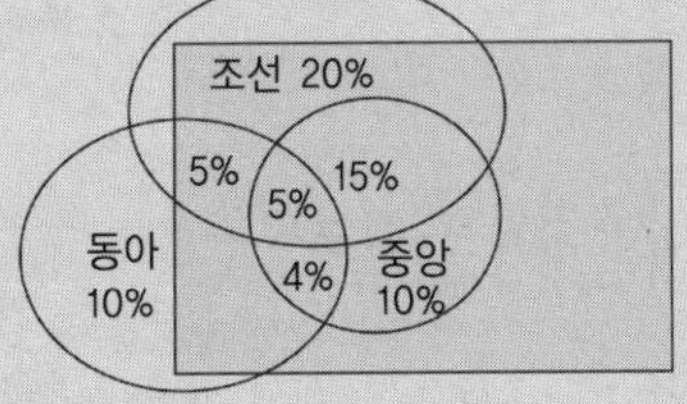

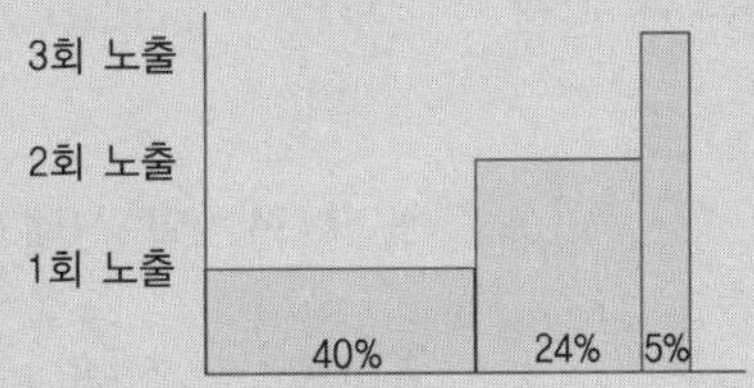

Reach는 그래프에서 3개의 원이 차지한 사각형의 면적율을 의미하므로 아래와 같이 계산됨

1번 노출: 20%+10%+10%=40%
2번 노출: 5%+4%+15%=24%
3번 노출: 5%

따라서 Reach는 40%+24%+5%=69%

Frequency는 위 그래프에서 노출된 소비자들의 가중 평균 횟수를 의미하므로 아래와 같이 계산됨

[(40%×1)+(24%×2)+(5%×3)]/Reach
=(40+48+15)/69
=1.49회

따라서 Frequency는 1.49회

광고 메시지에 1번 노출된 사람들은 40%(20%+10%+10%)이고 2번 노출된 사람은 24%(5%+4%+15%)이며 3번 노출된 사람은 5%가 된다. 그리고 이 셋을 모두 합하면 69%가 되는데 이 숫자가 도달률을 의미한다. 즉, 도달률은 높이가 아니라 넓이의 개념이기 때문에 1번 본 사람이나 2번 본 사람이나 모두 한 사람으로 취급하므로 중복을 허용하지 않는다. 반면 도달빈도는 가중 평균의 개념이다. 도달빈도는 오른쪽 그래프에서 설명하듯 광고 메시지에 노출된 소비자들의 가중 평균을 의미하므로 다음과 같이 계산된다. 즉, (40%×1)+(24%×2)+(5%×3)의 값을 구한 다음 이를 도달률로 나누면 도달빈도는 1.49회가 된다. 총 도달률(GRP)은 도달률과 도달빈도를 곱한 값이므로 동일한 GRP 수준에서 도달률을 올리면 도달빈도가 줄어들고 반대로 도달빈도를 높이면 도달률이 줄어들게 된다.

4. 매체 전략의 수립 절차

1) 오디언스의 선택

오디언스의 선택시 4가지 중요한 정보

(1) 지리적 정보(Geographic)

(2) 인구통계적 정보(Demographic)

(3) 제품사용 정보(Product Usage)

(4) 심리통계적 정보(Psychographics)

광고에서 매체 계획을 세운다는 것은 광고에서 활용할 매체군, 매체 비클, 매체 단위 등을 결정하는 것이다. 따라서 이를 통해 우리의 광고 메시지가 표적 시장의 소비자들에게 가장 효율적으로 전달될 수 있는 매체를 선택하고 구체적인 매체의 활용 방법과 시기를 정하는 일련의 의사결정 과정이라고 할 수 있다. 따라서 매체 계획의 실천 내용을 담고 있는 매체 계획서는 크게 3가지 요소로 구성된다. 첫째 어떤 매체 목표를 기반으로 매체군, 매체 비클, 매체 단위가 선택되었는지 그 이유를 기술한다. 둘째, 선정된 매체가 어떻게 활용될 것인지 매체 스케줄에 대한 내용을 담는다. 셋째, 이때 사용된 매체 단위의 비용과 총 광고비를 제시한다.

그러나 이러한 매체 계획서를 작성하기 전에 먼저 파악해야 하는 것은 타깃 소비자에 대한 정확한 이해이다. 이것이 명확해야 매체 오디언스와 타깃 소비자들 사이에 존재하는 낭비를 최소화할 수 있다. 앞에서 강조하였듯이 대중 매체를 이용하는 한 매체 오디언스와 타깃 소비자 사이에 불일치가 발생할 수밖에 없는데 타깃에 대한 정확한 이해는 이러한 불일치를 최소화하는 데 도움이 될 수 있다. 타깃 소비자들을 정확하게 이해하고자 할 때 사용되는 첫 번째 기준은 지리적 통계 정보(Geographics)이다. 이는 미국처럼 큰 나라에서 타깃 소비자를 이해하는 데 상당히 중요한 정보가 된다. 두 번째는 인구통계적 정보(Demographics)로 타깃 소비자들의 나이, 소득, 성별 등을 의미하는데 타깃 프로파일을 묘사할 때 많이 사용한다. 세 번째는 제품 사용 정보(Product Usage)이다. 특히 마케팅에서는 소비자들의 제품 사용 정보와 매체 이용 정보를 결합한 자료를 싱글 소스 자료라고 하는데 낭비가 없는 효율적인 매체계획을 수립하는 데 가장 중요한 정보 원천이라고 할 수 있다. 마지막은 심리통계적 정보인데 이는 매체계획보다는 크리에이티브 전략을 수립하는 데 유용하게 활용되고 있다.

2) 매체 목표의 선택

매체 목표의 선택

(1) 도달률(Reach)

(2) 도달빈도(Frequency)

(3) 총 도달률(Gross Rating Point)

(4) 매체 스케줄(Continuity)

매체 목표로는 주로 도달률과 도달빈도가 사용되지만 경우에 따라서는 총 도달률과 매체 스케줄도 중요한 매체 목표가 될 수 있다. 총 도달률은 매체 계획에 포함되는 여러 매체 단위의 도달률과 도달빈도를 곱하면 도출되는 개념이므로 결국 도달률과 도달빈도를 근거로 하는 기준이라고 할 수 있다. 따라서 매체 목표에는 구체적으로 어떤 타깃 소비자들에게 어느 정도의 도달률과 도달빈도로 전달하려는지가 명확하게 제시될 수 있어야 한다. 특히 세분 시장별로 광고를 통해 전달하려고 하는 메시지의 넓이와 깊이에 대한 목표 설정이 명확해야 한다. 주어진 광고 예산의 제약조건 아래에서 도달률과 도달빈도 중 한쪽을 강조하게 되면 다른 한쪽은 어느 정도 희생을 감수할 수밖에 없기 때문이다. 그러므로 광고 목표 및 전략에 따라 어떤 세분 시장을 강조하고 보다 집중할 것인지 그리고 각 세분 시장 안에서 넓이와 깊이 중 어떤 것을 강조할지에 대한 의사결정이 필요하다.

매체 스케줄은 광고의 연속성이라고 불리기도 한다. 이는 광고를 어느 정도까지 지속적으로 운영할 것인가를 나타내는 개념으로 매체 목표의 기준으로 보기는 어렵지만 도달률 및 도달빈도와 밀접한 관계가 있다. 특히 스케줄에 대한 결정은 여러 가지 광고 목표와 전략 그리고 시장 상황을 판단한 후 전문가들이 결정하는 경우가 많다. 예를 들어 매체 스케줄에는 지속형과 집중형 그리고 파동형 스케줄이 있는데 집중형 스케줄을 사용하여 광고 메시지를 전달할 경우에는 보통 가속점 이상의 광고 수준이 필요하다. 이렇게 하지 않을 경우에는 광고의 낭비가 심해지기 때문이다. 실무적으로 신제품의 런칭 광고는 이 가속점이 3개월을 기준으로 할 때 10억 내외인 것으로 알려지고 있다.

또한 매체 운영에 따른 광고 효과를 확인하기 위해서는 최소한의 도달빈도가 필요할 수 있다. 이러한 시각에서 Krugman(1965)은 소비자들이 광고를 인식하기 위해서는 최소한 3번의 노출이 필요하다고 주장하였다. 이러한 최소한의 도달빈도를 기준으로 설정한 도달률을 우리는 유효 도달률이라고 부른다. 경쟁이 치열하거나 상품 사이에 차별화가 크기 않을 경우에는 높은 수준의 유효빈도가 필요한 것으로 알려져 있다. 그리고 주의 분산이 많은 상황이나 노인 또는 어린이를 대상으로 하는 광고도 비교적 높은 유효빈도가 요구되는 것으로 알려져 있다.

3) 매체군의 선택

매체군의 선택

(1) 도달범위와 도달빈도에 대한 매체 목표를 효율적으로 달성할 매체군인가?
(2) 크리에이티브 전략과 조화될 수 있는 매체군인가?
(3) 매체의 계절성이 광고 전략이나 매체 목표에 영향을 미치는가?
(4) 매체 각각의 고유한 역할은 무엇이고 이를 달성할 수 있는가?
(5) 광고주가 특별히 기피하는 매체인가?
(6) 광고할 지역의 특성에 맞는 매체인가?
(7) 유통경로 관리나 판매원 활동에 대한 지원 역할이 필요한 경우 이를 잘 수행할 수 있는가?

자료: 장대련과 한민희, 광고론, 학현사, 2006

매체군의 선택은 TV, 인터넷, 신문과 같은 매체들을 결정하는 의사결정 상황을 의미한다. 이때 생각해야 하는 몇 가지 고려사항은 다음과 같다. 먼저 매체군을 선택할 때는 매체 목표로 설정한 도달률과 도달빈도를 효율적으로 달성할 수 있는 매체인가를 고려해야 한다. 이를 위해서는 실제 매체 광고에 따른 도달 효과를 지속적으로 측정하고 이러한 자료들을 체계적으로 관리할 수 있어야 한다. 두 번째는 매체와 크리에이티브 전략이 잘 조화될 수 있는지를 생각해야 한다. 매체를 선택할 때는 메시지가 길어야 하는지, 생소하고 복잡한지, 생각 반응을 목표로 하는지 느낌 반응을 목표로 하고 있는지 등의 메시지 특징을 고려하여 선택해야 한다. 또한 고급스러운 느낌을 필요로 하는지 아니면 특별한 타깃 집단을 대상으로 개발된 크리에이티브인지를 고려하는 것이 바람직하다. 세 번째는 매체의 계절성을 고려해야 한다. 예를 들어 TV 매체는 소비자들의 야외 활동이 많아지는 여름철에는 시청률이 감소하므로 이때는 다른 매체와 보완하여 사용하는 것이 바람직할 수 있다. 네 번째는 여러 개의 매체를 사용하는 미디어 믹스를 고려할 때는 개별 매체들의 역할을 분명하게 정의해야 한다. 만일 각각의 매체들이 모두 같은 역할을 수행한다고 한다면 이는 한 가지 매체를 사용하는 것에 비해 효율성이 떨어질 수밖에 없다. 그 밖에도 광고주가 특별히 기피하는 매체가 있는지를 확인해야 한다. 예를 들어 TV 프로그램 중에서는 불만제로와 같은 고발 프로그램들이 있다. 이때 상황에 따라서는 광고주의 상품이 이러한 고발 프로그램의 대상이 될 수도 있으므로 이러한 위험성을 내포한 프로그램은 가급적 피하는 것이 바람직하다. 또한 지역에 따라 매체의 역할이 다를 수 있다. 신문의 경우 서울에서는 조선일보의 구독률이 높지만 호남 지역에서는 상대적으로 한겨레신문의 구독률이 높은 편이다. 따라서 시장의 세분화 결과에 따라 지역의 특성에 맞추어서 매체 전략을 수립하는 것이 중요하다. 마지막으로 광고를 현장의 판매원들이 적극적으로 활용하면 프로모션의 시너지가 발생하기 때문에 이러한 점들도 매체군을 선택할 때 고려해야 한다. 일반적으로 광고를 통해 현장 영업사원들에 대한 지원 역할을 수행하고자 할 때는 방송 매체보다 인쇄 매체가 더 바람직한 것으로 알려져 있다.

4) 매체 비클 및 옵션의 선택

매체 비클 옵션의 선택

(1) 매체 비클의 선정: 비용 효율성을 기준

(2) 매체 옵션의 선정

- 방송 광고
  - 광고물의 길이 결정: 15초, 20초, 30초?
  - 광고의 방영순서: 프로그램 전? 후?
    광고시간 대의 앞부분? 뒷부분?
- 인쇄 광고
  - 광고지면 크기 결정
  - 광고 표현방식의 결정: 컬러 or 흑백?

매체 비클은 TV의 경우 개별 프로그램들을 의미하며 인터넷은 야후나 네이버 같은 웹사이트를 그리고 신문은 중앙일보, 조선일보, 한겨레와 같은 언론사를 의미하고 있다. 매체 비클을 결정할 때는 사용할 수 있는 비클 대안들을 먼저 나열하고 이 대안들을 비교평가하여 결정하는 것이 일반적이다. 이때 많이 사용하는 선정 기준은 매체 비클의 타깃 소비자 선별 능력, 오디언스 수, 도달률 그리고 비용 효율성 등이 있다. 오디언스의 자료로는 시청률, 청취율, 판매 부수, 구독률 등이 주로 활용되며 비용 효율성을 평가할 때는 앞서 설명한 CPM을 많이 사용하고 있다. 또한 잡지의 경우에는 회독률도 비용 효율성을 평가하는 간접적인 지표가 될 수 있다. 매체 비클의 선택은 이처럼 객관적인 자료를 바탕으로 매체 목표를 가장 잘 만족시켜 주는 대안을 선택하는 것이다. 이 작업은 단순하면서 방대한 자료의 분석을 요구하고 있기 때문에 컴퓨터를 사용하는 것이 일반적이다. 특히 큰 광고 대행사들은 컴퓨터를 활용한 매체계획 지원 모형을 개발하여 매체 비클의 선택에 활용하고 있다. 그러나 이때 객관적인 자료 외에도 매체계획을 수행하는 사람의 주관적 경험이 반영되는 것도 중요하다. 예를 들어 방송 프로그램 내용이 상품과의 관련성이 높거나(예: SBS의 '구미호는 내 여자 친구'라는 드라마에서는 사이다, 치킨을 먹는 장면이 많이 나옴) 아니면 광고주가 특별히 기피하는 비클이 있다면 이러한 점들을 고려하여 매체 비클을 선정하는 노력이 필요하다.

매체 옵션은 매체의 단위를 의미하는데 방송 매체의 경우에는 광고의 길이를 15초로 할 것인가, 20초로 할 것인가 아니면 30초로 할 것인가와 관련된 결정일 수도 있고 광고의 순서를 프로그램 전에 둘 것인가 아니면 후에 둘 것인가에 관한 결정일 수도 있다. 인쇄 광고는 광고 지면의 크기를 어떻게 결정할 것인가와 관련된 의사결정이라고 할 수 있다.

5) 매체 스케줄의 결정

매체 스케줄은 광고 예산과 상품의 특징을 반영하여 결정하는 것이 일반적이다. 매체 스케줄은 크게 지속형과 집중형 그리고 파동형으로 구분할 수 있다. 지속형은 연간 지속적으로 광고를 집행하는 매체 스케줄을 의미하는데 비용이 많이 들고 소비자들이 광고에 오래 노출되면서 광고 메시지에 점차 식상해지는 문제가 있다. 따라서 지속형은 소비에 있어 계절성이 없는 상품의 광고에 적합하여 이때는 두 개 이상의 광고를 바꾸어서 집행하는 멀티스팟(Multi-spot) 형태로 광고를 운영하는 전략이 필요할 수 있다. 멀티스팟 광고의 예로는 광고의 맥락을 계속 바꾸어 내보냈던 삼양라면의 광고가 대표적일 것이다.

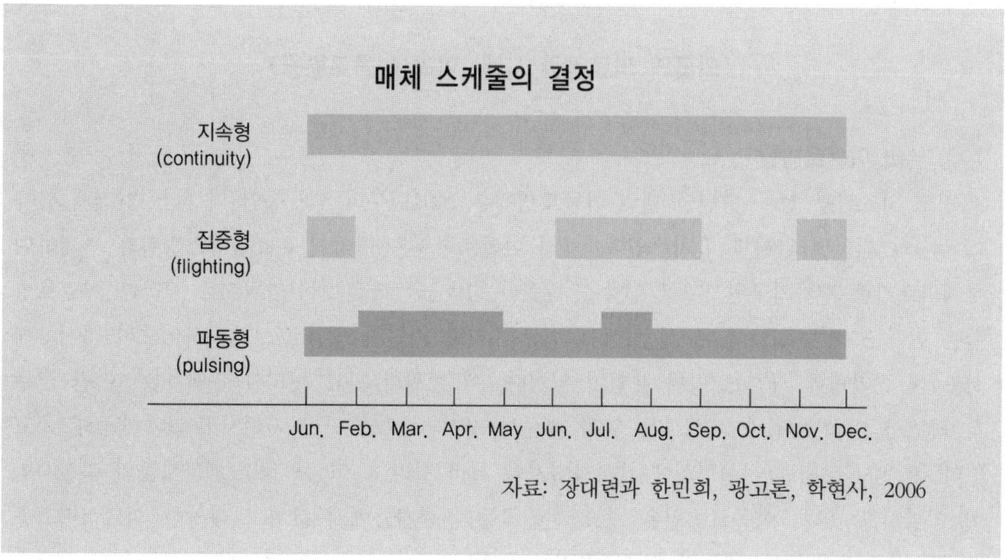

집중형은 광고 예산이 부족해서 단기에 효과를 극대화하거나 신제품의 런칭 광고를 집행하고자 할 때 많이 사용하는 매체 스케줄이다. 집중형을 선택할 때는 앞에서 강조하였듯이 가속점 이상으로 광고를 운영하는 노하우가 필요하다. 파동형은 지속형과 집중형을 결합한 매체 스케줄로 가장 비용 효율적인 매체 스케줄로 평가받고 있다. 또한 파동형은 상품의 수요에 계절성이 있을 때 적합한 광고 스케줄이다. 의료관광 상품은 소비자들의 상품 수요에 계절성이 존재할 가능성이 높으므로 의료관광 상품의 매체 스케줄로는 파동형이 가장 바람직하다고 할 수 있다. 다만 파동형 스케줄의 문제점은 광고를 줄이고자 할 때 광고 시간대를 놓기는 쉽지만 광고를 집중하고자 할 때 우리가 원하는 매체 시간대를 확보하기 어려울 수 있다는 점이다. 이러한 문제를 극복하기 위해서는 기업이 전체 스케줄은 지속형으로 운영하되 내부적으로 집중하는 상품의 종류를 시점별로 바꾸어 줌으로써 개별 상품들은 파동형 스케줄을 유지하는 방법을 생각해 볼 수 있다. 또한 파동형은 경쟁사가 파동형 전략을 사용할 때 이에 대응하기 위한 방안으로도 유효한 스케줄 전략이라고 할 수 있다.

〈외국의 의료관광 사례: 델리 아폴로병원〉

① 델리 아폴로병원

인도 의료관광 선두 병원인 델리 아폴로병원은 2001년부터 3년 동안 약 6만 명(전체 환자의 9%)의 외국인 환자를 유치하였다. 델리 아폴로병원은 미국의 존스홉킨스병원과 연계하여 국제의료기관 평가기구인 JCI의 인증을 받았다. 1983년 작은 개인의원으로 시작한 아폴로병원은 현재 37개 병원에 6,400개 이상의 병상을 갖춘 기업형 병원으로 성장하였으며 아시아에서도 몇 손가락에 꼽히는 병원 체인이 되었다. 이 병원의 자료 처리사 수백 명은 야간 근무를 하면서 미국 병원과 보험사를 위해 계산서 작성과 보험 민원 처리서비스를 제공해 주고 있다. 또 아폴로병원의 실험실에서는 화이자와 엘리 릴리 & 코 등 유명 제약사들의 임상시험이 이뤄지고 있다. 아폴로병원은 주요 선진국들의 환자들에게 값싸고 다양한 의료서비스를 제공해 줌으로써 국제적인 경쟁력을 유지하고 있다.

② 델리 아폴로병원의 진료 상품 특징

델리 아폴로병원의 수술비용은 미국과 같은 주요 선진국의 1/8 수준이며 태국과 같은 의료관광 경쟁국가보다도 30% 이상 저렴하다. 예를 들어 심장 수술은 델리 아폴로병원에서 약 4,000달러에 받을 수 있는데 이 수술을 미국에서 받으려면 적어도 30,000달러가 든다. 정형외과 수술은 미국의 4분의 1 수준에도 못 미치는 4,500달러에 가능하다. 컨설팅업체 맥킨지는 2012년이 되면 의료관광산업이 인도에서만 연간 20억 달러 규모가 될 것으로 전망하였다. 외국 환자들이 델리 아폴로병원에서 치료를 받기 위해 인도에 도착하면 공항에서부터 이 병원 직원의 따뜻한 인사를 받고 병원으로 안내된다. 이들은 인도의 국내 환자와 같은 병동에서 치료를 받지만 병실은 1인 전담 간호서비스를 받는 특실이 제공된다. 또 여행을 할 정도로 상태가 호전된 일부 환자들은 관광 프로그램에 따라 인근의 해변 리조트를 방문, 편안한 휴식을 취할 수도 있다. 이것이 의료와 관광을 연계한 상품이 되고 있다. 뉴욕 주 보건국(2002) 자료에 따르면 아폴로병원의 심장혈관우회 수술(Crdiac Bypass)의 성공률은 98.7%로 미국의 97.5%를 상회하고 있는데 이러한 높은 수술 성공률도 델리 아폴로병원의 성장에 기여하고 있다. 또한 아폴로병원은 환자들이 인터넷을 통해 의료관광 패키지의 신청, 비자발급, 공항 픽업, 통역서비스, 전용 컨설턴트 연결 및 스케줄 관리, 온라인 결제 등을 할 수 있게 하였으며 의료관광 전문 회사인 Mediescapes India, Travelite India, Medical Tourism India 등을 통해 병원, 여행사, 전용 컨설턴트 등의 네트워크를 구축하고 이를 통해 의료관광의 제반 서비스를 외국인 환자들에게 원스톱으로 제공하고 있다.

③ 델리 아폴로병원의 프로모션 활동

최근까지 델리 아폴로병원은 주로 세미나를 통한 간접 홍보만 해 왔고 직접적인 프로모션은 거의 수행하지 않았다. 그러나 최근에는 두바이, 사우디아라비아, 바레인, 아프리카의 몇몇 나라와 러시아, 영국, 미국, 캐나다 등에 사무실을 오픈하였고 현지에 마케팅 직원을 두고 있다. 이들 직원들은 주로 인터넷을 검색하고 잠재 고객들의 질문에 답을 해 주고 있는데 델리 아폴로병원의 가장 큰 프로모션 방법은 이처럼 인터넷을 이용한 홍보이다. 특히 아폴로병원은 IT강국으로서 인도의 면모를 보여 주듯 인터넷을 이용하여 의료관광 패키지 신청, 비자발급, 공항 픽업, 통역서비스, 전용 컨설턴트 연결 및 스케줄 관리, 온라인 결제 등을 할 수 있게 하였다. 여기서 주목할 것은 병원, 여행사, 전용 컨설턴트 등의 네트워크를 구축하여 환자들이 직접 병원의 사이트에서 자신이 원하는 치료, 명상 프로그램 및 관광 상품을 선택하여 직접 의료관광 패키지를 신청할 수 있도록 도와주고 있다는 점이다. 심장 수술 환자의 경우에는 5성급 호텔에서 회복할 수 있는 상품도 패키지에 포함된다. 또한 쿠웨이트, 스리랑카, 나이지리아 등의 제휴 병원 네트워크를 통하여 델리 아폴로병원에 대한 홍보를 실시하고 있으며 의료관광 콘그레스 2009에서 델리 아폴로병원 그룹의 회장이 직접 연설을 한 것처럼 국제 세미나나 전시회에 병원 관계자들이 적극적으로 참여하여 델리 아폴로병원을 홍보하는 점도 눈에 띄고 있다.

자료원: cafe.naver.com/bravoindo

참고문헌

김홍식(2009), 경기도 의료관광산업 발전 방안에 관한 연구, 경기개발연구원.

장대련, 한민희(2006), 광고론, 학현사.

제일기획(1998), Media Guide, 제일기획.

최은혜(2010), 델리 아폴로 병원의 거침없는 행보, 한림대학교.

Kreshel, Peggy J., K. M. Lancaster, and M. A. Toomey, How Leading Advertising Agencies Perceive Effective Reach and Frequency, *Journal of Advertising*, 14(3), 32-38.

Krugman, Herbert E.(1965), The Impact of Television Advertising: Learning Without Involvement, *Public Opinion Quarterly*, 29, 349-356.

Russell, Thomas and W. R. Lane(1990), *Kleppner's Advertising Procedure*, Prentice-Hall International.

Sissors, Jack Z. and L. Bumba(1989), *Advertising Media Planning*, NTC Business Books.

XI. 의료관광 판촉 전략의 수립

1. 판매 촉진의 개념

1) 판매 촉진(Sales Promotion)의 개념

판매 촉진(Sales Promotion)
소비자나 또는 유통업자에게 인센티브를 제공해 줌으로써 이들로 하여금
자사 상품을 구매하거나 판매하도록 유도하는 촉진 활동

판매 촉진은 소비자들에게 직접적인 인센티브를 제공해 줌으로써 상품의 구매를 유도하는 프로모션 전략이며 가장 대표적인 수단은 가격할인이라고 할 수 있다. 그러나 가격할인과 같은 수단은 소비자들의 구매를 이끌어 내는 효과는 크지만 장기적으로 상품에 대한 준거 가격을 낮추는 단점이 있다. 반면 서비스는 제품과 달리 가격할인에 따른 준거 가격 하락에 대한 걱정이 비교적 덜하다. 서비스는 제품에 비해 다양한 가격을 책정하는 것이 보편적이기 때문이다. 대표적인 사례는 시간에 따라 요금을 다르게 책정하는 영화 가격을 들 수 있다. 이러한 형태의 가격 전략을 가격 차별화라고 부른다. 따라서 서비스의 경우 가격 할인을 통한 판촉 전략을 사용하기 유리한 편인데 여기서 명심해야 할 것은 가격 차별화 전략이 시사하듯이 모든 사람들에게 똑같은 가격할인을 하는 판촉

전략은 바람직하지 않다는 것이다. 즉, 프로모션을 시행함에 있어 서비스 상품이라 하더라도 모든 사람들에게 똑같이 할인해 주는 것은 준거 가격을 낮출 가능성이 있으므로 가격을 할인해 주더라도 타깃 집단에 따라 달리 적용하는 전략이 필요하다. 예를 들어 오션월드는 모든 사람들에게 똑같이 할인해 주지 않고 회원에 따라, 지역민에 따라 또는 할인 카드 소지 여부에 따라 또는 시즌에 따라 다양한 할인 전략을 사용하고 있다.

또한 판촉 전략을 수립할 때 명심해야 할 것은 이익에 대한 관리이다. 보통 판촉을 시행하면 매출은 늘어나지만 매출이 늘어나는 만큼 이익 수준은 악화되는 것이 일반적이다. 따라서 판촉 전략은 타깃 집단을 명확하게 정의해서 시행해야 하는데 가장 좋은 타깃 집단은 현재 경쟁 회사의 상품을 사용하고 있는 사람들이라고 할 수 있다. 일반적인 상황에서 의료기관의 가장 중요한 타깃 집단은 한국 사람들이므로 외국인들에게 의료관광 상품을 프로모션 할 때 이들은 경쟁 회사의 상품을 사용하는 사람들에 비유할 수 있다. 따라서 의료서비스의 가격이 변동비보다 높다고 한다면 외국 사람에게 경쟁력 있는 가격을 제시하더라도 이익을 낼 수 있는 구조가 될 것이다.

2) 판매 촉진의 실천 수단

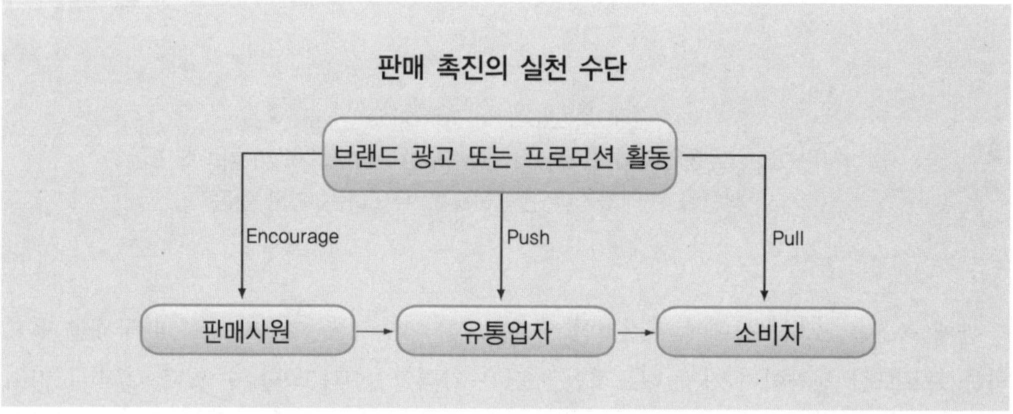

판촉 전략은 소비자들을 대상으로 실시하기도 하지만 영업사원들이나 유통업자를 대상으로 실시하기도 한다. 최근 들어 유통업자들의 영향력이 증대하면서 유통업자를 대상으로 한 판촉 활동들이 증가하고 있는 상황이다. 의료관광산업에서 마케터를 한국의 의료기관이나 여행사라고 한다면 이러한 상품의 유통업자는 타깃 소비자들이 거주하고 있는 나라에서 관광 상품을 판매하는 여행사나 현지의 의료기관이라고 할 수 있다.

판매 촉진 전략을 수행할 때 판매사원을 대상으로 하는 판촉 활동을 내부 시책(Encourage)이라고 부르고 있고 유통업자를 대상으로 하는 판촉 활동은 푸쉬(Push) 전략이라고 부르며 최종 소비자들을 대상으로 하는 판촉 활동은 풀(Pull) 전략이라고 부른다. 예를 들어 하나투어에서 만든 관광 상품을 판매할 때 지역 대리점을 대상으로 상품의 판매에 따른 수당(Allowance)을 지급한다면 푸쉬 전략이라고 할 수 있고 최종 소비자들을 대상으로 상품 구입 시 여행가방과 같은 기념품을 제공한다면 풀 전략이라고 할 수 있다.

최근 들어 판촉이 주목을 받는 이유는 과거와 달리 상품에 대한 소비자들의 정보력이 점차 늘고 있고 결과적으로 상품 사이에 존재하던 차별점이 점점 약해지고 있기 때문이다. 이러한 이유 때문에 소비자들은 예전에 비해 상품의 가격에 점점 민감해지고 있다. 또한 기업 입장에서는 광고처럼 투자에 따른 비용의 회수가 긴 프로모션보다는 투자에 따른 효과가 빠르게 나타나는 판촉 전략을 선호하고 있어 기업이 마케팅 비용을 투자할 때 광고의 비중보다는 판촉의 비중이 증가하고 있는 편이다.

지금까지 의료기관의 마케팅 활동은 법으로 금지되어 있었기 때문에 병원 홈페이지를 통한 홍보 이외에 판매 촉진 프로그램을 운영하는 것이 불가능하였지만 외국인을 대상으로 한 의료관광 상품들이 다양해질 경우 보다 다양한 형태의 판매 촉진 프로그램들이 등장할 것으로 보인다.

3) 판매 촉진이 주목을 받는 이유

판매 촉진이 주목을 받는 이유

- 유통경로상의 파워가 제조업자에서 유통업자로 이전
- 소비자들의 가격 민감도 증가
- 소비자들의 줄어든 브랜드 충성도
- 시장의 세분화와 줄어든 광고 효과
- 단기성과 위주의 기업 경영 문화
- 판매 촉진에 대한 소비자들의 높은 반응성

광고에 비해 판촉이 주목을 받는 이유는 앞에서 강조하였듯이 유통 경로를 지배하던 힘이 제조업자에서 유통업자로 넘어가면서 제조업자들이 소비자들을 대상으로 한 광고 활동보다는 유통업자를 대상으로 한 판촉 활동에 보다 관심을 갖게 되었고 더불어 마케터들도 매몰 비용 효과가 적은 프로모션을 선호하게 된 것이 주요 원인이라고 생각한다.

또한 제조업자들 사이에서 상품의 개발과 생산에 따른 기술력의 격차가 줄어들고 제품 사이에 물리적인 차별성이 줄어든 것과 대형 마트의 등장으로 소비자들이 상품의 가격에 보다 민감하게 된 것도 이러한 현상에 일정 부분 기여한 것으로 생각한다.

미디어 측면에서는 다채널 TV의 등장과 인터넷 포털의 등장으로 공중파 TV나 신문이 갖고 있던 대중 매체의 영향력이 축소되고 있는 점들도 광고에 대한 마케터들의 선호도가 줄고 있는 주요 이유라고 생각한다. 또한 기업들이 마케터들의 성과를 평가하면서 분기나 반기 단위 실적을 기준으로 관리를 하고 있고 매출보다는 이익을 더 중요하게 생각하고 있어 투자 대비 효과가 장기적이고 매몰 비용의 특징이 있는 광고에 대한 선호도가 줄어들고 있는 것도 이러한 추세에 일조를 하였다. 특히 서비스의 상품의 경우에는 다양한 판촉 활동을 통해 소비자들의 수요를 비수기로 분산시킬 수 있고 판촉 활동을 통하여 소비자 집단 사이에 가격 차별화 효과까지 실현할 수 있어 마케터들로부터 선호되고 있다. 그리고 판촉 활동을 통해 소비자 잉여로 존재하고 있던 부분을 기업의 이익으로 실현시킬 수 있다는 점도 판촉 활동의 매력이라고 할 수 있다. 또한 서비스 상품은 프로모션 기간에 기존 고객들이 상품을 미리 비축(Stockpiling)하는 것이 불가능하기 때문에 프로모션을 통하여 비이용자 집단을 시장으로 끌어당김으로써 시장의 수요를 키울 수 있는 기능까지 수행할 수 있다.

반면 판매 촉진 프로모션을 수행할 때는 상품의 품질에 자신이 있어야 한다. 만약 품질이 좋지 않은 상황에서 판촉을 통해 기대 이상의 매출을 올렸을 때는 오히려 이로 인한 소비자 불만이 빠르게 확산되어 상품을 개선할 수 있는 기회를 상실하고 그만큼 빠른 시간 내에 상품을 퇴출시키는 결과로 나타날 수 있다. 특히 의료관광과 같은 서비스 상품을 개발하는 마케터들은 이러한 점들을 명심해야 한다.

4) 판매 촉진의 주요 특징

이번에는 판매 촉진의 주요 특징에 대해 살펴보겠다. 판촉의 기능 중 첫 번째는 가격을 할인하여 소비자들의 수요를 확대하는 것이다. 이때 매출이 늘어나는 것에 비례하여 이익이 감소한다는 점과 기존 고객들이 판촉 기간에 미래의 수요를 앞당겨서 구매하는 비축 효과를 경계해야 한다. 그리고 판촉을 자주 시행할수록 판촉의 수요 확대 효과가 감소한다는 점도 명심해야 한다. 이는 소비자들이 인식하는 준거 가격의 하락과 관련성이 높다. 예를 들어 백화점에서 세일을 1년에 한 차례만 한다면 소비자들이 이번 기회를 놓치면 상품을 비교적 저렴하게 구입하기 위해 1년을 더 기다려야 하므로 세일 기간에

판매 촉진의 주요 특징

(1) 일시적 가격 인하를 통한 판매량 증대 유도

(2) 판촉의 빈도가 많을수록 판촉을 통해 판매량 증대 효과는 감소

(3) 판촉의 빈도가 많을수록 상품에 대한 소비자들의 준거 가격이 하락

(4) 유통업자에게 가격인하를 해 주어도 이것이 100% 소비자들에게 전달되지 않음

(5) 시장점유율이 높은 브랜드는 판촉을 통한 판매증대 효과가 적음

소비자들의 수요를 확대시키는 효과는 클 수밖에 없다. 그러나 1년에 6번 정도 세일 행사를 한다면 이번 기회를 놓쳐도 다음 기회에 상품을 구입할 수 있으므로 판촉 활동에 대한 소비자들이 관심도가 떨어지게 된다. 그리고 이렇게 판촉 활동을 자주 수행하게 되면 정상적인 가격에 상품을 구매할 소비자들이 세일을 기다려서 상품을 구매하게 되므로 소비자들이 인식하게 되는 상품의 준거 가격 수준이 낮아질 수밖에 없다. 과거에 중저가 의류 브랜드들은 소비자들의 관심을 끌기 위해 세일을 자주 실시한 관계로 정상가로는 소비자들이 상품을 구매하지 않아 많은 브랜드들이 시장에서 퇴출되고 말았다. 또한 시장에서 많은 시장 점유율을 차지하고 있는 브랜드들은 판촉 행사를 진행하는 것이 바람직하지 않다. 판매 촉진 프로그램은 본질적으로 경쟁 상품을 구입하는 소비자들의 브랜드 스위치를 유도하는 것인데 이러한 소비자 집단의 규모가 작다면 프로모션에 따른 기대 효과가 크지 않으며 또한 기존 고객들이 프로모션에 반응하여 앞서 이야기했던 자사 상품의 비축행동에 나설 가능성이 높기 때문이다. 따라서 향후 마케터들은 의료관광 상품을 기획할 때 소비자들의 비축행동이 불가능하며 1회 구매가 아니라 지속적인 구매가 가능한 검진 분야의 상품을 개발하는 것이 프로모션의 효과를 보다 극대화할 수 있는 방법이라고 할 수 있겠다.

2. 판매 촉진의 주요 대상

1) 판촉에 둔감한 충성고객

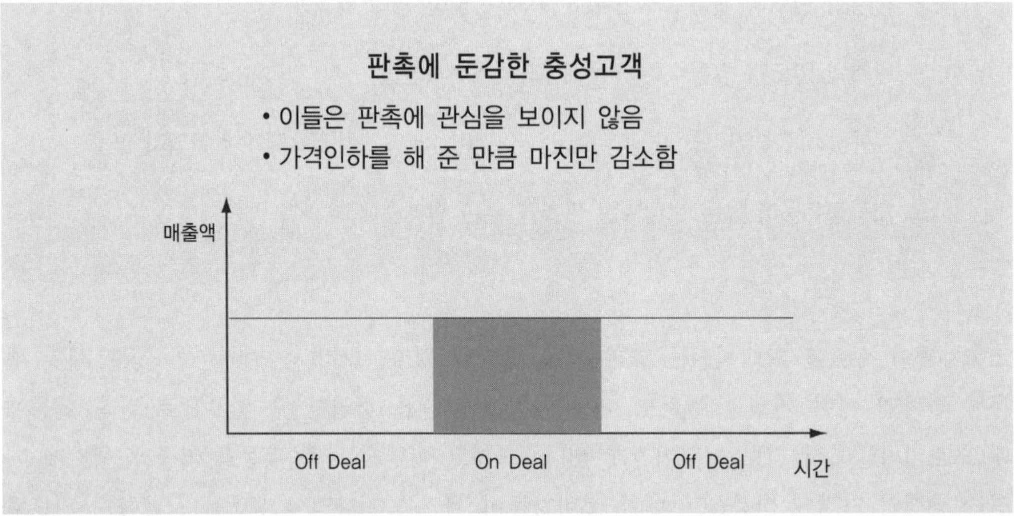

판매 촉진의 대상이 되는 소비자들을 분류하면 크게 5개 집단으로 구분할 수 있다. 첫 번째는 판매 촉진 프로그램에 관심이 없는 자사 상품의 충성고객(Promotion Insensitive Loyalist)들이다. 두 번째는 판매 촉진 프로그램 동안 자사 상품을 사재기 하는 충성고객(Stockpiling Loyalist)들이다. 세 번째는 판매 촉진 프로그램 기간에 자사 상품을 많이 구입하고 사용하지만 사재기를 하지 않는 사람(Nonstockpiling Promotion Sensitive)들이다. 이들은 자사의 충성고객일 수도 있고 경쟁상품을 구입하던 사람들일 수도 있다. 네 번째는 판매 촉진 프로그램 기간에 자사 상품을 사재기하는 경쟁 상품의 구입자(Stockpiling Promotion Sensitive)들이다. 다섯 번째는 판매 촉진 프로그램 기간 동안 자사 상품을 구입하는 비사용자 집단(Non-user)들이다. 판매 촉진 프로그램은 앞에서 강조하였듯이 경쟁 상품을 구입하는 사람들이나 비사용자 집단을 대상으로 하는 것이므로 판촉 전략의 가장 바람직한 타깃은 세 번째부터 다섯 번째 집단이라고 할 수 있다.

첫 번째 집단은 판매 촉진 프로그램에 관심이 없는 자사 상품의 충성고객 집단이다. 이들은 판촉 기간에도 자사 상품을 더 많이 구입하지 않고 평소에 구입하던 필요한 양만큼만 구입하므로 이 기간 동안 충성고객들에게 가격만 할인해서 판매한 결과를 초래하게 된다. 따라서 이러한 집단들은 판촉 전략의 관점에서는 가장 피해야 할 소비자 집단이라고 할 수 있다. 물론 이들은 자사 상품의 충성고객이므로 이들에게 이에 합당한 보상을 주는 것은 당연하다고 할 수 있다. 그러나 판매 촉진 프로그램은 충성고객에 대한 보상 프로그램이 아니므로 판촉 전략을 수립할 때는 철저하게 경쟁 상품을 구입하는 소비자들의 브랜드 스위치를 유도하는 데 목표를 두고 실행하는 것이 바람직하고 자사 상품에 대한 충성고객들은 다른 프로그램을 통하여 이들과 좋은 관계를 유지해 가는 것이 바람직하다고 하겠다.

2) 판촉에 민감하고 사재기를 하는 충성고객

판촉에 민감하고 사재기를 하는 충성고객

- 판촉에 민감하며 판촉 시 필요량보다 많이 구입
- 판촉 시 가격을 인하해 준 만큼 마진만 감소
- 판촉 시 매출 증가는 미래의 판매로부터 빌려온 것이 됨

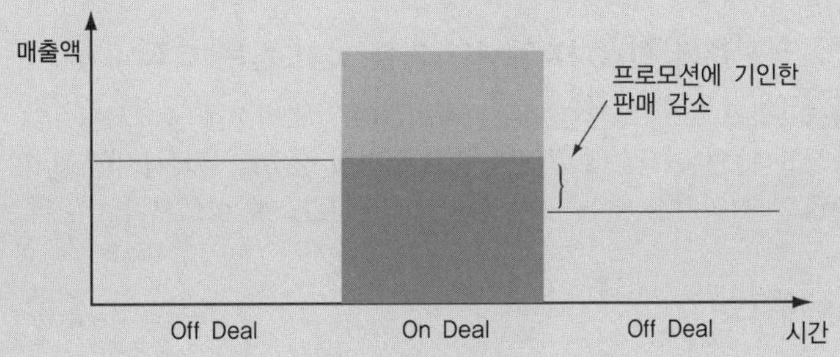

사재기형 충성고객들은 우리가 프로모션을 시행할 때 구입량을 늘리는 사람들을 의미한다. 이때의 구입량 증가는 현재의 사용 빈도를 늘리기 위한 목적보다는 미래의 수요를 미리 앞당겨 구입하는 것이므로 기업 입장에서는 판매 촉진을 통해 충성고객에게 미래에 정상가격을 주고 구입할 상품을 미리 할인해서 판매한 결과를 초래하게 된다. 특히 상품의 유통기한이 긴 세제나 비누 그리고 치약 같은 상품들은 충성고객들이 프로모션 기간 동안 이런 사재기 행위에 참여할 가능성이 매우 높다. 제품을 미리 사두어도 제품의 품질에 큰 이상이 발생하지 않기 때문이다. 반면 우유나 식품처럼 유통기한이 짧은 제품들은 프로모션 기간 동안 이러한 사재기가 현실적으로 불가능하므로 이러한 우려가 적은 편이다. 또한 레스토랑과 같은 서비스 업종은 프로모션 기간 동안 상품 가격을 낮출 경우 이 기간 동안 기존 고객이든 신규 고객이든 낮은 가격으로 인해 식당에 대한 방문빈도가 늘

어나는 것이 일반적이다. 즉, 프로모션 기간 동안 소비자들의 사용량은 늘어나지만 소비자들은 이 기간 동안 미래에 소비할 수요를 미리 사재기하지는 못한다. 이런 측면에서 사재기형 충성고객은 사재기가 가능한 제품 카테고리에서 주로 나타난다고 하겠다.

의료관광과 같은 상품은 소비와 동시에 상품의 내용이 소멸되므로 상품을 미리 구입하여 보존하는 것이 불가능하다. 또한 서비스는 제품과는 달리 시장 상황에 따라 가격이 유동적이므로 판매 촉진 프로모션을 시행하기에 적합한 상품 카테고리라고 할 수 있다. 따라서 의료관광 마케터들은 타깃을 명확하게 구분하여 판매 촉진 프로모션을 진행할 경우 시장의 수요를 확대할 수 있는 가능성이 매우 높다고 할 수 있다. 특히 앞에서 강조하였듯이 판매 촉진 프로그램의 타깃은 자사 상품을 구입하는 고객들보다는 신규 고객이나 경쟁사 상품을 구입하는 고객에 초점을 맞추는 것이 중요하다.

3) 판촉에 민감하지만 사재기를 하지 않는 고객

판촉에 민감하지만 사재기를 하지 않은 고객

- 충성고객과 브랜드 전환자로 판촉기간에만 소비량을 증가시킴
- 충성고객: 판촉기간 내 구매량 증가가 마진 감소를 상쇄시키면 이익
- 전환자: 판촉기간 내 구매량 증가가 마진 감소를 상쇄시키면 이익

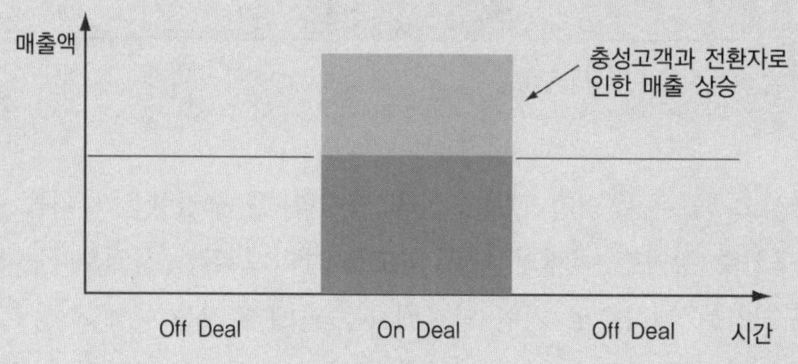

판매 촉진 프로그램 기간에 상품의 구입량을 증가시키고 미래의 수요를 위해 사재기를 하지 않는 소비자 집단이라면 이들이 우리의 충성고객이건, 현재 경쟁사 제품을 구매하는 고객들이건 판촉 전략이 지향하는 바람직한 타깃이라고 할 수 있다. 이들의 가치는 프로모션 기간에 증가하는 구입량의 크기에 달려 있다. 즉, 판매 촉진 기간에 증가한 구입량으로 인해 발생한 이익이 프로모션에 들어간 비용을 넘어선다면 이들은 프로모션을

시행할 때 1차적으로 고려할 수 있는 타깃 집단이 될 수 있다. 이때 명심해야 할 점은 평가의 기준이 프로모션 기간에 증가한 구입량으로 발생한 이익이지 매출액이 아니라는 점이다. 이는 원가 구조에 있어 변동비 비중이 높은 상품은 프로모션을 시행하기에 적절한 상품이 아닐 수 있다는 점을 시사하고 있다. 프로모션을 수행하는 데 비용을 커버하기 위해서는 상당히 많은 추가 구입량이 요구되기 때문이다. 예를 들어 상품 가격이 100,000원이고 영업이익률이 10%일 때 자사 고객이 평소에 5,000개를 구입하다가 프로모션 기간에 7,000개를 구입하였다면 프로모션으로 인해 증가한 매출액은 추가로 증가한 구입량인 2,000개를 기준으로 계산할 때 2억 원이 된다. 이때 영업이익율 10%를 고려하면 증가된 이익은 2천만 원이 되는데 이때 프로모션 비용이 2천만 원보다 작아야 프로모션 전략이 의미가 있게 되는 것이다. 이러한 관점에서 구입량의 증가는 기존 고객보다는 경쟁 상품을 구입하던 고객으로부터 유도하는 것이 더 유리하다고 할 수 있다. 기존 고객들은 평소에 구입하던 양을 기준으로 프로모션 기간 동안 추가로 구입한 양을 파악하여 프로모션의 수익성을 판단하지만 경쟁 상품을 구입하던 고객들은 기존에 사용하던 양을 자사 상품으로 대체하는 것 자체가 추가 구입량으로 판단할 수 있기 때문이다. 따라서 프로모션의 수익성 관점에서는 기존 고객들의 추가 구입량보다 경쟁사 고객의 대체 구입량을 목표로 하는 것이 더 유리할 수 있다.

4) 판촉에 민감하고 사재기를 하는 경쟁사 고객

판촉에 민감하고 사재기를 하는 경쟁사 고객

- 판촉기간에 자사 상품을 사재기하는 성향을 보임
- 이들은 여러 브랜드를 동시에 사용하는 집단
- 자사 상품의 기초 판매량은 이들의 사재기 행동과 경쟁사의 판촉 행동에 의해 영향을 받음
- 만약 이들의 사재기 행동으로 인해 발생한 이익 증가가 판촉 비용보다 크다면 판촉 활동은 이익에 기여할 수 있음

기업이 진행하는 판매 촉진 프로그램의 가장 바람직한 타깃은 현재 경쟁 회사의 상품을 구입하고 있는 소비자 집단들이다. 그리고 이들 중에서도 판매 촉진 기간 미래의 수요를 사재기 하는 소비자들은 더욱 바람직한 타깃 집단이라고 할 수 있다. 경쟁 제품을

구입하고 있는 소비자들 중에서 한 명이라도 프로모션 기간 중에 자사 상품의 구입으로 전환을 한다면 자사 상품의 추가 매출로 이어질 수 있으므로 수익성의 개선에 기여할 수 있다. 이러한 소비자들이 프로모션 기간에 자사 상품의 사재기까지 한다면 경쟁사 상품의 미래 수요까지 빼앗아 오는 효과까지 기대할 수 있어 수익성의 개선 효과가 더 커질 수 있다. 그러나 이때 프로모션을 통해 유도한 경쟁사 고객들의 매출과 이로 인해 발생한 추가 이익보다 프로모션의 비용이 더 크다면 수익성 개선에 미치는 효과가 없어지므로 이 점에 유의해야 한다. 그리고 이때 중요한 의사결정은 경쟁사의 반응을 미리 잘 예측하고 경쟁사보다 먼저 프로모션의 시점을 결정하는 것이라고 할 수 있다. 만약 자사가 판매 촉진 프로모션을 진행할 때 경쟁사에서 자사의 고객을 대상으로 동시에 판매 촉진 프로모션을 진행한다면 서로가 프로모션 비용을 들임에도 불구하고 제로섬 게임에 빠질 가능성이 높기 때문이다.

의료관광과 같은 서비스 상품은 판매 촉진 프로모션을 진행할 때 경쟁사 상품을 구입하던 고객으로 하여금 자사 상품을 사재기할 수 있도록 유도하는 것이 어려우므로 프로모션을 통하여 이러한 요소를 설계하는 것이 중요할 수 있다. 예를 들어 레스토랑의 경우 판매 촉진 프로모션 기간에 소비자들에게 10회 이용권을 싼 값에 판매한다면 이 이용권을 프로모션 기간에 구입한 사람들은 프로모션이 끝난 후에도 계속 그 레스토랑을 방문할 가능성이 높아지기 때문이다. 이러한 판매 촉진 프로그램은 스키 리조트에서 사전에 시즌권을 미리 저렴하게 판매함으로써 그 스키장에 대한 방문을 유도하고 다른 스키장에 대한 방문을 방해하는 전략에서도 확인할 수 있다. 그러나 이러한 판매 촉진 전략은 상품의 원가 구조에서 변동비의 비중이 상대적으로 적을 때 의미가 있으며 만약 상품의 구조상 변동비의 비중이 높을 경우에는 이러한 프로모션을 설계하는 것은 오히려 전반적인 수익성을 악화시킬 수 있으므로 조심해야 한다.

5) 판촉 기간에만 구매하는 비사용자 집단

판촉 기간에만 구매하는 비사용자 집단

- 판촉 기간에만 구매
- 이들의 구매로 인해 발생한 이익은 모두 추가 이익을 의미함
- 이때 발생한 이익은 판매수량(Q)에 단위당 마진을 곱하면(M_D) 계산할 수 있음: $Q \times M_D$

마지막 집단은 현재 자사 상품도 그리고 경쟁사의 상품도 구입하고 있지 않은 비사용자(Non-Users) 집단이다. 이들은 평소에 상품을 구매하고 있지 않다가 프로모션을 진행할 때만 자사 상품이나 또는 경쟁사의 상품을 구입하는 소비자 집단이다. 즉, 비사용자 집단들은 평소에는 상품에 대한 욕구를 갖고 있지 않다가 판매 촉진 프로모션의 조건 때문에 상품을 구매하는 사람들이라고 할 수 있다. 이 범주에 해당하는 사람들은 자사 상품을 개인의 욕구 충족을 위해 구입하기보다 다른 사람을 위한 선물 등의 목적으로 구입하는 사람들이라고 볼 수 있다. 또한 의료관광 상품을 개발한 의료기관 입장에서는 병원을 방문할 것으로 예상되는 외국인 환자들도 이 범주에 해당된다고 하겠다. 그러나 이 경우에도 중요한 것은 프로모션을 통해 유도한 비사용자 집단의 매출액과 이로 인해 발생한 추가 이익이 프로모션의 비용보다는 커야 한다는 점이다. 즉, 비사용자 집단을 대상으로 한 매출 수준이 미미하다고 한다면 판매 촉진 프로모션을 정당화하기 힘들 수도 있다.

지금까지의 논의를 정리하면 의료관광 상품의 프로모션은 기존 고객을 대상으로 하는 것이 아니라 경쟁사의 상품을 사용하고 있는 고객을 대상으로 하는 것이 바람직하며 특히 의료관광 상품의 특성상 미래 수요까지 선점할 수 있는, 즉 사재기를 유도할 수 있는 요소를 도입하는 것이 중요할 수 있다. 또한 이러한 판매 촉진 프로모션을 경쟁사와 동일한 시점에 진행하면 서로가 제로섬 게임에 빠질 수 있으므로 경쟁사보다 판매 촉진 프로모션의 진행 시점을 미리 선점하는 것이 바람직하다. 그러나 이러한 판매 촉진 프로모션을 진행해도 경쟁사 고객이나 비사용자 집단으로부터 발생한 추가 매출액과 이를 통해 얻은 이익이 프로모션 진행에 따른 비용보다 적다고 한다면 프로모션의 대상을 잘못 선택했거나 프로모션의 인센티브가 소비자들의 마음을 움직이게 하는 데 실패했다는 의미가 되므로 판촉 전략에 대한 재검토가 필요할 수 있을 것이다. 마지막으로 판매 촉진 프로모션은 판매하고자 하는 상품의 원가 구조에 따라 이러한 프로그램을 진행하는 것이 바람직할 수도 있고 바람직하지 않을 수도 있다. 원가 구조에서 변동비의 비중이 크지 않은 상품은 판매 촉진 프로그램을 실시하는 것은 바람직할 수 있으나 변동비의 비중이 큰 상품은 프로모션보다는 비용이 크게 발생하지 않는 다른 마케팅 프로그램을 검토하는 것이 바람직할 것이다. 다음에는 구체적인 판매 촉진 프로그램들에 대해 살펴보도록 하겠다.

3. 중간상 대상 판촉 전략

1) 중간상 공제(Trade Allowance)

중간상 공제(Trade Allowance)

입점 공제

- 유통업체가 제조업체의 상품을 자신들의 매장에 입점시켜 주거나 특별한 진열을 제공해 줄 때 제조업체로부터 받는 할인 혜택

구매 공제

- 가장 빈번하게 사용하는 공제
- 주기적으로 제조업체가 유통업체에게 이들이 구매하는 상품의 가격을 할인해 주는 것
- 유통업체는 자신들이 할인받은 부분을 소비자들에게 제공하지 않는 경우도 있음

먼저 중간상, 즉 유통업자를 대상으로 한 판매 촉진 프로그램을 살펴보자. 기업들이 가장 많이 사용하는 판매 촉진 프로그램은 중간상 공제(Trade Allowance)라고 하는 것이다. 중간상 공제는 유통업자가 어떤 상품을 취급해 주고 구매를 하거나 또는 광고나 진열을 해 주는 대가로 제조업체가 유통업자에게 구매한 상품 대금의 일부를 공제해 주는 것을 의미하고 있다. 이러한 중간상 공제의 대표적으로 프로그램으로는 입점공제(Slotting Allowance)와 구매공제(Bill-back Allowance)가 있다. 특히 입점공제는 유통업자가 신상품을 취급해 주는 대가로 제조업자가 유통업자에게 일정 액수의 현금을 지급해 주는 것을 의미한다. 경우에 따라서는 유통업자가 자체적으로 진행하는 광고에 상품을 실어 주거나 매장에서 좋은 위치에 상품을 전시해 주는 대가로 제조업체로부터 받는 공제도 이에 해당된다. 구매공제는 유통업자가 일정한 기간 내에 상품을 구입할 경우에는 그 상품에 대하여 일정 비율을 가격으로 공제해 주거나 혹은 일정 비율의 상품을 덤으로 더 제공해 주는 것을 말하며 소비자를 대상으로 한 판촉 수단 중에서 세일과 비슷한 개념이라고 할 수 있다. 이러한 중간상 공제가 갖고 있는 가장 큰 문제점은 유통업자들이 제조업체로부터 받은 할인을 소비자에게 가격인하로 연계하지 않을 경우 상품의 판매 증가로 연결되지 않고 유통업체의 마진 향상에만 기여할 가능성이 높다는 점이다. 또한 유통업자들이

구매공제를 하는 기간 미래의 수요를 앞당기는 사재기를 하거나 제조업체로부터 싸게 받은 물건을 소비자에게 판매하지 않고 다른 유통업자에게 일정 마진을 붙여 넘길 경우에는 유통 경로가 복잡해질 가능성도 존재한다. 따라서 제조업체들은 이러한 문제점들을 보완하기 위해 특정 기간에만 할인을 하는 중간상 공제 대신에 저렴한 가격으로 상품을 판매하는 EDLP(Every Day Low Price) 전략을 사용하고 있다. 그러나 ELDP 전략이 의미를 갖기 위해서는 제조업체가 다른 경쟁업체와 비교해 원가우위를 갖고 있어야 한다. 또 다른 수단은 PFP(Pay-for-Performance) 프로그램인데 이는 유통업체들이 구입한 물건을 소비자에게 판매해야 팔린 금액의 일정 부분을 공제해 주는 것을 핵심 내용으로 하고 있다.

2) 협동 광고(Cooperative Advertising)

협동 광고(Cooperative Advertising)
제조업체와 유통업체가 합의하여 유통업체가 실시하는
광고비용의 일정부분을 제조업체가 부담해 주는 것

협동 광고는 유통업자가 자신의 광고 전단지에 자사 상품을 집중적으로 광고를 해 준 대가로 광고를 집행하는 데 드는 비용의 일부분을 제조업체에서 분담해 주는 것을 의미한다. 때로는 유통업자가 자신의 상품을 광고해 주는 대가로 제조업체에서 상품 가격의 일정 비율을 공제해 주기도 한다. 이처럼 중간상을 대상으로 한 판매 촉진 프로그램은 중간상으로 하여금 자사 상품을 취급하게 하고 또한 자사 상품의 판매를 독려하기 위한 목적에서 시행하는 경우가 많다. 최근 대형 할인점의 등장이 시사하듯이 유통업자들이 대형화되면서 유통업자들의 시장 지배력이 점차 강화되고 있는 추세이다. 따라서 중간상 판촉은 제조업체의 요구로 이루어지기도 하지만 경우에 따라서는 유통업자가 요구해서 판매 촉진 프로그램을 시행하는 경우도 늘어나고 있다. 중간상 대상 판매 촉진 프로그램은 가격 수단과 비가격 수단으로 나눌 수 있는데 협동 광고는 가격 수단의 한 요소이다. 협동 광고가 문제가 되는 상황은 유통업자가 제조업체와 상의 없이 그들의 광고 전단지에 제조업체의 상품을 광고하고 나중에 제조업체에게 비용을 청구하는 경우라고 할 수 있다. 이때 제조업체는 본인들이 원하지 않았음에도 중간상 프로모션을 수행하게 되는 것이다.

협동 광고를 의료관광산업에서 살펴보면 현지의 여행사에서 의료관광 상품의 주요 내용을 현지 여행사가 발행하는 잡지에 기사형태로 실어줄 경우 나중에 이에 대한 대가로 현지 여행사가 잡지를 발행하는 데 드는 비용의 일정 부분을 상품의 개발자에게 요구하는 형태로 나타날 수 있다. 따라서 중간상 대상 판매 촉진 프로그램은 의료관광 상품의 판매에 있어서 유통업자의 역할이 커질 때 의미가 있을 것이다. 초창기에는 의료관광 상품을 개발한 의료기관이나 또는 여행사들이 외국에 거주하는 잠재 고객들을 대상으로 직접 상품을 판매할 가능성이 높은데 이때는 중간상 대상 판매 촉진 프로그램은 큰 의미가 없을 것이다. 다만 의료관광산업이 발전하고 보다 다양한 상품들이 출시되면서 이러한 상품을 통합하여 취급해 줄 유통업자가 필요해지는데 이러한 상황으로 산업이 전개된다면 의료관광 상품의 중간상을 대상으로 한 판매 촉진 프로그램은 보다 다양한 형태로 나타날 가능성이 높다.

3) 중간상 콘테스트(Trade Contest)

〈표 XI-1〉 중간상 콘테스트의 주요 수단

Trade 콘테스트	판매 목표를 세우고 이를 기준으로 판매 관리자들을 평가
Trade 인센티브	특정한 영업 행위(판촉)를 수행하는 조건으로 현장 판매사원들에게 인센티브를 제공
푸쉬 머니	특정한 상품 판매에 보다 주력할 수 있게 판매사원들에게 노력의 대가로 현금을 지급

중간상 대상 콘테스트는 대표적인 비가격 판촉 수단으로 일정 기간 목표로 제시한 판매 수준을 달성한 유통업자의 판매사원들에게 상으로 현금이나 선물을 지급하는 것을 의미한다. 중간상 대상 인센티브는 자사의 영업사원들을 대상으로 실시하는 경우가 많은데 주요 내용은 프로모션 기간 동안 상품의 판매수량에 비례하여 일정 액수의 현금을 영업사원들에게 지급하게 된다. 따라서 경우에 따라서는 이를 푸쉬 머니라고 부르기도 한다. 이러한 중간상 콘테스트는 제조업자가 당장 매출을 올리기 위한 목적에서 시행하기도 하지만 유통업체와의 관계를 강화하기 목적에서 시행하기도 한다. 중간상 대상 콘테스트는 제조업체가 유통업체의 직원들에게 직접 인센티브를 주는 것이므로 제조업체가 유통채널

에 대한 영향력을 갖고 있을 때 더 큰 효과를 기대할 수 있다. 그 밖에 소비자들이 상품을 구매할 때 유통채널에 근무하는 판매사원들의 도움을 받아야 하므로 판매사원들이 상품에 대해 얼마나 잘 알고 있는가 하는 것도 상품의 판매에 영향을 줄 수밖에 없다. 판매사원은 소비자에게 상품을 판매할 때 자신이 비교적 잘 알고 있는 상품을 권하게 되기 때문이다. 따라서 제조업체들은 유통채널의 판매사원들이 자사 상품을 잘 이해할 수 있도록 충분한 정보와 지식을 제공해 주는 것이 중요하다. 그러므로 중간상 대상 콘테스트를 진행할 때는 사전에 판매사원들을 모아놓고 교육을 실시하고 또한 현장에서 사용할 수 있는 다양한 판매 보조 자료들을 제공해 주어야 한다.

그러나 중간상 콘테스트를 설계할 때는 제조업체와 판매사원의 이해가 일치하는지를 검토해 보아야 한다. 만약 제조업체의 이해와 판매사원들의 이해가 상충될 경우에는 이러한 콘테스트가 판매사원들이 변칙적인 행동을 이끌어 낼 수도 있기 때문이다. 예를 들어 판매 수량을 기준으로 인센티브를 지급하면 판매사원들이 허위로 매출을 신고하고 인센티브를 수령한 다음에 구입한 상품을 취소하거나 아니면 다른 소비자들에게 상품을 판매하면서 자기가 받은 인센티브의 일부를 리베이트로 제공해 줄 수 있기 때문이다.

4) 판촉물(Specialty Advertising)

> **판촉물**(Specialty Advertising)
> 자사 브랜드를 기억시키고 판촉의 내용을 전달할 수 있는 상품들을
> 타깃 소비자들에게 제공해 주는 것을 의미함
> 이때 주로 사용되는 판촉 상품은 성냥, 달력, 볼펜, T-셔츠 등임

판촉물은 제조업체들이 자기 회사의 이름이나 상표가 부착된 펜, 달력, 볼펜, 티셔츠 등의 상품을 자기 상품의 판매를 독려하기 위해 유통업체에게 무료로 제공하는 것을 의미한다. 최근 들어 기념품의 형태가 다양해지고 있는데 가장 의미가 있는 기념품은 티셔츠라고 생각한다. 만약 소비자들이 자사 상품의 로고가 새겨진 티셔츠를 입고 다닌다면 자연스럽게 상품 홍보의 기능까지 수행할 수 있기 때문이다.

최근 들어 유통업체의 규모가 커지면서 제조업체가 자사의 직원을 파견하여 유통업체에서 판매 활동을 수행하게도 하는데 이때 어떠한 판촉물을 제공해 주느냐에 따라 영업사원들의 성과가 달라질 수 있다. 또한 제조업체는 영업사원들을 대상으로 상품에 대한

판촉 전략을 수립할 때 상품의 판권을 잘 조정해 주는 것도 매우 중요한 의사결정 과제가 된다. 이는 자동차 보험 시장의 예로 설명할 수 있다. 최근 자동차 보험 시장은 보험 설계사를 통하지 않고 소비자들이 회사와 직접 보험 상품의 내용을 상담하고 계약을 체결하는 다이렉트 보험 상품의 비중이 증가하고 있다. 소비자들은 회사와 직접 상담을 하고 보험에 가입함으로써 보험 설계사에게 지급되는 유통마진을 상품 가격에서 배제할 수 있으므로 기존에 가입하던 자동차 보험 상품에 비해 다이렉트 보험 상품은 더 저렴한 가격에 구입할 수 있었기 때문이다. 처음 교보 자동차 보험이 다이렉트 보험을 들고 나왔을 때 기존의 삼성화재, 현대해상, 동부화재 등은 자신들도 이러한 다이렉트 보험 상품을 같이 출시하기보다는 소비자들에게 자동차 보험에 가입할 때 가격이 중요한 것이 아니라 사후 서비스가 중요하다고 이야기함으로써 기존 상품의 우월성을 강조하였다. 이들이 이렇게 한 이유는 자신들도 다이렉트 보험 상품을 판매하게 되면 기존 보험 설계사들의 이익과 충돌할 가능성이 있었기 때문이었다. 따라서 이들 회사들은 자신들의 보험 설계사들이 판매할 수 있는 상품의 포트폴리오를 다양화하고 판매 비중에서 자동차 보험의 비중을 줄인 이후에야 다이렉트 보험을 출시할 수 있었다. 이는 상품을 설계할 때 소비자들의 욕구도 가장 중요하지만 상품을 판매하는 영업사원들의 이해를 반영하는 것도 중요하다는 점을 시사하고 있다.

5) 제품 및 사업 설명회(Trade Show)

상품 설명회(Trade Show)
상품을 판매하는 판매사원이나 잠재 고객들을
특정 장소에 초청하여 상품의 특징에 대해 설명하는
판촉 활동

제품 및 사업 설명회는 제조업체에서 여러 유통업자들을 호텔에 초청한 다음 제품을 소개하고 이후에 간단한 여흥을 제공하는 형태의 프로모션을 의미한다. 따라서 호텔 산업의 가장 큰 비즈니스 중의 하나가 이 제품 및 사업 설명회라고 할 수 있다. 또한 관련 협회가 컨퍼런스를 개최하여 업계 사람들을 초청하고 관련 정보를 나누어 주며 경우에 따라서는 전시관을 만들어 주어 기업들이 자신의 상품을 홍보할 수 있는 기회를 제공해 주기도 한다. 현재 우리나라의 의료관광은 이제 걸음마 단계에 있으므로 외국에서 개최되는 컨퍼런

스에 적극 참여하고 이를 통해 한국의 의료관광 상품의 특징과 차별성 등을 자연스럽게 홍보할 수 있는 기회를 많이 갖는 것이 중요하다고 할 수 있다. 또한 의료관광 상품을 개발한 후 관련 산업의 사람들이나 여행사 사람들을 초청하여 상품을 체험할 수 있게 하는 팸투어의 제공은 또 다른 형태의 제품 및 사업 설명회라고 할 수 있으므로 의료관광산업의 초창기에는 적극 활용할 수 있는 중간상 대상 판매 촉진 프로그램이라고 할 수 있다.

팸투어의 사례를 들면 다음과 같다. 의료관광 전문 컨설팅 업체인 메디투어 파트너스는 2009년 미국, 일본, 러시아, 몽골 4개국의 병원 담당자 및 의료관광 에이전시 사람들을 부산에 초청하여 부산의 주요 의료관광 상품을 소개하는 팸투어를 실시하였다. 여기에 참석한 외국인 의료관광 관계자들은 부산 시내의 대표적 종합병원, 성형외과, 피부과, 치과, 건강검진센터, 한방병원 등을 방문하고 또한 본인들이 직접 의료서비스를 체험하는 시간을 가졌으며 동시에 한정식과 전통공연의 관람을 통해 한국의 문화를 경험하는 시간을 가질 수 있었다. 이러한 형태의 팸투어는 유통업자들로 하여금 의료관광 상품을 직접 체험하게 함으로써 유통업자들이 자사 상품을 잘 이해할 수 있도록 충분한 정보와 지식을 제공해 주는 차원으로 해석할 수 있다.

우리나라의 의료관광산업은 이제 시작 단계에 있으므로 기존의 선발주자인 싱가포르나 태국과는 차별화할 수 있는 상품의 개발과 더불어 의료기관이나 관련 단체를 중심으로 이러한 팸투어를 적극 활용함으로써 잠재 소비자들과 상품 개발자 사이에 존재하는 정보의 갭을 줄이고자 하는 노력을 적극 수행할 필요가 있을 것이다.

4. 소비자 대상 판촉 전략

1) 소비자 대상 판촉의 분류

소비자를 대상으로 하는 판촉 전략은 제조업체가 유통업체를 우회하여 소비자와 직접 접촉하는 프로모션으로서 소비자들의 구매 의사결정에 직접적인 영향을 주거나 이를 통해 유통업체에게 간접적인 영향을 주기 위해 시행하는 경우가 많다. 그러나 기업이 사용하는 프로모션 예산의 상당수는 소비자를 대상으로 하는 판매 촉진 프로그램보다는 중간상을 대상으로 하는 판매 촉진 프로그램에 사용되는 것이 현실이다. 그럼에도 기업들이 소비자를 대상으로 판촉 전략을 시행할 때는 두 가지의 목적을 갖게 되는데 첫째는 신상품의 시험구매 유도이고 둘째는 기존 상품의 반복구매 유도라고 할 수 있다.

<표 XI-2> 소비자 대상 판촉 수단과 사용목적

	시험구매 유도	반복구매 유도	브랜드 이미지 강화
즉각 보상	· 샘플링 · 쿠폰(스크래치) · 쿠폰(매장)	· 가격할인 · 보너스 팩 · 사은품(매장)	
지연 보상	· 쿠폰(우편전달) · 사은품(우편전달) · 쿠폰(영수증과 함께)	· 쿠폰(상품에 부착) · 리베이트 · 고객보상 프로그램	· 사은품(고객보상) · 콘테스트/경품

먼저 신상품의 시험구매를 목적으로 하는 프로모션의 대표적인 사례는 화장품의 샘플과 마트의 시식 코너 그리고 매장에서 주는 쿠폰 등이 있다. 이는 보상의 시점을 고려할 때 즉각적인 보상을 제공하는 판촉 수단이라고 할 수 있다. 반면 매체를 이용하여 제공하는 쿠폰이나 영수증과 함께 제공하는 쿠폰은 소비자들에게 다음 구매에 쿠폰을 이용하게 하는 것이므로 지연 보상을 제공하는 판촉 수단이라고 할 수 있다. 그리고 기존 상품의 재구매를 유도하기 위한 프로모션 사례로는 물건을 살 때 가격을 할인해 주거나 1+1 형태로 상품을 제공해 주는 것들이 있다. 이러한 프로모션은 보상의 시점을 고려할 때 즉각적인 보상으로 분류할 수 있다. 그러나 소비자들이 상품을 구입하면 일정 금액을 리베이트로 주거나 커피를 10잔 구입하면 나중에 1잔을 무료로 주는 것 같은 고객보상 프로그램은 고객들의 반복구매를 유도하면서 동시에 지연 보상에 해당되는 사례라고 할 수 있다. 그 밖에 자사 상품에 대한 소비자들의 태도를 강화하기 위해 사용하는 판촉 수단에는 소비자 콘테스트와 경품 추첨 등이 있다. 특히 콘테스트는 소비자들로 하여금 스스로 자기가 구입한 상품에 대한 몰입을 강화하게 하는 데 효과적이며 경품 추첨은 소비자들의 관심을 끌 수 있을뿐더러 샘플링과 같은 판촉 수단에 비해 비용이 적게 들어가는 장점이 있다.

2) 샘플링(Sampling)

샘플링은 소비자들에게 상품의 일부를 무료로 제공해 주는 것이다. 따라서 상품에 대한 소비자들의 시험구매를 이끌고자 할 때 매우 효과가 있는 판촉 수단이다. 의료관광

샘플링

소비자들의 시험구매를 유도하기 위한 판촉수단으로 소비자들에게 시험구매 사이즈의 상품을 만들어서 무료로 제공해 주는 활동

〈샘플링의 수단〉

- 우편을 통한 샘플링
- 신문이나 잡지를 통한 샘플링
- 직접 배포하는 사람을 통한 샘플링
- 제품에 붙여 주는 샘플링
- 매장에 나누어 주는 샘플링

상품은 잠재 고객들로 하여금 상품의 일부를 직접 체험하게 하거나 서비스가 제공되는 과정을 비디오로 보여 줌으로써 샘플링의 효과를 유도할 수 있다. 샘플링을 전달하는 방법에는 여러 가지가 있는데 먼저 직접 우편(Direct Mail)은 우편에 샘플을 담아 보내 주는 방법이다. 그러나 이러한 방법을 사용하기 위해서는 먼저 고객 정보를 확실하게 알고 있어야 하고 화장품처럼 사이즈가 작고 유통 중에 변질의 위험성이 적어야 한다. 신문이나 잡지를 통해 제공하는 샘플링은 대개 사은품의 형식으로 소비자들에게 제공된다. 이는 샘플링에 대한 소비자들의 의심을 완화하고자 할 때 효과적으로 사용할 수 있다. 제품에 붙여 제공하는(On or In-pack) 샘플링은 자사가 판매하는 다른 상품에 이번에 프로모션 하는 상품의 샘플을 붙여서 소비자들에게 제공하는 방법이다. 예를 들어 농심에서 신제품 라면이 나왔을 때 이를 신라면에 같이 붙여서 소비자들에게 무료로 제공해 주는 방법이 있다. 이때 두 상품 간에 보완적인 기능이 있으면 더욱 바람직하다. 유동인구가 많은 지역에서 제공하는(High-traffic Location) 샘플링은 소비자들이 많이 움직이는 곳에서 사람을 통해 일일이 나누어주는 방법인데 비교적 샘플의 보관과 이동이 용이할 때 바람직하다고 할 수 있다. 매장 내(In-store) 샘플링은 마트의 시식코너처럼 소비자들에게 상품의 일부를 제공해 주는 것인데 식품류의 경우 가장 많이 사용하는 샘플링 중의 하나이다. 이처럼 샘플링을 통해 소비자들의 시험구매를 유도하기 위해서는 기업이 상품의 품질에 대해 자신이 있어야 한다. 그러나 샘플링이 갖고 있는 가장 큰 문제점은 프로모션을 시행하는 데 비용이 많이 든다는 점과 유통업자들이 샘플링으로 나누어진 상품을 오래 보관하고 있다가 나중에 소비자들에게 전달할 때 상품이 변질될 수 있다는 문제점들이 있다.

3) 쿠폰(Coupon)

쿠폰

소비자들이 상품을 구매할 때 약간의 금액을 할인해 주는 판촉 수단

〈쿠폰의 종류〉

- 스크래치 쿠폰
- 매장에서 제공되는 쿠폰
- 우편으로 제공되는 쿠폰
- 매체를 통해 제공되는 쿠폰

쿠폰은 소비자들이 쿠폰에 표시된 상품을 구매할 때 일정 기간 동안 쿠폰에 표시된 만큼의 할인혜택을 받을 수 있게 해 주는 증서를 의미한다. 이때 쿠폰이 제시하는 가격할인은 일반적인 가격할인 프로모션이 제시하는 할인 폭에 비해 매우 작은 편이다. 따라서 쿠폰을 100%로 발행하면 평균 3% 미만으로 회수가 된다. 쿠폰은 그만큼 소비자들의 관심을 받지 못하고 가격에 민감한 사람들만이 사용하기 때문에 가격 차별화의 효과가 있는 프로모션이라고 할 수 있다. 쿠폰은 할인 금액이 적지만 쿠폰을 발행하고 회수하는데 비교적 많은 비용이 든다. 일반적으로 쿠폰이 주는 가격할인은 자사 상품의 소비자나 경쟁 상품의 소비자에게 무차별하게 똑같이 할인해 주는 것이어서 프로모션의 원칙과는 덜 부합된다. 그럼에도 불구하고 쿠폰은 소비자들이 가장 많이 경험하는 형태의 프로모션이다. 그 이유는 다른 판촉 수단들에 비해 비교적 실행하기가 편리하기 때문일 것이다. 그러나 기업의 마케팅 역량이 성장할수록 쿠폰보다는 비가격할인 형태의 프로모션이나 실행이 조금 복잡하더라도 목표시장을 선정할 수 있고 가격 차별화의 효과가 있는 판촉 수단들의 비중이 증가할 것이라고 생각한다. 쿠폰은 성격상 소비자들이 구매 시 바로 사용할 수 있는 쿠폰이 있고, 시간이 지나야 사용할 수 있는 쿠폰이 있는데, 바로 사용할 수 있는 쿠폰에 대한 소비자들의 선호도가 비교적 높은 편이다. 즉각 보상을 제공하는 쿠폰에는 두 가지 형태가 있다. 즉석 쿠폰(Instantly Redeemable)은 상품의 패키지에 쿠폰을 붙여 놓아 소비자들이 이 상품을 구입할 때 쿠폰을 벗겨서 계산대에 제시를 하면 된다. 쿠폰 중에서 가장 회수율이 높은 형태이다. 매장에서 제공되는(Shelf- delivered) 쿠폰은 우리들이 우유를 살 때 우유 매대에 같이 전시되어 있는 쿠폰 보관함에서 쿠폰을 뽑아서 우유를 계산할 때 같이 제출하는 쿠폰이라고 할 수 있다. 우리나라에서는 매장에서 제공되는 쿠폰이 많이 관찰되고 있다. 그 이유는 쿠폰이 가격할인 효과뿐만 아니라

구매 시점에서 브랜드를 소비자들의 마음속에서 기억하게 함으로써 제품에 대한 인출 단서의 역할까지 수행해 주기 때문이다.

지연 보상에 해당되는 쿠폰에는 고객들에게 우편으로 전달되는 쿠폰북(Mail-delivered Coupons)을 들 수 있다. 우편으로 전달되는 쿠폰은 원하는 소비자들에게만 쿠폰을 전달할 수 있는 장점이 있는 반면 쿠폰을 전달하기 위해서는 소비자들의 주소를 정확하게 파악하고 있어야 하며 동시에 쿠폰의 무게에 따라서 비용이 증가할 수 있는 단점이 있다. 경우에 따라 마케터들은 대중 매체를 이용하여 쿠폰을 전달할 수도 있는데 우편에 비해 쿠폰을 전달하는 비용이 저렴한 장점은 있지만 불특정 다수에게 쿠폰을 전달한다는 점에서 타깃 집단을 선정하는 능력이 떨어지는 문제점이 있다. 대중 매체를 이용한 쿠폰은 잡지나 신문 같은 인쇄 매체를 많이 활용하는데 미국의 경우 주말 판 신문은 쿠폰으로 도배가 되어 있다. 그리고 독특한 형태의 쿠폰 중에는 영수증(Checkout) 쿠폰이 있다. 이 쿠폰도 즉각 보상보다는 지연 보상에 가까운 쿠폰이다. 영수증 쿠폰은 타깃을 명확히 선정할 수 있다는 측면에서 가장 바람직한 형태의 쿠폰이라고 할 수 있다. 이 쿠폰의 주요 특징은 계산원들이 소비자들이 갖고 온 물건 중에서 특정 상품의 바코드를 찍게 되면 영수증이 출력될 때 쿠폰이 같이 찍혀서 나오는 것이다. 예를 들어 코카콜라의 경우 판매촉진 프로그램의 최우선적인 타깃은 현재 펩시콜라를 먹고 있는 소비자들이라고 할 수 있다. 이때 특정 매장에서 영수증 쿠폰 프로그램을 실시하면 매장에서 계산원들이 소비자들이 구입한 펩시콜라의 바코드를 찍을 때 코카콜라의 가격을 할인해 주는 쿠폰이 같이 올라와서 이를 펩시콜라를 구입한 소비자들에게 전달해 줄 수 있다. 이렇게 함으로써 불특정 다수에게 쿠폰을 제공해 주는 것이 아니라 경쟁사의 상품을 사는 사람들에게만 쿠폰을 줄 수 있는 것이다. 이러한 점에서 영수증 쿠폰은 타깃의 지향점과 정확도가 비교적 높은 판촉 수단이라고 할 수 있다.

그 밖에 제품에 붙인(In and On-pack) 쿠폰이 있다. 이것은 쿠폰을 상품의 포장에 붙이거나 포장 안에 집어넣는 것이다. 소비자들은 구매할 때 이 쿠폰을 사용할 수 없고, 다음 번 구매 시에 사용할 수 있다. 쿠폰이 상품이나 상품 포장 안에 담겨 있기 때문이다. 어떤 경우에는 자사 브랜드뿐만 아니라 자회사가 판매하는 다른 브랜드의 쿠폰을 넣기도 한다. 이러한 쿠폰의 장점은 쿠폰을 유통하는 데 드는 비용이 들지 않는다는 점이다. 생산 단계에서 쿠폰이 들어가기 때문이다. 그러나 자사 상품을 사용하지 않는 사용자에게는 쿠폰이 전달되기 힘들다는 단점이 있다. 이는 쿠폰을 발행하는 본질적인 목표가 자사 상품을 구입하는 사람이 아니라, 경쟁 상품을 구입하는 소비자들의 구입을 유도하는 것이기 때문에 큰 단점이 된다. 따라서 제품에 붙인(In and On-pack) 쿠폰은 자사 상품 사용자들로 하여금 자사 상품을 반복해서 구매시키고자 할 때 사용하는 것이 바람직하다.

쿠폰을 발행할 때 생기는 가장 큰 문제점은 상환 오류이다. 즉, 유통업자들의 부주의로 쿠폰의 유효 기간이 지났는데도 할인을 해 주거나 유통업자들이 고의로 소비자들이 사용하지 않은 쿠폰을 마치 사용한 것처럼 속여서 제조업자에게 그 차액을 청구하는 것이다. 쿠폰의 한 개 가격은 크지 않지만 이것이 모일 경우 상당한 금액이 될 수 있기 때문이다. 특히 불특정 다수에게 발행되는 쿠폰의 경우에는 이러한 문제가 발생할 가능성이 높다. 우리나라는 쿠폰의 발행과 회수를 위한 하부구조가 취약한 편이다. 제조업체가 발행한 쿠폰은 일부 대형 마트에서는 받아주고 있지만 소형 구멍가게들은 이를 취급하고 있지 않다. 또한 제조업자들은 많은 소형 유통업자로부터 쿠폰을 회수하고 차액을 보상해 주기 위해서 매우 많은 시간과 노력을 들이게 된다는 점도 쿠폰을 사용한 판촉 전략이 갖는 한계점이라고 할 수 있다. 의료관광 영역에 쿠폰의 적용 가능성을 검토해 보면 단기적인 치료로 기능 회복이 되는 미용 관련 상품들은 쿠폰을 통해 고객층의 관심을 끌 수 있을 것이라고 생각한다. 특히 마케터들은 호텔 내에 비치한 잡지들을 쿠폰의 매체로서 활용할 수 있을 것이라고 생각한다.

4) 사은품(Premium)

사은품

제조업체가 판매사원들의 영업활동이나 소비자들의 구매행동을 촉진하기 위해 무료로 제공하는 아이템

〈사은품의 종류〉

- 우편으로 제공되는 사은품
- 상품에 붙여 제공되는 사은품
- 소비자가 직접 찾아가는 사은품

사은품(Premium)은 일정 기간 어떤 상품을 구입한 소비자들에게 다른 상품을 무료로 또는 낮은 가격으로 제공하는 것을 의미한다. 사은품은 커피회사들이 사용하는 판촉 전략에서 확인할 수 있다. 우리가 매장에서 특정 기간 커피를 구입하면 선물로 머그컵을 동시에 받을 수 있기 때문이다. 따라서 사은품은 특정 상품을 구입했을 때 그 상품에 딸려오는 선물이라고 생각할 수 있다. 또한 이것은 영업사원들이나 유통채널 종사자들로 하여금 자사 상품의 판매에 집중하게 하는 효과를 거둘 수 있다. 큰돈을 들이지 않고 고객들에게 큰 만족을 준 사은품에는 오리온의 따조 같은 것들도 있다. 따조가 아이들에게

가치가 있었기 때문이다. 맥도날드도 어린이들에게 장난감을 사은품으로 주는데 장난감이 세트로 구성되어 있는 관계로 아이들로 하여금 반복해서 매장을 방문하게 만드는 효과가 있다. 따라서 사은품은 비싼 것이 중요한 것이 아니라 타깃 소비자들이 사은품에 대해 가치를 느껴야 한다. 타깃 소비자들이 사은품에 대해 열망가치를 가지고 있을 때 좋은 사은품이라고 할 수 있다. 사은품을 전달하는 방식은 크게 영수증으로 상품의 구입을 증명하면 우편으로 사은품을 전달해 주는 우편전달 사은품(Free-in-the-mail)과 앞에서 언급한 커피의 경우처럼 사은품을 상품에 붙여서 제공하는(In, On, and Near-pack) 형태가 있다. 그리고 소비자들이 매장이나 특정 장소에서 스스로 사은품을 받아가는 소비자 수령 사은품(Self-liquidating) 방식이 있다. 우편전달 사은품은 기업들이 고객의 개인 정보를 확보하기 위해 제공하는 사은품인데 가장 큰 문제점은 영수증을 사은품 제공의 기준으로 삼기 때문에 누군가가 영수증을 모아서 기업에게 사은품을 청구하면 기업에서는 이를 확인할 방법이 없다는 점이다. 상품에 붙여 제공하는 사은품은 이러한 문제를 예방할 수 있으나 일일이 상품에 사은품을 묶어서 소비자들에게 제공해 주어야 하기 때문에 유통업체 종사자들이나 영업사원들의 불만을 일으킬 수 있다. 특히 사은품이 깨지기 쉬운 물품일 경우에는 유통 과정에서 손괴가 발생할 가능성이 높다는 문제점도 있다. 또한 소비자 수령 사은품은 관리비용이 적다는 장점이 있지만 소비자들이 직접 사은품을 수령해야 하기 때문에 잠재적 불만을 일으킬 수 있다.

5) 가격할인(Price-Offs)

가격할인이 효과적인 상황

- 현재의 사용자에게 보상을 해야 할 때
- 평소 구매량보다 많은 구매를 유도할 때
- 반복 구매를 강화시키고자 할 때
- 프로모션의 혜택을 소비자에게 집중시키고자 할 때
- 매장 내 특별 전시공간을 확보하고자 할 때
- 판매사원들의 영업 활동을 지원해야 할 때

소비자 대상 판촉 수단들 중에서 가장 많이 사용되는 것은 가격할인이다. 그리고 가격할인의 기본적인 목적은 기존 고객보다는 경쟁사 고객을 유치하는 것이라고 할 수 있다. 그러나 기존 고객이라고 하더라도 다음의 조건에 해당되는 경우라면 가격할인도 의미 있는 프로모션 수단이 될 수 있다. 먼저 기존 고객들이 프로모션 기간에 자사 상품의 사용량을 증대시킬 수 있어야 한다. 여기서 중요한 것은 사용량의 증대이지 사재기가 되어서는 곤란하다. 이러한 점에서 상품의 유통기한이 짧거나 사재기가 원천적으로 어려운 상품들은 가격할인을 통해 기존 고객들의 사용량을 증대시키고 이를 통해 소비자들의 반복구매를 유도할 수 있을 것이다. 또한 가격할인은 프로모션 기간 동안 소비자들의 수요를 확대시키므로 유통업자들이 자사 상품의 진열과 전시에 협조적으로 나오게 만드는 부가적인 효과도 기대할 수 있다. 이러한 관점에서 의료관광과 같은 서비스 상품은 가격할인을 판촉 수단으로 사용하는 것은 큰 문제가 없다고 생각한다. 서비스 상품은 사재기를 해서 재고를 유지하는 것이 불가능하기 때문이다. 또한 프로모션 기간 동안에 소비자들의 대량 구매를 유도할 수 있어 성수기와 비수기에 따른 수요의 변동에 대처할 수 있는 기회를 제공해 줄 수 있다. 다만 가격할인을 선택할 때는 상품의 이익 관리가 주요 이슈가 된다. 원가 구조에 있어 변동비의 비중이 높다면 프로모션을 통해 창출한 이익으로 프로모션 비용을 정당화하는 데 많은 노력이 요구되기 때문이다. 또한 가격할인은 판매사원들의 이익과 일치하는 방향으로 제시되어야 의도한 효과를 기대할 수 있다. 가격할인으로 인해 상품의 판매가 용이해지고 이를 통해 수당의 상승을 기대할 수 있다면 가격할인은 판매사원들의 적극적인 지지를 받을 가능성이 높다. 그러나 판매사원들의 수당이 상품가격에 일정 비율로 연동되어 있고 가격할인을 통해 늘어나는 상품의 판매 수량에 한계가 있는 경우에는 가격할인이 오히려 판매사원들의 수익성을 악화시키는 결과를 초래할 수 있다. 따라서 가격할인을 사용할 때는 이를 통해 소비자들의 수요 증대 효과를 얼마나 기대할 수 있는가에 대해서 많은 고민이 필요하다고 하겠다. 가격할인을 의료관광 영역에 적용한다면 중증 질환 치료는 소비자들의 가격민감도가 높지 않을 것으로 예상되므로 주로 경증 질환을 치료하는 상품에 적용하는 것이 바람직할 것이다.

6) 보너스 팩(Bonus-Packs)

보너스 팩(Bonus-Packs)

- 자사 상품을 구매한 소비자들에게 상품을 덤으로 제공해 주는 판촉 활동
- 가격할인의 대안으로 활용
- 기존 고객들의 원치 않는 사재기 현상을 초래할 가능성이 높음

보너스 팩은 우리가 마트에서 자주 보게 되는 1+1 형태의 프로모션을 의미한다. 같은 상품 또는 관련된 상품을 묶어서 하나의 가격대로 판매하는 것이다. 예를 들어 샴푸 두 개를 묶어서 한 개의 가격으로 판매하거나 치약과 칫솔을 묶어서 치약 가격에 제공하는 것이 여기에 해당된다고 할 수 있다. 보너스 팩의 장점은 소비자들의 대량 구매를 유도해서 경쟁자들이 침투할 여지를 차단하는 데 있다. 그러나 보너스 팩은 진열 공간을 많이 차지하기 때문에 유통업자의 협조가 없이는 시행하기 어렵다는 문제가 있다. 서비스 업종의 경우에는 한 개의 가격으로 두 명이 사용할 수 있게 해 주는 프로모션이 여기에 해당된다.

보너스 팩은 이러한 특징 때문에 가격할인의 효과가 있는데 장기적 관점에서 보너스 팩이 가격할인보다는 바람직하다고 할 수 있다. 상품에 대한 소비자들의 준거 가격을 낮추는 효과가 적기 때문이다. 또한 가격할인은 주로 기존 고객보다는 신규 고객을 지향하여 프로모션을 진행하는 반면 보너스 팩은 기존 고객을 지향하는 경우가 많다. 이를 통해 기존 고객들에 대한 사은 행사를 진행할 수 있으며 동시에 기존 소비자들의 대량 구매를 유도하는 효과를 기대할 수 있기 때문이다. 이를 통해 소비자들이 사재기 형태의 구매를 한다면 경쟁자들의 시장 진입을 당분간 차단하는 효과를 기대할 수 있다. 반면 소비자들이 사용량을 늘리는 형태의 구매를 한다면 이를 통해 계절적 요인으로 인한 수요와 공급의 불일치를 해소하는 효과까지 기대할 수 있다. 이러한 시각에서 보너스 팩은 앞에서 설명한 가격할인에 비해 비교적 다양한 효과를 기대할 수 있다.

그 밖에 보너스 팩은 회사의 다른 신상품을 홍보하는 기능을 수행할 수 있다. 예를 들어 우유를 판매할 때 신상품으로 개발한 요구르트를 같이 묶어서 소비자들에게 제시할 경우 자연스럽게 신상품의 시험 구매를 유도할 수 있기 때문이다. 따라서 의료관광과 같은 상품도 기존 상품 외에 새로운 상품을 출시하였을 때는 보너스 팩처럼 신상품을 기존 상품의 일부로 묶어서 고객들에게 제공할 경우 소비자들에게 자연스럽게 신상품을 체험할 수 있는 기회를 제공해 줄 수 있다. 다만 보너스 팩의 단점은 유통업체의 협조가 필요하다는 점이다. 또한 생산라인이나 유통업체에서 보너스 팩 형태의 프로모션을 진행하기 위해서는 기존 상품에 보너스 팩을 묶기 위한 추가적인 공정이 필요함으로써 이에 따른 추가적인 비용이 발생한다는 점은 또 다른 단점이 될 수 있다.

7) 리베이트(Rebates)

리베이트(Rebates)

- 리베이트
  - 제조업체가 연말에 자사 상품을 구입했다는 증거(영수증)를 제시하면 구입 가격의 일정 부분을 돌려주는 판촉 활동
- 리베이트의 장점과 단점
  - 고객의 충성도를 강화할 수 있음
  - 판매사원들에게 영업에 필요한 Sales Talk를 제공해 줄 수 있음
  - 매장 내에서 자사 상품의 홍보를 유도할 수 있음
  - 그러나 많은 소비자들이 나중에 리베이트 청구를 귀찮아하지 않을 경우 많은 비용이 발생할 수 있음

리베이트는 우리나라에서 잘 사용되고 있지 않은 판촉 수단이다. 핵심 내용은 일정 기간 동안 자사 상품을 구입한 소비자에게 구입 가격의 일부를 현금으로 되돌려 주는 것이다. 이때 소비자들은 리베이트를 받기 위해 영수증과 같은 자신이 구매하였다는 증거를 제조 회사에 보내야 한다. 따라서 리베이트를 사용하는 제조 회사는 판촉 활동 이외에 고객의 정보를 획득하는 효과까지 기대할 수 있다. 우리나라에서 리베이트라고 하면 판매자가 구입자에게 비공식적으로 제공해 주는 뇌물을 가리키거나 외국인 환자를 병원으로 연결시켜 준 전문 에이전시에게 지급하는 소개 수수료 등으로도 사용되고 있어 부정적인 어감을 갖고 있지만 여러 가지 장점을 갖고 있는 소비자 대상 판촉 수단이라고 할 수 있다.

먼저 리베이트는 자사 고객들을 대상으로 시행할 경우 이들의 반복 구매나, 대량 구매를 촉진시킬 수 있고 경쟁 회사의 상품을 구입하는 고객들을 대상으로 시행할 경우에는 이들의 전환을 유도할 수 있다. 또한 리베이트는 쿠폰과 마찬가지로 가격 차별화의 효과를 기대할 수 있다. 소비자들이 리베이트 프로모션 기간 동안에 구입했다 하더라도 나중에 리베이트를 신청하는 것을 잊어버리는 사람들이 있기 때문이다. 즉, 가격에 민감한 사람들은 리베이트를 신청할 가능성이 높지만 가격에 민감하지 않은 사람들은 쉽게 잊어버리거나 포기할 수 있는 것이다. 최근 서울-춘천 고속도로 개통 이후 고속도로를 이용한 지역 주민들이 동사무소를 방문하면 일정 금액을 환급해 주는데 이를 이용하는 사람들이 적은 것으로 나타났다. 이러한 결과는 상당수 사람들이 통행료 가격에 민감하지 않

기 때문이라고 해석할 수 있다. 또한 리베이트는 소비자들이 상품을 구입할 때 정상 가격을 지불해야 하므로 가격할인과 같은 준거 가격의 하락 효과를 걱정할 필요가 없다는 것도 장점이라고 할 수 있다. 그리고 가장 중요한 것은 이를 통해 고객의 데이터베이스를 구축하고 또 이를 수시로 업데이트 할 수 있다는 점이다. 최근 고객과의 직접 마케팅이 관심을 받고 있는 상황에서 정확한 고객 정보의 보유는 기업들에게 다양한 마케팅 프로그램의 실천을 가능하게 해 주기 때문이다.

8) 콘테스트/공개현상경품(Contest/Sweepstakes)

콘테스트/공개현상경품(Contest/Sweepstakes)

- 브랜드의 이미지를 강화하고자 할 때
- 공개현상경품은 비용이 적게 들고 비교적 진행하기가 간단하다는 점에서 콘테스트보다 장점이 있음

공개현상경품	콘테스트
구매의 증거 없이 응모한 사람들 중에서 추첨에 뽑힌 사람들에게 경품을 제공	구매의 증거와 더불어 콘테스트 과제에 대한 답을 제시한 사람들 중에서 우수한 사람들을 선발해 선물을 제공

콘테스트나 공개현상경품은 소비자들에게 선물을 주는 것이라고 할 수 있다. 콘테스트는 소비자들에게 어느 정도의 지식이 요구되는 문제를 출제한 다음 정답을 제출한 사람들 중에서 우수한 사람들을 뽑아 시상하는 것을 의미한다. 반면 공개현상경품(Sweepstakes)은 상품을 구입 여부를 떠나 누구나 응모할 수 있는 현상경품을 설명한다. 이는 일정 기간 상품을 구입한 소비자들을 대상으로 일부를 추첨하여 선물을 제공하는 현상경품(Prizes)과는 다르다고 할 수 있다. 공개현상경품이 콘테스트와 다른 점은 후자가 운에 의해 당첨 여부가 결정되는 데 반해 콘테스트는 참여자의 노력에 비례하여 당첨 여부가 결정되는 특징이 있다.

콘테스트는 자사 상품에 대한 구매자들의 관여도를 높이는 수단으로 이용할 수 있다. 특히 콘테스트에 응모한 소비자들은 그렇지 않은 소비자들에 비해 자기가 선택한 상품에 대한 더 큰 몰입을 보여 주는 것으로 나타나 소비자들의 충성도를 제고하고자 할 때 효

과적으로 사용할 수 있다. 또한 콘테스트는 상품을 구입하지 않은 잠재 소비자들을 대상으로 자사 상품에 대한 관심을 제고하기 위해 실시할 수도 있는데 이때 가장 많이 활용되는 것은 새롭게 출시한 신상품의 브랜드 네임에 대한 공모라고 할 수 있다. 그리고 공개현상경품의 가장 큰 장점은 진행하는 데 큰 비용이 들지 않는다는 점이다. 당첨된 소비자들에게 줄 경품을 구입하는 비용 외에는 응모자의 규모와 상관없이 추가로 들어가는 비용이 없기 때문이다. 또한 이를 통해 자사 상품에 대한 소비자들의 관심을 끌 수 있고 응모한 소비자들에게 개인 정보를 요구함으로써 상당한 규모의 고객 데이터베이스를 확보할 수 있다는 점도 장점이라고 할 수 있다. 특히 공개현상경품은 우리 고객뿐 아니라 잠재 고객들의 정보를 확보할 수 있다는 점에서 활용가치가 높다. 다만 이러한 형태의 프로모션은 경품의 금액과 내용에 대해 법적인 규제를 받고 있으므로 사전에 이 부분을 미리 검토해 보아야 한다.

9) 고객보상 프로그램(Reward Program)

고객보상 프로그램(Reward Program)

- 자사 상품을 반복해서 구입하는 소비자들에게 보상을 제공하는 판촉 프로그램
- 고객충성 프로그램 또는 마일리지 프로그램으로 불리기도 함
- 고객과의 관계를 강화하고자 할 때 사용하면 좋은 판촉 프로그램

고객보상 프로그램을 가장 먼저 도입한 산업은 항공산업이다. 이들은 자신들의 항공사를 자주 이용하는 고객들에게 마일리지를 적립해 주고 필요할 때 고객들의 마일리지로 항공권을 무료로 구입할 수 있게 해 주었다. 이때 항공사들이 고객들에게 무료로 항공권을 제공해 준 이유는 실제 항공사 좌석의 공실률이 많았기 때문에 무료로 항공권을 주어도 이에 따른 한계비용이 크지 않았기 때문이다. 만약 고객들에게 무료로 항공권을 준 만큼 비용이 발생했다면 이러한 프로그램을 시행할 엄두를 내지 못했을 것이다. 즉, 고객보상 프로그램은 모든 산업에 어울리는 것이 아니라 항공사나 영화관처럼 상품의 공급에 제한이 있고 시즌에 따른 수요의 변동이 심한 경우 고객보상 프로그램을 통해 고객보상과 더불어 수요 공급의 문제점을 동시에 해결해 줄 수 있을 때 가장 바람직하다고 할 수 있다. 또한 고객보상 프로그램을 효과적으로 운영하기 위해서는 원가 구조에서 변동비의 비중이 적고 상품의 사재기가 불가능할 때 더욱 바람직하다고 생각한다.

고객보상 프로그램의 장점은 이를 통해 고객의 반복 구매를 유도하고 고객의 생애가치를 높일 수 있다는 점이다. 또한 경쟁자들이 이러한 프로그램에 참여하고 모든 소비자들이 이러한 프로그램에 가입하게 된다면 자연스럽게 고객의 브랜드 스위치를 유도하기 위한 경쟁이 줄어들어 전체 산업의 수익성이 좋아진다는 장점도 있다. 그리고 가장 중요한 장점은 고객들이 마일리지를 관리하기 위해 지속적으로 회사와 연락을 취하게 됨으로써 회사는 늘 업데이트된 고객 정보를 유지할 수 있게 된다는 점이다.

다만 이러한 프로그램을 운영할 때는 몇 가지 부분을 조심해야 한다. 먼저 구매액이 높은 고객이 우량고객이 아닐 수 있다는 점이다. 즉, 대부분의 고객보상 프로그램들은 고객의 구매액에 비례하여 혜택을 주는 구조로 설계되어 있어 구매액이 높지만 이익 기여도가 높지 않은 고객들이 가장 많은 보상을 받을 수 있다는 점을 유의해야 한다. 그리고 많은 프로그램들이 고객들에게 금전적인 보상을 주는 데 주력하고 있어 변동비가 높은 상품은 시간이 지남에 따라 기업의 수익성 관리에 부담을 줄 가능성이 있다. 따라서 고객의 우대 서비스나 고객 인정과 같은 비금전적인 보상 내용의 개발에 신경을 쓸 필요가 있다.

10) 공동 판촉(Tie-In Promotion)

공동 판촉(Tie-In Promotion)

Overlay 프로그램

- 두 개 이상의 판촉 프로그램을 묶어서 사용하는 판촉 활동
- 판촉 내용에 대한 소비자들의 관심을 제고할 수 있음

Tie-in 프로모션

- 공동 판촉 프로그램으로 불리기도 함
- 두 개 이상의 브랜드가 함께 진행하는 판촉 활동
- 비용 효율적이고 판촉의 효과도 비교적 큼
- 같이 참여하는 브랜드들은 서로의 브랜드 이미지를 강화시켜 줄 수 있어야 함

오버레이(Overlay) 프로모션은 소비자 대상 판촉 수단 중 2개 이상의 판촉 수단을 같이 묶어서 실시하는 프로모션을 의미한다. 이때 관련성이 높은 수단들을 묶어서 진행하는 것이 일반적이다. 분유 회사가 프로모션 차원에서 분유에 쿠폰을 붙이면서 동시에 소비

자 사은품으로 아기용품인 기저귀를 추가로 제공해 주는 것을 생각할 수 있다. 이러한 프로모션은 소비자들로 하여금 프로모션에 대한 관심을 이끌고자 할 때 사용하면 효과적이다. 그리고 타이인(Tie-in) 프로모션은 2개 이상의 브랜드가 같이 프로모션을 진행하는 경우를 의미한다. 특히 상품 사이에 보완적인 관계가 있다면 이러한 프로모션을 시행할 수 있는 좋은 조건이라고 할 수 있다. 예를 들어 김치 냉장고 회사가 소비자 프로모션을 계획할 때 김치를 만드는 회사인 종가집 김치와 함께 프로모션을 진행하는 것이다. 즉, 자사와 보완관계에 있는 회사의 상품을 함께 소비자들에게 제공함으로써 프로모션 비용을 줄이고 서로의 브랜드 이미지를 강화할 수 있는 시너지 효과를 기대를 할 수 있다.

의료관광 상품은 치료 목적이건 관광 목적이건 본질적으로 소비자 프로모션을 진행하기에는 좋은 조건이라고 생각할 수 있다. 앞에서 강조하였듯이 의료관광 상품은 프로모션을 하더라도 소비자들이 상품을 재고로 보유하기 힘들고 또 이를 통해 비수기에 발생하는 수요 공급의 불일치 문제를 해소할 수 있기 때문이다. 또한 의료 관련 상품은 서비스이기는 하지만 원가 구조에 있어서 변동비의 비중은 높지 않을 것으로 예상된다. 의료서비스에서 많은 비중을 차지하는 인건비와 시설비는 고정비에 가깝고, 변동비는 환자가 늘어나면 동시에 증가하는 비용인 소모품비(붕대, 주사기 등)들이 주종을 이루고 있기 때문이다. 따라서 프로모션을 통해 소비자들에게 인센티브를 주더라도 원가부담이 크지 않을 것으로 예상되므로 이를 통해 의료관광 상품에 대한 소비자들의 관심을 이끌 수 있다면 의료관광산업에서 프로모션 전략의 활용성은 매우 높다고 볼 수 있다.

〈외국의 의료관광 사례: 싱가포르 래플즈병원〉

① 래플즈병원(Raffles Hospital)

싱가포르 도심 한복판에 위치한 래플즈병원은 380병상 규모의 종합병원으로 2001년에 설립되었다. 규모로 보면 중간급 종합병원이지만 아시아의 화교 거부들이 자주 찾는 등 부유계층을 상대로 만들어진 호텔식 병원이다. 이 병원은 24시간 외래 진료와 함께 외국인 환자를 겨냥한 국제진료소(Raffles International Patients Center)를 갖추고 있으며, 네트워크 경영을 통하여 60개의 1차 진료기관에서 의뢰를 받고 있다. 싱가포르 내 13개 센터 및 클리닉을 보유하고 있으며 홍콩에 4개의 클리닉 그리고 12개 나라에 50개의 에이전트를 운영하고 있다. 현재 영리법인으로서 주식시장에 상장되고 자본을 투자받아 운영하고 있다. 래플즈병원은 가격이 고가인 만큼 완벽에 가까운 서비스를 제공하며 해외 환자들이 치료에 대한 만족감을 가질 수 있도록 노력하고 있다. 또한 환자들에게 치료 후 싱가포르 관광과 쇼핑 서비스까지 제공해 줌으로써 관광수입까지 거두고 있다. 의료서비스의 수준도 북미나 유럽에 비해 결코 뒤떨어지지 않는데, 철저한 도제 시스템의 의료진 양성과 존스홉킨스병원 및 뉴욕 메모리얼병원 등의 세계 정상급 병원과 교류를 갖고 있다.

② 래플즈병원 프로모션 활동

래플즈병원은 2003년 샴쌍둥이 분리 수술을 발표하였고 이를 통해 세계 각국의 언론으로부터 많은 관심을 받았다. 이 수술을 위해 세계 각국에서 의료 전문가들이 참석하였고 병원은 이 이벤트를 적극 홍보하기 위해 언론을 활용한 마케팅 활동에 주력하였다. 이때 래플즈병원의 의료진들은 고난이도의 샴쌍둥이 분리 수술을 성공적으로 수행하였고 언론 홍보도 대성공을 거두었다. 즉, 전 세계 주요 매체들이 샴쌍둥이의 수술 결과를 보도하였고, 이러한 점은 결과적으로 래플즈병원의 의료 수준을 전 세계적으로 알리는 기회를 제공해 주었다. 수술의 성공 이후 래플즈병원의 주가는 10% 이상 치솟았고, 전년 대비 병원 수익은 12배나 증가했다. 이근영 한림대학교 강남성심병원 원장은 "싱가포르가 의료관광의 대명사로 떠오르게 된 것은 래플즈병원과 정부, 언론이 만들어 낸 탁월한 결과"라고 말하고 있다. 두 번째, 래플즈병원은 2006년 국제기구 사절단을 상대로 보톡스 시술과 건강검진서비스 10% 할인권을 주는 프로모션을 진행했다. 이는 각종 세계 경제 현안을 해결하기 위해 IMF 총회에 참석한 경제 전문가들에게 건강 및 미용 문제도 해결할 수 있는 기회를 주겠다는 계획으로, 이미지가 중요한 경제 전문가들을 고객으로 끌어들이는 동시에 의료 허브를 꿈꾸는 싱가포르의 우수한 의료서비스도 알리겠다는 전략의 일환이었다. 당시 주름 제거를 위한 보톡스 시술은 미국과 유럽 지역에서 큰 인기였지만 비용이 비싼 편이었다. 이때 대부분의 사절단들이 의료서비스 비용이 상대적으로 비싼 유럽과 미국 등의 선진국에서 왔었기 때문에 그들에게 저렴한 비용으로 보톡스 시술을 제공한다는 래플즈병원의 이 프로모션은 큰 성공을 거둘 수 있었다. 세 번째, 래플즈병원은 일반 병원들과는 달리 다양한 마케팅 활동을 병원 경영에 적용하고 있다. 먼저 가격 차별화 전략을 적극적으로 실행하고 있는데 산부인과 병동의 1인실 가격은 하루 약 25만 원이고, 입·퇴원 수속 대행 등의 편의 제공을 받을 때는 금액이 약 45만 원이 되며, 전담 간호사까지 신청하면 가격이 약 65만 원까지 올라간다. 병원 5층은 스위트룸으로 특실, 1인실, 2인실, 4인실 등의 4가지 형태로 병실을 운영하고 있다. 이때 특실은 하루에 약 180만 원 정도의 가격이 책정되어 있다. 또한 병원의 1층 로비에 70~100m² 규모의 건강기능식품(Health Supplements) 매장을 만들고 이 매장을 통해 래플즈라는 브랜드를 활용하여 독자적으로 오메가 3, 관절약 등 대중화된 약품과 건강기능식품까지 판매하고 있다. 그리고 남성의 건강 증진을 위한 포럼과 아이와 엄마의 교류를 위한 포럼 등의 여러 가지 이벤트를 진행함으로써 래플즈의 환자들에게 만족감을 주기 위해 노력하고 있는데 이는 환자들에게 치료뿐 아니라 그들에게 유용한 정보를 제공함으로써 환자들이 스스로 치료를 위해 노력하게끔 만들고자 하는 전략의 일환이라고 볼 수 있다.

자료원: blog.daum.net/yeshira/650

참고문헌

박찬수(2002), 마케팅원리, 법문사.

안광호, 유창조(1998), 광고원론, 법문사.

이원균(2010), 래플즈 병원의 프로모션 사례, 한림대학교.

Abraham, Magid M. and L. M. Lodish (1990), Getting the Most out of Advertising and Promotion, *Harvard Business Review*, 68, 50-60.

Inman, J. Jeffrey and L. McAlister (1993), A Retailer Promotion Policy Model Considering Promotion Signal Sensitivity, *Marketing Science*, 339-356.

Lal, R., J. D. C. Little, and M. Villas-Boas (1996), A Theory of Forward Buying, Merchandising, and Trade Deal, *Marketing Science*, 1, 21-37.

Lehmann, Donald R. and R. S. Winer (1997), *Product Management*, McGraw Hill.

Mela, Carl F., S. Gupta, and D. R. Lehmann (1997), The Long-Term Impact of Promotion and Advertising on Consumer Brand Choice, *Journal of Marketing Research*, 248-261.

XII. 의료관광 PR 전략의 수립

1. Public Relation

1) 의료관광 PR의 개념

의료관광 Public Relation

의료관광 PR은 시장 지향적인 관점에서 의료기관과 다양한 대중들 사이에 좋은 관계를 형성하고 이를 강화하기 위한 판촉 활동을 의미함

PR(Public Relation)은 주로 소비자들의 구매 전 단계에서 영향을 줄 수 있는 판촉 수단이다. PR을 정의하면 회사와 직간접적으로 관련이 있는 고객, 언론, 정부, 시민단체 등과 좋은 관계를 구축하고 이를 유지하는 활동을 의미한다. 또한 이들에게 회사에 유리한 방향으로 영향력을 행사하기 위한 로비 활동까지 포함할 수 있다. PR은 이처럼 다양한 영역을 업무의 범위로 하고 있으므로 상당한 전문성을 요구한다. 최근에는 이런 점 때문에 광고업무처럼 전문 대행사를 이용하는 추세가 늘어나고 있다. PR과 관련된 활동을 두 가지로 구분하면 일반적인 PR과 스폰서십 마케팅(Sponsorship Marketing)으로 구분할 수 있

는데 의료관광 상품은 외국인을 주요 고객으로 삼고 있기 때문에 상대적으로 스폰서십 마케팅의 활용도가 높다고 생각할 수 있다. 즉, 의료서비스를 제공하는 의료기관이나 상품을 개발한 여행사에서 다양한 국제적인 이벤트들을 후원해 줌으로써 외국의 소비자들을 대상으로 의료기관의 친숙도를 제고할 수 있을 것이다. 또한 해당 지역의 의료인이나 관광업 종사자와 같은 전문가 집단을 대상으로 해서 이들이 진행하는 학회 활동이나 컨퍼런스 등을 후원해 주는 것도 효과적인 PR 활동이 될 수 있다고 생각한다. 따라서 PR 활동은 상품을 알리기 위한 광고처럼 직접적인 매체 비용을 지불하지는 않지만 후원과 같은 이벤트성 비용들이 발생할 수 있으므로 적은 비용이 들어가는 판촉 수단으로 오해해서는 안 된다. PR의 효과는 신뢰도에서 발생하는데 소비자들은 광고보다는 기사나 뉴스를 통해 접하게 된 정보들을 더 신뢰하기 때문이다. 특히 방송 프로그램을 통해 소개된 상품들은 자연스럽게 소비자들이 정보 욕구를 충족시켜 줄 수 있고 이를 통해 상품에 대한 소비자들의 인식을 제고할 수 있는 기회까지 얻을 수 있다. 다만 PR은 광고와 달리 소개되는 상품의 내용이나 위치 등을 기업이 통제할 수 없으므로 경우에 따라서는 프로그램에서 상품의 내용이 부정적으로 묘사될 위험성이 있다는 점을 명심해야 한다. 의료관광 상품은 여행지를 소개하는 방송 프로그램이나 의료 정보를 제공하는 시사 프로그램과 적합성이 높으므로 이러한 PR 활동을 적극적으로 수행한다면 큰 비용을 들이지 않고도 상품을 홍보할 수 있을 것이다.

2) 의료관광 PR의 종류

의료관광 PR의 종류

적극적인 PR	방어적인 PR
• 의료기관의 마케팅 목표에 기인한 PR 활동 • PR 기회를 적극적으로 포착하고 공격적으로 진행	• 외부 상황에 대응하기 위해 PR 활동을 시작 • 이를 통해 의료기관의 명성을 회복하고 경쟁 의료기관의 시장 잠식을 방어

PR은 회사와 관련되어 있는 이해당사자 집단들과 사전에 좋은 관계를 형성하는 것을 목표로 하고 있다. 그러나 경우에 따라서는 좋지 않은 일이 발생했을 때 이를 큰 문제없이

잘 마무리하는 것도 PR의 역할이다. 이런 차원에서 전자를 적극적인 PR(Proactive PR)이라고 부르고 후자를 방어적인 PR(Reactive PR)이라고 부른다. 적극적인 PR은 기업이 진행하고 있는 마케팅 목표에 맞추어서 다른 마케팅 활동과 연계하여 프로모션 활동들과 시너지를 구축하고자 할 때 많이 사용한다. 이때는 경쟁사의 상품에 대해 보다 공세적인 활동을 취하는 경우가 많다. 반면 방어적인 PR은 상품에 이물질이 들어갔거나 자사 상품과 관련하여 부정적인 언론기사가 실렸을 때 이로 인한 부정적인 효과를 최소화하고자 할 때 많이 사용한다. 이때는 손상된 회사의 명성 회복과 매출의 감소를 최소화하는 데 PR 활동의 목표를 두게 된다. 경우에 따라서는 사회 공헌 캠페인을 진행하여 기업에 쏠린 소비자와 언론들의 관심을 다른 곳으로 돌리는 경우도 있다. 대표적인 사례로는 삼성그룹의 이건희 회장이 구속되었을 때 삼성그룹 차원에서 사회공헌 활동을 강화하고 이를 광고 캠페인의 소재로 활용한 것을 들 수 있다.

의료관광산업은 의료사고의 문제를 피해 갈 수 없을 것이다. 따라서 상대적으로 방어적인 PR 활동의 중요성이 강조된다고 할 수 있다. 평소에 언론기관과 좋은 관계를 형성하는 것은 방어적인 PR 활동을 수행할 때 중요한 자산이 될 수 있다. 반대로 의료관광산업이 활용할 수 있는 적극적인 PR 소재는 드라마일 가능성이 높다. TV 드라마를 통해 한국의 의료 수준을 외국에 자연스럽게 알릴 수 있을뿐더러 드라마에서 보이는 의료 환경, 시설, 생활수준 등을 홍보할 수 있기 때문이다. 따라서 방송국이 전문 드라마를 기획할 때는 의료관광산업 차원에서 적극적으로 협조하고 또한 이를 홍보의 소재로 활용할 필요가 있을 것이다. 예를 들어 이를 가장 잘 설명할 수 있는 사례가 최근에 방영되었고 외국에까지 수출된 '뉴하트' 같은 메디컬 드라마라고 할 수 있겠다.

3) 적극적인 PR

적극적인 PR

- 신상품의 런칭이나 기존 상품의 리뉴얼을 수행할 때
- PR이 갖는 신뢰성이 마케팅 활동에 필요할 때
- PR을 활용하는 것이 가능할 때

〈적극적인 PR의 종류〉

- 신상품 설명회
- CEO의 강연
- 언론을 통한 신상품 소개 기사

의료관광산업에서 적극적인 PR의 대표적인 사례는 홍보 형태의 광고라고 할 수 있다. 다만 이 광고가 외국인을 대상으로 해야 하고 또한 각 나라마도 언어도 다르므로 이러한 문제에 대한 해결책이 동시에 요구된다고 하겠다. 이에 대한 한 가지 해결책은 싱가포르 메디슨(Medicine)의 홍보 영상에서 확인할 수 있는데 홍보 내용을 비주얼로만 구성함으로써 언어장벽이라고 하는 문제점을 잘 해결할 수 있었다. 그 밖에 적극적인 PR 활동으로 활용할 수 있는 것들은 신상품 설명회, CEO 강연 그리고 언론사용 뉴스레터 등이 있다. 신상품 설명회를 가장 잘 활용하는 산업은 영화산업이라고 할 수 있다. 개봉작의 상연을 앞두고 시사회를 열거나 일부 내용을 방송 프로그램에 소개하고 있기 때문이다. 의료관광산업에서는 병원이 암센터나 비만센터 등과 같은 새로운 서비스를 시작하는 것을 알리는 활동에 비유할 수 있다. CEO의 강연으로 유명한 사례는 애플사의 스티브 잡스라고 할 수 있다. 애플에서 신상품을 내놓거나 주요 정책의 변화를 도입할 때 CEO가 직접 나서서 이해 당사자에게 설명을 하고 질문을 받음으로써 이해 당사자들의 신뢰감을 제고할 수 있기 때문이다. 병원의 경우에는 의사 집단이 사회적으로 인정을 받고 있는 전문가 집단이므로 새로운 상품을 도입할 때 병원장이 나서서 외국의 주요 이해 당사자들을 모아놓고 상품 설명회를 개최한다면 병원에 대한 신뢰도 제고라는 측면에서 매우 효과적인 수단이 될 수 있다. 뉴스레터는 일반적으로 PR 에이전시를 활용하여 그들로 하여금 기사를 만들게 하고 이를 언론 종사자들에게 기사 형식으로 제공하는 것이다. 가장 전형적인 PR 수단이고 많은 기관들이 선호하는 PR 방법이기도 하다. 대표적인 사례는 싱가포르 래플즈병원을 들 수 있다. 이 병원은 샴쌍둥이 수술과 같은 어려운 수술을 집도하고 이를 해외 언론에 기사화함으로써 이 병원의 수술 역량을 홍보하는 기회로 활용하였다. 우리나라에서는 우리들병원이 독특한 수술법을 사용하여 환자를 치료하는 것으로 유명한데 이러한 점들이 해외 언론에 기사화됨으로써 외국에 거주하는 환자들에게 우리들병원의 역량을 홍보하는 기회로 삼을 수 있었다.

4) 방어적인 PR

방어적인 PR은 기업과 관련된 상품이나 사람들에게 문제가 생겼을 때 이를 해결하기 위해 진행하는 PR을 의미한다. 우리나라 기업들은 일반적으로 부정적인 사건이 발생했을 때 그 사건을 부정하거나 아니면 덮으려고 하는데 문제는 이러한 수단들이 실패하였을 때 부메랑 효과가 발생한다는 점이다. 방어적인 PR에서 성공했던 사례들을 살펴보면 기업이 즉각 문제를 인정하고 소비자들에게 진정성을 담아 사과하는 내용들이 많다.

방어적인 PR

- 주로 상품의 결합으로 인해 PR 활동이 시작됨
- 빠른 시행과 소비자들로부터의 긍정적인 반응 유도가 관건

〈방어적인 PR이 필요한 사례〉

- 이물질의 삽입 (타이레놀)
- 부정적인 소문의 확산 (P&G)

방어적 PR 사례로는 누군가가 유통 과정에서 약에 독극물을 투여하였고 그 약을 복용한 사람이 죽는 상황이 발생한 타이레놀(Tylenol) 케이스가 있다. 이때 타이레놀은 문제가 유통 과정에서 발생하였음에도 그 시기에 생산된 약을 모두 회수하였으며 이 후 모든 타이레놀 제품은 캡슐에서 타블렛 형태로 바꾸었다. 처음에 회사가 입은 손실은 상당했지만 이를 통해 소비자들의 신뢰를 회복할 수 있었고 판매 수준은 곧바로 회복되었다. 다른 사례로는 최근에 이물질이 들어간 이마트의 튀김가루를 들 수 있다. 이때의 이슈는 이물질이 제조 과정에서 들어갔느냐 아니면 유통 과정에서 들어갔느냐 하는 것이었다. 결과에 따라 책임 소재가 달라지기 때문이었다. 그럼에도 제조업제인 삼양사에서는 이를 바로 관계기관에 신고하고 판매 중지를 한 다음 현장 검증을 실시하여 소비자들의 신뢰를 회복하였다. 재미있는 점은 이를 처음 신고한 소비자가 보상으로 1억 원을 요구했다가, 나중에 100만 원까지 낮추었다는 점이다. 이는 문제의 인정과 즉각적인 해결이 방어적 PR의 핵심 사항이라는 점을 시사하고 있다. 우리나라가 이런 점에서 아직 방어적 PR 전략이 취약하다고 생각한다. 그 밖에도 방어적 PR의 대상이 되는 것은 악의적인 루머가 있다. 루머에는 일반적인 루머와 누군가가 악의를 가지고 만든 음모형 루머가 있다. 특히 루머는 경우에 따라 경쟁자가 의도적으로 생산하고 확대하는 경우가 있으므로 이에 대한 적극적인 대처는 방어적인 PR의 핵심적인 사항이라고 할 수 있다. 예를 들어 P&G는 회사 로고에 대한 악의적인 루머가 발생하자 이를 확인하고 바로 회사의 로고를 바꿈으로써 이 문제를 조기에 해결할 수 있었다.

2. 스폰서십 마케팅

1) 이벤트 스폰서십

이벤트 스폰서십

브랜드를 스포츠 이벤트나 주요 문화행사 또는 타깃 소비자들이 관심을 보이는 공적 행사에 연결시킴으로써 브랜드에 대한 호의적인 감정을 불러일으키기 위한 촉진 활동

스폰서 마케팅은 의료관광산업에서 중요한 PR 수단이라고 할 수 있다. 스폰서 마케팅은 일반적으로 인기가 있는 스포츠나 문화 활동 등을 기업이 후원함으로써 이벤트에 대한 호의적인 감정을 기업에 대한 호의적인 감정으로 연결시키는 판촉 활동이라고 할 수 있다. 다만 의료관광의 경우에는 최종 소비자를 대상으로 한 스폰서 활동 이외에 소비자들에게 영향력을 행사할 수 있는 전문가 집단을 대상으로 한 후원 활동도 의미 있는 판촉 활동이 될 수 있다고 생각한다. 이러한 이벤트 스폰서십을 진행할 경우에는 몇 가지 고려해야 할 점이 있다. 가장 중요한 것은 후원하고자 하는 이벤트와 자사 상품 사이에 적합성이 높은가 하는 점이다. 예를 들어 음료수라면 축구와 같은 이벤트가 적합도가 높고 금융 상품이라면 골프와 같은 정적인 스포츠와 적합도가 높을 것이다. 한림대학교 춘천성심병원은 2009년 베이징 올림픽 네덜란드 국가대표팀 전지훈련에 따른 공식 지정 병원 선정, 여자프로농구 춘천 우리은행의 홈경기, 조선일보 마라톤 등 다양한 분야의 스포츠 경기에서 의료 지원을 제공해 줌으로써 스포츠 관절 분야와 척추 질환 분야에서 병원의 인지도를 향상시킬 수 있었다. 두 번째는 우리가 후원하는 스포츠 이벤트를 자사 상품이 지향하는 타깃 집단들이 많이 시청하는지 확인해 보아야 한다. 세 번째는 경쟁사에서 이미 후원을 하였거나 혹은 현재 후원하고 있는 이벤트는 피해야 한다는 점이다. 네 번째는 이러한 이벤트가 회사가 진행하는 다른 판촉 활동과 적합성이 높은지 확인해야 한다. 만약 축구 프로그램에 자사 상품의 TV 광고를 집행하였는데 경기를 하는 축구팀에서 자사 회사의 로고가 보인다면 판촉 활동의 시너지를 기대할 수 있기 때문이다. 그리고 가장 중요한 점은 이러한 후원에 들어가는 비용이 경제적이어야 한다는 점일 것이다. 만약 의료관광 상품이 일본과 중국 시장을 지향한다면 가장 좋은 이벤트는 두 나라에서 공통적으로 인기가 있는 바둑 관련 이벤트라고 할 수 있다. 바둑 경기를 의료기관이 후원할 경우에는 이를 통해 의료기관에 대한 일본과 중국 사람들의 인지도를 높일

수 있고 또한 바둑 경기를 좋아하는 사람들의 연령이 높다는 점에서 의료관광 상품이 지향하는 타깃과의 적합성도 높다고 볼 수 있기 때문이다.

2) 사회공헌 마케팅

사회공헌 마케팅

의료기관이 사회적으로 필요한 공익적 역할을 수행할 경우
이에 대한 보답으로 소비자들이 의료기관에 대해 호의적인 감정이나
또는 방문 행위를 하게 된다는 가정에 기초한 촉진 활동

사회공헌(Cause-related) 마케팅은 기업이 이미지 제고를 목적으로 사회공헌 활동을 수행하는 것을 의미한다. 대표적인 것이 Amex 카드인데 구체적인 내용은 소비자들이 Amex 카드로 물건을 구매하면 구매 금액의 일부를 사회적 약자를 도와주기 위해 적립하고 나중에 이를 기부한다는 내용이다. Amex는 이 캠페인을 기아퇴치를 위한 싸움이라고 명명하였다. Amex 카드가 이러한 캠페인을 진행한 이유는 Amex 카드의 주요 타깃들이 중산층 이상의 소비자 집단이었기 때문이다. 이들은 지식 수준이 높고 경제적으로 여유가 있으며 사회 문제에 대한 관심이 많아 Amex 카드는 이러한 캠페인을 통해 이들의 관심을 끌 수 있었다. 또한 이를 통해 Amex 카드를 사용하는 소비자들이 기아퇴치 캠페인에 참여한다는 인식을 심어 줌으로써 이들에게 자부심이라고 하는 보상까지 제공해 줄 수 있었다. 이처럼 사회공헌 캠페인은 소비자의 구매행동과 기업의 사회공헌 활동을 연계해서 소비자들과 회사 사이에 강한 연대를 형성하도록 하는 게 목적이다.

의료관광 상품은 의료서비스를 기반으로 하고 있으므로 사회공헌 마케팅 활동이 소비자들에게 또 다른 편익을 제공해 줄 수 있다. 즉, 소비자들이 특정 상품을 소비함으로써 본인이 원하는 편익을 얻을 수 있을뿐더러 이를 통해 또 다른 사회적 약자에게 도움을 줄 수 있기 때문이다. 특히 의료관광 상품의 타깃 집단들이 사회적 여유가 있는 노인 계층이라고 가정한다면 사회공헌 마케팅은 일석이조의 효과를 기대할 수 있는 판촉 활동이 될 수 있다. 그 밖에 잠재 고객들을 대상으로 의료기관에 대한 좋은 이미지를 형성하기 위한 목적으로 사회공헌 마케팅을 수행할 수 있다. 특히 타깃으로 설정한 지역에 비중을 두어 사회공헌 캠페인을 진행하는 것은 상당히 효과적인 PR 수단이 될 가능성이 높다. 유니세프 등의 국제기구와 제휴하여 해당 나라의 사회적 약자를 대상으로 의료서비스를

지원해 줄 경우 이러한 사회공헌 활동을 통해 해당 지역 소비자들이 특정 의료기관에 대해 호의적인 이미지를 형성할 수 있고 또한 이들 지역에 사는 소비자들이 의료관광 상품을 선택할 때 이들에게 익숙한 의료기관을 선택할 가능성이 높기 때문이다.

〈외국의 의료관광 사례: 싱가포르 파크웨이 그룹〉

① 파크웨이 그룹

의료관광 국가로 잘 알려진 싱가포르의 대표적인 병원인 파크웨이 그룹은 싱가포르의 강력한 의료관광 정책과 민간 투자의 산물로서, 2012년 100만 명의 환자를 유치하려는 목표를 가지고 있다. 미국 병원경영협회가 인정한 10대 병원 중 하나로, 정부가 세종시에 유치하기 위해 접촉했던 병원으로 유명한 곳이다. 파크웨이는 현재 싱가포르에 3개의 병원을 보유하고 있고, 말레이시아, 브루나이, 인도, 중국, 베트남에 모두 16개의 병원(약 3,500병상)을 운영하고 있다. 파크웨이가 싱가포르에서 운영하고 있는 3개의 병원은 모두 JCI에서 인증을 받았으며, 이를 의료관광의 보증수표로 홍보하고 환자 유치에 나서고 있다. 파크웨이가 싱가포르에서 운영하고 있는 이스트 쇼어(123병상)병원은 진료와 치료를 하루에 끝내는 당일 전용 서비스로 유명하고 글렌 이글스(380병상)병원은 간이식집중센터로 알려져 있다. 또한 마운트 엘리자베스(505병상)병원은 암집중치료센터와 심장혈관센터를 운영하고 있다. 파크웨이가 싱가포르에서 운영하고 있는 이 세 병원은 환자의 60%가 외국인으로서 좀 더 많은 외국인 환자 유치에 노력하고 있다. 최근 파크웨이는 싱가포르 노베나 인근에 2012년 개원을 목표로 350병상 규모의 병원을 건립하고 있는데 모든 병실을 1인실로 제공하여 의료의 질을 높이겠다는 목표를 갖고 있다.

② 파크웨이의 진료 상품 특징

파크웨이는 환자를 먼저 생각한다는 마인드를 강조하고 있는데 이들이 내세우는 슬로건에서 이런 마인드를 엿볼 수 있다. 즉, 파크웨이병원은 다른 병원이 아니라 호텔과 경쟁한다고 주장하고 있다. 호텔은 고객 중심의 인테리어와 편의시설로 고객의 호감을 사기 위해 노력하는데, 파크웨이도 소비자인 환자들이 편안하고 안락한 치료를 받을 수 있도록 호텔 못지않은 서비스와 편의시설을 제공하는 데 주력하고 있다. 이들은 특히 외국인 환자를 위한 전용부스를 설치하고 환자의 사생활 보호를 위해 암치료센터를 병원 입구와 다른 지하 주차장에 마련하고 있다. 환자들은 병원의 이런 배려에 대해서 만족하고 있고, 많은 고객들이 다음에도 이 병원을 방문하기를 원하고 있다. 또한 파크웨이병원을 찾는 외국인 환자를 위해 입국하는 순간부터 체류 기간, 출국하는 순간까지 모든 서비스를 병원에서 제공해 주고 있어 환자에게 편리함을 제공해 주고 있다. 또한 1 대 1 방식의 병원 도우미를 제공하여 내원한 환자에게 차별화된 서비스까지 제공하고 있다.

③ 파크웨이의 프로모션 활동 및 경영 방식

파크웨이 그룹은 최근에 싱가포르 정부와 협력하여 아시아를 대상으로 국제의료기기전시회를 주관하여 개최하였다. 파크웨이 그룹은 이 국제전시회를 통해 아시아 국가를 대상으로 대외적인 이미지를 제고하고 아시아 각국의 의료기관들과 전략적인 협력관계를 구축하는 데 성공하였다. 이러한 네트워크 구축을 통해서 파크웨이병원은 아시아 각국에서 환자를 의뢰받아 진료한 후 다시 의뢰한 의료기관에 환자를 전송하는 네트워크 경영과 아시아 허브 병원으로 진화하고 있다. 현재 파크웨이는 주식 투자자를 통해 자금을 확보하고 이를 통해 병원을 운영하는 영리법인 시스템이다. 영리법인화를 통해 파크웨이 그룹은 병원 직원과 경영자 그리고 주주들의 역할을 명확히 하고 민간 부분의 경영 참여를 보다 확대하여 효율적인 경영 활동을 수행하고 있다. 이를 통해 안과전문센터, 암치료센터, 뇌질환센터 등의 특수클리닉 외에 교육센터, 의료컨설팅 회사를 같이 운영함으로써 의료서비스와 관련된 수입 창출의 다양화를 꾀하고 있다.

자료원: www.medikorea.com

참고 문헌

이용화(2010), 의료관광 프로모션 사례, 한림대학교.

Cornwell, T. Bettina and I. Maignan(1998), An International Review of Sponsorship Research, *Journal of Advertising*, 27, 11.

Heffler, Mava(1994), Making Sure Sponsorships Meet All the Parameter, *Brandweek*, May 16, 16.

Kamins, Michael A., V. S. Folkes, and L. Perner(1997), Consumer Responses to Rumors: Good News, Bad News, *Journal of Consumer Psychology*, 6, 165-187.

Ries, Al and L. Ries(2002), *The Fall of Advertising & the Rise of PR*, Harper Business.

Shimp, Terence A.(2006), *Advertising Promotion*, Thomson.

Webb, Deborah J. and L. Mohr(1998), A Typology of Consumer Responses to Cause-Related Marketing: From Skeptics to Social Concerned, *Journal of Public Policy & Marketing*, 17, 239-256.

XIII. 의료관광 인적 판매 전략의 수립

1. 인적 판매

1) 인적 판매의 목적

인적 판매의 목적

- 브랜드 자산의 강화
- 상품 사용과 관련된 소비자 교육
- 다른 마케팅 활동의 지원
- 사후 고객 서비스의 제공 및 고객과의 관계 구축

인적 판매는 가장 바람직한 쌍방향(Two-way) 커뮤니케이션 수단이라고 할 수 있다. 판매사원들이 직접 소비자들을 만나서 상품에 대해 설명을 해 주고 또한 소비자의 욕구를 상품에 반영하여 상품 내용의 변경도 가능하기 때문이다. 다만 인적 판매의 단점은 영업사원 또는 판매사원의 유지와 교육에 많은 비용이 들어간다는 점이다. 인적 판매 수단의 핵심적인 역할은 기업이 갖고 있는 브랜드의 자산가치를 강화하고 소비자들이 상품에 대해 알 수 있도록 교육시키며 경우에 따라서는 상품을 판매한 후 사후적인 서비스까지 제공해 주는 것이라고 할 수 있다. 현재 인적 판매는 비교적 고가이고 대중 매체를 통해 상품의 내용을 소비자들에게 설명하는 데 한계가 있는 보험, 교육상품, 자동차, 제약 등의 산업에서 촉진 수단으로 많이 활용되고 있다. 또한 인적 판매는 적정 규모의 판매사원을 유지하는 데 들어가는 비용을 고려할 때 소비자를 대상으로 하는 B to C 사업 모델보다는 소수의 고객을 대상으로 하는 B to B 사업 모델에서 더 큰 역할을 수행할 수 있다.

의료관광산업은 상품의 특성상 소비자들이 지각하는 위험도가 높고 광고 매체를 통해 상품의 특성을 알리는 데 한계가 있으므로 인적 판매가 중요할 수 있다. 이때 의료관광 상품을 개발한 마케터 입장에서는 두 개의 고객집단이 존재하게 된다. 첫 번째는 우리나라의 상품을 소비하는 최종 고객이고 두 번째는 우리나라의 상품을 고객들에게 판매하는 현지의 에이전트라고 할 수 있다. 이때 현지 고객과의 직거래는 인터넷이나 광고, 홍보 등의 수단을 이용하여 진행할 수 있고 현지 에이전트를 상대로 촉진 전략을 진행할 때는 인적 판매가 효과적인 역할을 수행할 수 있다. 현지의 모든 에이전트를 마케터가 방문해서 상품 설명회를 진행하는 것은 현실적으로 불가능하므로 이때 인적 판매 채널을 활용할 경우 이러한 미션을 보다 효과적으로 수행할 수 있기 때문이다. 또한 이를 위해 별도의 인적 판매 채널을 구축하는 것이 바람직하겠지만 아웃소싱 차원에서 현지의 여행사와 계약을 맺어 현지 여행사의 직원들을 자사 상품의 판매에 활용하는 방안도 검토해 볼 수 있다.

2) 인적 판매의 철학

인적 판매의 철학

- 신뢰와 상호 동의를 기반으로 함
- 고객 지향적인 활동을 기반으로 함
- 고객의 입장에서 고객의 문제를 해결함
- 판매 후의 사후서비스가 더 중요함
- 고객의 특성에 맞춘 해결책을 제공함
- 전문성과 진실성이 중요한 덕목임

인적 판매는 고객과의 면 대 면 접촉으로 이루어진다. 이를 통해 상품의 정보교환이 이루어지고 우리가 판매하고자 하는 제품이나 서비스를 소비자들에게 설명하고 설득하게 된다. 회사들이 판매하는 상품은 크게 제품과 서비스로 구분할 수 있다. 제품은 소비자들이 물건을 직접 보고 확인할 수 있으므로 전문적인 제품이 아닌 한 소비자 스스로 판단하기가 어렵지 않다. 반면 서비스는 소비자들이 상품을 구입하기 전에 상품을 평가하기가 쉽지 않다. 서비스 상품은 눈에 보이는 것도 아니고 미리 경험할 수 있는 것도 아니기 때문이다. 따라서 인적 판매를 적극 활용하는 산업을 보면 제품보다는 서비스 산업의 비중이 높은 편이다. 그리고 제품의 경우에는 비교적 고가이고 전문적인 상품들이 많다. 이러한 점을 고려할 때 마케팅 전략을 실현하는 과정에서 인적 판매라고 하는 촉진수단이 필요한 이유를 정리하면 두 가지로 구분할 수 있다. 첫째, 복잡하고 전문적인 제품이거나 광고 등을 통해 제품의 특징을 설명하기 어려운 경우에는 인적 판매를 통해 보완적인 설명이 가능하다. 대표적인 사례로는 보험 상품을 들 수 있다. 생명보험과 같은 상품은 인적 판매를 이용하지 않을 경우 상품의 상담과 판매가 상당히 어렵기 때문이다. 따라서 최근에는 상품의 직접 판매를 목표로 하는 홈쇼핑의 경우에도 보험 상품은 소비자들에게 직접 판매하기보다는 영업사원들과의 상담 일정을 잡는 것에 주력하고 있다. 반면 같은 보험 상품이라도 자동차 보험은 상당 부분 표준화되고 있기 때문에 예전에는 인적 판매 채널에 의존하였으나 최근에는 회사가 소비자들과 직접 계약을 체결하는 방식으로 변하고 있다. 자동차 보험은 상품의 대상이 자동차이기 때문에 상품의 표준화가 가능하지만 생명보험은 상품의 대상이 사람이기 때문에 상품의 표준화가 어렵다. 이처럼 표준화가 어려운 상품을 판매할 때는 인적 판매 채널의 중요성이 더욱 증대된다.

소비자들이 인적 판매 채널에 의존하는 것은 상품이 많은 설명을 요구하기 때문이다. 마트에 가서 시리얼을 사거나 비누를 살 때는 물건을 비교하고 평가하는 것이 어렵지 않다. 만약 잘못 선택하였다 하더라도 이에 따른 위험 지각도 크지 않다. 그러나 상품 판매에서 인적 판매 채널의 비중이 높다는 것은 소비자들이 상품을 선택할 때 혼자서는 판단하기 어렵다는 것을 의미하고 이것은 동시에 소비자들이 영업사원의 도움을 필요로 한다는 점을 시사한다. 따라서 인적 판매 채널이 담당하는 가장 큰 역할은 소비자들을 교육시키는 것이다. 이는 단순히 프로모션 차원에서 소비자들에게 정보를 제공해 주는 것과는 다른 것이다. 프로모션의 목적이 소비자와 기업 사이에 존재하는 정보의 갭을 최소화하는 것이라고 하지만 어떤 상품들은 단순한 정보만 제시해도 충분하나 어떤 상품들은 정보를 제공한다 하더라도 소비자들이 이를 받아들이고 이해하기가 어려운 경우가 있다. 따라서 이때는 정보를 제공하는 차원을 넘어 소비자들에게 상품에 대한 설명을 제공할 수 있어야 한다. 이는 인적 판매를 담당하는 영업사원들은 최소한 소비자들보다 상품에 대한 지식을 많이 갖고 있어야 한다는 점을 의미한다. 이런 점에서 판매사원이 소비자들의 선택을 도와주는 사람들이라고 한다면, 영업사원들은 도움을 넘어 소비자들의 선택을 이끌어 주는 사람이라고 할 수 있다. 영업사원들에게 지식이 없으면 이러한 역할을 수행할 수 없다. 예를 들어 병원에서 사용하는 MRI 기계는 상당히 고가이기 때문에 대다수의 병원들은 이 기계를 빌리거나 또는 중고로 구입하는 경우가 많다. 만약 MRI를 판매하는 영업사원이 의사보다 기계에 대해 더 잘 알지 못하면 이 기계를 사용하는 의사들이 이 제품을 신뢰하지 못할 것이다. 따라서 MRI를 판매하는 사람들 중에는 엔지니어들이 많으며 또한 이 분야의 전공자들을 뽑아서 교육시키는 것이 일반적이다. 이런 점에서 자동차 영업사원들은 자동차의 내부 구조까지 이해할 수 있는 전문가가 되어야 하며 제약회사의 영업사원은 약의 기능을 이해할 수 있는 생화학 분야의 지식까지도 보유할 필요가 있다.

영업사원은 소비자들이 제품을 선택하는 상황에서 그 제품에 대한 지식이 없다는 것을 가정해야 하기 때문에 본질적으로 고객 지향적인 사고가 요구된다. 그래서 고객과의 신뢰가 중요하고 고객에게 상품을 추천할 때는 회사의 이익이 아니라 소비자의 이익을 위해서 행동하는 것으로 해석되어야 한다. 또한 사람들마다 처한 상황이 다르기 때문에 상황에 맞춘 다양한 해결책을 제공해 줄 수 있어야 한다. 이러한 점들 때문에 영업사원은 그 분야의 전문가가 되어야 하는 것이다. 영업사원들에게 요구되는 또 다른 역량은 상품의 판매로 끝나지 않고 고객과 좋은 관계를 형성할 수 있어야 한다는 점이다. 예를 들어 학습지 교사라고 한다면 먼저 본인이 아이들을 좋아해야 하고 동시에 아이들이 선생님을 좋아하게 할 수 있어야 한다. 만약 아이들이 학습지를 싫어한다면 아이들의 관심을 끌기 위해 마술을 배워서 이를 활용해 아이들의 관심을 끄는 노력이 필요할 것이다. 이러한 점들을 고려하면 뛰어난 영업사원은 그 분야의 지식을 갖춘 전문가이기도 해야 하지만 고객과 만나는 것을 좋아하고 고객과 좋은 관계를 유지하기 위해 노력하는 사람이라고 할 수 있다.

의료관광산업에서 인적 판매 채널은 주로 전문가들을 상대한다고 볼 수 있다. 이는 영업사원들이 스스로 관광이나 의료 분야에 대한 전문 지식을 갖고 있지 못하면 상대방에게 상품에 대한 신뢰를 심어 주는 데 문제가 생길 수도 있다는 점을 시사한다. 따라서 의료관광 상품을 개발하는 마케터들은 인적 판매 채널의 채용과 교육에 많은 노력을 기울여야 할 것이다. 서비스 상품은 구입하기 전에 상품의 품질을 평가하기 어려우므로 소비자 입장에서는 인적 판매 채널 자체가 상품의 품질을 나타내는 물적 증거가 되며 또한 소비자들을 만나서 상품의 내용을 제대로 설명하고 또 설득하기 위해서는 인적 판매 채널의 개인적인 역량이 매우 중요하기 때문이다.

3) 인적 판매 활동의 종류

인적 판매 활동의 종류

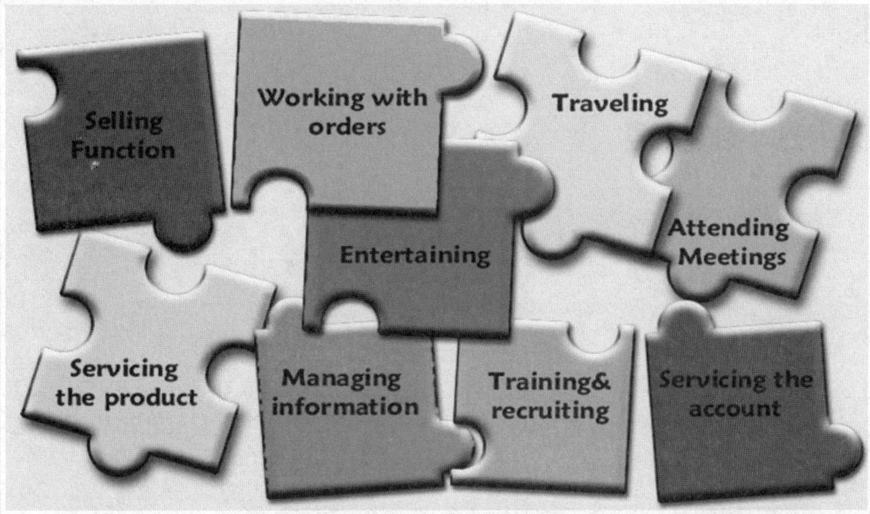

자료: Terence A. Shimp, Advertising Promotion, Thomson, 2006

인적 판매를 담당하는 영업사원들이 고객과의 접점에서 수행하는 역할들을 정리하면 위의 그림에서 설명하고 있는 것처럼 여러 가지 형태로 구분할 수 있다. 가장 기본적인 역할은 소비자들에게 상품의 정보를 전달하고 이를 상품의 판매로 연결하는 클로징의 기능이다. 상품에 대한 정보를 제공하고 소비자들을 설득하였다고 하더라도 판매로 연결되지 않으면 성과를 냈다고 판단하기 어렵기 때문이다. 두 번째는 고객과 함께 문제를 해결하기 위해 노력하는 역할이다. 고객들이 현장에서 직면하는 문제는 다양하기 때문에 고객과 함께 일하면서 문제를 파악하고 이에 대한 해결책을 제시할 수 있어야 한다. 세 번째는 엔터테인먼트의 기능이다. 인적 판매는 사람과 사람이 만나는 상황을 전제로 하고 있기 때문에 영업사원들이 고객들과 만나는 순간은 늘 즐겁고 유쾌해야 한다. 이는 영업의 결과와 상관없이 고객과 좋은 관계를 유지하고자 하는 자세가 필요하다는 것을 의미한다. 네 번째, 판매사원은 고객과 함께 여행을 하거나 또는 모임에 참석할 수 있어야 한다. 이러한 활동은 앞서 언급한 고객과 함께 일하면서 문제를 해결하는 과정을 포함하고 있다. 특히 고객들이 신상품을 개발할 때 자사가 필요한 부품을 납품해야 한다면 고객들의 신상품 개발 과정에 처음부터 참여하여 적절한 해결책을 제시하는 것은 매우 중요한 활동이라고 할 수 있다. 다섯 번째는 고객에게 상품을 판매하는 것으로 끝나지 않고 고객들이 상품을 사용하는 데 필요한 교육과 훈련을 제공해 주는 것도 인적 판매 채널이 수행해야 할 중요한 역할 중 하나이다. 더불어 고객들이 상품을 사용하면서 발생할 수 있는 문제를 직접 해결해 주거나 A/S를 수행하는 것도 인적 판매 채널에 요구되는 역할이다.

4) 영업사원의 성격 분류

영업사원의 성격 분류

경쟁자	자아 고양자
승리하고자 하는 욕구가 강하고 경쟁자를 이기는 데 관심이 많음	최고가 되고자 하는 욕구가 강하고 특히 회사로부터 받게 되는 인정이나 보상이 중요
성취자	**고객 지향자**
외부의 보상과 상관없이 자기만의 목표를 세우고 이를 달성하는 것을 중요하게 생각	영업을 통해 고객과 좋은 관계를 형성하는 것을 중요하게 생각

인적 판매의 기능을 담당하는 영업사원들은 여러 가지의 역할을 수행해야 하기 때문에 사람들을 뽑고 교육시킬 때 개인의 성향을 파악하고 이에 맞춘 육성 프로그램을 운영하는 것은 마케터에게 매우 중요한 과제가 된다. 영업사원들의 성격을 분류하면 크게 4가지로 구분할 수 있다. 경쟁자(Competitor)는 목표를 설정하고 그 목표를 달성하는 과정에서 경쟁을 즐기고 이기는 것을 선호하는 사람들을 의미한다. 자아 고양자(Ego-driven)는 기업이 제시한 목표를 달성하게 되면 회사로부터 받게 되는 인정이나 보상 등을 중요하게 생각하는 사람을 의미한다. 성취자(Achiever)는 외부의 보상과 상관없이 자기만의 목표를 세우고 이를 달성하는 것에 성취감을 느끼는 사람을 의미한다. 그리고 고객 지향자(Service-oriented)는 영업을 통해 고객들과 좋은 관계를 형성하는 것을 중요하게 생각하는 사람을 의미한다. 이러한 영업사원의 성격에 따라 기업이 제시해야 하는 인센티브와 보상체계가 달라져야 하므로 영업사원들의 성향을 파악하는 것은 매우 중요한 과제가 된

다. 이 중에서 기업이 가장 선호하는 영업사원을 선택하라고 한다면 고객과 좋은 관계 형성을 목표로 하는 영업사원이라고 할 수 있다. 인적 판매가 지향해야 할 것은 단기적인 실적보다는 고객과의 우호적인 관계를 통해 실적을 내는 것이기 때문이다. 따라서 관리자들은 수렵형 영업과 경작형 영업이라는 두 가지의 영업 스타일을 이야기하는데 먼저 수렵형 영업은 가망고객을 목표로 해서 영업 활동을 하고 거래가 이루어지면 그것으로 끝나는 영업을 의미한다. 반면 경작형 영업은 고객과 한 번의 거래로 끝나는 것이 아니라 오랜 관계를 유지하고 이를 통해 장기적 이익을 추구하는 것을 의미한다. 따라서 수렵형은 판매 중심이고, 경작형은 관계 중심이다. 최근에 기업들은 서비스 마인드를 갖고 있는 직원을 더 선호하고 있는데 그 이유는 서비스 정신이 투철한 사람들이 고객과의 관계 형성에 더 몰입하는 성향을 보이기 때문이다.

2. 팀 판매

팀 판매(Team Selling)

- 다양한 영업사원들의 강점과 전문성을 기반으로 고객의 욕구를 해결해 주기 위해 팀을 형성하여 실행하는 영업 활동
- B to B 영업 환경에서 자주 관찰됨
- 회사 내 여러 부서에서 전문성을 기반으로 자기가 맡은 부분의 영업 활동을 책임짐
- 의료관광은 여러 분야(의료, 행정, 숙박, 관광 등)의 협업이 필요한 대표적인 팀 판매(Team Selling) 분야임

팀 판매는 한 사람이 영업을 수행하는 것이 아니라 여러 사람들이 협력하여 판매를 종결시키는 영업 방식을 의미한다. 이는 매우 전문적인 상품이어서 여러 전문 분야의 영업사원들이 고객을 상대해야 할 때 많이 사용한다. 의료관광은 의료, 관광, 행정, 숙박 등의 요소들이 결합된 상품이므로 여러 분야에 대한 전문 지식이 필요하다는 점을 감안하면 팀 판매가 중요할 수 있는 상품이라고 생각한다.

팀 판매는 영업이 다양한 단계로 구성되어 있다는 점에 기반하고 있다. 즉, 영업은 잠재 고객 발굴, 최초 방문, 고객의 욕구 파악, 상담 및 제안, 구매 장애요인 해결, 클로징 등의 순서로 진행되는데 이 부분들을 한 사람이 모두 담당하는 것이 아니라 회사의 전문가들이 개별 부분을 맡아서 고객과 상담하는 것이 팀 판매의 핵심이라고 할 수 있다. 예

를 들어 보험 영업의 경우 가장 힘든 것이 잠재 고객을 발굴하고 최초 방문을 연결하는 것이라고 할 수 있다. 이때 회사는 내부의 데이터베이스를 활용하여 잠재 고객의 리스트를 발굴하고 텔레마케터들을 통해 잠재 고객의 관심 여부를 탐지하게 된다. 그리고 잠재 고객들이 상품의 내용에 관심을 보이면 전화를 사용하여 상담 약속을 받아놓는다. 그리고 회사의 텔레마케터들이 영업사원들에게 약속한 상담 일정을 제공하게 되고 이들은 잠재 고객들을 방문하여 잠재 고객이 관심을 가진 상품의 내용에 대해 상담을 하게 된다. 그리고 상품을 판매하기 전에 고객이 생각하는 구매의 장애요인들을 파악하고 이를 해결할 수 있는 해결책을 제시함으로써 궁극적으로 판매의 종결에 이르게 되는 것이다. 이처럼 협업을 통해 영업을 할 경우에는 영업사원들이 잘할 수 있는 부분에 집중하게 됨으로써 고객의 만족도 제고와 더불어 영업의 성과까지 높이는 효과까지 기대할 수 있다.

의료관광 상품은 의료서비스에 대한 내용과 관광에 대한 내용들이 결합되어 있으므로 현지의 에이전트를 대상으로 상품의 내용을 판매할 때 여러 분야의 전문가들이 협업하여 영업 활동에 참여할 경우 시너지를 구축할 가능성이 높다. 또한 비자와 같은 법률적인 문제에 대한 조언도 필요할 수 있으므로 영업사원의 교육에 이러한 부분들도 반영하는 것이 중요하다. 이처럼 의료관광 상품은 목표로 하는 타깃 시장에 따라 특정 분야에 전문성을 갖춘 영업사원들이 필요할 수 있으므로 채용 분야를 세분화하고 영업사원을 교육하는 노력이 필요할 것이다.

3. 인적 판매의 종류

1) 거래처 영업

거래처 영업

- 일반적으로 제조업체에서 많이 관찰됨
- 제조업체의 거래처를 대상으로 직접 영업 활동을 수행함
- 잠재 고객의 발굴은 중요하지 않으며 기존 고객이 요구하는 서비스 제공이 핵심 미션이라고 할 수 있음

기본적으로 인적 판매는 고객들이 영업사원들을 자신에게 도움을 주는 사람으로 생각할 때 큰 효과를 볼 수 있다. 이러한 인적 판매의 종류는 거래처 영업(Trade Selling), 미셔

너리 영업(Missionary Selling), 기술 영업(Technical Selling), 개척 영업(New-business Selling), 매장 판매(Retail Selling) 등으로 구분할 수 있다. 거래처 영업은 주로 소비재의 판매에서, 미셔너리 영업은 의약품의 판매에서, 기술 영업은 기계제품 등의 판매에서 그리고 개척 영업은 보험 상품의 판매에서 관찰되고 있는 영업 방식이다. 이러한 영업 활동은 의료관광산업에서 마케터가 담당해야 하는 분야라고 생각된다. 반면 판매사원은 매장에서 소비자들의 선택을 도와주는 형태의 영업 활동이어서 앞에서 언급한 인적 판매와는 조금 다른 특징을 보이는데 의료관광산업의 경우 판매사원의 역할은 주로 의료관광 코디네이터의 역할에 가깝다고 볼 수 있다.

거래처 영업은 전형적으로 제조업체가 영업사원을 고용해서 유통업체를 방문하여 자사의 제품을 판매하는 영업 활동이라고 할 수 있다. 이때 영업사원들은 상품에 대한 설명과 더불어 회사에서 제공하는 각종 인센티브를 거래처 사람들에게 제공해 줌으로써 영업을 완결시키는 것이 일반적이다. 거래처 영업의 가장 큰 특징은 대상이 되는 고객이 개인보다는 유통업체나 대리점과 같은 법인이기 때문에 고객의 수가 적다는 것이다. 또한 거래처에 대한 정보가 공개되어 있는 상황이기 때문에 잠재 고객의 발굴보다는 기존 고객들에게 어떠한 서비스를 제공해 주느냐가 영업의 성과에 큰 영향을 준다.

이때 영업사원들은 구매자와의 접촉을 통해 잠재된 욕구를 이해하고 이를 충족시킬 수 있는 거래 조건이나 판촉 수단을 제시하는 것이 중요하다. 고객에 따라 보유하고 있는 욕구가 상이하므로 거래 조건을 회사의 원칙에 의존하기보다 본인이 적극적으로 제시할 수 있어야 한다. 고객은 영업사원이 판매하는 상품뿐 아니라 영업사원 자체의 성격이나 역량을 통해 회사의 가치를 판단하기 때문이다. 특히 거래처 영업에서는 고객이 비교적 소수이므로 한 번의 거래에 만족하지 않고 빈번한 대면 접촉을 통하여 친밀감과 신뢰감을 형성하고 이를 토대로 고객과 장기적 관계를 구축하는 것이 중요하다.

2) 미셔너리 영업

미셔너리 영업

- 일반적으로 제조업체에서 많이 관찰됨
- 특히 제약산업의 영업 활동이 대표적인 사례임
- 고객을 상대로 직접적인 영업 활동을 수행

미셔너리 영업은 영업사원에게 판촉과 관련된 많은 재량권을 주어 주요 고객과의 상담에서 직접적인 판매와 더불어 영향력을 행사할 수 있게 하는 영업을 의미한다. 미셔너리 영업은 주로 제약 분야의 영업에서 많이 발견되고 있다. 일반적으로 이러한 영업이 미셔너리라고 불리는 이유는 영업사원들이 고객에게 판매하는 상품이 고객에게 이익이 된다고 믿고 이를 권하고 설득하는 일로 간주되기 때문이다. 즉, 영업의 내용이 고객에게 단순히 상품을 판매하는 것이 아니라 제약 회사들의 고객인 임상의나 약사 그리고 환자들에게 정말로 필요한 제품을 권유하는 매우 값진 일이라고 스스로 생각하고 있기 때문이다.

이러한 영업은 상품에 대한 자신감이 성과에 큰 원동력이 되고 있으며 또한 지속적인 거래를 위해 고객과 좋은 관계를 형성하는 데 많은 투자를 하게 된다. 이를 통해 고객의 욕구를 정확하게 이해하고 고객이 직면한 문제에 대한 해결책을 제시해 줄 수 있기 때문이다. 미셔너리 영업을 수행하기 위해서는 다음과 같은 절차가 필요하다. 먼저 고객들의 명단은 시장에 공개되어 있는 경우가 많기 때문에 한걸음 더 나아가 고객들이 갖고 있는 세부 프로필에 대한 정보를 확보해야 한다. 즉, 고객의 출신 학교, 가족 관계, 전공 분야, 취미 등의 세부적인 프로필을 확보하는 것이 중요하다. 이를 통해 고객과의 첫 대면에서 친근감을 형성할 수 있어야 한다. 또한 고객들이 현재 구입하고 있는 제품과 더불어 하루에 내방하고 있는 환자들의 숫자도 미리 파악하고 간호사들과의 면담을 통해 고객이 생각하고 있는 자사 제품에 대한 장점과 단점을 파악하고 고객이 환자를 상대할 때 중요하게 생각하거나 관심을 갖고 있는 분야 등을 사전에 알아두는 것이 필요하다. 이를 통해 고객의 욕구를 사전에 파악하고 고객과의 만남에서 자사 제품이 이러한 욕구에 대한 해결책이 될 수 있음을 설득력 있게 제시할 수 있어야 한다. 이렇게 하기 위해서 영업사원은 시장조사와 더불어 자신이 팔고자 하는 상품에 대해서 의료 전문가 못지않은 지식과 이해를 갖고 있어야 한다. 그렇지 않을 경우 스스로 상품에 대한 확신이 생기기 힘들고 또한 고객들도 영업사원이 판매하고자 하는 상품을 잘 모를 경우 상품을 신뢰하기 힘들기 때문이다.

3) 기술 영업

기술 영업(Technical Selling)은 고객이 상품이 지닌 기술적인 측면을 중요하게 고려하고 있는 상품의 영업을 의미한다. 기술 영업을 하는 영업사원들은 단순한 물건의 판매자가 아니라 상품과 관련된 여러 측면을 이해할 수 있어야 한다. 예를 들어 자동차 부품의 영업사원이라면 고객인 대기업에 제품을 납품할 때 그 회사를 직접 방문해 원가, 디자인,

> **기술 영업**
>
> • 화학, 컴퓨터, 자동차 등의 산업을 대상으로 이들이 필요로 하는 원재료나 기계 등을 판매하는 영업 활동
>
> • 이때는 잠재 고객들의 욕구를 파악하여 이를 해결해 줄 수 있는 전문적인 지식을 보유하고 있는 것이 상당히 중요함

조립 부분에 대해 회의를 하고 같이 비용을 계산하며, 필요한 서류작업에 참여하기도 한다. 따라서 기술 영업은 주로 산업재를 기업 고객에게 판매하는 경우가 많으며 따라서 구매 의사결정 과정도 개인이 구매하는 것과는 달리 복잡하고 여러 절차를 거치는 것이 일반적이다.

만약 개인용 컴퓨터를 판매하는 사람이라면 일반 소비자를 대상으로 판촉 활동을 할 때 컴퓨터에 대한 지식이 어느 정도 필요하겠지만 컴퓨터를 전공하지 않은 사람도 얼마든지 컴퓨터를 판매할 수 있다. 그러나 기업용 대형 컴퓨터를 판매한다고 한다면 컴퓨터를 구매하는 사람은 개인이 아니라 회사일 것이고 직접 구매를 담당하는 사람 역시 IT를 담당하고 있는 사람인 경우가 많다. 이런 고객들에게 컴퓨터를 전공하지 않은 비전문가가 와서 타사와 비교하여 자사의 대형 컴퓨터가 더 좋다고 설득하긴 힘들 것이다. 기업용 컴퓨터를 파는 사람은 개인용 컴퓨터를 판매하는 사람과 달리 컴퓨터를 전공한 사람이어야 하고 더 나아가 전문적인 영업 훈련을 받아 기술적으로 자사의 제품을 고객에게 납득시킬 수 있는 기술역량을 갖추고 있어야 한다. 따라서 기술 영업의 경우 이를 담당하는 사람을 세일즈 엔지니어라고 부르기도 한다. 컴퓨터뿐 아니라 공장에서 제품을 생산하기 위해 필요한 설비들, 즉 반도체, 자동차, 조선, 철강, 석유 화학과 같은 산업재의 생산 설비들을 판매하기 위해서는 기본 자질을 갖춘 훌륭한 세일즈 엔지니어들이 요구된다.

의료관광산업은 판매하는 상품이 서비스 상품이기는 하지만 최종 소비자들에게 영향력을 미치는 중간상들이 의료 전문가들인 점을 감안하면 이러한 기술 영업의 철학이 요구되는 산업 분야라고 생각할 수 있다.

4) 개척 영업

개척 영업(New-business Selling)은 기본적으로 소비재를 판매할 때 많이 적용되는 영업 방식이다. 개척 영업의 핵심은 신규고객을 찾는 것이다. 앞서 언급한 기술 영업이 사전

개척 영업

- 늘 새로운 고객을 찾아야 하는 영업 활동
- 잠재 고객들의 반응이 우호적이지 않은 것이 일반적임
- 스스로 적극적인 마인드를 갖는 것이 중요함
- 보험, 사무용품 판매 등이 대표적인 사례임

에 고객의 명단을 확보하고 있는 것에 비해 잠재 고객이 워낙 많기 때문에 구체적인 고객 데이터베이스 없이 잠재 고객들을 영업사원의 역량으로 찾아다녀야 한다는 점이 개척 영업의 가장 힘든 점이라고 할 수 있다. 따라서 많은 경우 방문하였을 때 고객들의 반응이 냉담할 수 있으므로 이런 직업을 선택하기 위해서는 스스로가 적극적인 마인드를 갖고 있어야 한다.

개척 영업에서 가장 중요한 점은 고객을 설득하여 판매로 완결시키는 데 있다. 특히 다른 영업에 비해 클로징이 중요한 이유가 여기에 있다. 판매의 성공률을 높이려면 한 사람을 만나더라도 목적을 명확히 하고, 고객의 마음을 움직이는 행동 언어, 고객에게 소구할 수 있는 실용 언어를 사용하며, 판매의 전 과정이 클로징과 연결될 수 있어야 한다. 또한 개척 영업의 시작과 끝은 고객의 발굴이다. 기존 고객에 대한 만족도 제고를 통해 고객을 감동시키고 이를 통해 인맥을 확장하려면 고객을 한 명 한 명 찾아다니는 형태의 인맥관리가 아니라 소개 요청과 키맨의 활용으로 인맥을 파생시키는 네트워크 형태의 인맥관리가 되어야 한다. 이렇게 고객을 통해 인맥을 확장하기 위해서는 먼저 기존 고객으로부터 호감을 얻어야 하고 이를 통해 낯선 사람과 안면을 익히고 인맥 지도를 작성하여 잊혀진 사람들을 찾아내고, 취미가 비슷한 사람끼리 동호회를 만들고 봉사 활동에 참여함으로써 자기만의 고객 발굴 노하우를 구축하는 것이 필요하다. 그리고 중요한 것은 발굴된 잠재 고객은 클로징을 통해 자신의 고객으로 만드는 것이다. 일반적으로 처음부터 클로징하려면 고객의 저항을 받을 수가 있으므로 순차적으로 클로징 수위를 높여가야 한다. 특히 영업사원들이 고객들에게 보여주는 행동 언어는 반드시 긍정적이어야 하며 단순히 상품만 판매하는 것이 아니라 고객과의 만남을 통해 긍정적인 인간관계를 구축한다는 인식을 줄 수 있어야 한다. 따라서 개척 영업을 하는 사람들에게 요구되는 가장 큰 덕목은 정직이며 고객의 관점에서 문제를 진단하고, 문제를 해결해 주고, 또 거래 이후에도 긍정적인 인간관계를 구축한다는 마인드를 갖고 있어야 한다. 장기적으로 고객들은 상품보다 영업사원의 태도를 구매하기 때문이다.

5) 매장 판매

> **매장 판매**
>
> • 고객이 매장을 방문할 때 상품을 판매하는 영업 활동
>
> • 상품에 대한 지식과 고객 상담 기술 그리고 다양한 성향의 고객들을 잘 응대할 수 있는 역량이 중요함

매장 판매(Retail Selling)를 담당하는 판매사원들은 매장을 방문한 고객과의 효과적인 접촉을 통해 고객에게 만족스러운 서비스를 제공하는 것을 가장 중요한 목표로 삼는다. 또한 고객에게 상품을 설명하고 필요시 판촉물을 제공하며 상품의 계산과 포장, 진열과 청소 그리고 고객 정보의 수집까지 다양한 일을 담당하게 된다. 그 밖에 고객이 구매한 제품을 반품하러 왔을 때 제품을 회수하고 교환해 주는 업무도 수행하게 된다.

이때는 고객들이 직접 판매사원들을 방문하게 되므로 판매사원들은 상품에 대한 지식을 갖추어 고객의 질문에 답변하고 고객들의 선택을 도와줄 수 있어야 한다. 그리고 다양한 고객들을 상대해야 하기 때문에 매장 판매사원에게 요구되는 가장 큰 역량은 고객 응대 스킬이라고 할 수 있다. 즉, 고객의 구매 여부와 상관없이 일관성 있는 서비스를 제공하고 고객이 구매를 하지 않았더라도 이러한 고객의 욕구를 파악하여 이를 기록하고 향후 재방문 시 활용할 수 있어야 한다. 특히 고객의 대기 상황이 발생했을 경우에는 그 이유를 설명하고 빠른 해결책을 제시할 수 있어야 한다. 상품과 관련된 판매 활동을 수행할 때는 고객의 요구에 우호적으로 반응하고 고객의 입장에서 행동하도록 노력해야 한다. 특히 고객들이 불만을 제기할 경우에는 불만사항을 정확하게 이해하고 필요한 정보를 제공하여 고객을 설득할 수 있는 스킬을 갖고 있어야 한다. 또한 쾌적한 서비스를 제공하기 위해 매장 내 상품의 정리정돈에 항상 유의하고 청결을 유지하기 위한 리스트를 작성하여 매일 이를 확인하는 습관을 갖는 것이 중요하다. 마지막으로 동료나 본사의 직원들과 상호 지속적인 커뮤니케이션을 통해 고객 접점에서 획득한 정보들을 본사에서 같이 공유할 수 있도록 노력해야 한다.

의료관광산업에서 판매사원의 역할은 일정 부분 코디네이터의 업무와 관련이 있다. 한국을 방문한 고객들의 일정을 관리해 주고 의료서비스나 관광 상품의 소비 과정에서 문제가 발생하였을 때 이를 신속하게 해결해 주며 고객의 불만사항들을 본사에 알려 이를 향후 서비스의 개선에 활용할 수 있도록 도와주어야 하기 때문이다. 특히 고객과의 접촉

을 통해 획득한 고객 정보들을 데이터베이스에 구축하여 향후 이러한 고객들을 대상으로 회사가 추가 마케팅 활동을 수행할 수 있는 토대도 제공해 줄 수 있어야 한다.

6) 텔레마케팅(Telemarketing)

텔레마케팅

- 영업 사원들을 후방 지원하거나 또는 대체할 수 있는 영업 활동
- 고객지향적인 상품부터 B to B 상품까지 다양한 적용 가능성이 장점
- 콜센터 유지에 많은 비용이 들어가므로 모든 기업에 적합한 영업 활동은 아님

텔레마케팅(Telemarketing)은 전화를 사용하여 영업을 수행하는 활동을 의미하고 있다. 최근 들어 비교적 표준화가 쉬운 보험 상품의 판매에 활용되고 있으며 상황에 따라서는 기존의 영업사원들을 지원하는 업무를 수행하기도 한다. 텔레마케팅의 이러한 역할을 아웃바운드 콜이라고 부른다. 또한 고객들이 상품을 사용하다가 불만이 생겼을 때 그리고 궁금한 점이 있을 때 직접 회사로 문의를 하게 되는 데 이때 고객 접점의 기능을 수행하기도 한다. 이러한 역할을 텔레마케팅은 인커밍 콜이라고 부른다. 텔레마케팅은 교통 체증과 주차난 그리고 인건비의 상승으로 영업사원들을 이용한 판매 활동이 점점 어려워지고 있어 이에 대한 대안으로 등장하게 되었다. 또한 본격적으로 시장이 세분화되면서 영업사원만으로는 세분화된 고객 집단에 접근하기 어려워지고 IT 기술의 발전으로 고객 정보에 대한 획득이 용이해짐에 따라 기존의 영업사원들을 지원하거나 대체하는 수단으로 등장하고 있다. 특히 텔레마케팅은 소비재나 산업재 모두에 적용할 수 있을 만큼 시장 조건에 대한 적응성이 좋아 최근 여러 산업 분야에서 급격히 확산되고 있다.

텔레마케팅에 종사하는 사람들을 텔레마케터라고 부른다. 이들은 앞에서 설명하였듯이 인커밍 콜과 아웃바운드 콜의 역할을 동시에 수행하고 있다. 우리나라는 이러한 텔레마케터들이 회사 내 콜센터에서 근무하는데 회사에 따라 적게는 5~6명에서 많게는 100명 단위의 콜센터를 운영하기도 한다. 시장 개방과 더불어 점차 세계화되는 기업 환경에서 텔레마케팅은 적은 비용으로 고객 관리 업무를 체계적으로 수행할 수 있는 장점이 있고 또한 영업사원을 대체할 경우 판매 관리비도 절감할 수 있어 회사의 경쟁력을 강화하는 수단으로 선호되고 있다. 의료관광산업에서 텔레마케팅은 기존 고객들의 만족도 확인이나 이들에게 새로운 상품을 소개할 때 활용할 수 있으며 상황에 따라서는 기존 영업사원의

판촉 활동을 후방에서 지원해 주는 역할까지 수행할 수 있다. 다만 전화로 진행되는 상담이기 때문에 해당 지역의 언어적인 역량이 요구되므로 텔레마케터는 현지인을 사용하는 것이 바람직하다. 또한 비용을 절약하는 관점에서 콜센터는 한국에서 통합하여 운영하지 않고 해당 지역에 별도의 콜센터를 세우고 운영하는 것도 바람직한 전략일 수 있다.

4. 영업사원의 성과결정요인

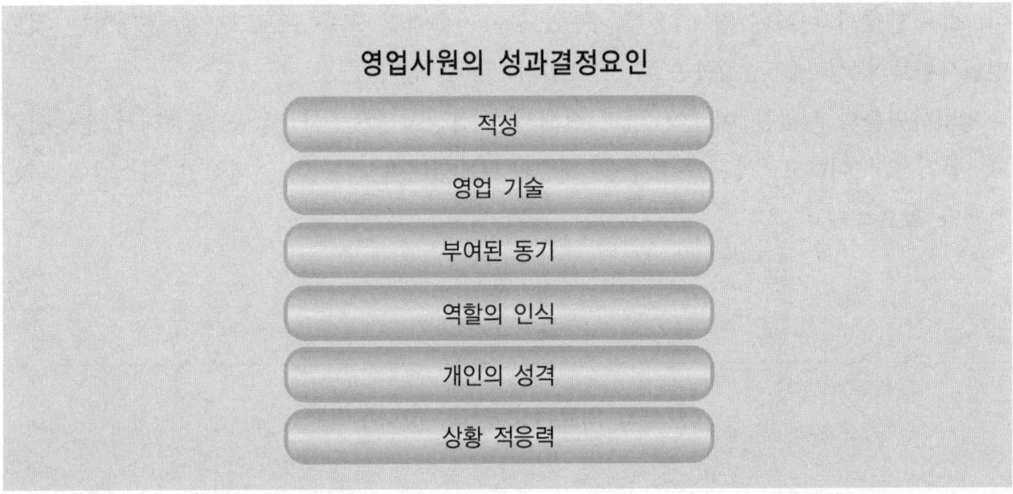

영업사원의 성과를 결정할 때 가장 중요한 것은 선발 과정이라고 할 수 있다. 유능한 영업사원은 상품에 대한 지식이 있어야 하고 개인적인 친화력까지 갖고 있으면 더욱 바람직하다. 그런데 지식은 개인적인 훈련을 통해서 부족한 부분들을 채워나갈 수 있으나 친화력은 개인의 성격과 관련되어 있기 때문에 본인이 노력한다고 해서 극복되는 문제가 아닐 수 있다. 공부를 잘하는 유능한 인재라 하더라도 패션에 대한 감각이 부족하면 패션 회사에서 성공하기 어려운 것이 한 가지 사례라고 할 수 있다. 이런 차원에서 내향적인 사람은 대인 접촉이 많은 영업 부분에서는 성과를 내기가 어려울 것이다. 따라서 영업사원을 선발할 때는 개인의 적성을 확인해 보는 것이 매우 중요하다. 위의 자료에서 적성은 영업사원 선발 과정의 중요성을 강조하고 있고 그 밖에 흥미, 동기부여, 역할 인식, 상황 적응력 등과 같은 요소들은 교육을 통해서 극복할 수 있는 부분들이라고 생각한다. 이런 점에서 영업사원의 성과를 결정하는 요인들 중에서 가장 중요한 것은 지원자의 적성을 확인하는 것이다. 본인의 성격이 사람 만나는 것을 좋아해야 하고, 지원 분야

에 개인적으로 흥미를 갖고 있어야 자연스럽게 상품에 관한 지식을 쌓아 갈 수 있기 때문이다. 이는 영업사원도 재능이 있어야 한다는 점을 시사하고 있다. 영업 기술에서 요구되는 역량은 상품에 대한 지식과 더불어 클로징을 해야 하는 순간을 잘 결정할 수 있는 감각이다. 고객과의 관계를 구축하는 것뿐만 아니라 관계를 바탕으로 언제 판매를 완료할 것인가에 대한 타이밍을 잘 결정해야 하기 때문이다. 동기 부여는 주로 평가 보상 시스템과 관련되어 있는데 많은 기업들이 기본급에 인센티브를 주는 형태의 보상체계를 운영하고 있다. 역할 인식은 본인이 영업 직군에서 요구되는 역할을 어느 정도 이해하고 있는가를 나타내는 것으로 적성과 관련이 높은 개념이라고 할 수 있다. 또한 영업사원들이 외부 환경의 변화에 잘 적응할 수 있도록 지속적인 교육 프로그램을 운영하는 것도 영업사원들의 성과를 결정하는 주요 요인이 될 수 있다.

영업사원들의 성과를 이끌어 내기 위해서는 적성이 맞는 사람들을 고용해서 훈련시키고, 동기를 부여하고, 적절한 보상을 제공할 수 있어야 하므로 전체적인 시스템에 대한 설계가 필요하다.

〈한국의 의료관광 사례: 하나투어〉

① 하나투어

하나투어는 국내 및 해외에서 2,000여 명이 넘는 직원들이 여행서비스를 제공하는 국내 최대의 여행 기업으로, 12년 연속 해외여행 및 항공권 판매 1위를 달성해 온 여행 종합 기업이다. 현재는 단순관광과 더불어 의료관광까지 사업의 영역을 넓히고 있는데, 최근에 하나투어 인터내셔널을 만들어 감동과 희망을 주는 여행 종합서비스를 미션으로 하고 의료관광 사업에 본격적으로 뛰어들었다. 아직은 미개척 분야여서 성과가 불확실하지만, 수천억 원대에 달할 의료관광 시장의 가능성을 내다보고 다양한 방법을 통해 외국인 관광객의 유치 활성화를 위해 노력하고 있다.

② 주요 국가별 차별화된 의료관광 상품

하나투어는 국내 의료관광을 위한 비즈니스 전략으로 중국, 일본, 미주, 러시아 및 중앙아시아 등 타깃 국가별로 차별화된 전략을 구사하고 있다. 현재 의료관광은 미용과 헬스케어 중심의 관광형 상품과 의료 검진 및 치료를 위한 의료형 상품으로 나누어 진행하고 있으며 각 국가에서 제공되고 있는 의료서비스의 수준 및 보험 적용 범위가 다르므로, 국가별 관광객의 욕구에 맞춘 의료서비스 상품을 제공하고 있다. 이를 통해 의료관광 시장을 전 세계로 확대시켜 한국의 의료관광을 세계 의료관광산업의 메카로 만드는 것을 목표로 하고 있다.

ⓐ 중국

미용과 성형을 중점으로 한 헬스케어관광 4일 상품을 출시하였는데 이는 강남의 피부과에서 미백 및 각질 등의 피부 시술을 받고 이천 테르메덴 온천에서 스파 체험을 하는 것을 주요 내용으로 하고 있다. 또한 이들에게는 코엑스 아쿠아리움 및 난타 공연 관람을 포함하여 전 일정 한식으로 이천 영양밥 같은 건강식이 제공된다.

ⓑ 미주 지역

미주 지역은 비싼 의료수가로 인해 보험 혜택을 받지 못하는 교포들을 대상으로 해서 건강검진서비스를 주력 상품으로 제공하고 있으며 항공 또는 항공과 숙박으로 구성된 관광 상품을 판매하고 있다.

ⓒ 러시아와 중앙아시아

러시아와 중앙아시아는 중국과 싱가포르 등지로 의료관광을 떠나는 신흥부자들을 타깃으로 디스크 질환이나 심장 질환 같은 중증 수술 치료와 종합검진을 받을 수 있는 의료서비스를 주력 상품으로 하고 여기에 제주도 관광 및 중국, 일본을 연계한 동북아 3개국 투어 프로그램을 제공하고 있다.

③ 하나투어의 외국인 환자 유치를 위한 프로모션 활동

하나투어는 고객들에게 맞춤형 서비스를 제공하기 위해 허리 통증에 M병원, 부인병에는 P병원처럼 전문화된 치료기관들을 연계하여 투어 상품을 개발하고 있다. 따라서 자생한방병원, 길병원, 삼성CU클리닉, 우리들병원 등 각 분야에서 장점을 가지고 있는 병원들과 제휴를 맺고 있다. 하나투어는 2009년에 아시아나 항공사와도 업무 협약을 맺었는데, 이는 항공사, 병원, 여행사 간의 삼각 MOU를 통해 전체 의료관광 비용을 10% 이상 저렴하게 제공할 수 있는 패키지 상품을 출시하기 위해서이다. 또한 하나투어는 2009년 8월부터 6개월 동안 카자흐스탄의 현지 홈쇼핑 방송매체를 통해 한국의 의료관광 상품을 판매하였다. 이러한 판매 노력은 하나투어와 서울시, 서울관광마케팅주식회사, 한국관광공사 그리고 국내 6개의 우수 병원들과 공동 마케팅으로 진행되었으며, 카자흐스탄을 시작으로 인근 중앙아시아까지 영업 범위를 넓혀갈 계획을 갖고 있다. 중앙아시아 지역은 열악한 의료 환경과 비싼 의료수가로 인해 많은 사람들이 치료를 받기 위해 인근 유럽 국가로 나가고 있어, 하나투어는 카자흐스탄을 의료관광의 우선 타깃 국가로 선정하고 국내 기관 및 병원들과 함께 현지 관계자들을 한국으로 초청하여 우리나라의 의료관광 인프라를 소개하기도 하였다. 2009년 8월에는 독일의 프랑크푸르트와 영국의 런던에서 현지인들을 대상으로 한국 전문의의 건강검진 무료상담과 함께 우리나라의 관광 프로그램을 소개하는 의료관광 박람회를 개최하였다. 여기에는 한양대학교 병원, 우리들병원, 한신 메디피아가 함께 참여해 건강검진 상담을 진행하였는데 이 행사에서는 2009년 10월에 출발하는 종합검진과 제주도 2박 3일 여행을 묶은 의료관광 상품을 집중적으로 판매하였다.

자료원: www.hanatour.com

참고문헌

김하영(2010), 하나투어의 외국인환자 유치를 위한 프로모션 전략, 한림대학교.

Churchill, Gilbert A., N. M. Ford, and O. C. Walker(1999), *Sales Force Management: Planning, Implementation and Control*, McGraw-Hill.

Daehne, Niklas von(1994), Hiring Top Performers, *Success Selling*, May, 34-35.

Fierman, Jaclyn(1994), The Death and Rebirth of the Salesman, *Fortune*, July, 80-91.

Kotler, Philip(2000), *Marketing Management*, Prentice-Hall.

Nickels, William G. and M. B. Wood(1997), *Marketing: Relationships, Quality, Value*, Worth Publishers.

Shimp, Terence A.(2006), *Advertising Promotion*, Thomson.

XIV. 의료관광 프로모션의 기타 수단

1. 브랜드 네임

1) 브랜드 네임의 의미

브랜드

다른 경쟁자의 상품과 자사 상품을 구별하기 위해 사용하는
상품의 독특한 디자인, Trademark, 로고, 이름 등을
통칭하는 개념

브랜드는 김춘수 시인께서 내가 그 이름을 불러주었을 때 그는 나에게로 와서 꽃이 되었다라고 말씀하신 것처럼 그 속에 의미가 담겨 있지 않으면 브랜드라고 부르기 힘들다. 이는 모든 사물들이 자신의 이름을 갖고 있겠지만 그 이름에 의미가 담겨 있어야 그 이름이 브랜드로서의 가치를 갖게 된다는 의미이다. Aaker(1991)는 브랜드 충성도, 브랜드 인지, 지각된 품질, 브랜드 연상 그리고 브랜드 심벌 등이 브랜드 가치를 구성하는 요소들이며, 이러한 것들이 소비자나 기업에게 가치를 제공해 준다고 이야기하였다. 브랜드가 소비자

에게 제공해 주는 가장 큰 가치는 소비자들이 브랜드라는 정보를 이용하면 물건을 살 때 굳이 제품에 대한 많은 정보를 해석하고 처리할 필요가 없다는 점이다. 브랜드라는 개념이 도입된 것은 인류의 역사와 관련이 높다. 19세기 말 산업 혁명기를 거치면서 인류 사회는 대량 생산 대량소비체제에 들어갔는데 이때 기업들은 자기 제품을 사람들에게 알리는 데 상당한 어려움을 겪을 수밖에 없었다. 상당수 사람들이 문맹이었기 때문이다. 즉, 자기 제품을 문자로 표기해도 사람들이 이를 알 수 없었기 때문에 문맹 단계에 있는 많은 소비자들과 소통하기 위해 기업들은 브랜드라는 개념을 도입하게 되었다. 따라서 초기에 브랜드의 가장 큰 역할은 식별 기능이었다. 버넷(Bennett)에 따르면 브랜드라는 단어는 앵글로 색슨(Anglo-Saxon)족이 불에 달군 인두로 자기 소유의 가축에 낙인을 찍어 소유물을 확인하는 데서 유래되었다고 한다. 여기서 브랜드의 중요한 표기 수단이 나오게 되는데 그것은 바로 심벌(Symbol)이다. 사실 우리는 브랜드라고 일괄적으로 표현하고 있지만 브랜드는 이름 이외에도 그 안에 식별의 기능을 수행하는 로고, 심벌, 트레이드마크 등을 갖고 있다. 우리나라도 역사적으로 이러한 사회적 조건들을 갖고 있었기 때문에 아직도 많은 기업들이 아직 심벌을 토대로 한 브랜드 유산을 갖고 있다. 예를 들어 부채표 동화약품, 샘표 간장, 해표 식용유 등이 대표적인 사례라고 할 수 있다.

2) 브랜드 네임의 파워

브랜드 네임의 파워
• 소비자들이 자사 상품을 지각하고 인식하는 과정을 도와줌 • 브랜드 이미지를 구축하는 데 영향을 줄 수 있음 • 브랜드 자산 형성에 있어 중요한 역할을 수행함

그러나 최근 들어 브랜드는 단순히 식별의 기능을 떠나서 기업들이 치열한 경쟁 환경 하에서 살아남기 위한 수단으로 많이 사용되고 있다. 제품은 경쟁 회사에 의해 쉽게 복제될 수 있지만 브랜드는 그렇지 않으며 제품은 시대에 뒤처질 수 있지만 잘 관리된 브랜드는 오랫동안 시장에서 존재할 수 있기 때문이다. 명품 브랜드의 경우 짝퉁 제품들이 넘치는 이유도 제품 자체의 기능보다는 그 브랜드가 주는 상징적 의미에 소비자들이 더 이끌리기 때문이다. 예를 들어 신라면은 매운 라면의 대표적인 브랜드이다. 신라면과 경쟁하기 위해 오뚜기에서 열라면을 삼양에서 핫라면을 출시하며 더 많은 광고 공세를 폈

지만 시장 점유율은 항상 신라면이 앞서고 있다. 이러한 결과가 나온 것은 뒤늦게 나온 라면들의 매운 맛이 신라면보다 못하기 때문은 아니다. 일반적으로 기업들이 신제품을 내놓을 때는 경쟁 제품을 분석하여 성능이 조금이라도 우수해야 출시를 하기 때문이다. 열라면이나 핫라면이 신라면을 이기지 못하는 이유는 신라면이 매운 라면의 대명사라는 브랜드 이미지를 강력하게 선점해 놓았기 때문이다. 열라면이나 핫라면이 매운 맛을 강조해도 소비자들의 머릿속에는 이미 그 단어가 신라면과 강하게 연결되어 있기 때문에 소비자들은 쉽게 그 주장에 동의하지 못하는 것이다. 이러한 현상이 생기는 이유는 앞서 이야기 했듯이 소비자들이 인지적 구두쇠이기 때문이다. 사람들은 새로운 정보가 기존 지식과 상충될 경우 이를 받아들이고 생각을 바꾸기보다 이를 거부하는 경향이 높은데 이는 사람들이 처음 생각을 계속 유지하는 것이 더 편리하기 때문이다. 즉, 사람들은 생각의 일관성을 지키기 위해 기존 지식에 부합하는 정보들만 선택적으로 받아들이게 되는데 이러한 점 때문에 마케팅에서는 사람들이 있는 그대로의 정보보다는 자신이 믿고 싶은 정보들만 받아들인다고 보고 있다. 우리가 첫인상을 중요하게 생각하는 이유는 일단 첫인상에서 선입견이 생기면 그 이후 많은 사람들이 그 첫인상에 부합하는 정보들만 받아들이고 이에 반하는 정보들은 차단함으로써 선입견이 보다 강하게 고착되기 때문이다. 이는 지방 선거에서 많은 후보자들이 정당 공천을 열망하는 이유와 비슷하다고 생각할 수 있다. 많은 유권자들이 후보자를 잘 모를 때는 후보자에 대한 개인적인 평가보다는 소속 정당을 기준으로 후보자를 판단할 가능성이 높기 때문이다. 이는 유권자들이 투표를 할 때 소속 정당이 브랜드로서의 기능을 수행한다는 점을 시사한다.

3) 강한 브랜드 네임의 가치

강한 브랜드 네임의 가치

- 안정적인 매출의 기반이 될 수 있음
- 높은 가격의 책정을 가능하게 해 줌
- 신규 브랜드의 런칭을 도와줄 수 있음
- 유통업체와 거래를 할 때 협상력을 제공해 줄 수 있음

좋은 브랜드가 기업에 제공하는 가치는 다음과 같다. 먼저 좋은 브랜드는 기업이 새로운 고객을 유입하거나 이전의 고객을 다시 끌어들이는 데 도움을 준다. 둘째, 브랜드에 대한 강한

충성도는 특별한 이유가 없는 한 사람들로 하여금 그 브랜드를 계속 사용하게 한다. 셋째, 강한 브랜드는 높은 가격을 받을 수 있으며, 판촉에 대한 의존도를 낮춤으로써 기업으로 하여금 높은 이익을 창출할 수 있게 해 준다. 넷째, 강한 브랜드가 있을 경우 기업은 이를 기반으로 신제품을 출시해 또 다른 성장의 기회를 확보할 수 있다. 다섯째, 강한 브랜드는 유통채널에 대한 영향력을 증대시켜 매장에서 유리한 위치를 확보할 수 있다. 그리고 강한 브랜드의 존재는 시장에 진입하고자 하는 경쟁자들에게 진입 장벽으로 작용하여 경쟁 우위를 확보하게 도와준다. 이와 같이 강한 브랜드는 소비자나 기업에게 가치를 제공해 주는데 소비자들은 상품 선택에 따른 시간이나 노력 그리고 위험을 제거할 수 있으며, 기업은 높은 가격을 유지함으로써 산업 평균치를 상회하는 수익을 올릴 수 있다. 이는 자식 농사를 잘 지어놓으면 그 자식이 다른 형제들에게도 긍정적인 영향을 미치는 현상에 비유할 수 있다.

최근 들어 제품들 사이에 품질의 차이가 크지 않거나 서비스처럼 품질 평가가 어려운 경우 소비자들은 브랜드의 명성에 의존해 품질을 판단하게 되었고 이를 통해 기존의 태도가 더욱 고착화됨에 따라 기업들은 제품 자체의 성능보다는 어떻게 브랜드를 관리할 것인가에 대해 많은 고민을 하게 되었다. 최근 들어 의료관광산업에서 브랜드의 중요성이 강하게 부각되는 이유도 의료나 관광소비의 목적지로서의 브랜드 이미지가 소비자들의 수요를 끌어당기는 데 상당한 영향을 주기 때문이다. 결과적으로 라면시장에서 오뚜기나 삼양라면이 신라면을 공격하기보다 다른 차별화의 방향을 선택하는 것이 효과적이었을 것이다. 이는 의료관광산업에서 우리나라가 선발주자인 싱가포르나 태국과는 다른 포지셔닝을 지향하는 것이 강력한 브랜드를 구축할 수 있는 출발점이 될 수 있다는 점을 시사하고 있다. 특히 우리나라는 외국에는 없는 한의학이라는 대체 의료 분야가 있으므로 이미 의료관광 시장에 진출한 싱가포르나 태국과는 차별화가 가능한 물적 증거를 확보하고 있다. 따라서 향후 우리나라의 의료관광은 현대 의학과 한의학을 결합한 환자 중심의 의료서비스를 개발하고 이를 우리나라의 관광 자원과 연결시키는 방향이 바람직한 브랜드 관리의 접근 방법이라고 생각한다.

4) 강한 브랜드 네임의 구성요소

좋은 브랜드 네임은 무엇일까? 가장 중요한 것은 그 브랜드의 이름이 이미지를 형성하는 데 기여할 수 있어야 한다. 이미지는 호의적이고 독특하고 강력해야 하는데 우리가 이야기하는 브랜드 이미지는 호의적인 이미지, 독특한 이미지, 강력한 이미지가 주는 연상들의 총합이다.

강한 브랜드 네임의 구성요소

- 경쟁 상품의 제안과 차별화할 수 있는 자사 상품의 포지셔닝
- 이를 뒷받침할 수 있는 상품의 속성
- 상품의 디자인, 패키지 같은 요소들과 상품 포지셔닝의 일치성
- 발음하기 쉽고 기억하기 쉬운 이름

브랜드 네임은 우리의 이름과 같다. 브랜드는 제품의 특징을 나타내야 하며 기억하기 쉽고 발음하기 쉬워야 한다. 그리고 의료관광산업에서 고객이 외국인인 점을 감안하면 의료관광 브랜드는 외국인이 발음하기 편한 네임이면 더 좋다. 이런 면에서 적합한 브랜드는 SK와 LG를 들 수 있다. SK와 LG는 회사의 브랜드를 바꾸면서 영어로 된 회사 이름을 선택함으로써 외국인이 쉽게 발음하고 기억하기 쉽게 만들었기 때문이다. 브랜드의 이름을 결정할 때는 우선적으로 그 브랜드가 소비자들에게 제공하고자 하는 편익을 잘 담고 있는가에 대한 고민이 필요하다. 예를 들어 청정원의 햇살담은 조림간장은 제품이 제공하는 속성을 브랜드에 효과적으로 담아낸 사례라고 할 수 있다. 또한 브랜드가 지향하는 이미지나 패키지와의 조화성도 브랜드의 네임을 정할 때 고려해야 할 요소라고 할 수 있다. 그리고 중요한 것은 앞에서 강조하였듯이 브랜드 네임은 타깃 소비자들이 부르기 편하고 기억하기 편하게 결정되어야 한다. 이렇게 함으로써 마케터가 의도하고 있는 효과를 극대화할 수 있다.

브랜드 네임을 결정할 때 우선적으로 고려해야 할 것은 관련 브랜드와의 관계이다. 이는 우리가 아이의 이름 지을 때 이름만 예뻐서는 안 되고 아버지 성과의 조화를 고려하는 것과 같은 이치이다. 예를 들어 리라라는 이름은 그 자체로 나쁘지는 않지만 고씨 성과 결합될 경우 그 의미가 이상하게 전달될 수 있는 것이 대표적인 사례이다. 기업 환경하에서는 이것이 더 중요해서 기업 브랜드가 마음에 들지 않을 경우 이것을 의도적으로 감추기도 하고 반대로 적극적으로 활용하기도 한다. 브랜드 전문가들은 이를 브랜드 아키텍처(Brand Architecture)에 관한 결정이라고 한다. 우리는 고급 샴푸인 케라시스에 대해서 잘 알고 있지만 이 제품이 애경에서 만들었다는 것은 잘 모르고 있다. 그 이유는 케라시스에 기업 브랜드를 같이 붙일 경우 고급스런 이미지를 부여하는 데 도움이 안 된다고 판단했기 때문이다. 좀 더 극단적인 사례는 연예인들에서 볼 수 있는데 이들은 새로운 이미지 구축을 위해 성과 이름을 모두 바꾸는 경우가 많다. 가수 HOT의 안칠현이 강타라는 예명을 사용한 것이 대표적인 사례일 것이다. 따라서 의료관광산업의 기반이 되

는 병원의 경우 기업 브랜드와 상품 브랜드 사이의 관계가 비교적 중요하지 않지만 브랜드 네임을 결정할 때는 그 이름과 관련되어 있는 다른 브랜드와의 관계를 어떻게 결정할 것인가를 한 번쯤 짚고 넘어가야 한다.

두 번째는 브랜드를 장기적으로 관리해야 하는 문제이다. 브랜드는 사람의 이름과 같아서 한 번 네임을 결정하면 바꾸기가 쉽지 않다. 예를 들어 꽃님이라는 이름은 어렸을 때는 예쁠 수 있었겠지만 성인이 되어서는 약간 곤란한 이미지를 줄 가능성이 있는 것과 마찬가지이다. 따라서 처음에는 네임이 상품과 잘 어울린다고 생각하더라도 그러한 이미지가 지속적으로 유지될 수 있는지 한 번 생각해 보아야 한다. 대표적인 사례로 Kentucky Fried Chicken을 들 수 있는데 이 회사는 이 브랜드가 제품의 성격을 잘 나타낸다고 생각했으나 시간이 흐르면서 사람들이 건강에 민감해지면서 튀긴 음식에 저항감이 커지자 곤란을 겪게 되었다. 그래서 고육지책으로 생각해 낸 이름이 영어의 약자를 딴 KFC이다. 약자로 표기함으로써 프라이드(Fried)가 주는 부정적인 이미지를 희석시키려고 한 것이다. 이처럼 브랜드 네임을 결정할 경우 장기적 관점에서의 관리 가능성을 검토하지 않으면 근시안에 빠질 위험성이 높아진다.

세 번째는 국제화의 기능이다. 최근에는 경쟁 환경이 국내를 넘어 글로벌화되고 있기 때문에 브랜드 역시 세계화의 개념에 맞출 필요가 있다. 최근에 많은 국내 기업들이 SAMSUNG, LG, SK, Hynix처럼 기업 브랜드를 영문 브랜드로 바꾸고 있는 것도 바로 이러한 추세 때문이다. 예전에 선경 그룹은 기업명을 영어로 표기했을 때 Sunk Young이 되어 젊어서 망한다는 이상한 의미로 해석되어 이를 SK로 바꾼 것이 대표적인 사례이다. 의료관광 상품의 핵심이 되는 병원 브랜드도 마찬가지다. 특히 병원 브랜드는 고유명사라서 외국인들이 발음하기 어려울 수 있으므로 이를 외국인들이 발음하기 편한 방식으로 영문 표기와 슬로건을 병행하는 것도 국제화에 대응할 수 있는 좋은 방법이다. 또한 브랜드 관리 차원에서 관광 목적지가 되는 도시의 성격과 그 지역의 네임이 외국에서 어떻게 해석되는지를 면밀하게 살펴보고 이와 더불어 그 지역의 특성을 잘 나타낼 수 있는 영문 슬로건을 함께 개발하는 것은 상당히 중요하다. 얼마 전에 돌아가신 한국을 대표하는 디자이너 김봉남 씨가 앙드레김이라는 이름을 사용한 것도 이러한 측면에서 이해할 수 있다.

네 번째는 법적 보호 가능성이다. 브랜드는 식별 기능을 목표로 하고 있기 때문에 같은 이름이 많아지면 문제가 생길 수밖에 없다. 따라서 많은 나라들이 이러한 점을 고려하여 브랜드 네임을 법적으로 보호해 주고 있다. 그러나 사안에 따라 특정한 네임은 법적인 보호를 받지 못할 수 있다. 최근 롯데제과에서 상품화한 자일리톨 껌이 대표적인 사례이다. 롯데제과에서 이 브랜드로 신제품 껌을 판매하였으나 경쟁사인 해태제과나 오리온제과에서도 자신들의 껌을 자일리톨이라는 브랜드로 판매하기 시작하였다. 롯데제과는 이 두 회사를 법원에 제소하였으나 결국 패소하고 말았는데 그 이유는 법원이 자일리톨은 원료명이기 때문에 이를 독점적인 브랜드로 사용할 수 없다고 판결하였기 때문이다. 따라서 롯데제과는 기존 자일리톨 껌에 휘바라고 하는 수식어를 붙여 자기의 정체성(Identity)을 보호할 수밖에 없었다. 최근 많은 의료기관들이 최고라는 슬로건이나 수식어를 많이 사용하고 있는데 만약 경쟁 병원들이 이러한 단어를 중복적으로 사용한다면 소비자들은 병원 이미지에 대해 혼란을 느낄 수밖에 없다. 따라서 이러한 단어를 사용하고자 할 때는 이 단어의 사용을 법적으로 보호받거나 아니면 이를 상징할 수 있는 독점적 심벌을 개발하여 이를 법적으로 보호받는 방안을 생각해 보아야 한다. 따라서 병원도 병원들의 특색을 소비자들에게 소구할 수 있는 로고의 개발이 필요한데 이런 면에서 한림대학교 의료원이 사용하고 있는 로고는 우리나라의 다른 병원들과 비교할 때 독특성이 있는 사례라고 생각할 수 있다.

2. 브랜드 로고

1) 브랜드 로고의 의미

브랜드 로고

- 브랜드 네임과 관련된 그래픽적 요소
  예) 나이키의 Swoosh, 랄프 로렌의 Polo
- 회사는 브랜드 네임을 표기할 때 로고를 사용하기도 하고 사용하지 않기도 함
- 따라서 모든 브랜드들이 로고를 갖고 있는 것은 아님

브랜드 로고는 브랜드와 관련되어 있는 그래픽적인 요소를 의미한다. 특히 식별이라고 하는 목표를 달성하는 데 로고는 중요한 역할을 담당한다. 로고의 대표적인 사례로는 벤츠와 나이키가 사용하는 로고를 들 수 있다. 반면 소니(Sony)는 브랜드 자체를 로고로 사용하기도 한다. 이는 기업들이 로고를 사용할 때 별도의 비주얼적 요소를 사용하기도 하고 아니면 브랜드 명을 로고로 사용할 수 있다는 점을 의미한다. 앞에서 언급하였듯이

브랜드는 경쟁자와 식별하기 위한 목적에서 출발하였다. 그러나 경쟁이 심한 환경에서 후발주자들은 미투(Me-too) 전략을 사용함으로써 소비자들의 혼란을 이용하기도 한다. 예를 들어 삼성제약의 까스명수는 동화약품의 까스활명수와 비슷한 네임과 패키지를 선택하였다. 이러한 전략은 매우 효과적이어서 많은 소비자들이 두 제품을 별 차이 없이 인식하고 구매를 하였다. 그러자 동화약품은 이러한 문제를 해결하기 위해 "부채표가 없는 것은 활명수가 아닙니다"라는 캠페인을 전개하여 자기 브랜드의 식별성을 구체적으로 강조하였다. 이처럼 이름이 비슷해서 주는 혼란을 극복할 수 있는 것이 심벌이나 로고이다. 나이키는 승리의 여신 니케의 날개를 상징하는 심벌을 사용함으로써 글로벌 브랜드로 성장할 수 있었다. 기업 브랜드에 비해 식별 기능이 떨어지는 의료기관 브랜드는 특히 효과적인 브랜드 관리 차원에서 이러한 심벌이나 로고에 대한 적극적인 고민이 필요하다. 특히 의료기관의 로고는 우리 언어에 익숙하지 않은 외국인들이 의료기관을 쉽게 인식할 수 있는 수단으로서의 가치가 있으므로 그 중요성이 더 크다고 하겠다. 그러나 심벌이나 로고를 결정할 때 독창성이 결여되면 오히려 브랜드의 정체성이 희석될 수 있으므로 결정시 세심한 주의가 필요하다. 예전에 효성그룹의 로고가 축협의 로고와 유사했던 점이나 대우그룹의 로고가 다국적 석유회사인 로열 더취 셸의 로고와 비슷해 국제적인 분쟁을 일으켰던 것이 부주의한 로고 선택의 대표적인 사례이다.

최근 들어 의료기관이 자신들의 정체성을 강화하기 위해 로고를 사용하고 있으나 이와 어울리는 슬로건을 사용하는 의료기관은 비교적 적은 편이다. 슬로건은 병원이 지향하는 가치를 나타낸다는 점에서 향후 의료 브랜드가 지향하는 가치를 극대화하기 위해서는 로고와 어울리는 슬로건을 선택하고 이를 적극적으로 홍보할 필요가 있다.

2) 바람직한 브랜드 로고

바람직한 브랜드 로고

- 타깃 소비자들에게 빠르게 인식될 수 있어야 함
- 모든 타깃 소비자들에게 동일한 의미를 전달할 수 있어야 함
- 소비자들의 마음속에 긍정적인 감정을 불러일으킬 수 있어야 함
- 가장 좋은 로고는 너무 복잡하지도 너무 단순하지도 않은 디자인의 로고라고 할 수 있음

브랜드의 로고를 관리하기 위한 첫 번째 원칙은 브랜드 로고가 모든 사람들에게 쉽게 인식되고 같은 의미를 전달할 수 있어야 한다는 것이다. 미국에서 판매되는 크래커 잭(Cracker Jack)의 로고는 시대가 변함에 따라 조금씩 변화하고 있다. 로고의 형태는 식별을 유지하기 위해 형태의 일관성을 유지하는 것이 바람직하지만 상황에 따라서는 똑같은 의미를 전달하기 위해 로고의 형태를 변화시키기도 한다. 두 번째는 로고가 사람들에게 비슷한 감정을 이끌어 낼 수 있어야 하는데 이는 로고에 표현된 색과 관련성이 높다. 왜냐하면 색은 각 나라마다 다른 의미를 이끌어 낼 수 있기 때문이다. 이러한 점에서 외국인 환자를 대상으로 하는 의료관광산업일수록 브랜드에 사용할 색은 조심스러운 선택이 필요하다고 볼 수 있다. 맥도날드는 노란색을 로고로 사용하고 있다. 하지만 프랑스에서는 노란색을 사용하지 못하고 흰색을 사용하고 있다. 이는 각 나라마다 광고에 사용되는 색에 대한 규정이 다르기 때문이다.

많은 사람들은 브랜드를 이야기할 때 로고에 대해 많은 관심을 보이지만 사실 브랜드의 성공 여부를 결정하는 것은 이러한 로고를 효과적으로 관리하는 것이다. 이는 사람들의 미래가 태어나면서부터 결정되는 것이 아니라 후천적으로 어떻게 양육하는가에 따라 결정되는 것과 같다. 여기서 말하는 브랜드 로고는 제품이 실제로 어떤가와는 별개의 개념으로 사람들의 마음속에 형성된 브랜드의 연상을 나타낸다. 브랜드의 로고는 사람들이 해당 제품을 구입하는 데 기준이 될 뿐만 아니라 감각기관을 통해 입력되는 여러 가지 정보를 통합해 주는 역할도 수행하기 때문이다. 사람들은 사물을 있는 그대로 보는 것이 아니라 자신이 믿고 싶은 것만 보게 되는데 브랜드의 로고가 명확하게 인식되면 이를 통해 브랜드에 대한 정보의 인출과 저장이 쉬워지고 특히 언어적 장벽을 갖고 있는 외국인 환자들에게는 상품에 대한 신뢰를 강화시킬 수 있는 수단이 될 수 있다. 이러한 점 때문에 사람들이 브랜드 로고와 브랜드 이미지를 어떻게 평가하느냐에 따라 제품 판매량이나 소비량이 크게 달라질 수밖에 없다. 의료관광 상품은 소비자들이 상품을 소비하기 전에 상품의 품질을 평가하기 힘든 상품이므로 나이키의 로고처럼 소비자들에게 신뢰를 제공해 줄 수 있는 로고의 개발은 향후 상품의 효과적인 커뮤니케이션을 위해 반드시 필요한 과제가 된다.

3. POP 광고

1) POP 광고의 의미

POP 광고

- 매장에서 소비자들의 구매 시점에 영향을 주기 위해 집행하는 광고
- 소비자들의 구매 행동에 영향을 줄 수 있는 마지막 기회
- 왜냐하면 브랜드에 대한 결정이 가장 많이 이루어지는 곳은 매장이기 때문임
- 그리고 이때는 브랜드와 관련된 모든 요소들이 종합적으로 고려되는 순간이기도 함
- 따라서 IMC 프로그램이 구현될 수 있는 가장 좋은 기회임

의료관광 상품의 프로모션을 고려할 때 사용할 수 있는 기타 수단 중에서 POP 광고가 있다. POP광고는 광고 전략을 이야기할 때 광고 매체 중 하나로 설명하였지만 여기서 별개의 프로모션 수단으로 소개하는 이유는 소비자들이 물건을 사기 위해 매장으로 간다는 점을 고려하면 소비자들의 행동에 영향을 줄 수 있는 마지막 기회를 POP 광고가 제공해 주기 때문이다.

많은 소비자들이 물건을 구입하기 위해 매장을 방문할 경우 두 가지 의사결정을 하게 된다. 하나는 특정 제품 카테고리의 구입 여부이고, 다른 하나는 그중에서 어떤 브랜드를 선택할 것인가와 관련된 결정이다. 이때 POP 광고는 소비자들이 브랜드 단위의 선택을 할 때 상당히 중요한 역할을 수행한다. 소비자들의 상당수는 매장을 방문하기 전에 제품 카테고리에 대한 구입 여부를 결정하지만 브랜드와 관련된 결정은 매장에서 이루어지는 경우가 많기 때문이다. 따라서 매장은 소비자들의 선택이 이루어지는 장소이므로 소비자들의 마음이 열리는 공간이라고도 할 수 있다. 이러한 공간에서 POP 광고는 소비자들에게 브랜드와 관련된 인출단서를 제공해 줌으로써 소비자들의 의사결정에 많은 영향을 행사할 수 있다. 최근 들어 통합 마케팅 커뮤니케이션(IMC)은 매체를 바라보는 시각이 달라지고 있다. 과거에는 TV, 신문, 라디오, 잡지와 같은 매체를 중심으로 마케팅 커뮤니케이션이 이루어졌다면 IMC는 소비자들의 마음이 열리는 공간과 시간에서 자사 상품과 관련된 정보를 제공할 수 있는 매체의 중요성을 강조하고 있다. 예를 들어 과거에는 패션 상품의 경우 잡지 광고를 통해 상품의 이미지를 전달하는 것이 중요하였지만 최근에는 사람이 직접 매체가 되어 상품의 이미지를 홍보할 수 있는데 이러한 목표를 달성

하기 위해 주요 연예인에 대한 상품 협찬을 중요한 프로모션 수단으로 생각하고 있다. 이는 IMC의 등장으로 인해 매체를 언론사 관점이 아니라 소비자 관점에서 바라보고 있다는 점을 시사한다. 이러한 차원에서 POP 광고는 다른 매체 수단과 함께 사용될 때 IMC를 구현하는 수단으로서 중요한 의미를 갖고 있다.

2) POP 광고의 기능

POP 광고의 기능

브랜드 정보 제공

- 소비자들에게 상품의 존재를 알리고 중요한 정보를 제공하는 기능
- 동영상까지 제공하는 POP 광고는 소비자들의 주목을 끄는데 보다 효과적일 수 있음

브랜드 상기

- 소비자들이 처음 브랜드 정보를 기억할 때와 비슷한 맥락에서 브랜드 정보를 제공할 경우 자사 브랜드의 인출을 보다 용이하게 도와줄 수 있음

소비자들에게 어떤 메시지를 전달하고자 계획하고 있다면 소비자들에게 메시지를 전달할 수 있는 모든 수단이 매체라고 생각해야 한다. 예를 들어 영업사원의 유니폼, 자사 상품의 로고도 매체가 될 수 있다. 이러한 관점에서 POP 광고는 소비자의 마음이 열렸을 때 자사 상품의 메시지를 전달할 수 있는 매체로서의 가치가 있다. 또한 POP 광고는 다른 매체 광고와 결합되었을 때 시너지 효과까지 기대할 수 있다.

POP 광고의 첫 번째 기능은 모든 매체 광고와 마찬가지로 소비자들에게 자사 상품과 관련된 정보를 제공해 주는 것이다. 그러나 POP 광고의 장점은 두 번째 기능에 있는데 그것은 이미 다른 매체 광고를 통해 소비자들에게 전달한 정보를 구매 시점에서 소비자들이 다시 기억할 수 있도록 상기시켜 주는 것이라고 할 수 있다. 이때 POP 광고는 인출단서로서의 역할을 수행하게 된다. 특히 IMC가 강조되면서 POP 광고는 소비자들이 구매를 결정하고 정보에 대한 수용도가 높아졌을 때 활용할 수 있는 수단으로 평가받고 있기 때문에 점점 중요도가 높아지고 있다. 소비자에게 메시지를 전달함에 있어 메시지를 전달하는 타이밍이 점차 중요해지고 있기 때문이다.

의료관광 프로모션에서 POP 광고가 집행되는 공간은 외국 병원일 가능성이 높다. 우리가 목표로 하는 고객들은 외국 환자들이기 때문이다. 이는 POP라는 미디어를 활용할 수 있는 제일 좋은 공간은 현지의 병원이며 외국 병원과 한국 병원에서 POP와 같은 매체를 잘 활용하기 위해서는 한국 병원과 외국 병원 그리고 에이전트 사이의 협업이 중요하다는 점을 시사하고 있다. 특히 현지에서 1차 진료를 담당하는 의사들과의 협력관계 구축은 매우 중요한 마케팅 활동이라고 할 수 있다. 이처럼 POP 광고는 비즈니스가 어떻게 이루어지는지 생각해 보고 고객 접점을 소비자 설득의 또 다른 기회로 만들어야 한다는 점을 의미한다.

3) 새로 등장한 POP 광고

새로운 등장한 POP 광고

인터렉티브 디스플레이	제품의 상세 내용을 컴퓨터 모니터를 통해 보여 줌으로써 상품에 대한 정보를 제공해 주는 POP 광고
비디오 머천다이징 센터	매장 내에 TV를 설치하여 이를 통해 상품의 사용 방법이나 주요 속성을 동영상을 통해 알려주는 POP 광고

최근 새롭게 등장한 POP 광고 수단에는 인터렉티브 디스플레이(Interactive Displays)와 비디오 머천다이징 센터(Video Merchandising Centers)가 있다. 특히 인터렉티브 디스플레이는 건물의 엘리베이터 안이나 엘리베이터 입구 등에 설치하여 소비자들이 기다리는 동안 자연스럽게 상품에 대한 정보를 제공해 준다는 측면에서 매우 주목을 받고 있는 POP 광고 수단이다. 반면 비디오 머천다이징 센터는 쇼핑몰 내부에 설치하는 POP 광고로 물건을 전시한 입구에 그 상품을 사용하는 방법을 소개하는 동영상을 모니터를 통해 지속적으로 보여 주는 POP 광고 수단이다. 특히 상품의 사용 방법을 잘 모르는 소비자들에게는 상품에 대한 정보와 더불어서 상품의 사용 방법을 설명할 수 있으므로 구매 시 많은 영향력을 행사할 수 있다. 최근 들어 이러한 새로운 형태의 POP 광고를 적극적으로 사용하고 있는 업체는 닌텐도이다. 닌텐도는 상품의 특성상 게임의 내용과 사용 방법 등

을 소개할 수 있어야 하는데 매장에 설치한 비디오 머천다이징 센터를 통해 자연스럽게 이 문제를 해결할 수 있었다.

의료관광산업은 외국의 환자들을 고객으로 삼고 있으므로 현지에서의 광고 및 홍보 활동이 매우 중요하다. 그러나 일반 상품과는 달리 타깃 소비자들의 규모가 크지 않으므로 대중 매체를 이용한 광고는 비용 대비 효익 관점에서 한계에 부딪힐 수밖에 없다. 이러한 상황에서 타깃 소비자들에게만 선택적으로 메시지를 전달할 수 있고 또한 타깃 소비자들이 마음이 열렸을 때 메시지를 전달할 수 있는 인터렉티브 디스플레이나 비디오 머천다이징 센터는 의료관광산업의 경우 매우 비용 효율적인 광고 매체 수단이 될 수 있다. 예를 들어 현지의 병원을 방문한 환자들이 엘리베이터 안에 설치된 디스플레이를 통해 우리나라가 판매하고자 하는 상품의 내용을 확인할 수 있으며 또한 병원 안에 설치된 디스플레이를 통해 우리나라가 판매하고자 하는 의료관광 상품의 특징을 보다 상세하게 이해할 수 있기 때문이다.

4. 다이렉트 마케팅

1) 다이렉트 마케팅의 개념

다이렉트 마케팅

측정 가능한 소비자 반응이나 또는 직접적인 구매 반응을 목적으로 한 가지 이상의 광고 매체를 통합적으로 사용하는 마케팅을 의미함

고객에 대한 정보를 가지고 있으면 그 고객이 원하는 상품을 보다 효과적으로 설계할 수 있다. 특히 제품은 불가능하지만 서비스 상품은 유연한 상품설계가 가능하다. 이는 고객 지향적인 상품을 설계할 수 있는 보험 상품에서 확인할 수 있다. 따라서 서비스 상품을 개발할 때는 고객의 정보가 담긴 데이터베이스가 중요한 역할을 담당한다. 이를 통해 고객의 직접 반응을 확인하거나 거래를 유도할 수 있는 촉진 캠페인을 전개할 수 있다. 핸드폰 회사는 고객들의 통화 패턴을 분석하여 고객들의 현재 욕구를 확인할 수 있는데 예를 들어 특정 고객이 특정 전화번호와 통화빈도가 증가하면 이를 토대로 데이트와 관련

된 이벤트가 필요할 것이라고 추측하여 이들 고객들에게 공연예술과 관련된 정보를 추가적으로 제공해 줄 수 있다.

데이터베이스를 통해 고객들에게 다이렉트 마케팅을 수행하려면 우선 고객의 정보가 필요하다. 고객들의 정보를 구축할 때는 두 가지 관점이 필요하다. 먼저 잠재 고객들의 리스트를 확보하는 것인데 가장 좋은 방법은 판촉 프로모션을 통해 경품이나 콘테스트를 진행하고 이를 통해 잠재 고객들의 리스트를 확보하는 것이다. 이러한 방법은 다른 산업에서도 보편적으로 사용된다. 그러나 더 중요한 것은 의료관광 상품을 소비하기 위해 우리나라를 방문한 고객의 정보를 지속적으로 모으고 업데이트해서 고객의 추가 방문을 유도하기 위한 마케팅 프로그램에 활용하는 것이다. 의료관광이 우리나라의 선도 산업으로 발전하기 위해서는 의료관광산업이 1회성 방문 고객들을 대상으로 하기보다는 기존의 고객들을 대상으로 이들이 다시 방문하게 만들 수 있어야 한다. 즉, 고객들의 재방문을 위한 프로그램들을 설계하는 것이 마케터의 핵심 역할이라고 할 수 있다. 이때 고객들의 데이터베이스는 고객의 욕구를 토대로 맞춤 상품을 개발하고 이를 통해 고객들의 재방문을 유도할 수 있는 핵심적인 자산이라고 할 수 있다. 에버랜드는 데이터베이스 마케팅을 잘하는 회사 중 하나이다. 만약 에버랜드에서 소비자들에게 매번 똑같은 볼거리만을 제공하게 된다면 사람들은 다시 그곳을 방문할 필요성을 느끼지 못할 것이다. 에버랜드가 매년 계절에 어울리는 축제나 행사를 기획하는 것은 이러한 취지에서 해석할 수 있다.

2) 다이렉트 마케팅의 종류

다이렉트 마케팅의 종류

- 직접 반응 광고
  - 다이렉트 메일
  - 인포머셜
- 데이터베이스 마케팅
  - 카달로그 마케팅
  - 텔레 마케팅

다이렉트 마케팅은 직접 반응 광고와 데이터베이스 마케팅으로 구분할 수 있다. 직접 반응 광고는 현지의 병원 안에 인터렉티브 디스플레이나 비디오 머천다이징센터를 설치하여 LCD모니터를 통해 의료관광 상품에 대한 콘텐츠를 보여 줌으로써 잠재 고객들의 관심과 반응을 직접 이끌어내는 것을 의미한다. 이러한 직접 반응 광고는 매스 미디어를 사용한 광고와는 달리 불특정 다수를 대상으로 하기보다는 타깃 소비자들에게만 메시지를 전달하고 이를 통해 반응을 유도하는 특징이 있다. 즉, 측정 가능한 반응을 목표로 해서 광고를 운영하는 것을 직접 반응 광고라고 한다. 직접 반응 광고의 대표적인 사례는 홈쇼핑 채널을 들 수 있다. 홈쇼핑은 방송 자체가 광고 프로그램으로 볼 수 있으므로 이를 통해 타깃 소비자들에게 상품의 정보를 제공하고 구매의 필요성을 느낀 소비자들에게 주문 연락처를 제공함으로써 소비자들이 직접 연락하고 상품을 구입하도록 유도하고 있다. 과거에는 직접 반응 광고를 위해 우편엽서 등을 많이 사용하였으나 요즘에는 전화나 인터넷처럼 즉시 구매로 연결할 수 있는 수단들이 선호되고 있다.

데이터베이스 마케팅은 기업이 매체를 사용하지 않고 직접 소비자들에게 상품과 관련된 정보를 제공하는 것을 의미한다. 따라서 데이터베이스 마케팅이 가능하기 위해서는 기업이 고객에 대한 정보를 사전에 확보하고 있어야 한다. 과거에 데이터베이스 마케팅은 기업이 소비자들에게 상품 카탈로그를 보내고 이를 본 고객들이 상품을 주문하는 형태를 띠고 있었으나 최근에는 회사에 소속된 텔레마케터들이 직접 소비들에게 전화를 걸어 상품을 설명하거나 또는 이메일을 통해 상품 정보를 전달하고 고객들의 상품 구입을 유도하는 형태로 진화하고 있다. 데이터베이스 마케팅이 성공하기 위해서는 정확한 고객 정보와 더불어 고객의 욕구가 열리는 때를 잘 확인하여 이때 판촉 메시지를 전달하는 것이 중요하다. 예를 들어 생일선물로 많이 구입되는 보석류에 대한 상품 정보를 소비자들에게 제공할 때는 불특정 다수에게 이러한 정보를 제시하기보다 부인의 생일을 한 달 정도 앞두고 있어 생일 선물 때문에 고민을 하고 있는 남편들만 따로 뽑아내고 이들에게 부인의 선물로 적합한 상품의 카탈로그를 전달할 경우 구매 가능성을 높일 수 있기 때문이다.

5. 다이렉트 광고

1) 직접 반응 광고(Direct Response Advertising)

직접 반응 광고의 특징

- 직접적인 편익의 제공
- 의사결정에 필요한 모든 정보의 제공
- 소비자들이 반응을 보일 수 있는 수단의 제공(직접 우편 또는 전화번호)

직접 반응 광고는 앞에서 설명하였듯이 매체를 사용하여 소비자들의 반응을 직접 이끌어내는 광고라고 할 수 있다. 따라서 직접 반응 광고는 일반 광고처럼 매체를 사용하지만 광고의 목적이 소비자들에 정보를 전달하는 데 있는 것이 아니라 광고를 통해 소비자들의 구매행동을 이끌어내는 데 있게 된다. 이를 위해 보통의 광고보다는 조금 긴 형태의 광고 시간을 사용하게 되는데 이것을 인포머셜(Informercial) 광고라고 부르기도 한다. 인포머셜 광고는 공중파 광고보다는 케이블 TV에 주로 사용되고 있다.

또한 최근 광고주들은 소비자와의 쌍방향 커뮤니케이션을 구현하기 위한 목적에서도 인포머셜을 활용하고 있다. 인포머셜을 통해 소비자들에게 다양한 정보를 제공하고 이를 통해 소비자들의 반응을 직접 확인할 수 있기 때문이다. 신제품에 대한 소비자 반응을 확인하기 위해 사용된 전형적인 인포머셜 광고의 예로는 크라이슬러의 광고를 들 수 있다. 크라이슬러는 출시를 앞두고 있는 신차 크로스파이어(Crossfire)를 소개하는 인포머셜 광고를 내보내고 이를 통해 신차에 대한 소비자들의 반응을 확인할 수 있었다. 반면 코카콜라는 자사 브랜드와 음악을 인포머셜 형태로 접목하여 제품에 대한 구체적인 정보나 주장보다는 오락적인 기능을 강화하여 기존 광고처럼 브랜드에 대한 호감도 증대를 노리고 인포머셜을 사용하기도 하였다. 그러나 인포머셜의 대다수를 차지하고 있는 직접 반응 광고는 일반적인 광고에 비해 거래조건 같은 보다 직접적인 제안을 소비자들에게 제공하는데 그 이유는 이를 통해 소비자들의 직접적인 구매 반응을 이끌어내고자 하기 때문이다. 즉, 광고를 통해 소비자들이 구매 의사결정을 내리는 데 필요한 모든 정보를 제공하고 있다. 직접반응 광고는 이처럼 소비자들의 구매 의사결정을 유도하고 있기 때문에 소비자들이 광고를 본 후 반응을 보일 수 있도록 연락할 수 있는 전화번호를 제시하는 것이 일반적이다.

의료관광 상품은 소비자들의 관여 수준이 높다는 점 때문에 직접 반응 광고의 활용도가 높지 않을 수 있지만 인포머셜 형태를 통해 소비자들에게 상품의 주요 특징을 전달할 수 있는 가능성은 높다고 생각한다. 특히 케이블 TV에서 노인 전용 채널 등을 활용한다면 보다 효과적인 타깃 마케팅도 수행할 수 있을 것이다.

2) DM 광고

DM 광고

마케터가 영향을 주고자 하는 소비자에게 직접 광고물을 전달하고 이를 통해 의도한 반응을 얻고자 하는 광고 활동

- 구체적인 타깃의 선택이 필요
- 성과의 측정이 비교적 쉬움
- 고객 개개인에게 맞춘 광고물의 전달이 가능
- 광고물의 사이즈 색상 등에 제한이 없음
- 광고물을 바꾸는 것이 비교적 쉽고 비싸지 않음

또 다른 형태의 직접 반응 광고는 우편을 사용한 직접 우편(Direct Mail: DM) 광고이다. DM 광고는 카탈로그 마케팅의 한 형태라고 생각할 수 있다. DM 광고를 진행하기 위해서는 먼저 타깃 소비자들의 주소를 확보하고 있어야 한다. 이를 통해 소비자들에게 상품과 관련된 제안을 하고 또 소비자들의 반응을 통해 DM 광고의 성공 여부를 빨리 확인할 수 있다. DM 광고는 소비자 개개인에 맞춘 광고가 가능하며 또한 외부에 공개하기 어려운 용품들의 판매 수단으로 활용할 수 있다. 더구나 매체를 사용하지 않기 때문에 광고를 집행하는 데 큰 비용이 들지 않고 광고의 내용을 바꾸는 데 오랜 시간이 걸리지 않는다. 다만 최근 들어 DM 광고의 수단으로 이메일이 많이 사용되고 있는데 불특정 다수를 대상으로 DM 광고가 남발됨에 따라 최근에는 이러한 스팸메일에 대한 규제가 공론화되고 있는 상황이다. 즉, 스팸메일의 문제점은 이메일 광고 자체보다는 정보를 원하지 않은 불특정 다수에게 광고 정보를 제공하는 것이라고 할 수 있다. 따라서 바람직한 DM 광고는 경품 응모나 리베이트 등의 프로모션을 통해 자사 상품군에 관심을 보이는 소비자들의 정보를 수집하고 이러한 정보를 토대로 소비자들의 욕구에 부합할 수 있는 상품 정보들을 소비자가 필요로 할 때 제공해 주는 것이라고 생각할 수 있다.

예를 들어 미국에서 DM 광고를 잘 활용하는 회사들은 의류 관련 회사들이다. 이러한

회사들은 고객들의 상품 구매 주기를 파악하여 소비자들이 상품을 구매할 것이라고 예상되는 시기에 신상품과 관련된 정보들을 고객들에게 제공해 준다. 특히 고객이 지난번에 주문했던 사이즈를 토대로 고객에게는 상품의 디자인과 관련된 정보를 제공하고 고객의 사이즈는 고객이 특별한 요구를 하지 않는 한 사전에 알아서 주문을 해 줌으로써 고객의 편의성도 제공해 주고 있다. 특히 드레스 셔츠의 경우에는 상품의 소매 등에 고객의 이니셜을 표시해 줌으로써 일반 기성복과는 다른 부가가치까지 제공해 주는 경우가 많다. 이러한 점에서 DM 광고는 기존 고객들과의 지속적인 관계를 유지하고자 할 때 활용도가 높다.

3) DM 리스트의 확보 방안

DM 리스트의 확보 방안

1) 회사 내부 리스트
- 회사가 보유하고 있는 현재 고객이나 잠재 고객들의 리스트를 활용
- 회사가 스스로 고객 정보를 확보할 수 있는 방법
  - 공개현상경품, 리베이트 등

2) 회사 외부 리스트
- 다른 회사가 보유하고 있는 고객 정보의 구입
- 다른 회사로부터 구입한 고객 정보를 회사 목적에 맞추어 조정하거나 정제하는 작업이 필요
- 우리나라에서는 현재 이렇게 하는 것이 불법임

다이렉트 마케팅을 수행하고자 할 때 중요한 수단이 되는 고객 정보를 획득하는 방법은 다음 두 가지로 설명할 수 있다. 첫째는 기업이 자체적인 노력을 통해 고객 정보를 확보하는 것이고 둘째는 전문적으로 고객 정보를 수집하는 회사로부터 고객 정보를 구매하는 것이다. 외부의 제3기관으로부터 고객의 정보를 구매하는 것은 미국에서는 허용되고 있지만 우리나라에서는 아직 불법이다. 우리나라는 개인 정보보호법을 통해 공공기관에서 처리되는 개인의 정보를 위해 그 취급에 관한 필요한 사항을 정함으로써 국민의 권리와 이익을 보호하고 있다. 이 법에서 개인 정보는 생존하는 개인에 관한 정보로서 당해 정보에 포함되어 있는 성명, 주민등록번호 및 화상 등의 사항에 의하여 당해 개인을 식별할 수 있는 정보를 의미하고 있다. 이 법에 따르면 공공기관의 장은 개인 정보를 수

집하는 경우 그 목적을 명확히 하여야 하고, 목적에 필요한 최소한의 범위 안에서 적법하고 정당하게 수집하여야 하며, 목적 외의 용도로 활용하여서는 안 된다고 규정하고 있다. 또한 공공기관의 장은 처리 정보의 정확성을 보장하고, 그 보호의 안전성을 확보해야 하며 개인 정보 관리의 책임관계를 명확히 해야 한다. 이 외에도 개인 정보의 수집과 활용 등 개인 정보의 취급에 관한 사항을 공개하고, 개인 정보 처리에 있어서 처리 정보의 열람청구권 등 정보 주체의 권리를 보장하는 것을 주요 내용으로 하고 있다.

우리나라는 개인 정보의 보호에 대한 사회적 합의가 비교적 강한 편이므로 기업들이 자체 노력을 통해서 고객들의 데이터베이스를 확보하는 것은 바람직하다. 따라서 우리나라 기업들은 고객이나 잠재 고객들의 정보를 확보하기 위해 다양한 형태의 프로모션을 진행하고 있다. 대표적인 프로모션이 리베이트나 공개현상경품 등일 것이다. 의료관광산업의 경우 타깃 소비자들은 주로 외국인이 될 가능성이 높으므로 한국과는 달리 제3기관으로부터 고객 정보를 확보하는 것이 불가능하지 않을 수 있다. 따라서 의료관광 마케터들은 타깃으로 하는 국가의 개인 정보 보호와 관련된 법령들을 사전에 파악하고 이를 마케팅 활동에 반영하는 것이 중요할 수 있다.

6. 데이터베이스 마케팅

1) 데이터베이스(Database) 마케팅의 의미

데이터베이스(Database) 마케팅

- 자사 광고물에 반응을 보일 것이라고 예상되는 타깃의 선택
- 고객에 맞추어 다양한 메시지의 전달
- 고객과의 장기적 관계 구축이 용이
- 기업의 마케팅 생산성을 높일 수 있음
- 잠재 고객의 생애가치 계산이 가능함

프로모션의 역할은 정보의 갭을 줄여 주는 것이다. 고객이 원하는 상품을 만들었는데도 고객이 상품의 존재를 모른다면 구입할 수가 없다. 반면 프로모션을 통해 정보의 갭을 줄여 줄 수 있더라도 상품의 품질이 좋지 않으면 소비자들이 상품을 재구입하지 않을

것이다. 따라서 프로모션이 성공하기 위해서는 상품의 품질은 선행 조건이라고 할 수 있다. 그런데 데이터베이스 마케팅의 목표는 궁극적으로 이러한 프로모션의 역할을 필요 없게 만드는 것이다. 기업이 고객에 대한 정보를 알고 있기 때문에 프로모션 없이도 소비자들에게 필요한 상품 정보를 제공할 수 있기 때문이다. 따라서 데이터베이스 마케팅은 고객과의 관계 지향적인 마케팅을 실현할 수 있는 중요한 수단 중 하나이다. 데이터베이스 마케팅에서 관계 지향적 마케팅이 가능한 이유는 상품을 설계할 때 고객의 욕구에 따라 상품을 설계하는 것이 가능하기 때문이다. 마케팅이 지향하는 목표는 고객이 원하는 상품을 제공하는 것이다. 그리고 이 상품은 단순히 고객이 원하는 욕구를 해결해 주는 것 이외에 경쟁자가 제공하는 상품과는 차별성이 있어야 한다. 이것이 가능하기 위해서는 기업이 고객의 욕구를 비롯하여 경쟁사 상품의 특징들을 사전에 파악하고 있어야 한다.

데이터베이스 마케팅은 고객 개개인의 욕구에 맞춘 상품 제공을 목표로 하고 있으므로 고객에게 제공되는 메시지도 고객에 따라 달라질 수 있어야 한다. 또한 고객에게 필요한 상품을 사전에 제공해 줌으로써 기업의 생산성을 높일 수 있고 장기적으로는 고객들과의 우호적인 관계 형성을 가능하게 해 줄 수 있어야 한다. 예를 들어 아마존은 특정 고객이 책을 선택하면 이 책을 선택했던 다른 고객들이 추가로 구입했던 책들의 리스트를 보여 줌으로써 비슷한 취향을 가진 사람들의 선택을 고객에게 알려줌으로써 고객들이 다른 책을 고르는 수고를 덜어 주고 있다. 또한 비디오 대여점인 블럭버스터는 동일한 방식으로 고객들이 특정 비디오를 대여하면 영수증에 이러한 비디오를 구입했던 다른 고객들이 많이 대여해 본 영화들의 리스트를 찍어 줌으로써 고객이 비디오 대여점을 찾았을 때 영화를 찾는 수고로움을 덜어주고 있다. 기업들은 이러한 접근을 통해 고객들과의 관계 구축을 강화하고 장기적으로는 고객들의 생애 가치(Lifetime Value)를 극대화할 수 있다. 의료관광산업도 고객들의 재방문을 유도하기 위해서는 필요한 정보와 상품을 사전에 제공할 필요가 있다는 점에서 데이터베이스 마케팅의 효용성은 상당하다고 할 수 있다.

2) 고객 생애 가치(Lifetime Value)

고객 생애 가치(Lifetime Value)는 한 명의 고객이 자사와 관계를 맺은 다음 자사에 기여하는 매출액의 총합을 의미하고 있다. 따라서 기업이 고객과 관계를 맺는다는 의미는 앞으로 발생할 고객의 생애 가치를 극대화시키기 위한 노력이 필요하다는 점을 의미하고 있다. 고객의 생애 가치를 계산할 때는 기업이 새로운 고객과 관계를 맺은 후 평생 동안

고객 생애 가치

특정 기간 동안 획득한 신규 고객이 회사에 기여하는 총수익을
현재 가치(NPV)로 환산한 값

발생할 수 있는 매출액에 대해서 현재의 이자로 상각해 준다. 미래에 벌 돈을 현재 가치로 환산하려고 하면 이자로 상각해 주어야 하기 때문이다.

고객의 생애 가치를 높이는 방법은 여러 가지가 있는데 먼저 적절한 획득 비용과 유지 비용을 관리하는 것이 중요하다. 그리고 고객을 대상으로 획득률과 유지율을 높이는 노력이 필요할 것이다. 획득률과 유지율을 높이기 위해서는 가능성이 높은 고객을 선정하여 노력하는 것이 중요하다. 획득될 가능성이 낮은 잠재 고객에게 노력을 기울이는 것은 낭비일 수 있기 때문이다. 또한 기존 고객을 대상으로 고객보상 프로그램을 운영할 수 있다. 고객보상 프로그램은 자사 상품을 사용하는 고객들을 회원으로 가입시켜서 여러 가지 혜택을 제공해 주는데 금전적인 혜택을 주는 것이 일반적이다. 그러나 금전적인 혜택이 적을 때는 소비자들의 불만을 이끌어낼 수 있으므로 상황에 따라서는 비금전적인 혜택을 주는 것이 더 바람직할 수 있다. 그러나 고객들의 생애 가치를 극대화하기 위해 가장 중요한 것은 고객들의 만족도를 높일 수 있어야 한다. 고객들의 만족도를 높이기 위해서는 자사 상품이 제공하는 성과를 높일 수 있어야 한다. 또한 아무리 성과가 좋다 하더라도 고객들의 기대 수준이 높아지면 큰 효과가 없으므로 고객들의 기대 수준을 적절히 관리할 필요가 있을 것이다.

정리하면 데이터베이스 마케팅이 지향하는 것은 당장의 매출액보다 고객 한 사람의 생애 가치를 높이는 것이다. 따라서 처음부터 장기적인 관계를 유지할 수 있는 고객을 선택하여야 한다. 특히 의료관광 영역에서는 관광 삼아 한 번 방문하는 고객보다는 정기적으로 우리나라를 방문할 수 있는 사람들을 선택할 수 있어야 한다. 의료관광산업이 성공하기 위해서는 외국 환자들이 한국 병원의 의사들을 주치의로 생각하게 만들 수 있어야 한다. 외국인 환자라 하더라도 한국의 병원을 정기적으로 방문했을 때 고객이 얻는 가치가 크다는 인식을 심어줄 수 있다면 고객관계 관리는 성공한 것이고 이는 데이터베이스 마케팅이 지향하는 목표점이 될 수 있다.

3) 카탈로그 마케팅(Catalog Marketing)

카탈로그 마케팅

- 유통업체의 카탈로그
- 제도업체의 카탈로그

최근 들어 기업들이 데이터베이스 마케팅을 실천할 때 가장 많이 사용하는 수단이 카탈로그와 전화이다. 홈쇼핑 같은 회사는 전체 매출액의 50% 이상이 카탈로그에서 발생하고 있다. 이는 홈쇼핑 광고가 나가는 동안 고객들로부터의 반응을 통해 전체 매출의 50%가 발생하고 나머지 50%는 기존 고객들에게 정기적으로 보낸 카탈로그로부터 매출이 발생한다는 점을 의미한다.

카탈로그 마케팅은 잠재 구매자들에게 카탈로그를 보내고 이를 받은 구매자들이 우편이나 전화 등을 사용하여 주문하는 판매 방식을 의미한다. 카탈로그 판매는 19세기 후반 미국에서 시작되었는데 도시 지역에서 멀리 떨어진 농촌 가구들의 쇼핑 편의를 제공하기 위해 시어즈(Sears)가 1886년에 고객들에게 카탈로그를 보내면서 시작되었다. 우리나라에는 홈쇼핑 회사와 신용카드 회사 그리고 백화점과 같은 유통업체뿐 아니라 소비재를 만드는 제조업체들까지 카탈로그 마케팅을 실행하고 있다. 카탈로그 마케팅의 장점은 소비자들에게 상품을 보다 자세하게 살펴볼 수 있는 시간을 줄 수 있고, 상품의 유통 비용이 거의 없으므로 저렴한 가격에 상품을 제공해 준다는 것이다. 또한 구입 후 마음에 들지 않을 경우 환불할 수 있는 제도가 갖추어져 있어 소비자들에게 다양한 가치를 제공해 주고 있다.

반면 우리나라는 외국에 비해 이러한 카탈로그 마케팅이 활발하게 이루어지고 있지 못하다. 또한 카탈로그를 보내더라도 반응 가능성이 높은 잠재 고객들에 대하여 선별적으로 보내는 것이 아니라 무차별적으로 보내는 경향이 많기 때문에 소비자들이 반응을 보이는 경우가 낮고 업체들의 수익성도 비교적 높지 않다. 미국에서 가장 큰 카탈로그 회사인 핑거헛(Fingerhut)의 고객들은 저소득층이 대다수를 이루고 있다. 그럼에도 불구하고 높은 성장률을 보이고 있다. 그 이유는 핑거헛이 통계적 예측모형을 토대로 새로운 고객을 확보하기 위한 프로그램, 확보된 고객의 가치를 평가해서 단골 고객이 될 사람들을 선정하는 프로그램 그리고 단골 고객의 가치를 극대화하기 위한 프로그램들을 체계적으로 시행하고 있기 때문이다. 따라서 카탈로그 마케팅을 잘 실천하기 위해서는 고객의 데이터베이스를 기반으로 반응이 높다고 예상되는 잠재 고객들을 선별하는 통계적 역량이 필요하다.

4) 텔레마케팅(Telemarketing)

텔레마케팅

(1) 아웃바운드 텔레마케팅
- 신규 고객의 개척
- 광고를 접촉한 잠재 고객의 공략
- 기존 고객을 대상으로 한 교차 판매

(2) 인커밍 텔레마케팅
- 제품이나 서비스 정보 문의에 대한 대응
- 소비자 주문의 접수
- 소비자 불만의 접수
- 소비자 판촉 활동에 대한 문의 및 접수

데이터베이스 마케팅을 실천하는 두 번째 수단인 텔레마케팅은 아웃바운드(Outbound) 텔레마케팅과 인커밍(Incomming) 텔레마케팅으로 구분할 수 있다. 아웃바운드는 회사에서 직접 소비자들에게 상품의 안내와 판매를 목적으로 전화를 거는 것을 의미한다. 예를 들어 카드 회사나 보험 회사에서 새로운 상품이 나왔을 때 텔레마케터들을 통해 기존 고객들을 대상으로 추가 판매를 유도하는 것이 전형적인 아웃바운드 텔레마케팅이다. 아웃바운드를 통한 텔레마케팅은 교차판매(Cross-selling)와 업셀링(Up-selling)으로 나눌 수 있는데 교차판매는 기존 고객이 구입한 상품과 연결되어 있는 부가 상품을 판매하는 것이고 업셀링은 기존 고객이 상품을 교체할 때 더 비싼 상품으로 교체하도록 유도하는 것을 의미한다. 만약 고객이 하이패스용 후불카드를 새로 구입했다면 이 고객에게 후불카드를 꽂아 사용해야 하는 하이패스 단말기를 추가로 판매하는 것이 교차판매이고 만약 고객이 일반카드를 갖고 있을 때 이를 골드카드로 바꾸도록 유도하는 것이 업셀링이라고 할 수 있다. 인커밍은 고객으로부터 걸려오는 전화를 받는 것을 의미한다. 인커밍은 고객들의 주문요청, 환불요청, A/S 접수 또는 고객의 불만사항을 접수하는 것이 대부분을 차지하고 있다. 인커밍은 고객의 욕구를 이해하고 상품의 개선사항을 파악할 수 있는 중요한 정보 원천이므로 마케터들은 고객의 불만을 감추려 하기보다는 이를 적극적으로 해결함으로써 고객의 불만족을 해소하는 기회로 삼고 또 고객의 불만사항들을 상품의 개선에 반영할 수 있도록 노력해야 한다.

의료관광산업이 앞으로 발전하기 위해서는 신규 고객을 유지하는 데도 노력해야 하지만 기존 고객을 대상으로 데이터베이스 마케팅을 실시하는 것이 더 중요할 수 있다. 이를 통해 기존 고객 대상으로 교차판매나 업셀링 등을 유도하는 상품을 추가로 개발할 수 있고 결과적으로는 고객의 생애 가치를 높일 수 있기 때문이다. 따라서 의료관광 마케터들은 데이터베이스 마케팅을 실천하는 데 많은 노력을 기울여야 할 것이다.

〈한국의 의료관광 사례: 인터컨티넨탈호텔과 서울 신라호텔〉

① 인터컨티넨탈호텔

인터컨티넨탈호텔은 의료관광을 목적으로 한국을 방문한 고객들에게 맞춤식 룸서비스 메뉴를 제공하고 있다. 예를 들어 안면윤곽 성형 수술을 한 고객들은 얼굴 근육을 움직이기 어렵다는 점에 착안, 이들을 위해 기존의 전복죽 외에도 부드럽게 씹어 넘길 수 있도록 야채 죽을 구성해 제공하고 있다. 그리고 건강검진으로 대장암 검사를 하는 고객들을 위해서는 4리터의 물(대장암 검사 환자들이 검사 전 4리터 물에 약을 타서 먹어야 하기 때문)을 무료로 제공하고 있다. 또한 장거리 이동이 불편한 관광객들을 위해 코엑스 몰, 주변 상권에서 쇼핑할 때 할인받을 수 있는 쿠폰 북을 제공해 주고 있다. 쿠폰 북이란 고객들이 식사나 쇼핑을 믿고 즐길 수 있도록 호텔의 판촉 지배인이 직접 발로 뛰어 호텔 인근 지역을 조사한 다음 가 볼 만한 식당이나 쇼핑장소를 정리하여 추천한 소책자인데, 환자들이 움직이기 불편하다는 점을 고려해 호텔 인근에서 쇼핑을 할 수 있도록 배려한 것이다. 이 외에도 의료관광을 온 고객들에 한해 오전에 진료를 받는 고객들은 오후 2시까지 체크인 시간을 연장해 주기도 한다.

② 서울 신라호텔

서울 신라호텔은 VIP 고객을 위해 호텔 내에 자생한방병원을 입점시켰다. 이 병원은 100% 예약제로 운영이 되며 개인별 맞춤 공간 등을 통해 차별화된 서비스를 원하는 고객들의 욕구에 부응하고 있다. 환자는 대기실에서 기다릴 필요가 없고 자신이 예약한 방의 문을 열고 들어가면 자신만의 룸에서 맞춤형 진료 서비스를 받을 수 있다. 서울 신라호텔 병원이 가장 역점을 두는 것은 다른 병원들과의 차별화 전략이다. 예를 들어 서울 신라호텔에 입점한 자생한방병원은 진료실마다 TV, 소파, 노트북, 헤어 드라이기 등의 시설을 마련하고 개인 공간을 환자들에게 제공하여 편하게 쉬고자 하는 분들의 욕구들을 적극 반영하고 있다. 특히 자생한방병원은 한 사람당 1시간 정도의 치료 시간을 제공하고 무료동맥경화 테스트나 전자파 치료 등을 제공하여 다른 병원들에 비해 보다 여유 있는 치료 환경을 제공해 주고 있다. 서울 신라호텔은 이를 통해 상류 고객층을 더 많이 확보할 수 있었는데 일반 소비자들의 낮은 접근성이 상류층 고객의 사생활 보호로 연결될 수 있는 장점이 있었기 때문이다. 또한 입점 병원들은 이 호텔에서 개최되는 여러 국제 행사에 주목하여 이를 통해 병원의 브랜드가 자연스럽게 외국 손님들의 입소문을 타고 세계로 확산되기를 희망하고 있다. 즉, 자생한방병원은 서울 신라호텔에 입점함으로써 샴쌍둥이 분리 수술로 유명해진 싱가포르의 래플즈병원처럼 국제적인 명성을 지닌 병원으로 포지셔닝 하기 위한 교두보를 구축하였다고 생각하고 있다. 또한 수익보다는 고객서비스를 강조하는 홍보를 통해 병원의 브랜드 파워도 강화할 수 있을 것으로 기대하고 있다.

자료원: www.koreamedicaltour.org

참고문헌

박찬수(2002), 마케팅원리, 법문사.

전호성(2006), 브랜드 전략의 개발 및 실행방안, 강원발전연구원.

허은지(2010), 의료관광상품의 홍보 판촉 사례, 한림대학교.

Aaker, David A.(1991), *Managing Brand Equity*, The Free Press.

Bessen, Jim(1993), Riding the Marketing Information Wave, *Harvard Business Review*, September-October, 150-160.

Blattberg, Robert C. and J. Deighton(1996), Manage Marketing by the Customer Equity Test, *Harvard Business Review*, July-August, 136-144.

Collins, James C. and J. I. Porras(1994), *Built to Last: Successful Habits of Visionary Companies*, Haper Collins.

Hoffman, Donna L. and T. P. Novak(2000), How to Acquire Customers on the Web, *Harvard Business Review*, May-June, 3-8.

XV. 의료관광 프로모션의 효과 분석

1. 프로모션 효과의 분석

1) 프로모션 효과 분석의 종류

프로모션 효과 분석

소비자나 유통업자를 대상으로 자사 상품의 구매나 적극적인 판매 활동을 유도하기 위해 실시한 프로모션의 목표 대비 성과를 확인하는 과정

- 메시지 조사
- 미디어 조사

프로모션 효과의 측정은 프로모션 효과를 반영하는 정보들을 수집하고 분석한 다음 이를 평가하는 마케팅 조사를 의미한다. 따라서 프로모션 효과의 분석은 프로모션 계획과 관련하여 이루어지는 의사결정이 합리적으로 이루어지게 하는 데 목적이 있다. 그러나 프로모션의 집행 효과에 영향을 미치는 기타 요인의 영향을 완전히 분리할 수 없기 때문에 프로모션이 상품의 판매나 이익 또는 소비자 태도 등에 미치는 효과를 정확히 측정한다는 것은 매우 힘들다. 그럼에도 불구하고 프로모션의 효과를 측정하는 것은 중요

하다고 생각한다. 기업의 마케팅 활동에서 프로모션이 차지하는 비중이 크고 또 시간이 지날수록 증가하는 추세에 있기 때문에 보다 경제적이고 효율적인 관리가 필요하기 때문이다. 마케터 입장에서 프로모션 효과의 측정은 최고 의사결정자에게 유용한 정보를 제공하고 프로모션 전략의 통제와 향상을 위한 토대를 제공한다는 측면에서 매우 중요하다. 또한 프로모션의 진행을 외부 업체에 맡겼을 때 계약조건 이행과 이들이 진행한 업무의 효율성을 평가하는 기준을 제공해 주기도 한다.

그럼에도 프로모션의 궁극적인 목표인 매출에 영향을 줄 수 있는 많은 변수들의 영향을 배제하고 프로모션만의 효과를 밝혀낸다는 것은 쉬운 일이 아니다. 이에 따라 마케터들은 최근 주목률, 회상, 소비자의 의견, 신념, 주의, 이해, 태도 등 다양한 요인들이 매출에 어떻게 작용하고 있는지를 인과관계 모형을 통해 파악하고 있으며 이를 통해 소비자들의 반응 단계별 수준에 대한 이해와 소비자들의 정보 처리 과정 및 의사결정 과정에 대한 이해를 높임으로써 보다 효과적인 프로모션 전략을 수립할 수 있는 토대를 구축하는 데 노력을 기울이고 있다.

프로모션의 효과를 평가할 때는 사전 평가와 사후 평가가 있는데 의사결정자들의 결정에 영향을 준다는 측면에서 사전 평가가 더 중요하다고 할 수 있다. 프로모션의 효과를 사전에 평가하는 방법은 프로모션에서 전달하는 메시지에 대한 소비자들의 반응을 평가하는 메시지 조사와 프로모션을 진행하기 위한 비클로 사용할 매체들이 타깃 소비자들과의 적합성이 높은지를 평가하는 미디어 조사로 나눌 수 있다.

2) 메시지 조사와 미디어 조사

메시지 조사와 미디어 조사

메시지 조사

- 소비자에게 제시한 판촉 메시지의 효과 측정
- 사전 조사는 비효과적인 판촉 메시지를 제거하는 데 사용
- 사후 조사는 판촉 메시지가 목표했던 성과를 달성했는지 평가하는 데 사용

미디어 조사

- 판촉 메시지에 노출된 소비자들의 특징이나 이들의 규모를 측정함으로써 판촉 활동의 범위를 확인하고자 할 때 사용

프로모션의 효과를 평가하고자 할 때 메시지 조사와 미디어 조사를 활용할 수 있다. 마케터 입장에서는 프로모션에서 제공하는 메시지나 판촉 수단에 대한 소비자들의 반응을 확인하기 위한 목적으로 실행하는 메시지 조사가 더 중요하다고 할 수 있다. 메시지 조사는 자사가 프로모션에 담았던 콘텐츠 내용들이 소비자들에게 어떠한 반응들을 이끌어 내는지를 사전에 확인하거나 사후에 메시지가 원하는 효과를 달성하였는지를 확인하기 위한 조사이고, 미디어 조사는 콘텐츠가 얼마나 효과적으로 소비자들에게 전달되었는가를 확인하기 위한 조사이다.

마케터는 메시지 조사를 통해 프로모션에 사용한 메시지의 구조나 소구형태가 소비자 반응에 미치는 영향을 파악할 수 있어야 한다. 메시지 조사를 통해 마케터가 확인할 수 있는 내용은 다음과 같다. 먼저 메시지의 제시 순서가 주는 효과이다. 메시지의 핵심 내용이 처음에 제시되느냐, 중간에 제시되느냐 아니면 마지막에 제시되느냐를 확인하는 것이다. 두 번째는 자사 상품의 장점만을 제시할 것이냐 아니면 자사 상품의 장점과 단점을 함께 제시할 것인가를 확인하는 조사이다. 세 번째는 타깃 소비자들에게 메시지의 결론을 명확하게 제시할 것인지 아니면 소비자들이 스스로 결론을 내리게 할 것인지를 확인할 때도 필요하다. 메시지 소구는 이성 소구와 감성 소구로 나눌 수 있는데 메시지 효과 조사를 통해 메시지의 구조와 유형이 소비자들의 인지, 이해, 확신, 설득, 구매의 각 단계에 어떠한 영향을 주는지 사전에 분석하거나 사후에 확인할 수 있다. 미디어 조사는 매체 비클이나 광고 집행 단위의 효과를 측정하거나 매체 전략에 대한 효과를 평가하고자 할 때 진행하게 된다. 이를 통해 마케터들은 매체 유형별, 매체 비클별, 광고의 크기, 색상 및 위치, 광고 스케줄링에 따른 효과 등을 확인할 수 있다. 예를 들어 TV 시청률 조사는 대표적인 미디어 조사인데 마케터는 이를 통해 효율적인 매체계획이나 매체 비클의 선정에 필요한 기초 자료를 확보할 수 있다.

3) 프로모션 효과 분석의 기준

프로모션의 효과를 측정할 때 가장 중요한 것은 측정하고자 하는 목표에 대한 명확한 정의이다. 또한 프로모션의 효과를 평가할 때 이러한 결과를 어떻게 사용할 것인가에 대한 사전적인 합의가 필요할 것이다. 그리고 프로모션에 노출된 소비자들이 어떤 인지적 반응을 통해 주어진 메시지를 받아들이는가에 대한 이론적 토대와 함께 현재 자사가 직면하고 있는 핵심 병목에 대한 이해가 필요하다. 사람들은 일반적으로 커뮤니케이션 메시지를 접하게 되면 이를 몇 단계의 인지 과정을 거쳐 정보로 보관하게 된다. 첫 번째로

프로모션 효과 분석 기준

(1) 프로모션의 목표와 관련성이 있어야 함

(2) 결과의 사용 방법에 대한 동의가 필요함

(3) 판촉 메시지에 대한 소비자 반응 모델을 기반으로 해야 함

(4) 조사 샘플에 대한 명확한 정의가 필요함

(5) 조사 상황에서 발생할 수 있는 오차 요인의 통제가 필요함

(6) 측정 도구의 신뢰성과 타당성을 확보해야 함

필요한 것은 메시지를 주목하여 내용을 기억하는 것이고, 다음 단계는 메시지에 대한 이해와 동의의 결과로 나타나는 호감과 태도의 형성 그리고 욕구가 생겼을 때 소비자들이 보이게 되는 구매행동이 될 것이다. 소비자들이 커뮤니케이션 메시지를 받아들이는 과정을 주목해야 하는 이유는 이러한 과정 중에서 프로모션이 해결하고자 하는 핵심 병목이 무엇인가를 명확하게 파악할 수 있기 때문이다. 그리고 프로모션 효과를 명확하게 분석하기 위해서는 조사를 진행할 때 필요한 샘플에 대한 명확한 정의가 필요하다. 즉, 샘플이 우리가 원하는 타깃 소비자들을 명확하게 반영할 수 있어야 한다. 그리고 프로모션의 효과를 파악하기 위해 실험을 실시할 때는 실험 자극에 대한 피험자들의 민감도와 이에 따른 오차를 최소화하기 위해 비교를 목적으로 한 통제 집단을 반드시 운영하는 것이 바람직하다. 그리고 이러한 결과가 신뢰도와 타당도의 조건을 만족시키고 있는지에 대한 추가적인 검증이 필요할 것이다.

특히 의료관광 프로모션을 집행한 이후 효과를 측정할 때는 상품의 특성상 소비자들의 민감도가 높은 주제를 다루게 되는 경우가 많으므로 소비자들이 사실보다는 바람직한 방향으로 응답하게 되는 사회적 경향성(Social Desirability)이 나타날 가능성이 높다. 따라서 마케터는 이러한 점을 사전에 예방할 수 있도록 프로모션 효과를 평가하기 위한 설문지를 구성할 때 투사법(Projective Technique)의 사용을 검토해 볼 수 있다.

2. 판매 반응 효과의 측정 방법

싱글소스 자료

스캔 자료를 사용하여 소비자 패널로부터 얻은 모든 자료를 통합하고 이를 토대로 광고 활동 같은 독립 변수와 소비자 구매행동 같은 종속 변수 사이의 인과관계를 파악할 수 있는 자료

프로모션의 효과를 평가할 때 메시지 조사와 미디어 조사를 통합한 결과를 사용하기 위해서는 동일한 소비자를 대상으로 메시지 조사와 미디어 조사를 병행하여 실시하는 것이 필요하다. 이러한 방식을 통해 나온 자료를 우리는 싱글소스(Single Source) 자료라고 부른다. 싱글소스 자료는 미디어 시청에서부터 제품 구매에 이르는 과정을 추적하는 조사를 의미한다. 예를 들어 미국에서 지역 케이블 TV에 가입한 소비자들로 구성된 패널들은 조사기관으로부터 집 근처 마트에서 사용할 수 있는 카드를 제공받는데 이 카드를 쇼핑이 이루어진 매장에서 신용카드와 함께 제출하면 이 카드에 소비자들의 쇼핑 기록이 남게 된다. 마케터는 이러한 자료를 활용하여 미디어 시청과 소비자들의 구매행동 사이의 관계를 분석하게 된다. 이러한 자료는 프로모션에 노출된 소비자들의 구매행동을 직접 측정할 수 있는 장점을 갖는 반면 단기적인 매출 효과만 측정이 가능하고 수립되는 자료가 방대하여 분석과 자료의 수집에 많은 비용이 드는 단점이 있다.

미국의 대다수 조사 회사들은 이러한 싱글소스 자료를 사용하여 소비자들에게 진행된 프로모션 효과를 클라이언트들에게 제공하고 있다. 조사 회사들은 특정 지역의 패널 소비자들을 대상으로 광고와 판촉을 포함한 프로모션을 진행한 다음 이들 패널을 대상으로 광고 메시지 시청 여부와 지역 매장에서의 상품 구입 여부를 확인하여 클라이언트들이 프로모션의 효과를 보다 통합적으로 판단할 수 있게 도와주고 있다. 또한 이러한 서비스는 클라이언트들이 전국적으로 프로모션을 시행하기 전에 시험 시장으로 선정된 일부 지역에 국한하여 프로모션을 집행하고자 할 때 함께 제공되는 것이 일반적이다. 이러한 조사를 통해 조사 회사들은 광고 메시지의 소구점, 광고의 위치, 광고와 판촉 프로모션의 결합 효과부터 광고 예산의 적절성, 매체 믹스의 적절성 등 다양한 형태의 프로모션 효과를 클라이언트에게 제공해 줄 수 있다. 이때 테스트 마케팅이 실시되는 지역은 전국 소비자들의 프로파일을 대변하는 지역이 선택되는 것이 일반적이다. 이러한 조사의 장점은 프로모션의 효과를 있는 그대로 반영할 수 있지만 진행하는 데 많은 비용과 시간이

들고 또한 경쟁사에게 자신들의 마케팅 전략이나 프로모션 전략을 사전에 노출시킬 수 있는 위험이 있다.

3. BDI와 CDI

1) BDI와 CDI의 개념

BDI와 CDI의 개념

$$\text{• BDI Index} = \frac{\text{목표 지역에서 브랜드 판매 점유율}}{\text{전체 시장에서 브랜드 판매 점유율}}$$

$$\text{• CDI Index} = \frac{\text{목표 지역에서 상품 침투율}}{\text{전체 시장에서 상품 침투율}}$$

BDI(Brand Development Index)는 브랜드 개발지수를 의미하고 CDI(Category Development Index)는 상품 카테고리 개발지수를 의미한다. 이 중에서 BDI는 지역적인 관점에서 프로모션의 효과를 사후적으로 평가할 때 사용할 수 있는 지표이다. 예를 들어 BDI는 전체 시장에서 자사 상품이 차지하고 있는 시장 점유율과 특정 지역에서 자사 상품이 차지하고 있는 점유율을 비교하여 계산하는데 이 값이 100보다 클 경우에는 특정 지역에서의 프로모션 효과가 큰 것으로 판단할 수 있고 이 값이 100보다 작을 경우에는 프로모션 효과가 크지 않은 것으로 판단할 수 있다. 예를 들어 소주 시장을 분석해 보면 전국적으로 프로모션을 진행한 후 자사 제품의 시장 점유율이 30%로 나타났다고 가정해 보자. 이때 수도권에서 자사 제품의 시장 점유율이 39%이고 영남권에서의 시장 점유율이 24%라고 한다면 수도권에서 자사 제품의 BDI는 130이고 영남권에서 자사 제품의 BDI는 80이라고 할 수 있다. 반면 CDI는 자사 제품을 포함한 모든 상품 카테고리의 시장성과를 평가할 때 사용하고 있다. 즉, 자사 지역의 CDI가 100보다 크다면 자사 지역에 거주하는 소비자들의 상품 소비 수준이 전국 평균보다 높다는 것을 의미하며 자사 지역의 CDI가 100보다 작다면 자사 지역 소비자들의 상품 소비 수준이 전국 평균보다 낮다는 것을 의미하고 있다.

프로모션을 진행할 때는 지역을 선택하는 것이 매우 중요한다. 만약 특정 지역의 CDI

가 100보다 큰데 현재 자사 제품의 BDI가 100보다 작다면 이 지역은 시장 잠재력이 높음에도 불구하고 현재 자사 제품의 소비 수준이 낮은 지역이라고 판단할 수 있다. 따라서 이때는 마케터가 프로모션을 진행하여 이 지역에서 BDI를 이전보다 개선하는 것을 프로모션의 목표로 설정할 수 있고 또 사후적으로 BDI의 개선 여부를 측정하여 프로모션의 성과를 평가할 수 있다. 의료관광 상품은 현재 여러 지역을 타깃 시장으로 생각할 수 있다. 대표적인 나라로 일본, 중국, 미국 등을 들 수 있을 것이다. 따라서 향후 마케터들은 이러한 시장을 공략할 때 CDI나 BDI 같은 지표를 활용하여 시장 잠재력이 높은 지역을 선정하여 프로모션을 진행하고 또 이러한 지표들을 프로모션 효과를 평가하는 데 활용할 필요가 있다고 생각한다.

2) BDI와 CDI의 활용

〈표 XV-1〉 CDI와 BDI에 따른 프로모션 전략 지침

	낮은 CDI	높은 CDI
낮은 BDI	• 상품의 침투율도 낮고 자사 브랜드의 점유율도 낮음 • 프로모션은 부적합	• 상품의 침투율은 높지만 자사 브랜드의 점유율은 낮음 • 시장의 잠재력은 크나 프로모션 전에 조사가 필요함
높은 BDI	• 상품은 침투율은 낮지만 자사 브랜드의 점유율은 높음 • 관리된 프로모션 활동이 필요함	• 상품의 침투율도 높고 자사 브랜드의 점유율도 높음 • 적극적인 프로모션 활동이 필요함

지역에서의 시장성과를 평가하고 개선할 때 사용하는 CDI와 BDI를 적용하면 시장은 크게 4가지 영역으로 나눌 수 있다. 이는 각각 낮은 CDI와 낮은 BDI, 낮은 CDI와 높은 BDI, 높은 CDI와 낮은 BDI, 높은 CDI와 높은 BDI로 구분된다. 각각의 영역에서 프로모션의 집행 여부에 대한 판단은 다음과 같이 생각할 수 있다.

먼저 CDI도 낮고 BDI가 낮은 지역이다. 이러한 지역은 아직 국민소득이 낮은 저개발국가를 예로 들 수 있다. 이 지역에서는 의료관광 상품에 대한 수요기반이 형성되어 있다고 보기 힘들므로 이들 지역 소비자들을 대상으로 하는 프로모션은 큰 의미가 없다.

두 번째는 CDI는 높지만 BDI가 낮은 지역이다. 이러한 지역은 의료비 지출 수준이 높은 선진국으로 미국이나 일본을 예로 들 수 있다. 이들 지역은 시장 잠재력이 높으므로 마케터가 모든 역량을 두고 개척해야 할 시장이다. 다만 이 지역은 아직 자사 상품에 대한 소비자들의 인지도와 신뢰도가 높지 않으므로 대규모 프로모션을 진행하더라도 높은 성과를 기대하기 어려울 수 있다. 따라서 이러한 지역에서는 먼저 자사 브랜드의 인지도를 높이기 위한 프로모션을 진행하고 사후에 대규모 판촉 프로모션을 진행하는 것이 바람직하다. 다음은 CDI가 낮지만 BDI가 높은 지역인데 이러한 지역에서는 이미 자사 상품에 대한 소비자들의 신뢰도가 높으므로 추가적인 프로모션의 필요성은 높지 않은 지역이다. 마지막은 CDI도 높고 BDI도 높은 지역으로 가장 심한 경쟁이 예상되는 지역이다. 의료관광산업에서는 중국 시장이 이 영역에 해당될 가능성이 높다. 따라서 마케터들은 가용한 모든 자원을 이 지역에서의 프로모션 활동에 투자하여 우리나라 상품의 성과를 높이기 위한 노력을 기울이는 것이 필요할 수 있다. 또한 중국처럼 지역적 범위가 큰 나라의 경우에는 도시를 기준으로 CDI와 BDI 분석을 시행하고 이를 통해 타깃 지역을 선정하는 것도 바람직할 수 있다.

〈한국의 의료관광 사례: 한국관광공사와 아리랑 TV〉

① 한국관광공사

한국관광공사는 의료관광을 전략 상품으로 선정하고 해외사무소와 네트워크를 통해 외국인 환자를 유치하기 위해 노력하고 있다. 2007년 5월에는 미국 LA에서 의료관광설명회를 개최하였는데 이 행사에는 27개의 의료기관들과 국내 여행사, 한국관광공사, 보건산업진흥원 그리고 보건복지부 관계자 등이 참석하였다. 2007년 9월에는 한국 국제의료서비스 협회와 공동으로 해외 전문가를 초청하여 한국의료관광 팸투어 및 세미나를 개최하였는데, 미국, 캐나다, 싱가포르, 블라디보스토크, 일본의 의료 전문 에이전트들과 보험사, 건강 전문 잡지사 그리고 여행사 등에서 온 20명의 전문가들이 참석하였다. 이들은 2박 3일 동안 한국 국제의료서비스협회에 소속된 29개의 병원을 직접 탐방하고 의료 체험 프로그램에 참가하였다. 또한 한국관광공사는 2008년 11월에 제3회 국제의료관광컨퍼런스의 서울 유치에 성공하였고 이 행사에는 세계 30개국에서 관련 전문가들이 참석하였다. 한국관광공사는 이러한 행사를 통해 국내 우수한 의료서비스 수준을 해외에 알리고, 외국인 환자 유치, 세계 의료관광 동향 파악, 신규 시장 개척 및 한국 의료관광 상품의 경쟁우위를 확보하는 계기를 마련할 수 있었다.

② 아리랑 TV

우리나라의 의료관광산업을 홍보하기 위해서는 미디어의 역할이 큰데 이 역할을 수행하고 있는 미디어 중의 하나가 아리랑 TV이다. 아리랑 TV는 1997년 2월 국제방송교류재단이 개국한 한국 문화 종합 편성 채널로서 현재 외국어로 방송하고 있다. 아리랑 TV는 한국에 대한 국제 사회의 올바른 이해를 높이고자 다양한 방송 프로그램을 통해 한국을 알리고 있는데 현재 세계 188여 개국 약 6,260만 명의 시청자를 보유하고 있다. 아리랑 TV를 통하여 이루어진 대표적인 의료관광 사례는 다음과 같다. 중동의 카타르 의사가 아리랑 TV에서 방송된 프로그램을 시청하고 부인의 수술 대상국을 한국으로 결정하고 방문하였다. 이 사람의 부인은 2008년 10월에 한국의 우리들병원에서 수술을 받았는데 수술 이후 이 의사가 카타르 정부와 한국 정부를 연결하는 가교의 역할을 해 주어 2009년 초 보건복지부 담당자가 카타르 정부로부터 초청을 받는 계기를 마련해 주었다.

또한 아리랑 TV는 특집 프로그램을 편성하여 한국의 의료기술과 관련 산업의 발전 상황을 소개하고 있다. 예를 들어 총 5편으로 구성된 특집 프로그램을 설명하면 1편 〈메디컬 로드 투 코리아(Medical Road to Korea)〉에서는 핵심 성장 산업으로 떠오른 한국의 의료관광산업을 소개하고 2편 〈한국 의료 세계를 품다〉에서는 의료 국제화를 위한 한국 병원들의 노력을 보여 준다. 3편 〈한국 의료, 중국시장 개척기〉에서는 중국에 하지정맥류 전문병원을 연 심영기 씨의 성공담을 들려주고 4편 〈특화가 답이다〉에서는 척추 디스크 특화 병원, 모발이식센터, 한방성형 등의 사례를 통해 특화된 병원의 성공 사례를 소개하였다. 그리고 마지막 5편 〈한국 의료, 그 후〉에서는 한국에서 의료서비스를 받은 외국인들을 만나고 이들의 의견을 토대로 한국 의료관광의 활성화 방안에 대한 정책들을 제안하였다.

자료원: www.visitkorea.or.kr 및 media.daum.net/press

참고문헌

한현구(2010), 의료관광 홍보 판촉 사례, 한림대학교.

장대련, 한민희(2006), 광고론, 학현사.

Engel, James F., M. R. Warshaw, and T. C. Kinnear(1991), *Promotional Strategy: Managing the Marketing Communication Process*, Irwin.

Kinnear, Thomas C. and A. R. Root(1994), *Survey of Marketing Research: Organization, Functions, Budget, and Compensation*, American Marketing Association.

Kotler, Philip(2000), *Marketing Management*, Prentice-Hall.

Malhotra, Naresh K.(1999), *Marketing Research*, Prentice-Hall.

Rossiter, John R. and L. Percy(1987), *Advertising and Promotion Management*, McGraw-Hill International.

지은이 소개

전호성

현재 한림대학교 경영학부 교수로 재직 중이다. 고려대학교를 졸업하고 미시간 주립대학교에서 석사학위를 그리고 서울대학교에서 박사학위를 취득했다. 대학 졸업 후 대홍기획 마케팅 전략연구소에서 선임연구원으로 재직하며 롯데백화점, 롯데제과, 한솔교육, 매일유업 등 많은 기업들의 마케팅 커뮤니케이션 전략 수립에 참여하였다.

한솔교육과 춘천시시설관리공단의 자문교수를 역임하였고 현재 California State University, Sacramento 방문연구교수를 하고 있다. *Journal of the Academy of Marketing Science, Journal of Service Marketing* 등 국내외 학술지에 10여 편의 논문이 있다.

의료관광 프로모션

초판 발행 2011년 4월 15일

지은이 전호성
펴낸이 고화숙
펴낸곳 도서출판 소화
등록 제13-412호
주소 서울시 영등포구 영등포동 7가 94-97
전화 02-2677-5890
팩스 02-2636-6393
홈페이지 www.sowha.com

ISBN 978-89-8410-400-6 93320

값 19,000원